MASS COMMUNICATION

内定者 **920名!**

# この1冊でマスコミは受かる!

# マスコミ就職 完全ガイド

阪東100本塾 塾長
**阪東恭一**[編]

# 2024〜25
年度版

産学社

# 本書の使い方

　本書は、氾濫する情報に踊らされず、みなさんを合格まで導くことを目指す『マスコミ就職完全ガイド』です。本書の使い方は、以下をご参照ください。

## 【1】作戦を立てよう
### ➡第1章「採用動向と予想・対策」参照。

　まずマスコミ業界の採用活動の最新情報をチェックします。新型コロナウイルス感染症の影響で景気の先行きは不透明になっています。しかし、採用は大企業を中心に高い水準を維持しています。これから20歳人口が大きく減少することもあります。そのため今のうちに若手の人材を確保したいという狙いです。

## 【2】成功例を参考にスケジューリング
### ➡第2章「内定者から聞く！ 合格体験記」参照。

　第2章で内定者の具体的な「ノウハウ」「工夫」「何をいつやったのか」をチェックします。また同じ会社の内定者を複数掲載しており、個人によって選考は大きく異なることもわかります。

　合格に必要なことが何かわかったら、対策にどれくらいの時間がかかるか逆算しましょう。各社の採用ページなどを確認し、就職活動の準備を開始します。だいたい準備が整ったら、具体的なスケジュールを立ててください。大学の講義でいうシラバスです。なるべく早めに進めましょう。

　春ごろにこの本を手にした新4年生の場合、出遅れてしまったと思うかもしれません。しかし、あきらめる前に各社の採用スケジュールを確認しましょう。東京キー局などはエントリーを締め切っていたとしても、地方の民放、新聞社やNHK、一部出版社、広告代理店など9月までに夏採用の内定の出る大きな会社はまだ間に合います。

## 【3】個別対策

　阪東100本塾のマスコミ受験対策は、「作文執筆→自己分析→志望仮決定→OB・OG訪問→筆記対策→志望決定→ES作成→面接対策→本番」の順番で行っています。個別の試験対策は、以下の流れで行ってみてください。

## ● 作文
### ➡第4章「試験突破の要、マスコミ作文の書き方」参照。

3

作文はマスコミ受験対策の要になると著者は考えています。新聞、出版だけでなく、東映などのエンタメ(映画)でも要求されます。作文の発想方法、ネタの作り方などはエントリーシートや面接の対策にも応用できます。作文は数をこなせば、誰でも上達します。見てもらうのは、高校や大学のゼミ、サークルの先輩、マスコミ就職塾などがおススメです。

● **エントリーシート(ES)対策**
　　**➡第5章「足切りされないエントリーシート攻略法」参照。**
　作文、筆記試験対策の次は、エントリーシート(ES)対策です。作文を書くなかで見つけたネタを、ESに使います(最低30本書いていれば、ESぐらい簡単に埋められる)。

　前年度のものでよいので、ESは早めに書いてください。そして、志望が同じ友人や先生、マスコミ関係者、OB・OGなどに見てもらいチェックします。拙著『内定者が本当にやった究極の自己分析』(成美堂出版)も自己分析の仕方を解説していますので、参考にしてください。

● **面接対策**
　　**➡第6章「これで合格！　面接・グループ討論・適性検査対策」、第7章「地方からマスコミ就職を目指す人へ〜阪東100本塾の秘伝公開〜」など参照。**
　マスコミの採用試験の特徴は、筆記試験、圧迫系の面接、グループディスカッション(GD)です。ほかにも新聞社の場合、「模擬記者会見」「模擬取材」などを行う会社もあります。映画会社や民放では「共同制作」が課題で出されることもあります。試験内容は、多様化しています。

　対策は、合格体験記や面接対策を参考にしてください。自力で対策する場合は、第7章で紹介した三角面接などを仲間と一緒に実践してみてください。できれば面接官経験のあるマスコミのオジサンや、筆者のような就職塾の先生に見てもらいましょう。より的確なアドバイスが期待できます。

【4】業界を知ろう
　　**➡第3章「現役社員のホンネがわかるマスコミ匿名座談会」、Column参照。**
　対策の最後は、業界のことをよく知ることです。第3章に新聞、放送、広告、出版各業界の匿名座談会を掲載し、会社説明会では絶対に聞けないホンネを話してもらいました。

　また章末に業界の現状などに関するコラムを書きました。近年、マスコミでも新入社員のミスマッチによる離職が問題になっています。業界の実態を知り、

志望を固める機会にしてほしいと思います。

　大学受験をさらに複雑にしたのが就職活動です。なかでもマスコミの就職活動は複雑です。後悔のないようにキッチリ頑張ってください。

　本書の作成にあたっては、阪東100本塾の4年生の内定者、過去32年間に内定、卒業した約920人のOB・OGの方々にご協力いただきました。記して御礼申し上げます。

2021年8月

阪東100本塾
主宰　阪東恭一

# C O N T E N T S

本書の使い方……………………………………………………………………3

## 第1章

### 採用動向と予想・対策……………………………………………11

採用概況………………………………………………………………………12
2024〜25年度の予想………………………………………………………19
　　○阪東直伝! 応募する前に注意! インターンシップ……………26
　　◆Column①　地方の学生が語るオンライン面接のコツ……………32

## 第2章

### 内定者から聞く! 合格体験記…………………………… 33

01 「出会い」と「話すこと」を支えに、アナウンサーの夢をつかむ
　　NHK(アナウンサー職)内定 慶應義塾大学 Tさん……………34
02 重要なのは量をこなすこと
　　NHK(記者職)内定 明治大学 T君………………………………39
03 2年間の迷走の果てのゴール。私は何をしたかったのか
　　NHK(ディレクター職)内定 慶應義塾大学 T君………………42
04 理系大学出身者のマスコミ就職
　　NHK(技術職)内定　中央大学　Yさん…………………………46
05 記者になりたい想いを深堀り、軸を固めること
　　テレビ朝日内定　東京大学　D君…………………………………49
06 入念な会社・番組研究で、第一志望の内定をつかむ
　　TBSテレビ内定　東京大学　B君…………………………………52
07 自分のキャラをつくろう。6000人応募の難関を突破
　　TBSスパークル内定　一橋大学　D君……………………………56
08 世界にひとつだけの志望動機を創り上げることが、何よりも大切
　　関西テレビ内定　大阪大学　K君…………………………………60
09 早めの準備が勝負を決める
　　読売テレビ内定　慶應義塾大学　O君……………………………65
10 就活ネタを足で稼ぎ、本気度を示す
　　東北放送内定　法政大学　Aさん…………………………………70
11 小手先のテクニックより、なぜ記者になりたいのかに立ち返る
　　朝日新聞社内定　慶應義塾大学　H君……………………………73

12 1次面接落ちの連続。そこからどうやって内定を得た？
　読売新聞社、日刊スポーツ新聞社内定　早稲田大学　Y君 ……………77
13 夏のインターンから開けた早期選考・内定への道
　読売新聞社内定　青山学院大学　Bさん ……………………………………81
14 「なぜ記者になりたいのか」に向き合い、足を使って現場へ行く
　読売新聞社内定　秋田国際教養大学　C君 ………………………………85
15 自分自身の体験を交えながら、血の通った思いを伝える
　日経新聞社、NHK（記者職）内定　東北大学大学院　Y君 …………89
16 作文のネタがなければ、自主的に取材したらいい
　中日（東京）新聞社内定　立教大学　Yさん ……………………………94
17 ESも作文も「数字、コメント、エピソード」を
　西日本新聞社内定　早稲田大学　Nさん …………………………………98
18 変なプライドを捨てることが就活では大切
　北海道新聞社記者職内定　東北大学　A君 ………………………………101
19 スポーツ記者の夢を叶えるために実践したこと
　スポーツニッポン新聞社内定　慶應義塾大学　Aさん ………………105
20 志望先は自分の言葉を持てるかどうかで決まる
　集英社内定　東京大学　Hさん ……………………………………………110
21 「初志」が合格に導いてくれた
　講談社内定　明治大学　Wさん ……………………………………………114
22 内容はありきたりでいい。どうやって魅力的に伝えるか
　KADOKAWA内定　慶應義塾大学　E君 ………………………………117
23 経験を通じてわかった大切な3つのポイント
　光文社内定　日本女子大学　Pさん ………………………………………120
24 面接で企画書を提出し、熱意をアピール
　朝日新聞出版社内定　明治大学　Cさん …………………………………124
25 ありのままの自分を評価してくれる企業を見つけよう
　博報堂内定　慶應義塾大学　D君 …………………………………………129
26 インターンシップを活用し、夢のエンタメ業界へ
　東北新社内定　学習院大学　S君 …………………………………………132
　◆Column②　マスコミのクロスオーナーシップ制 ……………………136
　◆Column③　地方就活生の悲哀と裏技 ……………………………………138

# 第3章

## 現役社員のホンネがわかるマスコミ匿名座談会……141

[放送業界編]アマゾンプライムやネットフリックスが脅威に？ ………142
[新聞業界編]読売新聞が人気1位の不思議 ……………………………………152

# CONTENTS

[広告業界編]電通が東京・汐留の本社売却 ……………………………162
[出版業界編]マンガ業界は空前の好景気、電子版が寄与 ……………170
◆Column④　経験者が語るコロナ感染体験とオンライン面接でのコスメ対策 ……………180

## 第4章

### 試験突破の要、マスコミ作文の書き方 ……………181

はじめに ………………………………………………………………182
入門編 …………………………………………………………………182
今さら聞けない 作文用紙の使い方 ……………………………………184
受かる作文8つのポイント ……………………………………………186
作文は自己PRだ! ……………………………………………………190
こうすればよくなる! 改善例① ……………………………………193
こうすればよくなる! 改善例② ……………………………………195
中級編 …………………………………………………………………197
作文テーマ50本! ……………………………………………………202
作文ネタの探し方 ……………………………………………………203
上級編 …………………………………………………………………204
小論文の書き方 ………………………………………………………206
三題噺(さんだいばなし)の書き方 …………………………………208
さらに作文力を高めたい人へ …………………………………………210
手紙の書き方 …………………………………………………………212
◆Column⑤　論作文は「カンカラコモデケア」であれ! ……………216

## 第5章

### 足切りされないエントリーシート攻略法 …………217

エントリーシートの書き方とエントリー方法 ………………………218
業界別エントリーシートの書き方 ……………………………………220
NHK総合職のエントリーシート(WEB) ……………………………224
TBSテレビのエントリーシート(WEB) ……………………………226
日本テレビのエントリーシート(WEB) ……………………………228
テレビ朝日のエントリーシート(WEB) ……………………………229
フジテレビのエントリーシート(WEB) ……………………………230
放送局エントリーシート(民放／キー局)① …………………………232
放送局エントリーシート(民放／キー局)② …………………………233

放送局エントリーシート(民放／キー局)③……234
放送局エントリーシート(民放／準キー局)……236
朝日新聞社記者職のエントリーシート(WEB)……238
読売新聞社記者職のエントリーシート(手書き・郵送)……240
毎日新聞社記者職のエントリーシート(手書き・郵送)……242
共同通信社記者職のエントリーシート(手書き・郵送)……244
出版社エントリーシート①……246
出版社エントリーシート②……250
広告代理店エントリーシート……252
　◆Column⑥　主要出版社のエントリーシートの内容を一挙公開!……257

## 第6章

## これで合格! 面接・グループ討論・適性検査対策………261

はじめに……262
採用基準の[内訳100%]はこれだ!……264
　○阪東直伝! 女性が注意すること……267
オリジナルの想定問答集を作ろう!……268
　○阪東直伝! 面接の鉄則……273
グループディスカッション対策……274
性格適性検査対策……275
　◆Column⑦　リターンマッチに挑む!……280

## 第7章

## 地方からマスコミ就職を目指す人へ～阪東100本塾の秘伝公開～……281

第1項 地方大学の受験生へ……282
第2項 33のステップ……282
第3項 阪東ゼミの秘伝・一部公開～こうすれば自分たちだけでも受かる～……284
志望企業をよく知るための情報源……293
阪東ゼミOBの薦める「読んでおきたい本」……296
付録・マスコミ適性診断シート&読者特典……298

阪東100本塾ではインターネットで最新情報を提供しています。
グーグルなどの検索サイトで「阪東100本塾」で簡単に検索できます。

阪東100本塾ホームページ
**http://banzemi.jp/**

## ご注意。

※本書に掲載されている情報、スケジュールは
基本的に2022年度（2021年実施）の本採用までのものです。
2022年度秋採用や2023〜24年度の採用については必ず各社
のホームページ、資料、電話などでご自分でご確認ください。
なお、筆者に不利益が生じないよう
合格体験記の大学名は変更している場合がありますこと
ご了承ください。

## credit

◆編集協力
大崎 優香
中野 樹里
吉竹 征
吉川 一也
秋山 恒雄
加藤 莉菜
藤岡 光太
津本 一

◆デザインDTP
㈱ティーケー出版印刷

第 **1** 章

2024
−25
GUIDE

# 採用動向と予想・対策

# 採用概況

## ●新型コロナウイルス感染症で様変わりの面接

2020年早春からの新型コロナウイルス感染症が面接や筆記試験に大きな影響を与えている。オンラインの面接はマスクを外して行うので、「見栄え」が大事だ。特に女子はパソコン画面上で「見栄え」がするように化粧を念入りにすることをおススメする。緊張感は必要だが、オンラインでは画面越しには「消極的」とマイナスのイメージで伝わることも多く、注意が必要だ。

音声についても気をつけよう。電波の乱れで回線が安定しないときもある。怒鳴るくらいの声でないと、年寄りの面接官、とりわけ最終面接の役員には伝わりにくいとの指摘も多くの学生からある。

新型コロナウイルス感染症の感染拡大については状況が読めず、2022年以降の見通しが立ちにくい。ワクチンの普及で状況は改善するかもしれない。だが、推測することしかできないので、ここでは変異株の拡大や、医療体制の改善などに長期化するという想定で述べておう。

## ●オンラインでも、面接の回数はコロナ以前と同じ

面接は1次、2次面接がオンライン（WEB）で、3次、4次面接や最終の役員面接は対面となる状況が続くと想定して話を進めていく。

大手マスコミでは、1次面接は編集部などのデスク級、2次面接は編集長、部長級、3次面接は局長級、4次面接は担当役員面接、5次は形式だけの社長役員面接だ。

講談社では2022年度採用は、約1000人がエントリーシートを通過した。ただ、新型コロナウイルス感染症で厳しく言われている「3密」を回避するため、対面での面接はほぼ不可能だった。3、4次面接までには約50～80人まで減らされている。

時間差で本社に学生を呼び、かつ面接官も4組とか複数にすれば3密が避けられるようになるのかもしれない。

筆記試験もオンライン（WEB）や、3、4次面接と一緒に小さな会議室でやれば可能だ。中日（東京）新聞のように最終の役員面接の前に筆記試験を再度やる社もある。

## ●書類選考で落ちても気にしない

新型コロナウイルス感染症の影響として、書類選考で落とす比率が増えたようだ。採用人数をコロナ以前よりかなり減らしたのが主な理由だ。ただ、明確な理由なく機械的に落としているふしもある。

阪東100本塾では今年、大手放送局のアナウンサー職で内定者が出た。アナウンススクールに熱心に通っていたわけでもなく、プロフィール写真も写真館ではなく、スピード写真で撮影したものだ。エントリーシートの自己紹介欄のイラストも幼稚園児の絵のようだった。大学は旧帝大や早慶ではない。おそらく関東以外では無名に近い。とりたてて美人でもない。それでも書類選考を通過し、オンライン(WEB)面接も通過している。

記者職志望でも、たとえば、中日(東京)新聞では早慶の学生がエントリーシートで足切りされ、地方の公立大の学生が通過していた。

つまり、エントリーシートはきちんと見ていない企業が多いのだろう。書類選考で落ちても「運が悪かった」くらいに考えて、気を落とさなくていい。

## ●SPI試験は自宅で受ける

SPI検査のシステムも大きく変わった。SPIをはじめとした数学や言語能力のテストは、これまでリクルートの関連会社が全国に配置していたテストセンターに受けに行くことになっていた。それが、自宅などのパソコンでオンライン(WEB)で受ける方式に変わった。

論作文のテストでさえ、試験会場ではなくパソコンで書く方式になった。2時間など時間制限のなか、800字前後の文字数で書いて送る。

会社によっては、エントリーシートとオンライン(WEB)面接で学生をふるいにかけている。そこで50人などに絞ってから会社の会議室で論作文の試験をすることもある。

SPIや玉手箱、さらに新傾向の能力テストは、引き続き100%近い割合で、オンライン(WEB)で行われるだろう。

オンラインで試験が行われるため、自宅や友人のアパート、マンションに多数で集まり、解答する学生もいた。それに対応して企業側の人事は受験生本人が回答していないと判明したケースは「不合格」にするなどの対策をしているようだ。論作文についても模範作文集からネタを盗用する学生がいた。

こうした不正を防ぐため、オンライン(WEB)面接で人数を絞ってから、本社

採用動向と予想・対策　**13**

に設けられた会場やSPIテストセンターに出向くという従来に近い方法になる可能性も高い。

漢字や難読地名の能力試験は出版社や新聞社で課せられる。私立文系の学生なら必須の能力だ。就職活動支援の塾は対面で授業を行っているので、個別指導に通うなど地道な準備が必要だ。

### ●出版、放送の採用者数の予想

出版社が断トツの人気だ。出版社の難易度は放送と互角か、それ以上になりつつある。理由は採用者数が少ないことだ。

放送はNHKが毎年200人弱でTBSなど東京キー、MBS(大阪の毎日放送)など準キー局の計10社の合計がやはり200人弱でこれに名古屋、福岡、仙台、広島、札幌などのおもな政令指定都市の約20社の合計が100人前後と予想される。ここまでの概算で500人になる。ここにラジオ局やTVK、サンテレビや新潟放送、信越放送などのローカル局が各社0〜3人でやはり60人強と推定される。多く見積もっても600人だ。

出版社は講談社、集英社、小学館、新潮社、文春、KADOKAWA(旧角川)、光文社、双葉社で合計100人前後しか採用がない。これに秋田書店、白泉社、コアミックスなどのマンガ専門出版社や筑摩書房、岩波書店、河出書房新社、早川書房、プレジデント社、詳伝社、扶桑社、中央公論新社などの老舗出版社が推定で合計約20〜30人を採用する。社長1人、社員1人という中小出版社では新卒採用はない。雑誌で有名な宝島社も新卒採用はない。

### ●放送はNHKの採用数が断トツ

東洋経済などの調査で放送の人気企業はNHKで、あとはTBS、テレビ朝日、大阪の毎日放送が続く。意外なのは、テレビ東京も上位にあること。若者に人気の深夜番組やアニメがあることが理由だ。

公共(国営の特殊法人)放送のNHKは採用数も断トツに多い。NHKは2023年度からこれまでの職種別採用から総合職採用に変わる。これは民間から来た会長の意向だ。現場は反対している。特にアナウンス部門と制作(ディレクター)部門は抵抗している。

総合職といっても地方放送局に配属される。そこで企画、警察や県庁、市役所、町村役場への取材、撮影、編集、集金などのさまざまな業務をこなす。期

間は数カ月から1年で、その実務(OJT)のあとに配属が決まると、2021年の夏の時点で、内部で言われている。

　番組はつくりたいけど、拘束時間が長い記者や受信料の集金をするビジネス職はやりたくないという学生側の要望にどう応えるのかが鍵だ。

　民放はそもそも総合職で、どこに配属になるかは新人研修まで不明だ。したがって番組制作のみをしたい学生は、制作会社も受けること。例えばTBSを落ちた学生のなかにはTBSスパークルという制作子会社に進む人も多い。ここもTBS本体並みの6000人の応募がある。「好きな仕事をしたい」という方向へ学生の意識が変化している。

●**放送局の地方勤務**

　NHKの人気がいまひとつ伸び悩むのは、地方勤務の長さが原因だ。アナウンサー、記者、営業、ディレクターの順に地方勤務の期間が長い。アナは人生の8割、記者と営業は3〜4割、ディレクターは2割は地方にいる。これに対してBS TBSや東京キー局はほぼ東京勤務だ。大阪の準キー局は営業や制作で東京駐在はあるが、基本的に関西勤務だ。記者の場合、神戸や京都の支局勤務の可能性がある。そのほかの地方局では、営業は東京駐在の可能性があるが、基本的に地方での勤務となる。

●**新聞社は倍率が低い**

　新聞は若者の新聞離れが続いているので、会社を選ばなければ内定確率は出版社の50倍、放送の20倍はある。しかし学生の人気だけで言うと、読売新聞や日経新聞が人気100位に入っている。公共性が高く、会社のブランドとしてはイメージが良いらしい。

　地方新聞のなかでは、関東甲信越なら神奈川新聞や千葉日報、茨城新聞、山梨日日新聞、上毛新聞、下野(しもつけ)新聞、信濃毎日新聞は倍率が低い。

　地方新聞からスタートして5年など勤務して全国紙に転職する「ニューヨークタイムズ方式」が増えている。朝日、毎日、読売、共同通信は、積極的にこの「ニューヨークタイムズ方式」を採用している。特にブランド力のある朝日は、新卒は幹部候補の10〜20人前後に絞り、あとは「ニューヨークタイムズ方式」でほかの全国紙や地方紙、共同通信から「一人前」の記者を採用するようになっている。

採用動向と予想・対策　**15**

## ●記者に増える「こころの病」

　朝日新聞が「ニューヨークタイムズ方式」になったのは、新人の離職率の高さが理由だ。3年のうちに、約3割も離職している。こうなると、新人教育が面倒になる。残業時間を減らそうにも事件や事故は「むこうからやってくる」ので、人口が多い都市部では仕事が多い。

　2021年5月に横浜で長さ3メートルのアミメニシキヘビが個人の家から住宅街に逃げた騒ぎがあった。地方では「村八分」になるので、ヘビをペットとしてはまず飼わない。隣に住むのがどこの誰かわからない都市部ならではの事件だ。殺人、強盗、窃盗、交通事故も都市部で圧倒的に多く、記者の休みとは無関係に発生する。

　記者になったら、スポーツを取材する運動部、将棋や囲碁、文学、音楽、絵画などを取材する文化部、土日に休みをとれる経済部に行きたいという人もいるだろう。だが、その部署に行くには、地方でサツ(警察)回りや県庁などの行政取材経験を積むことが必要だ。その後に、東京や大阪などの本社に異動して配属される。つまり下積み期間があるのだ。

　新人教育担当のデスクや先輩は「そんなの当たり前」と考えていて「30時間や50時間の残業は本人が自発的」にやるものと考えている。一方、新人は「残業は0か、月に20時間以内。プライベートの時間は当たり前」と考えている。「こころの病」を患い、離職するケースが増える背景だ。

　また、新人女性を「無料のホステス」「現地妻」と勘違いしている単身赴任のデスクも多い。某大手放送局の某地方局の技術部で2020年に「セクハラ」が問題になっている。

　新型コロナウイルス感染症で「他社の同期と飲みに行って憂さ晴らし」することが出来にくくなっているのも、「こころの病」の増加と関係している。

## ●広告代理店

　テレビやインターネット、新聞、雑誌などのCMをつくったり、企業のPRをする広告代理店やCM制作会社も一定の人気がある。ただ、スポンサー(クライアント)の昼夜、休日を問わない注文や要望に対応するため休みが少ない部署も多い。そのためブラック企業の「認定」を受けている社も多い。志望する学生は覚悟をしたほうがいいだろう。

## ●電通が改革

　高橋まつりさん自殺事件で、パワハラが問題になった電通はテレワークで新型コロナウイルス感染症を乗り切ろうとしている。

　さらに、独立採算制で社員を1人社長のようにする動きもある。

　ついにインターネット広告がテレビ広告の売り上げを上回った。インターネット広告は小さい会社でもできるので、電通や博報堂が得意としたクライアントへの接待営業が減少している。そのため大手では採用も減少傾向にある。

　CMや広告を発注する企業もインターネット広告にシフトしている。いつでもシチュエーションにおかまいなく、スマホの画面上に広告が送りつけられるようになっている。5G仕様の高性能のスマホ（購入価格10万円以上）になると、画面に2、3の広告が同時に現れて邪魔をする。

　キャンプ用品を数時間調べて、インターネットで注文したりすると、購入したあとにキャンプ用品の広告が頻繁に現れる。とくに無料のスポーツニュースサイトは多く、ニュースを読むことを妨害してくる。原理は民放番組のCMと同じだ。個人の買い物の「嗜好」にあわせて広告を送るわけだが、果たしてこれは効果的なのだろうか。勘違いしているのかもしれない。

　インターネット広告も増加するが、いつかは頭打ちになる可能性もある。業界全体としては、採用はどんどん減っていくだろう。

　製薬会社にはMRという医者や病院への営業職がある。製薬会社はMR要員として新卒の学生を採用していた。だが、インターネットの普及で医師が「より安い」薬を購入する傾向が強くなり、新型コロナウイルス感染症の影響で、それがさらに加速している。今やMRは、『週刊東洋経済』などが「MR削減」特集などを企画するくらい数が減っている。広告の営業マンも製薬会社のMRと同じ運命を辿るだろう。

## ●記者はロボットが代替可能か？

　記事を書くロボットを朝日新聞が開発した。5年ほど前だ。高校野球の試合の経過の記事を書くロボットだ。投手の投球数、打者の成績、ヒットやエラーやホームランなど、ラジオのアナウンサーが実況解説で語るような情報をロボットに入れると、試合終了と同時に記事が出てくる。

　このようなスポーツの試合経過の記事はロボットやアプリで可能だが、殺人や傷害、収賄、ＤＶ（家庭内暴力）事件や交通事故、火事などは現場現場で状

採用動向と予想・対策　**17**

況がまったく異なるので、ロボットで記事化するのは不可能に近い。記者という仕事、番組制作のディレクターの仕事は今後も残るだろう。

　もちろん媒体そのものが減少していく場合は、採用数は減少していく。紙の新聞記者は減っていき、その分ネット新聞やネットのWEBサイト(アプリ)は増加していくことになる。

　学生のみなさんもどの職種が滅んでいく(不要になる)のか、どれが生き残るのかをよく考えておきたい。

MEMO

# 2024〜25年度の予想

### ●出版社の人気ランキングが急上昇

　マスコミ各社の採用は、新型コロナウイルス感染症の影響をまともに受けた。広告収入が減った広告業界はもちろん、新聞、放送、雑誌のすべてで採用が少なくなった。

　しかし、絵本や児童書を扱う出版社は、緊急事態宣言による巣ごもり（在宅）需要で、売り上げが伸びた。マンガは電車のなかで若者がスマートフォンで読む光景が普通になった。それくらい電子版が定着した。物流コストがかからない分、マンガの電子版の利益は大きい。『鬼滅の刃』の版元である集英社は過去最高水準の収益だった。

　海賊版の取り締まりが強化されたことで、多くの若者、学生が課金して（お金を払って）マンガを読むようになり、マンガ雑誌を抱える出版社の大半は大きく黒字になった。特に集英社、講談社、双葉社、秋田書店は過去最高益を記録したほどだ。ある出版社は、若手の賞与が300万円、デスク級で500万円とバブルだったようだ。

　集英社の『鬼滅の刃』ブームがマンガ業界全体を活性化して、好景気に結びつけた模様だ。マンガを出す出版社の好況は続くだろう。

### ●人気ランキングの上位に出版社が

　大学生の就職人気ランキングでも、出版社の順位が大幅に上昇している。某大手出版社のK社はエントリー数が3年前の2000人から2022年度は1万人に増え、社内でも驚きが広がっている。一方、採用はたった3人だった。

　東洋経済新報社のアンケート調査では、集英社が7位に入り、3大商社などの次にランクインした。講談社、小学館、KADOKAWA、新潮社も100位以内に入っている。出版社以外ではNHK、読売新聞、日経新聞が100位以内にいる。民放もTBS、日本テレビ、テレビ朝日が上位だ。

### ●エントリー激減の民放

　民放は、志望者（エントリーシート提出者数）が激減している。20〜25歳の若者のテレビ離れが原因だ。1人暮らしの学生だと部屋にテレビ（受像機）そのも

のがない。パソコンをネットにつないでTVerやHuluで見る人もいる。広告収入の順番は、およそ20年前は放送、新聞、出版、インターネットの順だった。それが、インターネットが2、3年前からトップになった。この傾向は変わらない。

## ●電通の凋落

広告代理店最大手電通の本社ビル売却が最近のマスコミ業界の最大の話題だった。テレビのゴールデンタイムのCMを独占しているが、もはやそのゴールデンタイムの価値が落ちている。

誰が広告を見ているかデータがとれるインターネット広告が主流になってきているのだ。何歳で、どの職業、どこに住む女性、あるいは男性がその商品に関心があるのか？　こうした属性データをスポンサー企業は知りたがる。電通が扱う最大のイベントがオリンピックであり、マイナンバーカードや選挙など、政府や大学、病院などの公共性のある仕事に重きが置かれるようになってきている。

## ●通年採用から早期採用へ

大企業の採用は新卒に限れば、数年前までは通年採用がトレンドだった。しかし、昨年ぐらいから企業が早期採用で優秀な人材に内定を出す傾向が強まっている。

インターンシップ、つまり「社内見学に毛がはえたようなもの」（某大阪準キー局幹部）を1週間などと期間を延ばして「面接訓練」「カメラテスト訓練」を行っている。読売新聞などでは「作文の書き方講習」もあり、「訓練」や「講習」、社内見学を除けば、完全な本番の採用試験と同じ内容だ。

新型コロナウイルス感染症の影響で対面からオンライン（WEB）形式への変化もあるが、2次、3次面接や最終面接（訓練）は対面で行われている。

## ●インターンシップがあるのは大手のみ

中堅の民放、たとえばフジテレビやテレビ東京、テレビ大阪は2～4月に選考を行っている。TBSやテレビ朝日より2～4カ月も遅い。NHKのインターンシップ（早期選考）よりも遅い。

これらの採用スケジュールは、新型コロナウイルス感染症の影響もあり、大きく変動する可能性があるので、友人と情報共有したり、志望企業の採用サイ

トを注意して確認しておきたい。一番大事なのは、仲間との情報共有だ。マスコミ就職塾やアナウンス学校、インターンシップで知り合った仲間を大切にしたい。

## ●地方放送局も採用が早期化

各道府県にある地方局は、BS放送を見る高齢者の増加などで経営が苦しい。人気も低迷している。

放送局のなかでも、タレントのように顔出しする仕事の人気は相変わらず高い。アナウンサー職はどんな小さな地方民放でもテレビ・ラジオ問わず全国から応募がある。とくに北海道の地方局はSTVなどの各局が高い利益を誇っている。

採用は、10年ほど通年採用の傾向が強かったが、この1～2年で早期選考にシフトしてきた。東京や大阪の民放は3年生の夏にインターンシップを行う。そこで内定は出さないが、「冬の本選考を受けてくれれば内定するよ」とほのめかす。ただしこのインターンシップは「罠」があるので注意だ。インターンシップの成績が悪い学生は本採用を受けても、自動的に落とされる。

大手民放は夏の段階で採用したい人材か「判定」するためにもインターンシップをやっている。ITや外資系企業が早期採用で「優秀」な人材をどんどん集めていくからだ。学生は内定をもらうと就職活動そのものをやめてしまう傾向が年々強まっている。ただ、安易な就職活動で、会社を決めないほうがよい。入社後の退職率が3年で半分という「ブラック企業」も世の中には多い。

## ●新聞志望の学生の質的変化

この1、2年で大きく変化したのが新聞志望の学生の質だ。以前は、高給であることや社会的な影響力、メディアの力を重視していることが志望理由に多かった。

給料は就職活動で大事な条件だが、ゼネコンや関連する空調設備の会社のほうが条件が良い。たとえば、高砂熱学工業という無名の会社でも、27歳で800万円、30歳で1000万円の収入があるという。この背景には、東日本大震災以降、公共事業へ国の予算が毎年のように数百億円投入されていることがある。被災地以外でも、物（資材）もヒト（人件費）も高騰している。都心ではタワーマンションも人気だ。タワマンは国策で進めていて、政治家の利権でもある。

採用動向と予想・対策　**21**

新聞は部数の低迷や広告収入の低下があるので、以前のような高給が見込めなくなってきている。インターネットやスマートフォンの普及で、情報を得る手段が20〜30代を中心に大きく変わった。つまりメディアの覇者の地位が揺らいでいるのだ。

　ただ、言論界への影響が強い新聞や放送(記者職)の人気は相変わらず高い。NPOやNGOなどと近い社会貢献的な役割が注目されている。編者をはじめとする50、60代の新聞・放送記者の主な志望動機だった「社会を改革する」「社会正義を守る」「弱者の味方になる」を動機とする志望者も少なからずいる。

　そのため、競争率は1000分の1ということはないが、100倍前後はあるので狭き門には変わりない。ただし地方紙では、全国ニュースは時事通信や共同通信の記事を買うところが大半だ。記者の仕事は地域の話題や課題、県庁や市役所などの地元のニュースが中心になる。それを嫌う学生もいて、エントリーの倍率が10倍を切る新聞社も多くなった。

　新聞も高級紙だった朝日や毎日より大衆紙の読売が相対的に人気になっている。中日(東京)新聞のように反原発、反自民に徹底して振り切ることで朝日新聞の読者層を奪っているメディアもある。

　あとは1970年代には朝日や毎日新聞に落ちた学生が入社していた日経新聞がミクロ経済に特化することで、いまや読売新聞についで人気がある。民放、NHK、地方紙にニュース記事を配信している共同通信も、社風がいまで言う「ホワイト」なので人気がある。


## ●雑誌ジャーナリズムは健在

　雑誌は文藝春秋社が『週刊文春』で世論を動かしている。雑誌ジャーナリズムの健在ぶりを見せつけている。2019年ごろからスクープ報道は「独走」状態だ。

　しかしながら部数という面では約20万部と40年前の3分の1前後だ。学生には知名度がない『週刊現代』(講談社)や『週刊大衆』(双葉社)と大きくは変わらない。

　『週刊新潮』も部数は15万部前後で、これも最盛期の100万部から大きく落ちている。

　注目は東洋経済オンラインで、『週刊東洋経済』のインターネット版だ。企業におもねる傾向がある日経新聞とは別の視点からの記事が人気を博している。

## ●ファッション雑誌の危機

　出版社でも活字のみの出版社やファッション雑誌の出版社は苦戦している。ファッション雑誌は広告が激減して、光文社の『ＪＪ』は休刊を余儀なくされている。集英社の雑誌『ノンノ』『モア』もマンガ部門の収益があるので、部数減や広告収入減でも廃刊せずやっていけているのが実情だ。

## ●高定価の本を出す出版社が増えている

　新型コロナウイルス感染症の影響で絵本や児童書の人気は高まっている。また単行本も1冊の単価を2000〜3000円に上げることで出版社としては経営を維持している。

　1冊の本の印刷や流通のコストは500万円と言われる。1冊1000円だと1万部売っても売り上げは1000万円なので、コストを引くと出版社の利益は500万円にしかならない。これが1冊5000円だと5000万円の売り上げになる。コストの500万円を引くと利益は4500万円だ。1冊2000円なら利益は1500万円になる。ここ数年、本の定価が上昇しているのはこのためだ。

　1冊1万円の本なら1000部しか売れなくても、500万円の利益は確保できる。医者向けの本や雑誌を出版する医学書院の社員の給与が高いのも、本の定価が高いからだ。本の値段が高くても医者が経費で買うから儲かるのである。阪ゼミのOBOGで医学書院に就職した社員6人が辞めないのはこのためで、隠れた優良企業である。

## ●経験者採用が増加中

　本書の情報は、新卒採用向けとなっているが、報道の現場では、「こころの病」になる新人の面倒を見られない、いちいち新人を教育する余裕がないという会社が増えてきているようだ。

　そのため朝日新聞などでは新卒は20人前後に絞り、あとは転職で補充する方針に転換している。毎日新聞も地方紙から人員を補充している。この傾向は続くだろう。

## ●こころを病む新人

　近年の各社の大きな課題は「こころを病む新人」の問題だ。就職後のことではあるが、みなさんにも気をつけておいてほしい。阪東100本塾調べでも顕著

にこの傾向がある。いままでは残業が月に100時間を超えるなど、労働時間の長さを原因とする離職が多かった。これに加えて「いままでは当たり前の指示や命令、教育」だったことが、パワハラに認定されるようになってきている。

かつては「こんなこともできないのか！」と先輩に叱責されることは当たり前で、新人もへらへらと聞き流していたものだが、最近の新人は「人生で初めてそんなことを言われた。人格を否定された。やる気をなくした」と真に受けてしまい、「こころの病」に発展するケースが増えている。

またスマホの発達でSMS（ショートメッセージサービス）による指示も増えた。NHKのある新人は「5分おきにSMSがあり、どこにいる？ 頼んだ取材は終わったか?と上司に問いつめられ、精神的に苦痛になった。精神科医に行ったら休職をススメられた」と話す。

ある会社では部長が冗談まじりに「あなたは適性がない。転職も選択肢に入れたら」と言ったことが、自殺に発展してしまうケースがあった。優秀な部長（特に一部女性）の下で起こりがちではあるが、某全国紙で医療担当の筆頭次長が新型コロナウイルス感染症の報道が増加した際に部長発言で「こころの病」になった。社の幹部もそれを見過ごしたため、経済部から来て優秀と評価されていたその次長が自殺してしまった。会社として大きな損失で、その部長は責任を問われて更迭された。

自分が優秀だと思っている上司は部下も自分と同じぐらい働くと誤解しているケースがよくある。くれぐれもみなさんが就職された暁には、上司のこころない言葉があったとしても、聞き流せるくらいのしたたかさを持つようにしてほしい。

MEMO

## 阪東直伝！

# 応募する前に注意！ インターンシップ

### ▼インターンシップとは

　ここではインターンシップの詳細について述べたい。内密と学生が念を押され詳細がオープンになっていないインターンシップだが、情報について機密維持がきわめて厳しい時代になった。その象徴がセブン100円ビール事件だ。

　2018年7月にセブンイレブンが店頭で100円生ビール(キリンビール)を売ろうとした。100円コーヒーならぬ100円ビールだ。

　セブンもキリンも極秘に進めていたのに、サービス開始直前に情報がネットに漏れた。

　両社は混乱を恐れたのか、なぜか発売を中止してしまった。その顛末が「日経の特ダネ」になった。

　その後も別の新聞社がコラムで「100円生ビールにとても期待していた」と書いた。

　インターンシップの情報も漏れるので、ネットで検索するなりすれば、1年後とかにはわかるのではないか。

　今回は阪東100本塾でわかる範囲の某新聞と某民放の詳細を述べるが、あくまでも2017年から2018年に実施されたものだ。企業が公にしているものではないので、内容は年によって大きく変わる。

　さらに出版社でも講談社や幻冬舎が公募で経験者採用を行った。

　経験者採用は、以前から積極的な新聞社やNHK、広告代理店だけでなく、出版社でも増えていくだろう。

　人材を自前で育てるマスコミは多い。「3年で3割が退職」という会社はさすがに少ない。3年で2割か1割といったところだ。それでも採用のために「1人に1億円」(某社幹部)つぎ込んでいるだけに、「実績のある経験者を地方要員として採用する」という全国紙もある。

### ▼新聞社のインターンシップ

　読売のインターンシップトライアルはなぜあるのか。そもそも新聞社を辞める原因の1つが「地方勤務が長い」ことにある。

　「第二の故郷」と思って取材先の人と飲みに行く、地元の名物を食べに行く。

　そういう心がけをすればいいのだが、東京育ちの人のなかには「どうやって田舎の人とつきあっていいかわからない」という記者や業務職(NHK)も多い。

　「結婚相手を探す」「情報のキーパーソンを探す」「原発問題に詳しい人を探す」「スローライフを実践している人を探す」などの「ライフワーク」を持ちたいところだ。結婚相手としては市役所や県庁の広報課に美人やイケメンが多くいる。広報課以外に、「高校野球連盟の幹部の娘」というのもある。「外郭環状道路建設反対同盟の幹部の娘」という話もあった。

　読売はわざわざインターンシップトライアルと称して地方の総局や支局に学生を連れて行ってルポ取材などをやらせている。眼目は「こんな田舎で5年とか働くのだぞ」と自覚させることにあるようだ。

　阪東100本塾の歴代の読売内定者を調べると15年はやっている。昔はインターンシップ採用はなく、採用試験本番で「地方支局取材体験」があった。

### ▼「作文教室」という名のインターンシップ

　以下はある大手新聞社の2019年度のインターンシップ採用の詳細だ。

　まず、2018年の1月頭にインターンシップ用のエントリーシート(ES)と課題作文を提出。

　2月のある2日間の日程でインターンシップ実技があった。内容は人事職員の自己紹介や会社の紹介、提出した課題作文の人事による講評だ。

その後、社会部記者の講演と質疑応答、参加者がその記者の人物記事（作文）を執筆（60分）。最後に学生が書いた「記事」（作文）の講評をする。

つまりインタビュー訓練とそれを新聞の「顔」「人」欄のようにまとめるテストだ。どういう質問をするのかもチェックされている。

2日目はルポだ。各自がルポ取材をして、それを記事（作文）にして12時45分までに提出する。

昼食会のあとは提出したルポの講評会、若手記者の講義と質疑応答となる。

## ▼第2段は「作文教室」

1回目の実技から1週間前後で次のステップのメールが来る。何割が通過したのかは不明。インターンシップ実技は計5回あったみたい。

成績の「優秀な学生」「優秀ではないがおもしろそうな学生」が対象らしい。「作文教室」なるものの案内メールが来る。「せっかくのご縁なので参加しませんか」という趣旨だ。

作文教室は3月上旬にあった。この作文教室も複数回あった模様だ。たとえば「空」（漢字1文字）という題で、60分間で作文を書く。

作文批評会は2班に分けられ、2人ずつ人事がついて仕切る。阪東ゼミと同じく自分の作文を読み上げ、人事とほかの学生が挙手して講評する形式だ。これ以外にも上級の人事が2人ついて観察していたという。

## ▼「飲み会テスト」

2時間の作文講評会のあと、人事全員と学生の飲み会があったという。

飲み会を本番の採用試験にすることは珍しい。読売新聞の総支局での実習試験、静岡新聞SBS（数年前に廃止）やTBS（山中湖の保養所で数年前にあった）などで例があるくらいだ。

一方、インターンシップの場合、飲み会が開催されることは多い。表向き「勉強会」「会社見学」だからできるのだ。

実はこれが重要だ。静岡新聞やTBSとも「飲まなくていいよ。寝てもいいよ（合宿形式のTBS）」と会社側からいわれるが、落ちたのは静岡新聞では「飲まなかった学生」、TBSでは「寝た学生」だった。

この試験の目的は「酒が飲める」ことを見極めているわけではない。酒は、飲まなくてもよい。酒席を盛り上げられるか？を見極めるからだ。

TBSの場合は「人事命令とはいえ、忙しいなか、仕事を中断して来ている一流？記者やディレクターの手前、学生が寝るのはけしからん」ということになる。

人間関係の「力」みたいなものを見ているわけだ。

さて、インターンシップに話を戻すが、このルポ批評と飲み会のあと、3月下旬に「人事部長よりお話がある」ので、来社してほしいと電話があったそうだ。

部長からはインターンシップのスケジュールの説明を受ける。そして3日後に作文試験と15分の漢字試験があり、その2日後に役員面接があったという。

## ▼内定連絡

内定連絡は役員面接の即日で、人事部長から電話であったという。「ぜひウチの社で働いてほしい」「この件はまだ内密で」と念を押されたという。

大手他社も同様にインターンシップは行われる。「内密に」というのはどの社も同じだ。

## ▼NHKのインターンシップ

NHKのインターンシップは、この某大手新聞社とほぼ同じスケジュールだ。2019年度でいうと、世田谷区砧の人事部の研修センターでのインターンシップは2017年12月にあったが、これは人事部の金儲けという説もあるので、詳細はカットする。ここから

3%程度ディレクター職は採用されたという噂もある。

## ▼民放のインターンシップ

マスコミ業界で古くから「インターンシップ」を採用しているのは民放だ。

この業界のインターンシップも何種類かあるので情報収集は大切だ。

ある大阪の準キー局のように、社外ロケや生放送中のスタジオ見学といったものもある。1日で終わるもので、社内から「視聴者向けの会社見学やんけ」と批判の声もある。

ある東京キー局では、簡単な英語スキルやコピー機を使ってコピーをするなどの初歩的な事務スキルが求められる。内容は幅広い。

見られているのは、一貫して「一緒に働きたいと思えるかどうか」という点である。基本的に学生は足手まといであるため、でしゃばりすぎると印象が悪い。しかし、消極的でもダメで、どんな業務に対して興味があることはアピールしなければならない。日本テレビなどはかつて「ワンマン社長」がゴロゴロと配置転換を命じていた。記者、営業、広報、経理と渡り歩く人もいる。ただ、粕谷賢之元報道解説委員長のように一貫して記者（政治部）という人もたまにいる。

## ▼時期

東京キー局や大阪準キー局の民放のインターンシップはもっと早い。この本が出版される頃にはすでに終わっている社もある。採用数は本番の10分の1、20分の1、または1人のみと限定されるようだ。

本番採用試験自体が2020年12月にエントリーの締め切りがあるかもしれない。もちろん1部の社だが、もし12月が締め切りなら4年時の4月面接解禁の時代に逆戻りすることになる。

その時代は4年の冬（12月）に内定を出していた会社もあった。

## ▼インターンシップ採用を受ける危険性

インターンシップ採用は学生側の準備がゼロかゼロに近い。「地頭」（じあたま）がもともと良い東大生はよいかもしれない。そうでない97〜98％の学生は、準備不足のままでインターンシップを受けるのは危険だ。

## ▼「地頭に自信ある人は是非」

しかし、どうしても民放テレビ局の仕事に携わりたいという気持ちがある人は、インターンシップ参加についての検討をオススメする。

どんなライバルがいて、ESにはどんなことを書くべきで、面接ではどんなことを話すべきで……ということを、本番前に体感するには最高の機会だからである。また、受検会場の確認という側面にも留意したい。会社の位置や環境をある程度把握しておくことで、本番前の緊張を軽減することにもつながる。

## ▼インターンシップのデメリット

ただし、再度、デメリットについても注意したい。

インターンシップには、人事だけでなく各部の管理職が動員される。かなりの費用がかけられている。

採用側としても、一定の成果がなければ採算が取れないと考えている。すなわち、「インターンシップは採用に関係ない」という文句は建前であり、実際には人材の品定めとして機能しているのだ。

インターンシップでのパフォーマンス（成績）が良ければ採用への道が開ける。選抜者は上級インターンに呼ばれ、最終的に内定する場合もある。きわめて少数だが。一方で、「印象が悪い」「協調性がない」とか悪い面が目立てばマークされ、ESで門前払いというリスクもある。

こうした状況を理解したうえでもなお「挑戦したい」と考える人のために、細かいアド

バイスを用意した。

#### ▼年々早くなるインターンシップ時期

　時期に関してだが、テレビ局のインターンシップは早い。ある年はテレビ朝日とフジテレビが夏休み前には応募を締め切るなど、その傾向は強まっている。補足だが、アナウンサーのインターンシップはさらに2、3カ月早い。キー局に関しては、そこで事実上の本選考が行われるため警戒が必要だ。いずれにせよ、応募し損ねないためにはこまめな情報のチェックが必要である。Twitterの各局採用アカウントを十分活用しよう。

　次に、参加する学生の特徴についてである。基本的に、「業界を迷っているが、とりあえず……」という学生はいない。ある程度明確に、こんな番組を作りたい、こんな題材を報道したいという意思があり、それを語れる人が残っている。それもそのはず、ESの質問や体裁は、いずれも本番さながらの量と質を備えているからである(SPIやエンタメの知識以外は、ほぼ本番と同じレベルの準備が必要だろう)。夏の時点でその準備ができているということが、テレビに対する真剣な姿勢を反映しているともいえる。

　フロー全体を通じてみても、本番よりさらに本人の能力勝負の印象が強いのがインターンシップの特徴である。

#### ●インターンの主な3パターン

　さて、テレビ局のインターンシップの形式には、主に3つのパターンがある。

　まず、最も多いのがグループでの活動である。内容は、6時間ほど与えられ、8人グループで何分かのニュースを作る(日本テレビ)、2日間、テーマパークでロケを行って動画を作る(日本テレビ)といった実践系のものから、現在の報道の課題についてディベートを行う(TBS)、昼のニュースで取り上げたい話題についてプレゼンする(TBS)など、お堅い座学系のものまで幅広い。

　いずれの場合も、重要なのは「話す・聞く」のバランスである。自己主張ばかりの人はどんなに優秀でも落ちるし、聞いてばかりの人は独創性がないと受け止められる。自分の意思は伝えつつ、議論のなかで相手の言い分も尊重することが重要だ。

#### ▼見られているという意識が重要

　そのうえで当たり前のことだが、最終的に重要なのが「見られている」ことを意識することだ。

　テレビで言えば視聴者、そしてインターンシップに限ればほかの班員や人事部員が「見る人」に当たる。自分たちの作品が「見る人」の立場に立っているかどうか、ひとりよがりになってはいないかということは、常に注意する必要があるだろう。

　客観的な視点を持ち合わせているかどうかという点は、採用側がマークするポイントでもある。

#### ▼座学形式

　次に、座学(講義)形式のものである。ここでは、各部署の社員が講義を行う。グループワークの前座として、導入目的で行われるケースもある。

　ここではメインとして行われる講義形式のものについて扱う。TBSでは、社会部で長くドキュメンタリーを制作に携わっている記者が講師だった。朝の情報番組のプロデューサーや海外経験の長いカメラマンもいた。現役の報道局長など管理職もいた。

#### ▼「話す・聞く」のバランス

　ここでも、「話す・聞く」のバランスは重要になってくる。見られているのは確かに、手を挙げて質問する積極性だが、だからといってロクに話も聞かずに自分の話ばかりしても評価は上がらない。

　講師からその場で指摘され顰蹙(ひんしゅく)を買うかもしれない。あくまで相手

の話の内容を踏まえたうえで、自分の疑問を伝えたい。それがアピールにつながる。

そこで、緊張で頭が真っ白の学生もいる。主語述語もあやふや、何を言っているのかわからないような状況になるのは印象が悪い。

せっかく面白い切り口でも、伝わらなければ意味がない。熱くなるのもわかるが、自分の考えをしっかりと整理し、要約して伝える能力が求められているのだ。

また、よく質問の冒頭で、「貴重なお話、ありがとうございました」といっている学生を見かけるが、あれは時間の無駄である。どこかの就活サイトに載っている情報なのかもしれないが、某局人事担当は「限られた時間内に、少しでも多くの学生の話を聞きたいのに……」とあきれている。

丁寧さをアピールしたいのが見え見えで、完全な逆効果になっている。

質問するときは、冒頭で自分の名前と大学名をさっと述べ、すぐに本題に触れるのが無難である（このエピソードからも、いかにテレビ局のインターンシップで簡潔さが求められ、評価されるかがわかる）。

### ▼その他のインターンシップ

実地研修型のインターンシップというのもある。これは、1日から1週間、長いところでは数カ月にわたる。定期的に学生を現場で研修させるためだ。これは欧米などのインターンシップと同じである。欧米と違う点は、むこうでは既卒者を対象としている。報酬も会社によってさまざまだ。「経験者のみ」中途採用する（新卒採用という概念はあまりない）欧米社会の現れだ。たとえばフランス人のゴーンというルノー日産の前トップがいる。彼はパリのENSMPという日本の東大京大の学部生が進学する大学院を卒業してミシェランという仏タイヤメーカーに新卒で就職している。

しかしそのENSMPの一学年の生徒の数はわずか数十人だ。東大京大の法、経学部のそれが1000人を大きく越えるのとまったく違う。「真のエリート」で、仏では彼らは新卒でも大企業は採用する。英国オックスフォードやケンブリッジなど卒業生全員が「新卒」ではなく、じつは出身高校（イートンなどの名門私立）で選別される場合が多い。新卒採用が1％のエリートでそれ以外はない。だから若者の失業率が2割、3割になるのだ。

第二次世界大戦の戦勝国の英仏は貴族階級が温存された。そこの子弟が名門私立に進み、名門大学に進学、エリートとして官庁や大企業に新卒採用される。

日本は敗戦国で、新憲法で貴族階級（華族）が廃止された。残ったのは昭和天皇本人、その子ども（平成天皇や常陸宮様など）や兄弟（高松宮様など）だけだ。

指導者も戦争責任を追及されほぼ全員が公職追放となった。安倍晋三の祖父の岸信介もそうだ。

戦後、こうして超平等社会になり、高校生の半分が大学生になるという日本社会は特殊だ。

インターンシップはそもそも海外で超エリート以外が「経験」を積むためにタダ働きをする。その制度のインターンシップという言葉を日本の在学中の大学生に採用するのはそもそもおかしい。

例外は日本の戦前の丁稚（でっち）小僧（こぞう）制度（いまでたとえると時給100円で日曜以外働き、全員が会社の大部屋で寝泊まりや食事もする）だ。

### ▼協力会社の社員から怒鳴られる

インターンシップの説明に戻る。社員と昼食を一緒に食べる。飲みは稀だが、ランチは多い。そこも自分の「意見」を話す訓練だ。

番組制作の「協力会社」の方々にしごかれることもある。なぜならインターンシップ中ということは相手に知られていないため

だ。学生も容赦なく怒られる。予想しない相手とコミュニケーションをとったりしなければならない。そのため、自分の得手不得手が思い知らされる。

なお、ほとんどの局がこうした研修を本選考のフローの終盤で行っている。不安な人はとにかく、親戚のオジサンで企業の幹部の人、飲み屋の常連のオジサン、部活やサークルのOB・OGのオジサンオバサンで訓練をしておきたい。

阪東100本塾では「合宿」で面接練習の終わった深夜25時からOB・OGと飲み会がある。ここで本音が出る。

#### ▼現場の生の声が重要

さて、このタイプの研修のいいところは、何より現場の生の雰囲気をつかめることである。放送原稿の表現1つとって真剣にぶつかり合うディレクターと記者がいる。ピリピリした緊張感が漂う生放送中のスタジオがある。のちに面接で話題にできそうなネタをたくさん得られる。自分の性格とのミスマッチを防ぐという意味でも、大事なプロセスとなるだろう。

ここまで、テレビ局のインターンシップについて、その時期、参加者の特徴、そしてそのコツを3種類に分けてお伝えした。テレビ局で働くイメージを固めるためにも、参加を希望する学生は早めにOB・OG訪問やマスコミ塾に入るなど準備を心がけよう。

#### ▼アナウンサー職と兼ねるのは難しい

民放のアナウンサーに興味がある……と少しでも思っている人のために、簡単なアドバイスをしたい。

夏のインターンシップは、アナウンサー職は本採用である。本気で内定を目指すなら、このインターンを受けなければならない。ただ、基本的にアナウンススクールに何年か通っている猛者ばかりがエントリーする。

そうでない学生がアナウンスのスキルで

勝つのは至難の業である。

また、ミスコンやミスターコン、有名大の体育会スター選手など、目立つという意味では超一流の学生ばかりが集まる。

そんな層の学生は、どこかプライドだけ高くてとっつきづらそうだが、実際はそんなことはない。

確かに、全体的に目立ちたがりの傾向はあるが、人格的に優れた学生も多い。

何重にもわたる厳しい選考を受けるのだ。決して外面だけで選ばれるわけではないため、そういう意味でのハードルも高い。

よく総合職での受験の前に練習で……という学生を見かける。ダメもとのアナウンサー試験用書類に時間をかけるより(写真等、手の込んだ準備が必要になる)、本番の対策に集中するほうが現実的である。

#### ▼玉砕覚悟

民放が採用したいのは地頭が良く、機転が利いて、行動が素早く状況判断が的確な人材だ。大学でいうと旧帝大や秋田国際教養大学のレベル。もちろん現役合格生が望ましい。

私大なら上位2%(自称でよい)に入るような成績の人だ。

英語はTOEICが0点でも可。つまりどうでもよいが中国語を筆頭にロシア、スペイン、タイ、ベトナム語などの特殊言語が話せるのはとてもメリットだ。

体育会も「万年補欠」が受ける。東大野球部万年補欠はマスコミだけでなく、一般企業の人事も「のどから手が出るほど」欲しがる。「よく補欠でも我慢して部活を続けた」点が高い評価になる。学生のなかには「俺は補欠だからダメ」と誤解している人もいるが、違う。サラリーマン人生は悲哀がつきものだ。「不遇」の時こそ耐えられる人材が欲しい。

# Column ①

# 地方の学生が語るオンライン面接のコツ

コロナ禍で多くの企業がオンライン就活に移行した。これは地方学生の私にとってメリットずくめだった。主なメリットは次の2つがある。

1つ目は、何といっても時間的・金銭的な消費が小さいことだ。私は就職留年をしている。1年目のコロナウイルス感染拡大前の就活では30分間のインターン面接のために往復5時間、1万円以上をかけて移動することはざらだった。交通費もインターン面接の段階では満額出るところはほとんどない。1000円や2000円といった昼食代程度のクオカードが支給されるだけである。そのため、交通費を浮かせるために移動はもっぱら夜行バス、泊まる場所もネットカフェの鍵つき個室だった。1年目に参加したNHKのインターンは地方学生向けに世田谷区にある研修・宿泊施設が無料で提供されたが、交通費は一切支給されなかった。目的のインターンの前日に、都内で開催された某鉄道会社の1dayインターンを重ねることで往復3万円の交通費をもらう「裏ワザ」を実行した。

2年目の就活では読売新聞社1社のみ、対面の面接があった。交通費はのぞみ新幹線の往復分が全額支給されたが、実際には格安切符を購入し、差額分を就活の軍資金とした。読売新聞社を除いて、就職活動がほぼ全面的にオンラインに切り替わった。ただ、内定先の地方紙の最終面接がオンラインであったことは、面接にかこつけて趣味の鉄道旅行ができずに残念でもあった。

2つ目は気楽に面接に臨めることだ。対面の面接では靴を磨き、ワイシャツをクリーニングに出す必要がある。だが、オンライン面接ではこうした細部の身だしなみに気を遣う必要がない。服装に無頓着な私にとってこれはありがたかった(実際に私は上半身だけスーツ着用、下半身はパジャマだった)。さらに、面接の開始1分前までESやこれまでの面接内容の復習もできる。自宅で受ける面接は「ホーム試合」だ。このおかげで、本来なら案内される重厚な絨毯の敷かれた役員会議室の雰囲気に飲まれずに済んだ。

私は併願先の一般企業(電機メーカーと電力会社)を含め内定をもらった会社は全て最終面接までオンラインだった。だがマスコミに関しては、地方新聞に限り最終面接のみを対面で行う会社が多い。出版大手の光文社なども対面だった。そのため、「オンライン面接慣れ」には要注意だ。大学の就職支援課を活用し、ドアの開け閉めや椅子の座り方など最低限のビジネスマナーを学んでおくことをおススメする。ビジネスマナーを間違えたからといって落とされることはないが、「礼儀がなっていない学生」と判断された状態で面接を受けることは避けたい。また、私の経験から言えるオンライン面接のコツは主に2つある。

1つ目は顔とカメラとの間の距離を離すことだ。とある地方新聞の面接で「顔とカメラの距離が近すぎる」と指摘された。特にふくよかな学生は、面接官から見て画面に顔が大きく映し出され、丸顔が余計に強調されてしまうので要注意だ。これを言われてから、すぐに中高の教室にあるような学校用の机椅子セットを購入した。(ネット通販で1万円もあれば買える)これだと顔とカメラとの距離の調整が容易だ。そのうえ、学習に集中できるように設計されているので、地方新聞の手書きES締め切りラッシュ時に大いに役立った。また、私は実行しなかったが、男性でも面接のためにメイクをすることは十分アリだと思う。特にニキビ跡が気になる人はやってみてはいかがだろうか。人は外見が全てではないとは言う。だが、男性の肌荒れは第1印象でマイナスに働くことはあってもその逆はない。彼女や女兄弟がいない人はYouTubeを参考にメイクを学ぶことをおススメする。

2つ目は面接官の質問に対して大きな声ではっきりと回答することだ。WEB面接は対面の面接と比較してどうしても淡々と進んでしまいがちな傾向にある。だからこそ、面接官に対して印象を残すためにもこうした受け答えは必須だ。また、ジェスチャーも交えたオーバーリアクションも有効だ。面接官の質問が回線トラブルで聞こえないときは遠慮なく手で大きくバツ印や、首をかしげる動作をする。私の場合、これを受けて電話をすることで音声トラブルに対応してくれた会社もあった。音声トラブルの場合、こちらから電話のお願いをすることは失礼にはあたらない。

以上が私の経験から言えるオンライン面接のコツだ。コロナ禍が終わっても、多くの会社では学生に支給する交通費の経費削減のため、オンライン面接は続くだろう。一般企業のオンライン面接を練習がてら受けてみてほしい。

第 **2** 章

2024
−25
GUIDE

# 内定者から聞く！合格体験記

※筆者に不利益が生じないよう大学名を変更
している場合があります。ご了承ください。

# 01 「出会い」と「話すこと」を支えに、アナウンサーの夢をつかむ

## NHK（アナウンサー職）内定　慶應義塾大学　Tさん

### ▼受験までの経緯

　小学4年生のときの「アナウンサーになる」という夢は、自分も周囲も驚くくらいずっと変わらなかった。もちろん最初は、テレビのなかにいる輝く存在への単なる憧れだったと思う。両親共働きで一人っ子の私にとっては、テレビが1番の遊び道具であり、流行りの情報や学校で習ったことが社会の出来事とつながって物知りになった気分にさせてくれるものだった。また、自分の周りにはさまざまな競技・フィールドで活躍する友人がいて、「いつか私がみんなの活躍を伝えたい」と意気込んでいたのを覚えている。

　大学は、中学・高校のときから好きだった公民、特に政治について学べる場所を選んだ。アナウンサーに出身学部・学科の縛りがないのは知っていたが、私は知識や意見を伴ったうえでニュースを伝えたいという思いもあったからだ。その一方で、アナウンサーを目指す人の多くが通うアナウンススクールには通わず、ミスコンテストにも出ようとは思わなかった。その分、部活動やそのほか学生のうちにやりたいと思っていたことに全力を注いだ。それと同時に目指した教員免許を取得できたことで、私の「アナウンサーになる」という思いは憧れから目標になった。

　中学社会・高校公民の分野で実際に自分が授業をしたとき、子どもたちの「わかった」が生まれる感覚はやりがいを感じたが、その問題提起や学びをもっと幅広い世代に伝えたいと思った。同世代や親世代も一緒になってそれができるきっかけをつくれるのは「マスコミ」だと考え、なかでも自分の思い入れが強いテレビという媒体、アナウンサーという職を志望した。

### ▼受験対策

　大学の授業と、とにかくテレビを観ることが何よりの対策だと思う。あまりに当たり前のことだったので「対策している」という実感はなかったが、企業研究と時事問題の学習を効率良く行う手段なのではないか。加えて3年の春から新聞・テレビのニュースで気になったものの概要とそれに対する意見をノートに溜めた。面接対策にもつながるが、もともと好きだった読書や映画鑑賞も、話せるネタになるよう記録し、観る量を増やした。

### 【インターンシップ】

　3年生の5月はじめからキー局のエントリーが始まる。新型コロナウイルス感染症の流行のため、参加したインターンはほぼオンラインだったが、大きな局はそこから上級者向けインターン（もはや選考）につながっているので、アナウンサー志望の人にとっては最初の関門だろう。インターンを受けたからといって必ずしも有利というわけではないが、本選考のときに多少の選考プロセスの免除や心理的余裕のアドバンテージは得られるのではないか。私の場合は、名古屋テレビは試験ではじめて会社を

見たし、逆にNHKは2年生のときからイベントに参加していた。

## 【エントリーシート（ES）対策】

インターンのときに通過したESをベースに、具体的かどうか、質問に対してダイレクトに答えられているかどうかをより深く考えた。アナウンサーの本選考は、パソコンでの記入と手書きが企業によって分かれるが（手書き→PDFアップロードと手書き→郵送もある）、回答字数は150〜300字とばらつきがあったので、言葉選びや内容の精査は繰り返した。使いまわせるものはうまく活用することも必要だ。

白紙に手書きで写真・文字などを使って作成する自己PRは、アナウンサー試験といえばで、イメージが湧く人も多いと思う。私は遠くから見ても線が細い印象がないか、カラー印刷されなくても伝えたいことが強調されているかを意識した。アナウンサーのESでは、証明写真のほかにスナップ写真がたくさん必要になる。あまり構えていない普段の様子を日頃から家族や友人に撮り溜めておいてもらうと、直前になって困らない。できるだけいろいろな表情の写真を組み合わせて構成するといいと思う。

## 【面接対策】

オンラインのときは、いつもよりリアクションや表情の変化を大きくするようにした。アナウンサーの1次・2次面接は、他業界に比べると面接時間も短いと思う。20分くらい枠があっても、実際に面接しているのは10分なんていうことも当たり前。だからこそ、そのなかで大切にしたのは「面接官の印象に残ること」と「その場の会話を大切にすること」だ。

前者については、面接官がESを事前にどのくらい見ているか会話をしていれば伝わるので、あまりわかっていないと思うときにはよりポイントを絞って話し、自分のキャラや○○な子と覚えてもらえるようにした。逆に読み込まれている場合は、その経験から学んだことやESに書いていないことも遡って話し、そう書いた理由や自分の感情が伴った回答をするように心がけた。原稿読みは大抵どの局にもあるので、面接の前は必ず発声練習をした。

後者については、試験が本格化した3年生の冬は面接の想定問答などはあまりしていなかった。面接の前に提出したESを読み返すくらいで、そのときその場で聞かれたことに対して正直に言葉にすることを心がけた。少しくらい詰まっても沈黙を恐れなくて大丈夫で、考えがまとまらないままダラダラと話し始めてしまうほうが逆にわかりづらいと思う。

## ▼いざ戦線へ
## 【名古屋テレビ】
## ○ES、自己PR動画

「自分らしさ」を表現する質問やテーマが多かったので、アナウンサーらしさよりも自分の素を出すことを写真やエピソード選びで重視した。このときに限ったことではないが、動画を撮る際のロケーションや背景も含めて工夫できる部分はたくさんある。動画は30秒か1分程度が多く、テーマ指定のない自己PR動画なら1度撮ったものを使いまわせるので準備しておくと便利だ。私は定点での自撮りではなく、家族や友人に頼んで撮ってもらうようにした。人にどう見られるか、どちらの動画のほうがいいかは客観的な意見を踏まえたいと思ったので、私は誰かに撮ってもらった。

## ○1次面接（オンライン）

　面接官2人と受験生3人のグループで行われた。個人のESに対する質問と3人共通の質問があり、回答順はランダムに変わったので自分が最初に聞かれるつもりで考えておくと余裕がある。個人面接ではないので、1つの質問に対して独りよがりに長く答えすぎずに、端的にまとめることを意識した。「大学生になってから1番怒られたこと」という質問があり、少し戸惑っている受験生もいた。

## ○2次面接（対面：名古屋本社）

　インターンの早期選考やフジテレビ・在阪局をあまり受けていなかったので、対面で進んだ試験はこれがはじめてだった。実家から名古屋に向かう電車のなかでは不安のほうが大きかったが、いざ試験が始まると緊張とワクワクした気持ちで胸がいっぱいだった。1次試験から雰囲気がガラッと変わり、面接官7人と役員室で厳かな空気に動揺しつつも、挨拶だけは明るく元気にいこうと自分を落ち着かせた。

　ガクチカ（学生時代に力を入れたこと）についての質問が多かった。少子化や今朝観たニュースに対する自らの意見なども問われた。自分の欠点などパーソナルな部分も、自己分析ができているかを見られた気がする。「緊張してる？　リラックスしていいよ」とアナウンス部長の方が声をかけてくださったり、面接官の方も頷きながら話を聞いてくださったりしたので、緊張がほぐれた。

## ○3次試験（筆記試験、カメラテスト）

　2度目の緊急事態宣言があり、当初の予定よりも日程が大きくずれた。その分、時事問題やSPIを勉強する時間が増えたのは良かった。筆記試験としか言われておらず、何をするのかわからなかったのでいろいろな想定をした。この試験の前に縁あってOBの方と出会い、作文についても少し準備をする必要があると学んだ。

　実際の筆記試験は「ペーパーのSPI、時事問題・漢字読み、面接シート記入」という内容で、2グループに分かれ、筆記→カメラと、カメラ→筆記で入れ替えだった。カメラテストは過去問をもらっていたのである程度想定はできた。しかしこれもはじめての試験だったので、とにかく見たもの、思ったことをカメラの向こうに自分の近しい人を思い浮かべて話した。「食べない食リポ」というお題もあり、コロナ禍ならではだった。スタジオのセットは自社制作番組のものだったので、前乗りして実際に番組を見て、雰囲気をつかんでおくのも手だろう。

　急な日程調整で、同じ日に他局の試験も受けるハードスケジュールだった。時間調整の相談には応じてくれることが多いので、無理と決めつけずに交渉してみたほうがよい。

## ○4次、最終面接

　4次は案内役含めて8人、最終は9人が部屋にいた。（最終は4次でいた人は話さず、役員5人が基本的に質問）時間も25分、40分弱と同日に長時間の面接が2つだったので集中力も大切だと思う。アナウンサーとして働くイメージやその役割が自分なりに理解できているのかを聞かれる質問や、幼少期まで遡って今の自分のルーツを深掘りされる質問が多かった。4次は自分でも聞かれたことに対する受け答えが納得いくものだったが、最終は的外れだったり表情も硬かったりしたと思う。

　18時頃に結果の電話が来たが、内定には至らず。名古屋駅で泣いたが、帰ってから

は泣かないと決めて新幹線に乗った。

## 【NHK】

幼い頃からNHKの番組を観たりイベントに参加することが多く、一視聴者として好きだった。憧れのアナウンサーがいたこともあり、2年生のときからインターンに応募していた。インターンに参加したのは3年時だったが、2年生の冬にもインターン応募者限定のイベントなどがあるため、動き出しは早いに越したことはないと思った。

### ○ES

インターンシップのときと同じ形式。だからこそ内容や表現が半年間で成長できているのかも見られていると思う。いろいろ伝えたくはなるがNHKは面接が手厚いので、ESはより具体的に何かに絞って伝えたほうがいいと感じた。

### ○1次面接(オンライン)、テストセンター受験

面接官2人との個人面談だった。ガクチカで学んだことや、自分を客観視したときのことをよく聞かれた。また、記者ではなくアナウンサーを選んだ理由も重要なポイントだったと思う。笑いが起きることもあり、和やかな雰囲気だった。

### ○2次論述試験(オンライン)

1時間で800字、漢字1文字のお題が示されて時間内にそれを提出する。私は1度書いたことのあったエピソードをそのお題に照らし合わせて書いたが、見返したり修正したりして制限時間内ギリギリで書いた。

### ○3次カメラテスト

この時点で残っていた受験生は6、7人ほどだったと思う。名古屋テレビのカメラテストと違ってスタジオのセットは何もなく、純粋なカメラ映りと話す内容・教養をしっかり見られているように感じた。パネルトーク、漢字読み、原稿読み、ワード説明、質疑応答(面接形式)などさまざまな課題があった。

### ○最終面接(対面：NHK本社)

マスクをした状態での面接だった。面接官は男性3人で、ほとんどESに書いてあることへの質問だった。カメラテストの反省やNHKアナになるにあたって自分に足りていないことなど、自己分析ができているのかも確かめられた。

NHKはインターンのときから人事の方が定期的に連絡をくださったり、面談やオンラインでの会話も含めて、自分のことをさまざまな側面から見て評価してくれているのを感じた。大きな組織だが、受験者1人ひとりに割いている時間は大きいと思う。

## ▼マスコミ志望者へのアドバイス

私も3年生の夏は他業界のインターンを受けたり、地元に帰ることも考えたり、アナウンサーになりたいと思いつつもどこかで無理かもしれないという思いがあった。しかし、一旦試験を始めてしまえば「根拠のない自信」も出てきて、試験を重ねるごとに通過できた理由や足りなかったものを客観的に分析できるようになった。

そのなかで自分を支えてくれたのは「出会い」と「話すこと」だったと思う。阪東ゼミ

の存在を知ったのも縁であり、名古屋テレビの試験直後に教室へ足を運び、気持ちを新たに頑張ろうと思えた。数回であったが、同じ業界を目指す学生と作文や面接練習をともにするなかで、自分の強みや言いたいことが明確になっていくのを感じた。

そして、試験でよく顔を合わせるようになった仲間・部活・バイト・地元の友人・家族・先生など、心強い存在がたくさんいることが頑張る力になった。いつも通りの自分が1番いいと思ったので、就活中だからといって何かを休むことはあまりしなかった。

模擬面接という形でなくとも、「話す」ことで自分の思いを言葉にする習慣がついたり、相手の思いを汲む練習になったりした。だからこそ、私はこれからアナウンサーとして、自分を支えてくれる人たちへの感謝を「情報を伝える」ことで恩返ししていきたい。それがひいては社会全体のためにもなると思っている。

最後になるが、新型コロナウイルスの感染が広がるなかで、イレギュラーな試験になるなど、予定管理はとても難しかった。ぜひ体力と気力をつけて試験に臨んでほしい。

## ◎内定までの道のり

| 名古屋テレビ、NHK | | |
|---|---|---|
| 2020年 | 12/7 | 名古屋テレビES締め切り(自己PR動画：どんなアナウンサーになりたいか・あなたらしさが1番伝わるポーズ 各30秒) |
| | 12/14 | →結果 |
| | 12/19 | 1次面接(オンライン、面接官2人対受験者3人) |
| | 12/21 | →結果 |
| | 12/26 | 2次面接(対面、名古屋テレビ本社) |
| | 12/27 | →結果 |
| 2021年 | 1/5 | 筆記試験 |
| | 1/9 | カメラテスト、3次面接 →緊急事態宣言発出のため、1/4に連絡があり延期(予定は未定) |
| | 1/26 | 電話で1/30に来られるか確認 |
| | 1/30 | カメラテスト、筆記試験(対面、名古屋テレビ本社) →当日18時頃電話で結果 |
| | 2/3 | 4次面接 →近くで待機 15時頃電話で結果 →もう1度本社へ 最終面接 |

| | | |
|---|---|---|
| 2021年 | 2/15 | NHK面談(という名の面接のようなもの) →その後電話で、本選考の締め切り日を3/15にするという連絡(=早期選考) |
| | 3/29 | NHK1次面接(オンライン、面接官2人) |
| | 4/1 | →電話で結果 |
| | 4/3 | NHK2次 論述試験(オンライン、「集」漢字1字から思い浮かぶこと、それに対する自分の考え→1時間、800字) |
| | 4/5 | →電話で結果 |
| | 4/8 | カメラテスト →当日夜に電話で結果 |
| | 4/10 | 最終面接 |
| | 4/12 | →電話で結果(内々定) |
| | 7月下旬 | 内定式(オンライン) |

MEMO

# 02 重要なのは量をこなすこと

## NHK（記者職）内定　明治大学　T君

※2022〜23年度版から転載

### ▼受験までの経緯

ゼミでは社会問題や政治をテーマに討論をしていた。そんなテーマについて話すのが好きだった。ゼミにマスコミ志望の先輩がいた。その先輩と話していくうちにマスコミへの思いが強まっていった。その先輩のすすめで阪東ゼミに2018年4月に入塾し、報道に携わるべく就活を進めていった。

そんなあこがれからはじまったため、志望動機は苦戦した。はじめは「政治」をテーマに取材をしたいと書いていた。だが、なかなか自分のエピソードとして書けず、インターンシップに応募した際は悲惨な結果であった。

転機は3年の冬からはじめた路上生活者へのボランティアだった。以前、会った路上生活者が多臓器不全で亡くなっていた。「○○さんは先週の金曜日に亡くなられました」という団体の代表の一言で彼の死は片付けられていた。それでよいはずがないと思った。

私は心から「貧困問題」について取り組まなければならないと決心した。

それからは不思議と自分らしいESと作文が書けるようになり、「顔つきも変わったね」と言われるようになった。

### ▼受験対策

#### 【作文対策】

量を書くことが重要だ。作文練習をはじめたころは書きたいことが多すぎて、まとまりのない作文だった。先輩や友人の作文を見せてもらい、技術を盗んでいった。すると10本目ぐらいから、形になっていった。

作文試験向けのネタは10個ほどあった。だが10本も覚えられず、2本に絞りブラッシュアップした。同じネタでも書き方1つで印象は変わる。800字のなかで、起承転結それぞれの長さと、自然と結論に導かれるような書き方に注意した。

ほかの人に見てもらえ、うまい人の作文を読める環境を探すことが手っ取り早い。

#### 【筆記試験対策】

漢字が苦手だった。漢字検定2級の勉強からはじめ、『マスコミ漢字』に取り組んだ。

先生の指示で夏休みには毎日、朝日新聞の1面下のコラム「天声人語」を書き写した。それでも筆記試験では読めない、書けないことがあった。だが「やって良かった」と思っている。根気が必要だが、作文にも活かせるのでやっておいて損はない。やった分だけ返ってくる。記者職志望は紙の新聞を購読して毎日読んでおくと漢字は自然と身につく。読売新聞は漢字の成績が悪いとそれだけで落とされる。

時事知識はニュースに触れる機会を増やすこと。ニュースから一週間、離れただけでも追いつくのに一苦労する。筆記試験となるととっさに出てこない時もある。年に

数回ある毎日新聞などがやっているニュース時事能力検定を受ける。それだけでなく同検定のテキストなどでアウトプットすることも重要だ。

SPIは学校で紹介されたパソコンのソフトを購入し、対策した。「これを何回かこなせば大丈夫です」という言葉を鵜呑みにした。結果、朝日新聞は筆記で落とされた。他社の筆記試験も満足に解けたことはほとんどない。「足切りでダメだった」なんてことがないよう、テキストを購入し勉強をするべきだ。

ESを仕上げるのにも時間がかかっていたので、仕方なかった面もあるが、「ちゃんと勉強しておけば良かった」と今でも後悔している。キチンと「今日は何をする日」とスケジュール管理をして臨みたい。

## 【エントリーシート(ES)対策】

イメージとしては作文対策と変わらない。企業によって文字数も変わってくるので1度、作文にしてみるのも悪くない。そして、文字数と設問に合わせて形を変えていった。

ただ「その企業にしか提出できないES」を作りあげることがゴールだ。読み返した際、○○社を△△社にしても大丈夫なESは道半ばだ。その会社の商品である記事や連載、映像を取り上げ、自分の取り上げたいテーマがどのように報道され、自分だったらどう報道したいかを語れるようにしておきたい。

## 【面接対策】

面接は苦手だった。阪東ゼミの合宿ではOBの圧迫面接がある。45歳前後のOBは現場の管理職で迫力があった。

面接は本番含め20回以上こなすと、次第に「開き直り」ができるようになった。

本番では面接官と「会話」することを心がけた。友人と世間話をしたことがない人はいないだろう。その時、2分も3分も演説を披露することはないだろう。面接も同じで、30秒、長くても1分でコンパクトに話せるようにした。そのためには自己分析やネタをブラッシュアップする必要がある。作文にしてみて整理してみるのも悪くない。

話を丁寧に聞いてくれるところもあるが、珍しいと思ったほうがよい。会社によってはネガティブチェックで、面接慣れしているか見てくるところもある。私は緊張や自信のなさから暗い面接を披露していた。暗い面接をし、落とされ、さらに自信をなくすという負の連鎖にはまったときもあった。

航空機の客室乗務員を目指す友人がいた。彼の面接は明るく、自分との違いに驚かされた。彼に面接官役をしてもらい対策をした。その際、撮影しアドバイスをもらいながら繰り返し見た。

さらに、本命であった毎日新聞の前に地方紙を10社近く受験した。毎日新聞のための練習であり、落ちることが前提だったので自然と明るい面接を行えるようになった。

自信を得て、明るい面接を行うには、企業研究として受験する企業の連載を読み、面接練習を繰り返し行うことがよいだろう。

## ▼いざ、戦線へ

### 【NHK】

毎日新聞を第一志望に就活を進めてきた。そのためNHKは毎日新聞を受験するための面接練習程度に考えていた。「良くて2次面接までしか進めないだろう」とダメ元で臨んだ。SPIに至っては、ひどかった。受験する時間がなかったので、過去のデータ

を送信した。それは朝日新聞で落とされたものだった。

SPIテストセンターの数字は会社によっては重視しないところもあるようで、それで通ったからラッキーだった。

ESは内定者数人や記者のOBに添削してもらい、面接で自分の話したいことに触れてもらえるよう工夫した。

1次面接、2次面接は記者を相手にした面接だ。終始穏やかだった。ESをもとに基本的なことしか聞かれなかった。ただ面接官はメモをとっており、そのメモは次の試験官へと渡される。そのためESには書いてなくても、前回しゃべったことが聞かれることがある。

2.5次は人事面接だ。圧迫面接と聞いていたので緊張のあまり手が震えるほどであった。待っている間は隣に座っていた職員の方と話しつづけ、気を紛らわせた。結局、怒鳴られるような圧迫面接ではなく、絶対にリアクションされないという面接だった。ちゃんと伝わっているのかわからないため、長くしゃべりそうになってしまったが、それまでの面接通りコンパクトに伝えることを心がけた。

最終面接は事前に人事から時間は10分で、面接官は役員3人、人事2人と説明された。質問は役員からのみなされる。10分といえど、役員は鋭い質問を投げかけてくるので、適当なことは言わないように冷静に取り組みたい。

### ▼マスコミ志望者へのアドバイス

就活は長期戦だ。落とされつづければ卑屈になり、志望先の会社へのリスペクトもなくなりがち。そして、全てがつまらなくなり追い詰められてしまう。だが、その突破口は意外なところにあるものだ。先生かもしれないし、大学の友人かもしれない。「自分は記者志望なのだから、つらくても、時間がなくても、足を運んでみよう」という気概を忘れないでほしい。

負のスパイラルにはまると、自分では明るくしているつもりでも負の雰囲気が醸し出されてしまい、ESや面接で見透かされてしまう。腐らずに「何とかなるさ。自分には取材したいテーマがあり、同じような問題意識をもっている会社に巡り会えるはずだ」と下を見ずに、前を見て歩きつづけてほしい。

MEMO

## 03 2年間の迷走の果てのゴール。 私は何をしたかったのか

### NHK（ディレクター職）内定　慶應義塾大学　T君

※2021年度版から転載

#### ▼受験までの経緯

志望理由には必ずしも強烈な原体験が必要なわけではない。少なくとも私の場合、大小さまざまな経験、本で読んだこと、日々の考えがパッチワークのように合わさった。徐々に「やりたいことは、これかも？」と確信に変わっていった。

もともと私は教育に関心があった。中学生の勉強相談や受験指導にも携わってきて、学力を上げるだけでは本質な問題解決にならないと考えるようになった。

そんな時にNHKの中高生向けの番組制作のアルバイトをする機会があった。「未来を作る子どもたちのために何かしたくて、今の仕事を選んだの」。あるディレクターのその一言が、心に残った。

就職活動が始まると、自分が何をしたいのか、その理由がわからなくなった。結局、1年目の就活で納得のいく答えはでなかった。

9月から就活浪人をするにあたり、NHKのU-29で見た「これかも…！」にドキドキした。相変わらず私は回り道をしていた。

スタディツアーを提供する旅行会社でインターンシップをはじめた。本当に教育関係の仕事に携わりたいのか、どのように携わりたいのか確かめたかった。やりたいと思ったことを実際にしてみたことで、自分の考えがさらに深まり、自分の言葉に自信が持てるようになった。2年間の就活は迷走してばかりいた。だが、振り返れば、着実に一歩ずつ進んでいた。

#### ▼受験対策
#### 【エントリーシート（ES）対策】

ESは就活における要である。そのESの出来を決める要素は大きく2つある。「これまでの経験」と「経験の深掘り（エピソードへの昇華）」だ。それぞれについて説明する。

経験とは、何も特別な経験ではない。どれだけ志望動機を裏づける経験をしてきたのかだ。こればかりは直前でなんとかなるものではない。まだ就活まで時間がある人は、就職してやりたいと思っていることにできる範囲で実際に取り組んでみることをおススメする。

たとえば記者として市井の人の声を伝えたいのなら、実際にいろんな人を聞いてまわること（取材）をしてみればいい。

取材したことを文章にしてブログで発信してもいいかもしれない。その過程で、本当にそれを仕事としてやりたいのか、適性がありそうかわかってくる。記者やディレクター以外にも道はないのか？などだ。

就活まで時間がない人も焦る必要はない。これまでの経験を深堀りできていれば、

十分戦えるESになる。一つの出来事に対して、なぜそれをしたのか、そこから何を考えたのか、(これまでの人生も振り返って)なぜそう考えるに至ったかなど、いろいろな角度から深堀りをする。そのことで、どのような些細な経験もESでキラリと光るエピソードに昇華される。

その際、自分1人で深堀りをするよりも友人や先輩に話を聞いてもらいながら整理するとよい。実際に私もNHKのESに関してはとくに何度も何度も書き直し、友人やOB、現役のディレクターに意見をもらっていた。

何度も書き直すことで、自分の考えがどんどんブラッシュアップされていった。身近な人に自分のESを見てもらうのは少し気恥ずかしい。だが、人に見てもらうことで、客観的に自分の経験や学びを見つめなおすことができる。練られたESは一目見ればだいたいわかるものである。また、ESを作るときにたくさん考えたプロセス自体が面接でも活きてくる。

## 【作文対策】

作文に必要なのは、ネタと構成力だ。ネタとはすなわち経験である。すばらしい経験をしていても構成力がなければ平凡な作文になる。逆に、平凡なネタでも書き方次第では良い作文になり得る。

構成力に関して、もともとセンスの良い人もなかにはいる。だが、大半の人はある程度の数を書いて添削・批評してもらわなければ身につかない。阪東ゼミでは毎週作文を書く。私は1年目は5本目を過ぎたあたりからネタが思いつかなくなり、毎週必死に自分の経験を思い起こした。

そうすると、自分では些細な経験だと思っていたことがほかの人にとっては面白かったりすることがある。また、出されたテーマで経験を切り取るため、一つの経験でも複数の角度から振り返ることができる。

浪人中でも同じだった。ここまで読んでカンの良い人はお気づきだろうが、作文を書くこと自体がESの経験を深堀りすることにつながるのである。ちなみに私は作文を書くことが苦手だった。時間内の60分に書き上げることができなかった。

本番は、ゼミで点数の高かった作文を2つ予定稿として準備していった。本番では運良く予定稿が使えてほっとした。本番にぶっつけで書けるようになるのがベストではあるが、私のように作文に不安がある人は、3つほど自信のあるものを用意していけばよい。

## 【面接対策】

最大の面接対策は、自分の納得できるESを作り上げることである。ESを作り上げる過程で自分自身を深く掘り下げるからである。そのうえで、さらに面接のために行うべきことは、誰かに志望動機を聞いてもらうことだ。ESは書ける分量に限りがあるため、どうしても抽象的にしたりエピソードを捨象する必要が出てくる。それをそのまま面接で話すと、言葉不足で面接官には言いたいことや熱意が伝わらない可能性がある。誰かに聞いてもらうことで、何をどのように面接官に伝えれば納得してもらえるのかがわかってくる。志望動機だけでなく、面接で定番の質問に対しても同様のことをしていれば、本番は少し心に余裕をもって臨めるだろう。

私もNHKの面接の前日には毎回、一緒に就活浪人をしていた友人に電話で2〜3時間ほど"壁打ち"の相手をしてもらっていた。志望動機やそれまでの面接でうまく答え

内定者から聞く！ 合格体験記　**43**

られなかった質問を重点的に聞いてもらった。幸い私の友人は正直で辛口だったため、「ごめん、何言ってるのかわからない」などと心にグサッとくる意見をくれていた。おかげで、本番に圧迫面接だと感じた面接は1度もなかった。

## ▼いざ戦線へ

1年目は東京キー局と関西の準キー局を中心に受けた。関西テレビでは最終面接に進めたが、あと一歩及ばなかった。心の奥底では志望動機に納得できていなかったのが社長に伝わったのかもしれない。2年目は旅行ベンチャーの会社で長期インターンをした。ビジネスや社会起業家に関心があったので、マスコミは本命のNHKしか受けなかった。

## 【NHK（ディレクター職）】

2年目の今年はNHKのインターンシップの応募からスタートした。しかし、NHKの本採用をすでに春・秋と2回受験していたためか、インターンに3回応募して3回とも書類で落とされた。そのような経緯で、半ばあきらめの気持ちで私の2年目の春採用は始まった。

1次面接は30代前半くらいの優しそうな女性の方が面接官だった。「どうしてNHKを志望してくださったんですか？」とほんとうに知りたくてたまらないといった様子で聞かれた。1次面接ということもあり、しどろもどろになりながらも一生懸命答えると、何度も深く相づちを打ってくれた。興味を持って自分の話を聞いてもらえるのはとてもうれしい。私も楽しそうに話すことを心がけた。最初こそ緊張したものの、次第に笑いもでるようになった。面接終了後、席を立ちながら世間話のような気軽さで面接官の方が作っている番組などを質問していると会話が弾み、もう1度席に座りなおして5分ほど話した。OB訪問をしたような感覚でただただ楽しかった。時間は40分ほどだった。

2次面接は20分ほどの面接が2回ある。1次面接に比べれば雰囲気は堅かったが、聞かれた内容は1次面接とあまり変わらなかった。前日に電話で友人と1次面接の振り返りと対策をしていたので、自信を持って話すことができた。私の個人的な印象だが、テレビ局のおじさんたちは雰囲気が堅くても中身は面白い人が多い。なので、臆せずに面白いエピソードは笑いながら話した。

NHKの2.5次面接は人事の方との1対1の面談だった。昨年までとは異なり、今年はグループディスカッションがなかった。面接内容自体は1次、2次とそこまで変わらなかったが、さらにおしゃべりに近かった。非常にリラックスして思いのたけを聞いてもらうことができた。

3次面接（最終面接）は理事クラスの面接官が4人だった。それまでの面接とは打って変わり、面接官の方々の反応は鈍かった。

ピンと張りつめた雰囲気に飲まれそうになりながらも、楽しそうに話した。伝えたい想いは真剣な表情で目一杯伝えた。

最後のほうになると面接官の表情も心なしか和らいでいるようにみえた。翌日、人事の方から内定の電話があった。

## ▼マスコミ志望者へのアドバイス

あなたのやりたいことは本当にテレビでしかできないのか、記者でしかできないのか、胸に手を当ててよく考えてほしい。テレビや新聞に入ることが目的にはなっていな

いだろうか。1年目の私は、いつのまにか就職自体を目的化していた。反面教師にしてほしい。

　就活全般に言えることだが、就職はあくまで手段でしかない。その仕事を通じて、社会にどのような価値を提供したいのか、自分がどうなっていたいのか、改めて考えてみてほしい。私は2年目に「何をやりたいのか」「なぜやりたいのか」「本当にテレビでないとできないか」「本当にNHKでないとできないか」を徹底的に考えた。

　そうすると私のしたいことは別にテレビでなくともよい、ほかにアプローチ(仕事)の仕方がありそうだとわかってきた。ほかにもいくつも選択肢があるとわかると気が楽になる。

　また、NHKの面接でもそのように徹底的に考えたことは必ず活きてくる。さまざまな選択肢を吟味したうえで、やはりテレビが最善の手段であると思ったら、自信を持って受けてほしい。

　最後に2年間の就活は迷走してばかりいた。だが、振り返れば、着実に一歩ずつ進んでいた。

　阪東ゼミには大学3年の11月から2年目の就活が終わるまでお世話になった。大学の本屋で本書を手に取ったことがきっかけだった。ちなみに私は3年分の本書を何度も読み込んだ。大事だと思うところはマーカーで線を引いていた。

　就活は運と縁というが、NHKだけでなく、カンテレ(関西テレビ)もまさに運も縁も感じた会社だった。年に3回募集(冬・春・夏)をしており、私はそのすべてで最終面接に進んだ。面接を受けていくうちに「ここで働きたい」と思うようになっていった。

　カンテレのESは意外と分量が多く、自由な発想も求められる。応募時期によってESで求められる内容は異なるが、私の時はザ・テレビ局という印象だった。

　3期を通して、最初に受けた冬採用の1次面接が最も印象に残っている。すぐ落ちるだろうととくに準備もせずに臨んだ面接が、思わずして楽しい面接となった。カンテレ(フジテレビ系)の面接でTBSの「逃げ恥」の話で盛り上がり(後で知ったのだが、この面接官の方は逃げ恥のDVDBOXを買うほど好きだった)、バカ笑いしながら面接を終えた。案外飾らないほうが面接はうまくいくのかもしれない。

MEMO

# 04 理系大学出身者のマスコミ就職

## NHK（技術職）内定　中央大学　Yさん

※2022～23年度版から転載

### ▼受験までの経緯

「編集者になりたい」。小学生の頃から抱いていた夢だ。漫画が好きで、漫画に関わる仕事に就きたいと思っていた。漠然とだが、「マスコミ」という業界に憧れていた。

マスコミ就職は難関だ。心配性の私は理系に進学すれば、マスコミがダメでもメーカーには就職できるだろうと思い理系に進んだ。大学受験では、理系でもマスコミに強いと言われる大学を志望したが、叶わなかった。それから私は、もうマスコミはムリかもしれないと思い、メーカー就職を考えていた。就活を考える学年になり、メーカーではなくマスコミに行きたいという気持ちが強くなった。失敗したとしてもマスコミにチャレンジしようと思い、大学3年の4月、阪東ゼミの門を叩いた。

3年生の10月のこと。日テレ技術職のインターンに参加した。「テレビって、私に合ってるかも」。なんとなくだが、そう感じた。出版志望だったが、「どうしてもマスコミに入りたい」という気持ちのほうが強かった。そして、テレビ局と出版社の両方を目指す就職活動がはじまった。

### ▼受験対策

#### 【作文対策】

対策をはじめたころの作文は散々なものだった。「おもしろくない」「何が言いたいのかわからない」。200点満点中60点ばかり取っていた。なるべく自分の体験談や会話を交え、オチがあるように書いた。阪東先生やOBの方のアドバイスにより、少しずつ点数が上がっていった。

試験本番では、評価が高かった作文を6本用意し、挑んだ。私は、作文を書くのに時間がかかってしまうため、準備していた作文をテーマに合わせようと考えていた。運よく、予定稿が使えたのでほっとした。

#### 【エントリーシート(ES)対策】

私は体育会系部活動に所属していたため、いわゆる「ガクチカ(学生時代に力を入れていたこと)」には困らなかった。ただ、部は強くないうえに、私は主将でもなんでもないレギュラーにも入れない部員だ。部活動ネタだけでは弱い。そこで、大学3年の夏、北海道の農園のボラバイトに行き、ネタ作りをした。その際、農業技術的に学ぶことよりも、地域の事柄や人間関係について観察し、何を学び、今後どう生かすかを考えるようにした。

ES添削は内定者やOBの方に添削してもらった。「こんなこと誰でも言えるよ」「あなたが見えてこない」と言われ、何度も何度も書き直した。「なぜ」を3回繰り返し、深堀していった。経験から「どう思ったか」を具体的に書き、「自分がどういう人間か」を伝えることを意識した。

## 【筆記試験対策】

　毎日ニュースを見るようにした。時事問題だけではなく、芸能にもアンテナを張っていた。ゼミの同期と時事・芸能問題を出し合い、インプットとアウトプットを日常的にするように心がけた。

　テレビ局技術職は、理系問題も出題される。中学受験の算数や高校卒業レベルの数学と物理、大学レベルの電気電子情報系の問題だ。高校時代に使っていた教科書を引っ張り出し、勉強した。大学では、物理を専攻していたため、情報系の問題は全くと言っていいほどわからなかった。そこで、情報系を専攻している後輩に頼み、教えてもらった。ただ、理系問題には自信があったため、そんなに力は入れなかった。

　漢字対策は『マスコミ漢字』（一橋書店）を使い、読み・書きを中心に行った。私が受けた会社の筆記試験で漢字問題は出題されなかったが、作文を書くときに役立った。

## 【面接対策】

　「話し方が軍隊みたい」。初めての面接練習で言われた。運動部アピールをしようとして元気良く話したつもりが、不自然だったようだ。「会話のキャッチボールができてない」「勢いだけ」。阪東先生やOB・OG、内定者の方から厳しく指導された。一方的に話すのではなく、「会話」を意識し、徐々に良くなっていった。

　面接が不安だったため、いろいろな友人に頼み模擬面接をしてもらった。2日に1回は、面接練習をしていた。予想質問集を作り、自分の言葉で伝えることを心がけた。「会話をする」「会話を楽しむ」ことを意識し、自然体で面接に挑むことができた。

## ▼いざ戦線へ
## 【東京キー局】

　テレ朝は、ESのほかに動画課題がある。テーマは「面接官に話すようにあなたの『自慢話』をしてください」だった。私は、ボラバイト先で習得したとうもろこしの皮を早く剥くことを自慢話にした。ESは通過したが、筆記試験であっけなく敗退してしまった。このことで、時事問題やSPIにもっと力を入れようと思うことができた。

　TBSの1次面接は2人対1人の個人面接だった。面接官が私の企画案に良い反応を示さなかったうえ、TVerとParaviを間違えてしまい、敗退した。

　日テレはインターンに参加した。上級編まで行ったが、最上級まで行くことができなかった。最上級は3人行ったと聞いた。ただ、最上級に行ったからといって、必ず採用されるということではないようだ。実際、最上級に行った知り合いは4次選考のグループワークで敗退している。

　日テレの筆記試験は、時事問題はなく、高校卒業レベルの数学と物理だ。大学で学ぶ電気電子情報系の問題もあったが、問題文を読めば解けるものであった。この試験を通過するには6割は確実に超えていないとダメなようだ。

　3次選考の面接は、2人対1人の個人面接だったが、私の個人的な用事で、日時をずらしてもらった。その用事は、私の心にダメージを与えるものだった。面接では、それが影響してか、自分の言いたいことをうまく伝えられず敗退した。マスコミを目指す者として、動揺を表に出してはいけないと痛感した。

## 【NHK】

　選考は、10月末に学内で行われた企業セミナーからはじまっていたようだ。各企業

内定者から聞く！ 合格体験記　**47**

が教壇で企業説明をしたあと、20分×2回の個別相談会が開かれた。私は、2回ともNHKの個別相談会に参加した。人事の方にたくさん質問をし、相談会が終わったあとも質問をした。最後に名刺を渡すと、翌日、メールが来た。「インターンシップに参加していただきたい」。この誘いがあり、私はインターンシップに参加することにした。

このインターンでテレビ局、特にNHKの志望度が上がり、第1志望となった。もともと出版志望だったため、テレビ局を第1志望にするということに葛藤があったが、自分の気持ちに正直になることにした。

NHK技術職は、インターンに参加すると早期選考に乗れる。3月中旬にESを提出し、下旬にテストセンターがある。それが終わると、4月上旬に2次面接と最終面接がある。1次面接と筆記試験は免除されるが、2次面接のときに作文がある。早期選考に乗れたからといって全員が受かるわけではない。気を引き締めて面接対策をした。

2次面接は、2人対1人で20分×2回の面接だった。面接官は、受験者の志望部署で働いていた、あるいは働いている職員だ。「NHKではどんな番組を見てる?」「周りの子はテレビ見てる?」「他局は受けてる? メーカーは?」などテレビに関する質問や、私という人間に関する質問もされた。どちらも穏やかな雰囲気でおしゃべりをしに行ったという感覚だった。

2次面接が終わると、作文がある。テーマは「伝」だった。ゼミで高得点だった作文を6本用意し、挑んだ。そのおかげで、焦らず書くことができた。

最終面接は3人対1人の個人面接だ。いわゆる圧迫面接に近いものだった。2次面接と違い、重い雰囲気で面接官は全く笑わない。「志望の部署に行けなかったらどうするの?」という質問を3回され、「メーカーのほうがいいんじゃないの」とも言われた。厳しい質問に頭をフル回転させ、食らいついた。「最後に何か言いたいことはありますか」の質問に対し、NHKへの想いが溢れた私は「仲間にしてください」と言い、会場を去った。

翌日の夕方、着信があった。「合格です」。お世話になった人事の方から言われた。私は、思わず「やったー!」と叫んだ。

#### ▼マスコミ志望者へのアドバイス

マスコミは狭き門だ。加えて、激務で斜陽産業の道を辿る。それでも、思い切って挑戦してみてほしい。私がマスコミ志望を貫いたのは、結局のところ「夢だから」の一言に尽きる。推薦で理系企業に就職するほうがよっぽど楽だが、10年見続けた夢をあきらめることはできなかった。挑戦せず逃げたら一生後悔する。私の場合、幼いころからの夢だった出版社に就職することは叶わなかった。それでも、就職活動をする過程で、出版社より行きたいと思う会社に出逢えた。夢と適性は必ずしも一致しない。就活生のみなさんが自分らしく働ける場所に巡り合えることを祈っている。

MEMO

# 05 記者になりたい想いを深堀り、軸を固めること

## テレビ朝日内定　東京大学　D君

※2021年度版から転載

### ▼受験までの経緯

　情報は、自分と社会をつなげるものである。だから、「情報がない」という状況は不安で孤独だ。私はその不安を味わったことがきっかけで、記者志望になった。

　2011年3月11日、私は、岩手県一関市内に住む中学2年生だった。体育館で、翌日に控えた卒業式の準備中に、東日本大震災はやってきた。激しい揺れに、ひざから崩れ落ちた。「やばい、マジで死ぬ」。ストッパーを解除されたグランドピアノが、ステージ上で暴れた。窓ガラスは砕け、破片が散乱した。本当に怖かったのはその後だった。情報がない。今一体何が起きているのか。家族は無事なのか。不安ばかり募るなか、余震が襲う。校庭でひたすら、何を待っているかもわからないまま、待機の指示に従った。「本当にすごかったよね、映画みたいだった」。関東や関西の友人は、津波の映像をリアルタイムで見ていたと言い、こう話す。だが、考えてみてほしい。あの時、私たちは、「正しく怖がること」さえできなかった。行先の見えない真っ暗闇のなかに、突然放り出されたような孤独感があった。

　テレビの復活は、そんな私を救った。数日後に電気が戻ったとき、震災特番で伝えられたのは惨状ばかりだった。だが私は、そんなニュースを通じてでさえ、妙な安心感を得ていた。世の中がどんなにひどい状況にあったとしても、自分はとにかくもう、そこと切り離されてはいない。「よかった、俺は1人じゃないんだ」。日ごろ、当たり前のものと考えていた情報の重要性を強く認識した瞬間だった。

　情報は命を救うこともあれば、その不足が人々に大きな不安を与えることもある。それを痛感した私は、「情報」を扱い届ける仕事に関心を持つようになった。ニュースへの関心が高まり、高校入学のころには、ぼんやりと記者志望が固まっていた。

### ▼受験対策

　2017年の正月、大学職員である叔父からの話を機に、私は就活を意識しはじめた。「マスコミ就活は早い。だから早めに何かしておかなきゃ」。動きはじめたのはその年の2月頃のことだった。たまたま叔父の関係者に記者がおり、お会いする機会をいただいたのである。

　「自己分析は、記者になってから事件の本質を追究するプロセスとよく似ている」。ブロック紙で社会部記者として活躍するA氏は、自己分析の大切さを強調した。「一見、何の脈絡もない自分の側面同士が、ふとした瞬間結びつく。そういう時にこそ、自分の本質は見えてくるんだ」。自分を知らない者に、自分について語ることはできない。私の就活は、小学校6年生からの自分の記憶を、一斉に書き出す作業からはじまった。

　自己分析を進めるうえで気づいたのが、社会人訪問の重要性だった。とにかく、記

内定者から聞く！ 合格体験記　**49**

者として働くことについて具体的なイメージがほしい。そのイメージが、自分の性格の適性あるいは修正点について考えるための判断材料になるからだ。

とはいえ、私のコネクションは乏しかった。高校・大学の先輩に、マスコミ関係者はほとんどいない。家族や友人もあまりあてにはならなかった。

そんな時、頼りになったのが阪東ゼミだった。当時、私は漠然と「記者になる」ということしか考えていなかった。しいて言えば、「東京で働きたいなあ」「映像で伝えたいなあ」という希望から、キー局を多少意識していた程度であった。そんな私に、ゼミの先輩方は丁寧に対応してくださった。「君のやりたいことは、この部署で実現できるよ」「将来のために、君のその経験はこう生きるよ」。何人ものお話を聞き、また私のお話を聞いていただくなかで、やりたいことの輪郭がハッキリしていった。

震災の時、情報を失い、社会とのつながりを失った自分は不安で孤独だった。あの時のような不安や孤独を感じている人は、非常時でなくともいるはずだ。そんな人々のための目や耳や、口になりたい。この想いはその後、私の就活の軸となっていった。

### 【テレビ局のインターンシップ】

テレビかどうかにかかわらず、インターンシップのいいところは、同じような問題意識を持ち、同じ夢に向かって頑張る友人ができる点にある。私の周辺にマスコミ志望の学生が少なかったこともあるが、このときできた友人とはその後も付き合いが続いている。一緒にいて刺激を受けるし、意識も高まる。地方の私などは、就活で上京した時はほとんど友人の家に泊めてもらい、就活そっちのけで飲み明かしたりしていた。このやり方は、宿代が浮く点ではオススメできる。

インターンシップへの参加には是非がある。キー局の場合は特に採用に深くかかわる部分があるため、準備のできていない学生は「逆マーク」を受ける場合がある。現にある局では、中途半端にインターンで上位に残った学生ほど、ESで落とされていた。

私の場合、社会人訪問の延長の気分で、単純に「話を聞くチャンスだ！」と乗り込んだ。結果としては成功したが、今考えれば軽率だったなとも思う。読者のみなさまには、自らの性格なども考慮し、判断していただきたい。

まず、すべてのケースで私が徹底したのは、「とにかく楽しむ」ことである。拍子抜けするかもしれないが、これが案外難しい。なぜなら、私たちと常に行動をともにする社員はみな、人事部員だからである。彼らの目を気にすればするほど、消極的になるし、脳みそは固くなる。だから、変にウケを狙ったりせず、「みんなと何かを作り上げる」ことや、「普段立ち入ることのできない環境にいられる」ことを、純粋に楽しむべきだ。

次に、具体的な対策について触れておこう。まず、ディスカッションや動画撮影、プレゼン作成などのグループワーク形式の活動については、とにかく「いいものを作ろう」という態度を貫くといいと思う。非現実的な理想論ばかり語れというわけではないが、変に大人の事情を考慮しはじめたりすると、「こいつはかわいくない奴だ」と思われる。とにかく、自分の情熱を、動画なり、プレゼンなりに全力でぶつけることだ。

そのうえで、他人の意見でいいと思った点は素直に聞き入れ、軌道がそれてきたら修正すればいい。それがいわゆる「協調性」だと私は感じている。なんでもかんでも、自分を抑え、優等生をやっていればいいというものではないのだ。

あるキー局に内定した友人は、内定直前、「なぜ、自分はここまで残れたんですか」と人事に聞いたところ、一言「熱量だよ」と伝えられたという。就活を終えた今、この会話こそがまさに、テレビ局の採用基準を端的に示していると思う。熱量なのである。

次に、局員による講義形式のものについては、特に質問の内容と、積極性が重視されていると感じた。これも、みんなが手を挙げているから自分も……とか、なんか気の利いたこと言って点数稼ごう……とか考えだすと、失敗する。話を素直にかつ批判的に聞いてれば、「え？」「ん？」と思うところは自然と出てくるはずだ。

　それを正直にぶつける。話し手は、その道のプロばかりである。そんな方々に、自分の疑問をぶつけるチャンスなどまずない。その機会に直面している自分の興奮を伝えるのである。だからといって、興奮して何言っているのかわからないのでは話にならない。興奮しながらも、冷静に論理的に、自分の疑問をわかりやすく言語化できるかどうかが重要である。この経験は、就活本番の面接でも大いに役に立った。

**【面接対策】**

　キー局2局、準キー局1局でのインターンを終えたころ、いよいよ本採用がはじまった。まず、他聞に漏れずキー局からエントリーをはじめるが、正直言って自信はゼロだった。ゼミで見てもらいESや作文には自信があったし、部活やバイトなど、持っているエピソードについても整理したつもりだった。ただ、唯一にして致命的な不安要素があった。それは、話の長さだ。話した人皆に指摘される、私の弱点だった。

　不安は的中した。筆記試験を奇跡的に通過し（エンタメ系のテレビ局は壊滅していた）、臨んだテレビ朝日の1次面接では、言いたいことがほとんど言えず、時間オーバーで面接を終えた。さあ次だと切り替えようとしていると、なぜか通過の知らせが来た。妙に自信のついた私は、あれよあれよと最終面接まで到達してしまった。

　事の重大さに気づいたのは、最終面接の控室でのことだった。「あれ？ 俺、これ通ったら内定か」。恥ずかしい話だが、テレビ朝日8階の応接室で順番待ちの間、私は7回ほどお茶をこぼした。捨て身の純粋さでここまで楽しんでこられたものの、実感が湧き出し最後の最後にビビり出したのである。

　その時、見かねた人事のBさんが放った一言が、私を勝利に導いた。

　「君はプレゼンをするんじゃない。コミュニケーションを取りに行くんだよ。ありのままの君が知りたいんだ。仮に君が僕らをうまく騙して入社したとして、双方になんの得があるんだい？」

　はるばる地方からやってきて、私は、あのイカツイ部屋でオジサンたちとおしゃべりを楽しむのだ。そして、自分は何たるかということを隠さずに伝えるのだ。緊張は解けなかったが、そのとき、やるべきことは見えた気がした。

　2018年1月末、内定の電話を受けたとき、私は田町駅のサンマルクにいた。知らせを受けて、はあ、と変な声が出たのを覚えている。例によって実感はわかなかった。

　ほかの選択肢も残されてはいたが、はじめに手を挙げてくれたテレビ朝日を裏切ることは、私の良心に反した。翌々日、本社でハンコをついて私の就活は終わった。

**▼マスコミ志望者へのメッセージ**

　就活は苦しいか。そうでもないなというのが本音である。それは成功したから言えることか？ そうかもしれない。ただ、結果にかかわらず、重要なのは人間との出会いである。阪東先生はじめゼミの諸先輩方、同期、それ以外にも、就活で知り合った友人はみな、この就活をしなければ出会わなかった人ばかりである。記者になるという夢をかなえるため、駆けずり回った半年間の記憶はどれも、これらの人たちの誰かと結びついて私のなかに残っている。

## 06 入念な会社・番組研究で、第一志望の内定をつかむ

### TBSテレビ内定　東京大学　B君

※2018年度版から転載

#### ▼受験までの経緯

　私は仮面ライダーが幼少期からのあこがれだった。変身はできなくとも仮面ライダーのように、生きとし生けるものの命、そのなかでも特に子供たちの笑顔を守りたい。そう考えて当初は教員を志望していた。大学2年の1月頃から、学校内の子供たちだけでなく日本中の子供たち、手が届くなら世界中の子供たちの笑顔を守りたいと思うようになった。

　私は大学2年の春休みに「NHKスペシャル」の「未解決事件シリーズfile.02オウム真理教」を見た。この番組を見て、報道に携わることで、社会悪と戦うことができる。記者になることで、結果として多くの人たちを笑顔にする正義の味方になれるのではないかと考えるようになった。新聞よりもテレビが好きだったので、できればテレビで記者になろうと決意した。

　私が阪東ゼミに入ったのは、2015年、大学2年生の3月だ。記者になりたいと決断したものの、実力不足は明らかだった。「来年まで時間はあるので、最初から根を詰めないこと。息切れしないように準備していこう」。体験授業に参加した日に、塾近くの「餃子の王将」で先生から言われた。体育会の運動部員であまり知的ではない私に対しても、先生は親身に指導をしてくれる。そう確信した私は、その日の内に入塾を決断した。この直感は当たった。

#### ▼受験対策
#### 【作文対策】

　作文は20本目までは、うまく書けずに苦戦した。20本を超えると、作文を書くことに慣れてきた。60分で書き終えられるようになり、時間配分もできるようになった。

　私は10本を超えると書くネタがなくなった。代々木公園を走っている人や商店街の店の店主に話しかけるなどして、日々ゼミの授業に持っていく作文のネタを探した。すると身近なところにこそネタは転がっているのだと気づいた。そこから心に伝わる作文が書けるようになった。背伸びをしすぎないネタで作文を書くことが、作文をうまく書くコツだ。うまく書けるようになってくると、作文を書くことが楽しくなってくる。

#### 【エントリーシート(ES)】

　ギリギリに取り組むのはよくない。よくないのだが、私はいつも締め切り直前に提出していた。ESは最終面接でも社長ふくめ役員の全員が手元に置いている。社長に見せても恥ずかしくないESを仕上げるべきだ。

　ESを他人に見せるのは恥ずかしい。それでも独りよがりのESにならないようにOB・

OG訪問で出会った記者や信頼できる友人には見せて添削してもらうべきだ。私は、提出直前に徹夜で友人と添削し合った。

テレビのES、特に準キー局と地方局のESでは自己PRとして写真を貼る項目がある。私は刺激的な写真を貼るために、夏休みや冬休みの長期休暇に地方の辺鄙なところで働くなど面白いバイトをするようにした。バイト先で撮った写真を私はESに貼りつけた。

## 【筆記試験対策】

筆記試験の時事問題はニュース検定の問題集、『新聞ダイジェスト』掲載の問題1年分を5回解き直す。漢字は一ツ橋書店の『マスコミ漢字』を3回解いた。テレビ志望でも漢字は大事だ。TBSの筆記試験では漢字問題だけで100題近くが出題された。新聞志望と比べてテレビ志望の学生は漢字の用意ができていない人が多いので差がつく。漢字は徹底的に準備しておきたい。

またテレビ志望の学生は新聞志望に比べてあまり新聞を読まない。私が毎日新聞を購読しはじめたのは大学3年の4月だ。記者志望としてはかなり遅いスタートだ。半年はその日の新聞を読み終えるだけでも精一杯だった。

新聞志望の友人は朝日、読売、毎日、日経、産経の5紙を毎日読んでいた。12月頃から、私は負けじと朝日新聞と読売新聞にも手を出すようにした。テレビ局の面接でも新聞を読んでるかと聞かれるが、その対策としてだけでなく新聞は知性を磨くのに有効だ。テレビ志望者にこそ新聞をススメたい。

## 【面接対策】

ファミレスや大学の自習室に阪東ゼミの友人5人ほどを集めて、勉強会を開き、筆記対策とともに、面接の練習をしていた。特に、お互いが面接官・受験者・観察者の役割を交代して行う「三角面接」は数多くこなした。何度も繰り返したため、一緒に面接練習していた友人のESや、面接官への返答の内容を暗記してしまった。「俺が明日熱出したら、代わりに面接に行ってくれ」と言えるほどだった。

私はテレビが第一志望だったので、面接で番組について熱く語れるように準備をした。特に2015年10月からは「NHKスペシャル」と「ドキュメント72時間」は毎週必ず見るようにした。見逃してもNHKオンデマンドで見た。民放についても時間が許すかぎり視聴した。「TVer（ティーバー）」は1週間限定でしか番組を配信しないので不便だ。「Hulu（フールー）」「Netflix（ネットフリックス）」「Amazon Prime Video」といったオンデマンドの有料サービスを利用した。就活生は学生だからお金をけちる傾向にある。私はスーパーで売れ残り弁当を半額で買うなど切りつめていた。しかし、就活に対する投資はためらうことがなかった。

## ▼いざ戦線へ

私は東京キー局には全て、大阪準キー局にはテレビ大阪以外の4社、地元札幌のテレビ局数社にESを提出した。

## 【東京キー局】

私の就活序盤は苦戦が続いた。日本テレビは1次面接、関西テレビは書類選考で落ちた。テレビ朝日は1次面接、筆記試験を通過した後のグループ討論で落ちた。自分はテレビには向いてないのではないか、ほかの業界にも目を向けるべきなのではないか

と落ち込んだが「愚痴ならいくらでも聞く。絶対にテレビに行こう」と阪東ゼミの友人から激励を受けた。私は激励で立ち直り、面接での敗因を友人たちと分析した。そこから面接に落ちても過度にショックを受けなくなった。フジテレビは1次面接で落ちたが、あまり落胆しなかった。結果発表などの通知が面接や筆記試験のたびにあるため、一喜一憂しやすいが、落ち込んだまま引きずらないことが重要だ。

テレビ東京とNHKは1次面接の前にTBSテレビから内定が出たので、受験しなかった。

## 【TBSテレビ】

TBSテレビの選考の流れは、書類選考、1次面接、2次面接、筆記試験、3次面接、グループ討論、4次面接(人事面接)、最終面接だ。7回赤坂に足を運んだ。1次面接の段階から10分ほど時間がかけられる点が特徴だ。日テレやテレ朝は、1次面接は5分ほどで終わり、流れ作業のように感じた。TBSテレビはその人の個性を時間をかけて見極めようとする。他局よりも落ち着いて自分の伝えたいことを伝えられた。最終面接も、毎日放送などに比べて空気が重くなかった。TBSテレビは武田信二社長や役員がESを読みながら、興味津々といった感じで私に質問を投げかけた。1人ひとりをじっくり見てくれるTBSテレビの姿勢を魅力的に感じ、選考過程で「ここに絶対入りたい」と思うようになった。

結果は最終面接から1週間後に電話で連絡が来た。それまでの1週間は、何をしても落ち着くことがなく、ずっとソワソワしていた。結果連絡の前日に渋谷TOEIで藤岡弘主演の映画『仮面ライダー1号』を鑑賞した。私は正義の味方になるためにここまで頑張ってきたのだと再確認した。それまでに最終面接を2つ敗退していたが、どんな結果でも受け入れようという勇気を藤岡弘からもらうことができた。

## 【大阪準キー局(毎日放送)】

準キー局では毎日放送が最終面接に進んだ。

選考の流れは、書類選考、1次面接(東京)、2次面接(大阪、漢字試験も含む)、3次面接(筆記試験、グループ討論も含む)、4次面接(人事面接。作文試験を含む)、最終面接だ。最終面接には学生20人が残り、10人ほどに内定が出る。私は内定をもらえなかった。

面接では関西でやっていけるかを見られていると感じた。たとえば「滑らない話をしてよ」など無茶ぶりのように思える質問も面接で聞かれた。大阪の準キー局を受ける時は関西人のノリについていくことを意識するとよい。

筆記試験はユニークな問題が多い。「喜びを表すLINEのスタンプを作る」「あなたの人生で、『あまりにロマンス』だったことを記述する」などのお題が出た。時事問題はごくわずかで、しかもかなり簡単だった。ユニークな問題に対して面白い回答をすることで差をつける必要がある。

## 【地方放送局(札幌)】

テレビ志望の学生はアナウンサー志望でなくとも全国行脚をする人が少なくない。私は、ゆかりのない土地にある地方局の番組まで研究する時間はないと判断した。そのため地方放送局は、地元の札幌のテレビ局に絞った。

地方局はキー局・準キー局に比べれば選考過程は少ない。たとえば、ある札幌の民放は書類選考、1次面接(東京)、2次面接(東京、作文試験含む)、3次面接(札幌)、最終面接(札幌)という流れだった。

地方局の面接では「どうしてキー局志望ではないのか」が毎回面接で問われた。札幌出身の私でもどうして札幌で報道をやりたいのか厳しい質問を受けた。面接官が納得できる理由を用意する必要がある。私は札幌で報道したい具体的なテーマに加えて、「札幌に高校1年生からお付き合いをしている女性がいます。札幌で就職した後に結婚する予定です。だから札幌しか就職は考えていないんです」という個人的な事情も伝えた。前半部分は嘘ではなく事実なので自信を持って伝えた。

## 【NHK・新聞社】

2月中旬から始まる読売新聞のインターンシップに応募した。5日間連続で参加しなければいけなかったのだが、NHKのインターンシップと重なりNHKを優先した。

読売新聞は3月にインターンシップの時期をずらすという配慮をしてくれたのだが、ずらした日程も民放の面接と重なった。私は民放の面接を優先したので、5日間の日程で組まれているインターンシップを、1日で切り上げてしまった。こうして、新聞社のなかでは第一志望にしていた読売新聞に対して、悪い印象を与えてしまった。本選考の前だったため、私にとって痛手となった。

4月には、読売新聞で「総支局体験セミナー」という事実上の選考でもあるインターンシップに再び応募した。筆記試験には通過して面接まで進めた。この面接は地方放送局の最終面接と日程が重なってしまい辞退した。放送局を第一志望としている学生にとって、連日拘束されるインターンシップへの参加は難しいかもしれない。新聞社のインターンシップ参加については慎重に考えるべきだろう。

NHKはディレクター職が第一志望だったのだが、うっかり記者職志望向けの報道記者コースに参加してしまった。ディレクター職志望は番組制作コースに参加するものだということを知らなかった。事前によく確かめるべきだった。報道記者コースに参加した学生のなかでも目をつけられた者は人事から呼び出しを受ける。最終面接まで進めるように手配をしてもらえた友人もいた。私は人事の目にも止まらず、またディレクター志望だと言っていたので何も声はかけられなかった。

## ▼マスコミ志望者へのアドバイス

「見たテレビ番組と感動した言葉をノートに取っておくのがおススメよ」。毎日放送に入社した先輩に、阪東ゼミでの合宿の際に言われた。すぐに取りかかった。面接で「好きな番組ある?」と聞かれたときにウキウキと話せるようになった。「君、絶対にテレビマンにならないとダメよ」。この先輩からは激励されるだけでなく、ESの添削や面接指導など大変お世話になった。先生や現役の記者だけでなく、内定ホヤホヤの先輩からも親身な指導を受けることができたのが私の勝因の1つだ。

「君は全国紙と地方局、どちらにも受かったらどれを選ぶんですか」。新聞志望で今年読売新聞に内定した親友にそう聞かれた私は、迷いなく地方局だと答えた。テレビへのぶれない愛も勝因の1つだ。

就活を1人で乗り越えることは、私にはできなかっただろう。1年の月日をかけ、先生、阪東ゼミOB・OGの記者の先輩に支えられ、友人と助け合って、何とか内定にたどり着いた。マスコミ就活は決して楽な就活ではない。過酷な道だとは思うが、今振り返るとマスコミ受験に費やした1年間は楽しくて仕方なかった。TBSテレビの4次面接前日には、読売新聞内定の親友とボルダリングを体験した。緊張する面接前こそ、私は面白いネタを探すことを楽しんでいた。笑顔を忘れずに就活を楽しんでほしい。

# 07 自分のキャラをつくろう。
# 6000人応募の難関を突破

## TBSスパークル内定　一橋大学　D君

### ▼受験までの経緯

　テレビ業界を志望した理由は、実にざっくりとしたものである。「爆笑できる仕事がしたい」、これだけである。幼いころからテレビ好きで、高校時代にはテレビの真似事の出し物もやった。さまざまなメディアが勃興する今でも、1番面白いのはテレビだと確信している。元来の楽観的で快楽主義的な気質も相まって、「働きながら面白いモノが観られるなんて、最高じゃないか」「いろいろしんどいと聞くけど、とにかく面白そうだ」と、軽い気持ちでテレビ業界の就活戦線に飛び込んだ。

　「テレビで世の中を変えたい」といった格好いい志はなかったし、おそらく持つ必要もなかっただろう。これを読んでいるあなたも、自分の志の低さに辟易せず、「やってみたい」という原初的な欲望のままに就職活動に挑んでみてほしい。

### ▼受験対策
### 【作文対策】

　面接やESのネタ出しのつもりで、10数本執筆した。テレビ業界の採用において作文課題は(私が就職活動をしていた時点では)、NHKを除けばあまり高い重要性を持つものではないだろう。ゆえに、作文訓練はほどほどに、面接練習などに時間を割こうと思ったときもあった。だが、考えてもみてほしい。800字程度の作文もまともに書けない人間に何かを人に伝えるということができるだろうか、と。

　もちろん、面接やESと作文は別物である。だが、物事や事象の「どこを伝えるべきか」を見極め、そのポイントを「人に伝わるように」表現するという点においては、プロセスが共通している。作文は文字数にゆとりがあるため、ESや面接よりも平易な表現行為だと捉えることもできる。作文で自分の経験を頭のなかでまとめ、聞かせどころを引き立てるよう展開させることができたら、あとは文字数を徐々に減らしていけば、ESも面接も随分と楽にこなせるようになる。このように考えると、作文訓練→ES添削→面接練習という受験対策フローは、実に理に適ったものであることがわかる。事実、作文訓練もそこそこにいきなり面接練習をした私は痛い目に遭った。

### 【エントリーシート(ES)対策】

　先生やOBの方々に協力していただき、数回の添削を受けた。しかし、基本的に指摘してもらえるのは構成や文章の体裁についてであり、添削を受けたからといって凡庸なESが劇的に面白くなるわけではない。やはり、重要なのは「ネタ」である。

　ESをどしどし提出しているころには、作文訓練である程度の文章構成力は身についていることだろう。もちろん、それがないと思う人も慌てることはない。冷静に、何を書くべきなのかをじっくりと考えればいいのだ。

ESに書くべきこととは何か。結論から言うと、「人それぞれ」ということになる。こう言ってしまうと身も蓋もないが、事実である。つまり、ESにはあなた自身がアピールしたい自己の側面について記入するべきである。よく「キャラづけ」と言われるが、記入するネタが一貫して自分のキャラクターを表していなければ、読む人の心をつかむような、人間味のあるESは書けない。そして人の魅力は、文字通り人それぞれ異なっており、ネットから拝借してきた紋切り型のフレーズでは表現し尽くすことができないものだ。だから、あなたを表すあなたの言葉でESは書かれなくてはならない。就活YouTuberに言われるがままにESを書き進めているあなたは、今すぐブラウザバックして脳内インターネットで検索をかけるべきである。「私の人生　名場面」と。とはいえ、これだけではあまりに乱暴だ。以下にいくつか指針となる項目を示しておく。

　1点目の留意するべき項目は、「自分のすごさに重みをつける」ことである。「私が学生時代に力を入れたのは、ボランティアのアルバイトで山形県に行って農業……」「サークル幹事を務めあげたことを通じて身につけた人を動かす力で……」などと言われても、興味を示す大人は多くないだろう。ここで、体験そのものを否定しようとしているわけではない。

　もちろん、自分の経験をパッチワークして、何となくいい子ちゃんなストーリーを書き連ねるESは退屈だ。だが、たとえありふれたエピソードであっても、それが本人にとって本当に重要な出来事なのであれば、れっきとしたネタである。問題なのは、そのエピソードがなぜあなたにとって重要なのかが他人に伝わらないのかだ。

　ボランティアのアルバイトに行って受けた最大のカルチャーショックとは何か？ これまでのどのような認識がどのようなプロセスで覆されたのか？ 自分のサークルの幹事を務めるということはどれだけ大変なことなのか？ そこで起きたすったもんだはサークルにとってなぜ致命的だったのか？ そしてそれはあなたのどのような性質を物語っているのか？ 自分にとってすごいことも、他者に伝達する際には以上のような重みづけ、価値づけをして、そのすごみを論理的に共有可能なものにしておく必要がある。あるいは、伝え方を工夫して、とにかく手あかのついていない表現をしてみる、会話文から入ってみる、見出しをつけてみる、強引にでもオチをつけるなど、文章の体裁で惹きをつくることも有効だろう。そうすることではじめて、エピソードと人間性を読み手に記憶させることができるだろう。エピソードの特筆性を客観的に理解可能にする作業は、作文のそれと似ている。繰り返しになるが、作文訓練は重要である。

　2点目は、「抜きを入れる」ことである。これは、阪東ゼミの友人から教わったテクニックである。核となるキャラクターをESの全体にちりばめることができていることは前提だ。そのうえで、あえてそのキャラクターとは異なるエピソードを入れてみると途端に人間臭さが増す。本筋は真面目で熱意溢れるキャラクターでも、端にうっかりエピソードを挿入して人間味の幅をとると、かわいげも出るというものだ。

## 【面接対策】

　1番対策をしていて良かったと思うのは、面接だ。志望する分野が似たような学生同士で、週2〜3回オンライン面接練習をした。ESを書き上げた段階で、ある程度自分の売りは決まってきていたため、軽く練習すればいいと思っていたのが大間違いだった。

　ここまで偉そうにゴチャゴチャと講釈を垂れてきたが、何を隠そう私はあがり症だ。オフィシャルな舞台で、まともに頭を働かせられた試しがない。OBを招いた面接練習

はむごたらしい結果となった。自分の悲惨さを知り、同期とこそこそ練習をするようになった。そこで何度も同じような会社の同じような質問に同じように答えるなかで、何かが目覚めたように思う。

当たり前の話だが、何度も同じ話をしていれば、口も慣れてくる。アドリブや言い方に気を遣う余裕が生まれ、異様な熱量でうさん臭く語る変な学生が誕生した。これが私のキャラともうまくハマり、いい感じに人物像が仕上がっていった。周りの学生の良いところ、良くないところも見えてきて、それを参考にすることで完成度を上げていくことができた。

エンタメ系の面接では自分の好きなモノや夢について、熱っぽく語る学生が好まれる傾向があるため、ある種のオタク性を持っていろいろ答えていけばいいのではないかと思う。正直、変な質問が来たときも、変なしゃべり方でごまかしていた。

## 【WEBテスト】

何もやっていない。

## ▼いざ、戦線へ
### 【TBSスパークル】
#### ○選考体験

3年生6月　とりあえず局のインターンに応募。哲学の話をとうとうと書いたESが全然通らない。

　7〜9月　就活浪人経験者の兄にインターンの重要性を教えてもらい、慌てて冬インターンへ応募。

　10〜1月　キー局、納得の全落ち。

　　2月　局は厳しいので、局のメインプロダクションと呼ばれる制作セクションの子会社に絞ってインターンへ応募。

　　3月　ESをたくさん書いた。保険で金融業界とかを受けようかと思ったが、「成長」とか「バリュー」とか、会社紹介で使われるキーワードが調べるほどに自分には合わずやめる。

　4〜5月　やけになっていた時期。

　　6月　ぼちぼち面接が始まる。一橋まで出て制作会社を受けまくるとは。6月末に内々定。

#### ○やってて良かったこと、便利だったもの

小噺をつくる：最近怒った、笑ったことなど感情についてよく聞かれるので、2〜3本持っておくとエンタメ系の面接で役立つ。

民族楽器「アサラト」：面接で話すと食いつかれる。これでだいたいの1次面接を乗り切った。

パソコン：いろいろなサイトのパスワードを覚えていてくれるので便利。

実家のプリンター：貼りつける写真をたくさん刷れる。全部コンビニだと費用が馬鹿にならない。

#### ○失敗談、就活中の思い出

3月1日の0時、就活解禁という言葉にビビり150社くらいエントリーしてしまう。毎

分毎秒メールが来て、スマホが常に熱くなる。

フジテレビのインターンに参加すると、「どこ大ですか？ 私東大と慶応のダブルスクールで」とか言ってきた女子がいた。

日本テレビのグループディスカッションで、「今流行りなんでラグビーとか絡ませましょうよ」と言ってきた男子がいた。グループディスカッションは論破すればいいというものではない。

テレビ朝日の面接で、「アメフトとラグビーの違いって何？」というアイスブレイク的な質問をされ、熱く答えていたら面接時間が終わる。アメフトとラグビーの違いを説明しに来た人になる。

TBSテレビでは、ESに下ネタを書いて落ちた。

### ▼マスコミ志望者へのアドバイス

就活のフレームワークは一旦忘れよう。自分を殺してそれらしい模範的回答をしても、つらい気持ちになるし、第一ウケがよろしくない。手あかのついたフレーズで話したり、暗記してきた硬すぎるしゃべり方をするような人はみんな落ちた印象がある。「好奇心」「成長」「〜でした。そこで私は〜」とか言うと途端に面接官は眠そうになる。普通のしゃべり方で本当に思っていることを言うのがいい。おじさんを口説ければエンタメ業界はたぶんイケる。

自分のキャラをつくろう。どんな人柄をアピールしたいのか、それに伴うエピソードを何本か用意するといい。そこからESを書いていく。ESは見出しをつけたり、読みやすくする努力をするべき。

就活は嫌だという人も多いかもしれない。自分を社会のモノサシに当てはめる行為に伴う苦痛を想像してのことだろう。だが、世の中には星の数ほど企業があり、どこかにそのままのあなたを受け容れてくれる会社があるはずだ。大切なのは人生に何を求めるかだと思う。あなたは何に幸福を感じるのかを考えるべきだ。お金や名声、趣味、推し活、結婚、知的欲求、正義感覚、爆笑、何だっていいと思う。その仕事はあなたの幸福をつくれるのか？ あるいは仕事とは幸福を得るための手段としては不適格なのだろうか？ そういうところからじっくり考えて仕事選びをすれば、自己分析とか1000の質問とかは要らない。そこまで行ってから、じゃあどんな自分をアピールすればその会社とマッチするか、キャラづけなどの戦略を練る段階に入るのだと思う。これらの内省を疎かにすると、ただ寄る年波に追われて就活をさせられるだけの思考停止マシンになってしまうと思う。

追記。2022年採用のTBSスパークルへの応募者はTBSテレビなみの約6000人だったそう。制作に特化した事業内容が評価されたようだ。

### ◎内定までの道のり

| TBSスパークル | | |
|---|---|---|
| 2019年 | 8月 | 夏インターン |
| 2020年 | 2月 | 冬インターン |
| | 3月 | ES締め切り |
| | 下旬 | コロナ禍により延期が相次ぐ |

| 2020年 | 6月下旬 | 1次面接、2次面接、人事部からの接触あり |
|---|---|---|
| | 7月上旬 | 人事部面談、最終面接、その場で内定 |
| 2021年 | 4/1 | 入社 |

## 08 世界にひとつだけの志望動機を 創り上げることが、何よりも大切

### 関西テレビ内定　大阪大学　K君

※2019年度版から転載

#### ▼受験までの経緯

　幼い頃から、私の隣りにはいつもテレビがあった。ドラマ、音楽・バラエティ番組、ニュース、ジャンルを問わず、暇さえあればテレビを見ては笑い、泣き、怒る、そんな幼少時代を過ごした。私の人生における代表的な番組をひとつ挙げるとすれば、『関口宏の東京フレンドパーク』である。家族で夕食を食べながら観るのが月曜日の楽しみだったのだ。

　ゲストが挑戦するアトラクションの「ウォールクラッシュ」は印象的で、自宅駐車場の壁に真似たセットを作って遊んでいた。

　ゲームセンターに行けば、ホンジャマカのホッケー対決に習い「父対兄・私」でホッケーをした。私にとって『フレンドパーク』は、幼き日の団欒を豊かにして、家族との思い出を創ったテレビ番組なのだ。

　中学、高校に進学しても、部活や試験勉強で忙しくなっても、私とテレビの距離感が変わることはなかった。人々の生活に大きな影響を及ぼし、人々の喜怒哀楽に寄り添うテレビの世界に私はあこがれ、高校を卒業するころには「将来の夢はテレビ局で働くことだ」と答えていた。

#### ▼受験対策
#### 【作文対策】

　作文を書く意義は、ESを光らせる文章力を磨くことだけに留まらない。私自身も就活戦線に突入してから気づくことになったが、自己分析の役割を果たすのだ。

　阪東ゼミでは書いた作文をゼミ生同士で批評し合う。他人からの意見や考察によって、「自分自身では気づいていない自分」が見えてくる。当時何を考え、何を思い、行動をしていたのか。

　ほかの選択肢があるなかで、どうして自分はこの選択をしたのか。いわば面接で問われる「なぜ?」の連続に、作文を書くことが自然と対策になっていくのだ。

　ゼミ生や先生を納得させた作文をベースに面接でしゃべると、面接官も頷きながら、興味を持って耳を傾けてくれた。

　私は合計20本程度しか作文を書いていない。それでも数十回の面接を通して、作文を書いた経験が活きたことは断言できる。

　実際、4月に入塾してゼミ生で最も多い55本を書いた私の友人はTBSテレビの内定を勝ち取った。彼女の作文は決して一般論などではなく、常に自分なりの体験に基づいたオリジナリティ溢れるものだった。

　私は作文がうまいとは言えなかったが、彼女の作文から滲み出る人物像、リズム、

独自の視点にならって私も作文を書くようにしていた。同じ志を持った仲間と切磋琢磨し合えるコミュニティが阪東ゼミであり、その中心にあるのが作文対策だと感じている。

## 【エントリーシート（ES）】

　今年は1月にテレビ局（東京キー局・大阪準キー局）のES提出がラッシュを迎えた。「遅くても締め切りの2週間前には取り組むべきだよ」。私は先輩からそう言われていたのだが、なかなか計画通りにはいかず、常に締め切り寸前で提出してしまっていた。ESを書く際、どのエピソードを書くかはもちろん重要だが、どれだけそのエピソードを深く掘り下げられているのかも勝敗に大きく関わる。

　だからこそ、上述した作文対策がここでも活きる。そしてもうひとつ不可欠なのは自分を信じることだろう。OBやゼミ内外の友人にESの添削をしてもらうなかで、多くのアドバイスをいただいた。

　しかし、「絶対にこのESの設問にはこのエピソード・ネタで勝負をしたい」という譲れない部分に関しては、決して自分を曲げることはしなかった。作文を書き上げ、ゼミ生と議論するなかで、確固たる自分の軸足を見つけられたことが大きかったのだ。他人の受け売りではなく、最も自分が熱く語れるエピソードは何か、最も自分が表現できるネタは何なのか、それを探す自己分析が緻密に行われているかが、ESを書くうえでは極めて重要だと思う。

　それを行ったうえで、吸収できるものを自分のものにしていくべきだ。就職活動のやり方に模範解答はない。それでも各々アプローチは違ったとしても、等身大の自分を理解し、深める機会のひとつが就職活動だろう。飾らずに、自分史を振り替えることをおススメしたい。

## 【筆記試験対策】

　「テレビ志望者にこそ新聞をすすめたい」と昨年TBSテレビに内定したゼミのOBに言われ、私は直ぐに購読を決めた。

　そして私は、毎日新聞を毎日2時間読み込むようになった。2月からテレビ局の面接がはじまると追いつかない日もあったが、新聞を読む習慣は筆記試験における時事問題でかなりの威力を発揮した。

　話が逸れるが、筆記試験のみならず、多方面で役立つのが新聞の魅力だ。たとえば、マスコミ就活をすると「最近気になっているニュースは？」という質問は耳にタコができるほど聞かれる。

　普段からアンテナを張っていれば、この質問には答えたくてうずうずしてしまう。また、テレビのニュースを見て、さらに新聞を読むことで同じニュースに対しても多面的なモノの見方ができるようになるのだ。決め手となるのは、新聞の記事を読んでいると、「この経験は私にもある」「教授が講義で言っていた点と重なる」など、身近なところと世の中で起こっているニュースをつなぐことが可能になってくることだ。

　私の経験をふまえて、改めて「テレビ志望者にこそ新聞をすすめたい」と思う。

　話を筆記試験に戻すと、漢字の勉強も早い段階から取り組むべきだ。漢字の読み書きだけでなく、ことわざ・四字熟語にも力を入れてほしい。筆記試験の半分以上の割合を漢字が占めているテレビ局もあった。語彙力は面接でも自然と問われているので、磨いておいて損はないだろう。そして当然のことだが、テレビ志望者はジャンルを問

わずテレビを見る必要がある。

　ドラマの役者、セリフ、主題歌、脚本家(その脚本家のほかの作品)、そのような細かい箇所が今年の筆記試験も問題になっていたので参考にしてほしい。

　それに加えて一般企業で重視されるSPIの参考書を解いておければ、怖いものはないだろう。

　テレビ局の試験でも計算処理テストがほとんどの局で行われた。私はSPIをまったく対策しておらず、試験において計算部分は壊滅的だった。不安要素を減らすためにも、苦手な人はぜひSPIにも取り組んでみてほしい。

**【面接対策】**

　初めての阪東ゼミの授業に参加すると、いきなり模擬面接会が開かれた。

　マスコミの最前線で働くOBや内定者のOBが授業を訪れ、指導してくれるのだ。当然初めて面接を行った私は、恥ずかしさとひどい緊張に襲われ、長々と話しつづけたり、話がわかりづらかったりした。当然、模擬面接官からは厳しい言葉が飛び、自信を失いかけた。それでも場数を踏み、作文を書きながら自己分析を重ねていくと、自分のなかでも確かな手ごたえを感じるようになった。

　一見雑談と思われるような質問でも、自分自身がテレビでやりたいことや、志望動機と自然に関連させてしゃべれるようになっていった。

　また、ゼミでは面接を受ける側だけでなく、面接をする側も経験できる。そこで初めて面接官を唸らせるしゃべり方や、好感を持てる印象づくり、そして質問内容の意図(面接官は何が知りたくてこの質問をするのか)を体得していくことができるのだ。面接とは会話のキャッチボールだと言われるが、まさにその通りだ。

　起承転結ではなく、最初に端的に答えを述べてから具体的な意見やエピソードを話すことが話の明快さにつながっていく。頭ではわかっていても、実践するのは容易ではない。ただ、論理的に話すことを意識するあまり、可愛げや熱が失われている学生も多いと、OBの方々から聞いていた。そのため、自分だけの世界に浸らずに、面接官から投げられる質問をベースに展開していくことを忘れないように意識していた。適度な回数練習することで、自分なりのペースや戦い方を練ることができるため、本番に挑むことで過度な緊張は防げるのではないだろうか。テレビ局の面接では「志望動機」、「入社して何がしたいか(制作であれば、どんな番組を作ってみたいか)」、「好きな番組とその理由」、「なぜウチの局なのか」、「最後に言い残したこと(一言あれば)」は必ず聞かれるので準備をしておくべきだ。私はテレビを見たらどこの局が制作した番組か、あらすじや率直な感想、自分ならどう作ってみたいか、を簡単にノートにメモして準備していた。そうすることで各局のカラーや制作のスタイルの違いに何となく気づけるようになり、面接でも答えられるようになった。

**▼いざ戦線へ**

　もともと関西出身ということもあり、関西で働きたいという思いは揺るがなかった。そのため、在阪5局(関西テレビ・毎日放送・讀賣テレビ・朝日放送・テレビ大阪)が私の大本命だった。それでも、東京キー局は選考過程が早かったこともあり、胸を借りるつもりで4局にエントリーした。テレビ東京とテレビ大阪は、選考前に関西テレビから内定をいただくことができたので受験しなかった。

## 【東京キー局】

　テレビ朝日は最終面接、日本テレビは1次審査、フジテレビは2次面接、TBSは人事面談(6次選考)で敗退した。関西から離れたくない思いが心にあったため、過度に落ち込むことはなく「なぜ落ちたのか」を分析することに力を注ぐことができた。大学時代に自分が取り組んだ学業について整理ができていなかったり、テレビの未来について考えていることが浅かったり、私が作りたい番組(企画案)が「既視感」という言葉ひとつで表現されてしまうものだったりした。自分の立ち位置と弱点を東京キー局の選考のなかで感じることができたのだ。

　面接を終えるごとに質問された内容を想起し、自分がどう答えたのかを振り返った。面接官の反応とも照らし合わせながら、悪かった点を洗い出し次の選考に向けての準備を行った。受験期に、受けたテストや模試が受けっぱなしでは意味を成さないように、面接も受けっぱなしはよくない。受験後の振り返りに頭を悩まし、「こう答えるのはどうか」と、親友と叱咤激励し合えた部分は、後の選考を振り返ってもとても貴重だったと言える。

　そして私自身、東京キー局で場数を踏めた経験は非常に大きかった。キー局を受験していなければ、きっと大本命である関西テレビから内定をいただくことはできなっただろう。だからこそ、第一志望を受験する前には他局(社)で経験を積んでおいてほしいと思う。

## 【関西テレビ】

　関西テレビの選考フローは、手書きのES+WEBテスト→1次面接(集団面接)→2次面接+グループディスカッション→3次面接→人事面談→4次面接→最終面接(社長・役員)だ。関西テレビの人事部の方々はとても明るく、控室でも受験者1人ひとりに話しかけて、リラックスさせようとしていた。受験者との距離感がとても近いのが特徴的だ。また、キー局の面接は最終面接でも10分程度しかない。日テレを除きキー局の1次面接は5分程度で、ベルトコンベアのように面接が行われた。

　それに対して関西テレビは1次面接から20分以上の時間を費やす。面接での質問内容も、テレビに関することは他局と同様だが、私という人間に興味を示し、自分自身のことについてどこのテレビ局よりも深掘りして聞かれた。選考を通して関西テレビの温もりに直に触れ、私の志望度は最高潮に達した。大本命だった在阪局のなかでも、気づけば残っているのは関西テレビだけだった。

　「これでダメなら一般企業の対策をゼロからはじめなくては」。最終面接前日、そんな弱気な私を勇気づけたのは家族や友人、そして関西テレビの人事部の方々だった。多くの人からの激励によって、テレビ局への就職を目指して取り組んできた私の集大成を見せることだけを考えるようになれた。

　迎えた最終面接は、これまでとは空間も雰囲気も異なり、かなりの緊張感があった。そんななか、人事の方が入室前に「頑張ってこい」と力強いメッセージとともにポンポンと背中を押してくれた。絶対にこの人たちと働くと自分を奮い立たせて、最終面接に挑むことができた。最終面接から数時間後に電話が鳴り、関西テレビの本社へと呼ばれた。そこで初めて、お世話になってきた人事部の方々から内定を告げられた。思わず涙がこぼれそうになった。夢か現実か理解できないほど興奮したが、しだいにこれまで戦ってきたプレッシャーから解放される喜びを噛み締めることができた。

#### ▼マスコミ志望者へのアドバイス

「マスコミは狭き門だ」「テレビ局に受かるにはクリエイティビティが必要だ」

私がテレビ局を志して就活を行うなかで、そんな根拠もない言葉をかけられることが幾度となくあった。

確かに内定した友人を見ると、ユニークでアイデアに富んだ優秀な人は少なくない。だが、それがないからと言ってテレビ局に入れないというのは誤りだと思う。

私は映像制作の経験もなければ、大学で体育会に所属していたわけでもない。テレビが好きで、テレビの可能性を信じ、テレビというフィールドで番組を制作してみたい。そんな思いを胸に秘めたどこにでもいる学生だった。

そんな自分自身の気持ちに素直になり、「そう思うようになった原点は何なのか」いわゆる世界にひとつだけの志望動機を創り上げることが、何よりも大切なことだと思う。自分の経験にこそ値打ちがあり、目立った個性や尖った感性が求められていると勘違いしている人はかなり多い。

そんなことよりも、自分はどのような時に楽しいと感じるのか。それはなぜなのか。そんな自問を繰り返し、自己分析を重ねた自分自身を面接官へプレゼンすることが夢を叶える第一歩だと思う。マスコミを目指す人全員に同じチャンスと可能性が広がっている。やってやると決めた今、すぐに行動してみてほしい。きっと素晴らしいあなただけの世界が待っている。

MEMO

# 09 早めの準備が勝負を決める

## 読売テレビ内定　慶應義塾大学　O君

### ▼受験までの経緯

　マスコミは高校のころから漠然と憧れを抱いていた職業だった。高校時代所属していた部活動を大阪のテレビ局に取り上げてもらったことがある。昼に5分の放送時間ではあったが、放送後は校内だけでなく外部の方も含めたくさんの方から応援の声をもらうようになった。マスコミの影響力を実感し、マスコミへの就職を意識するきっかけになった。

　高校卒業後、大学に進学し入学当初から漠然とマスコミに行きたいという気持ちがあった。気持ちが固まったのは3年生に進学したときだ。4月、阪東ゼミに参加した。先生のもとで作文を書き、今までの自分を振り返った。文章を書き、物事を伝えることが自分は好きなのだと気づき、マスコミのなかでも記者職を志そうと心を決めた。

### ▼受験対策

#### 【エントリーシート(ES)対策】

　ESは1次選考だけではなく、最終選考まで見られていたらしい。ESを雑に作れば、東大生ですら民放の1次で落ちていた。本当に手を抜くべきではないと思う。何度も見返し、どこを掘られても話しやすいものに仕上げた。違う会社を受けるたびに同じESのコピーを使いまわすのはもったいない。同じ内容でもその都度より良い文章に書き直した。

　ESはいろいろな人に見てもらった。特に自分のことをよく知っている人の意見はよく聞いた。「この文章じゃ君の人柄が伝わらない」と言われたら改良した。先輩方に技術的な意見がもらえたのも良かった。たとえば、「『気になったニュース』で単に興味を持ったものを書くのでは不十分。自分の経験にもとづいて興味を持って、実際に自分が現地で調べたニュースであれば記者の適性を伝えられる」という指摘をもらった。自分の適性を伝えられるES作りを心がけた。

#### 【アピールシート対策】

　テレビ局ではアピールシート、もしくは自由に自己表現するES欄の作成が必要になる。真っ白な白紙に、自由に自分を表現する。私は絵には自信があったので、写真と色鉛筆を派手に使って目を引くシートにした。だが、派手なだけではだめだと考えた。1番伝えたい人格などは、「〇〇力」など一言をイラスト文字で強調することで目に留まりやすくなるように工夫した。また、貼る写真は全て詳細に状況を話せるものに限定した。

#### 【動画対策】

　最近増えているのがPR動画である。私が受けたテレビ局もほとんど提出を求められた。内容は30秒で自己紹介するものが多かった。どんな動画を作るべきか、ある準キー局が説明会で講習動画を流していたので参考にした。「よろしくお願いいたしま

内定者から聞く！合格体験記　**65**

すは不要」「背景無地はもったいない。自分が成長した環境が背景にあるとよい」など具体的な情報を知ることができた。また、人事の方が動画は印象と想像力を確認するものだと言っていた。なので、暗いところでの撮影や暗すぎる髪形・服装、人と同じになりそうな内容構成は避けた。明るさを出しつつ、オリジナリティー溢れる動画が1番いいと思う。

## 【面接対策】

面接は慣れが必要だった。慣れるための練習で効果的だったのは、年上の方との練習だった。私はゼミのOBの方々を頼った。学生の面接経験がある父親にもできる限り圧迫感のある練習を頼んだ。

本番に慣れておくことも大事だ。私は夏のインターンから志望度の低い会社の本選考まで幅広く面接を経験した。数多くの人事の方との面接のおかげで緊張しにくくなった。また、緊張しても言葉に詰まらないようになった。

面接に慣れることも必要だが、事前の準備も大事だった。質問はだいたいの場合ESから聞かれる。ESを見てどこを聞かれるか、自分で予想して回答は考えておいた。友人にも自分が面接官であればどこを聞くかを尋ねた。回答は文章でカッチリ暗記しても、本番はそのまま思い出せない。そのうえ文章がそのまま使える質問などほとんどない。回答は自分でしっかりと理解して要素で覚えておくと、本番で柔軟に使えた。

## 【インターンシップ】

数日に渡る夏インターンシップにエントリーしたのは日本経済新聞社、NHKの2社だ。志望度が高い2社を選んだ。

NHKの記者インターンシップはESの提出と面接が求められた。このインターンシップの選考ではじめて就活に関わった。ESが通過し、面接を受けた。面接は50代男性1人と20代女性1人ずつ1対1、5分の面接を2回行った。2人とも報道の方だった。男性はただの会話のような面接だった。ESの深堀りも少なく、ガクチカの詳細で和やかに談笑していたら時間が来た。女性にはESをかなり深堀りされた。たどたどしくなってしまったが、耳をしっかり傾けインターンへの熱意や適性を理解してくれた。

インターンシップの内容は模擬取材、模擬リポート、座学だった。3日間と長かったが、充実していた。人事の方は明らかに参加者の評価をメモしていた。挙手した人、発表内容は特に見られていたと思う。

日本経済新聞社もESの提出と面接が必要だった。ESの内容は「新聞記者のイメージ」や「志望理由」「学生時代に力を入れたこと/入れていること」など一般的な質問だった。3年生の夏の時点だったので、まだ記者という仕事に具体的なイメージが湧いていなかった。志望理由は素直に業務内容がイメージ通りなのか知りたい旨を書いた。面接ではESをもとに質問された。記者としての適性があるかどうか見る鋭い質問が多かった。最近興味を持ったことを聞かれた際、身近に起こったことを社会問題につなげて話した。この質問で2人とも大きく頷(うなず)いてくれた。全体的に感触が良くインターンシップは通過した。

日本経済新聞社はインターンシップ参加後、12月頃に早期選考があった。インターンシップ参加者70人程度が筆記試験、1次面接を受け、通過した場合、最終面接に呼ばれる。筆記試験内容は例年通り論文、日経TEST、SPIだった。私はSPIの対策を全くしていなかった。点数は自分ではわからないが、おそらく計数問題がボロボロだった

と思う。論文はテーマのヤマが当たり、準備していたものをそのまま書くことができた。日経TESTは対策本の問題がほとんどそのまま出たので高得点が狙えた。面接は人事1人と60代男性2人。10分ほど。重い雰囲気だったが、笑いが生まれる場面もあり厳しすぎることはなかった。結論ファーストでほとんどの問いにうまく答えられた。

　年明け、最終面接に呼ばれた。私の枠は5人と少なかったが、このような枠が後日ほかにもあると聞かされた。面接は人事2人と60代男性4人。15分程度。ESからかなり深掘りされた。ガクチカは特に深く掘られた。予想外に掘られ、答えが単調でわかりにくくなった質問がいくつかあった。また、質問があいまいで理解できないことがあった。理解力不足と思われるのが怖く、あいまいな理解のまま回答してしまった。案の定だらだらと話してしまった。今思えば、大失敗だ。質問を聞きなおすことは何も悪いことではない。簡潔に的確に答えられないことのダメージのほうが大きい。

　最終面接で日本経済新聞社は落ちてしまった。志望度が高かっただけに本当に落ち込んだ。

### ▼いざ、戦線へ

　本選考はTBS、毎日放送、読売テレビ、関西テレビを受けた。テレビ局で働くのであれば、地元関西が良いと思っていたので、キー局は1つしか受けなかった。

### 【TBS】

　TBSは11月にエントリー開始と時期が早く、事前の対策はほとんどできていなかった。1次選考を通過したのち、2次選考は50代男性2人との10分の面接だった。報道の方ではないようで、気さくだった。ガクチカや携わりたい問題を質問されたが、深掘りはなく、終始笑ってくださった。ただの印象チェックだったにもかかわらず、「こんなもんか、テレビの面接も」とこの面接で完全に油断した。

　3次選考は50代男性2人との10分程度の面接だった。2人とも背広で固い雰囲気だ。ブースの後ろにはさらに男性が3人控え、こちらを覗いていた。5人も私1人を見ている。目線を意識してかなり緊張してしまった。緊張したときの私の悪い癖で、だらだらと考えを話してしまった。面接官はちらちらと時計を見ていて、ほとんど頷いてもらえなかった。さらに、作りたい番組について質問されたのだが、何も考えておらず話せなかった。空気が凍り、笑いは1度も起きず、落ちた。事前にある程度質問を予想し対策することの必要性を痛感した。

### 【毎日放送】

　毎日放送の選考が受けた準キー局のなかでは最も早かった。アピールシートと動画、ESを提出し1次選考を通過した。ESは質問項目が多く、詳細に人柄を知れるよう工夫がされていた。2次選考は若手の男性2人と10分の面接だった。ESをもとに質問をされたが深掘りはされず、面接官も会話をするような口調で楽しげに話しかけてくれた。今回はたぶん印象チェックだと内定者の方が言っていた。

　3次選考では人事1人、40歳ほどのフランクな男性2人と10分ほどの面接だった。やはり話しやすい雰囲気でトークも弾んだ。高校時代の部活動が山岳部と珍しかったため、面接官が興味深そうに聞いてきた。うまく体力自慢につなげることができたと思う。ここまではかなり順調だった。

　4次選考は大阪で1日を通して行われた。内容は筆記、作文、人事面接だ。ほかの

準キー局と異なりグループディスカッションがなく、その代わり全員で昼食を食べた。筆記試験の時事は対策をしていたのである程度解けた。ただ芸能人の名前がわからず苦しんだ。作文のテーマは書きやすく、時間も2時間とかなりの余裕をくれた。

作文と同時進行で人事面談が行われた。ここで失敗した。「穏やかそうに見えるけど、普段感情が高ぶることはあるの？」という質問に、「あまりありません」と答えたのだ。当時はこの返答が失敗だったと気づかず、極めて和やかに面接が行われたため受かったと思っていた。しかし落ちた。後日、「テレビでは臨場感を伝えるため、ある程度感情を表に出せる人が必要だ」と先生に言われた。あの返答で、自分が温厚を超えて無感情な人間だと思われたはずだ。次は最終面接だったが、進めなかった。

【関西テレビ放送】

関西テレビ放送はESだけ提出し、通過した。しかし関西テレビ放送の番組は見たことがなかった。また、読売テレビの選考が進んでおり、そちらのほうが志望している報道色が強かった。読売テレビに専念するため選考を辞退することにした。

【読売テレビ】

読売テレビは毎日放送に少し遅れて選考が進んでいた。このころには面接に慣れ、緊張することもあまりなくなっていた。同じく印象チェックの2次選考では、何度も質問されてきたオーソドックスな質問ばかり聞かれた。あまりに淀（よど）みなく話すので、「慣れているね」と言われた。

2次選考は2時間行われた。グループディスカッションと個人面接だ。面接は年次の高い男性3人と行われた。かなり固い雰囲気だった。自分が取り組みたい番組を深堀りされたが、TBSの反省を活かして対策をしていたので答えられた。

問題はグループディスカッションだった。これまで一般企業でグループディスカッションの体験はしてきたが、本番でのディスカッションははじめてだ。先ほどの面接官が周りを取り囲んでおり、かなり緊張した。だがここは運があった。テーマが有名な社会問題だったので考えやすく、さらに私だけが報道志望だった。予備知識もあり有意義な意見を述べることができた。時間が短かったので、語りすぎる癖が出ないよう常に意識した。最後には発表も担当した。

4次選考は1日かけて大阪で行われた。内容は人事面接、局長級面接、グループディスカッション、筆記試験、作文だ。今までで最も長い選考だった。今までは把握できていなかったが、この時点で約100人の受験生が残っていたと認識できた。まだまだ多い。

選考のはじめにヒアリングシートを書いた。現在の選考状況を申告するのだが、インターンシップはどこを受けたか記入する欄があった。素直に受けた2社を書いたが、これが後ほど面接に影響した。

局長級面接では、会議室に入室すると8人というこれまで見たことのない人数が部屋に並んでいた。これだけ多いと動揺した。受けた質問はバラエティ豊かだった。ガクチカの深堀りというオーソドックスなものから、「最近面白いと思ったアプリ」や「睡眠時間」などというテレビマンとしての適性をより詳細に測るような質問があらゆる方向から飛んできた。目が回りそうであったが、常に笑顔でゆっくりと答えることを意識した。時間は10分ほどだったが、本当に長く感じた。

後に人事面談があった。人事部の方々全員を対面に面接を受けた。非常に優しい雰囲気だった。内容としてはヒアリングシートをもとに志望度を確認していた。ここで、

今まで1度も民放にインターンシップを出していない理由を聞かれ、詰まってしまった。嘘をついてもばれると思い、正直に新聞社、NHKの志望度が高いことは認めた。それでも関西で働きたいという気持ちを強く押し出し、何とか納得してもらえた。

4次選考最大の失敗がグループディスカッションだ。6人で、テーマに対し10分で答えを出すことを求められた。その回では、ある男子就活生が中心に意見をまとめたのだが、かなり抽象的に話す人だった。討論がみるみる迷走した。へたに意見して議論をかき混ぜ、これ以上迷走させるわけにはいかない。話を整理するような質問をしなければ、とも思ったがうまく質問も出てこない。結局最後まで全員でアイデアを共有できたタイミングはなかった。私はほとんど発言することができず、正直落ちたと思った。もっとうまく話を整理できることはできなかったか……と後悔し続けた。だから年明けに合格連絡が来たときは開いた口が塞がらなかった。なぜ通ったのか、いまだにわからない。

最終面接のため大阪に出向いて急に緊張した。私は1度日本経済新聞社で最終面接に落ちている。日本経済新聞社を思い出した。ここでも落とされるのではないか、と不安で足が震えた。

最終面接は応接間で社長、会長、常務、専務が面接官だった。今までで1番緊張し、長く、過酷な面接だったのは間違いない。30分間、3人のグループ面接だったのだが、当日最後の組だったため、20分も面接が伸びた。そのうち、かなりの割合私は質問攻めにあった。社長は頭の回る方だった。質問は的確で、否定的なものが多かった。心が折れそうになるタイミングも何度かあった。

面接が終わってみるとすべてが失敗だったように感じた。当日中に発表されるということだったが、もう帰りたかった。内定の電話を20分後にもらったときは信じられず、ここでも口をぽかんとしてしまった。

### ▼マスコミ志望者へのアドバイス

マスコミ就活はかなり高い倍率での戦いになるので、本当に些細な点で落ちる可能性が出てくる。だからこそ運も必要だし、それ以上に相当な準備が必要だと思う。だから準備は早めにすることが重要だ。特に採用の早いテレビ局はかなり重要だ。私は3年生の春から対策をはじめた。おかげで作文は早い段階からそこそこのものを書けたし、情報収集も余裕があった。面接にも早めに慣れることができた。

なかにはポテンシャルだけでほとんど準備もなく内定を取る人もいる。何人かそういう人は見てきたが、そんな人は一握りで、よっぽど売りにできるものがはっきりとしている人だ。私は、まず自分の売りは何なのかすらわかっていなかった。私みたいな人は準備に時間が必要だ。少しでもマスコミに興味のある人は、すぐに情報収集と自己分析、作文をはじめたほうがいい。

### ◎内定までの道のり

| 読売テレビ | | |
|---|---|---|
| 2020年 | 11月頃 | 1次選考(ES) |
| | 12月半ば | 2次選考(対面面接) |
| | 12月下旬 | 3次選考(対面面接、対面グループディスカッション) |

| | | |
|---|---|---|
| 2021年 | 1月上旬 | 4次面接(対面局長面接、人事面談、グループディスカッション、対面筆記試験、作文全て同日) |
| | 1月上旬 | 最終選考(対面役員面接) |
| | 1月中旬 | 即日内定 |

# ⑩ 就活ネタを足で稼ぎ、本気度を示す

## 東北放送内定　法政大学　Aさん

※2018年度版から転載

### ▼受験までの経緯

　私は、幼い頃から親の転勤が多く、東京でどうしても働きたいという願望はなかった。アナウンサー志望だったこともあり、全国の放送局を受験していた。その私が一度も訪れたことのない仙台市に、東北放送（TBS系列）の本社はある。全国の見知らぬ土地の人と話すときは、どこかワクワクしている自分がいた。そして、私のやりたいことの根本は、話を聞くことなのだと徐々に気がつくことができた。東京キー局をはじめ、地方局の受験も考えている方の参考になれば幸いである。

　マスコミを目指すようになったのは高校2年生のころだった。当初からアナウンサー志望だった。私が女子サッカーで大怪我をして入院していた病院の同室にいた、宮城県女川町出身のおばあさんがきっかけだった。東日本大震災直後に避難してきて、無表情だった彼女が、私の話を聞いて明るくなっていくのを見て、言葉や表情で相手の気持ちを変えられる仕事をしたいと考えるようになった。

### ▼受験対策

　大学1年生からアナウンススクールに通った。だが、そこで学ぶのは、原稿読み・レポート・フリートークなどの実践的なことが多かった。時事問題や作文などの知識を学びたいと、2016年1月に阪東ゼミに入った。それまでは、関わることの少なかった記者志望の仲間と出会い、「自分のやりたいことは何か」「アナウンサーとは何か」を真剣に考えるようになった。毎回10人ほどが集まる勉強会でも、時事問題やESを持ち寄り、みなで面接練習をした。

　2月ごろから、私は全国を飛び回った。大阪の準キー局はじめ、北海道テレビ・名古屋の中部日本放送・福岡のRKB毎日放送などを受験した。行く先々で、地元の人に話を聞き、面接で活かそうとしていた。だが、なかなか2次面接以降には呼ばれず、何が悪かったのか分析し続けた。

### ▼いざ戦線へ
### 【東北放送】

　ESを書く時は、その地方局の特徴をまず理解することを意識した。私が住む東京では、なかなか地方の番組を見ることができない。そのため、「放送ライブラリー」という横浜の施設にほとんど毎日通っていた。阪東ゼミOGの方に教えていただいた場所だ。この施設は、全国の放送局の過去の番組を無料で視聴できる。私は、各放送局の番組の特徴をノートにまとめて研究した。

　東北放送のESの質問項目には、基本情報のほかに、「10年後のあなたの目標とそこに向かうまでのビジョン」、「自己PR（A4）」と「課題企画書用紙（A4）」が含まれていた。

　私は総合職で応募していた。つまり、報道・アナウンサーなど、技術以外のすべての

職種が含まれているため、「10年後のあなたの目標」の項目で、自分のやりたい仕事を具体的に記す必要があった。自己PRは、写真と言葉で表現した。着飾って大人しそうな写真と、サッカーをしている時の躍動感ある写真を対比させ、工夫した。

また、課題企画書用紙は、「タレントを起用しない水曜日の午後7~8時の新番組の案をタイトルとターゲットを含めて、自由に書きなさい」という内容だった。ここでは、写真は使用せず、色や絵で見た目にわかりやすく書いた。

また、どんなに忙しくても、ESは周りの人に見てもらうようにしていた。民放のテレビ局は、A4一枚で自由に書けという項目が多い。人事の目に留まるには、写真の配置や見栄えなどにこだわらなければならない。私は阪東ゼミの人だけではなく、ともにアナウンサーを目指していた多くの友人にも意見を求めた。

東北放送の面接は、よく考えながら自分の言葉で話すことができた面接だった。また、地方局では、「なぜこの地域なのか」という質問は毎回というほど聞かれるため、企業研究は大変重要だ。

1次面接(4月24日)は、東銀座駅にある東京支社で行われた。人事の方1人との個人面接で、ESに沿って丁寧に聞かれた。終始和やかな雰囲気だった。

2次試験(5月11日)は、仙台の本社で行われた。内容は60分の筆記試験、30分の適性検査とカメラテスト(アナウンス志望)だった。筆記試験は一般教養30問・時事問題20問・作文200字を60分で解くため、時間配分が大切だ。作文は「私と宮城」というテーマだった。宮城県にゆかりのない私は、その日の新幹線で出会った地元のおじいさんとの話をまとめた。

カメラテストでは、原稿読みのほかに、カメラに向かって、無茶ぶりをさせられる。東北放送では、「芸能人のモノマネで、趣味の包丁研ぎの魅力を1分間伝える」や「今読んだ原稿を英語で伝える」などがあった。ここでは対応力や表情などを見られるため、全力でやり遂げることが大事だ。終始緊張していたが、何とか通過した。

私は3次面接の前日に石巻市や女川(おながわ)町を訪れた。本社近くのカプセルホテルに泊まった。女川町は、東日本大震災後に9割の住民が町から避難していた。そのため、ゆっくり話のできる人になかなか会えなかった。

だが、約1時間歩き続けると、焼き鳥屋を営む60代の男性が、「おう、案内するべ」と、優しく迎えてくれた。偶然にもこの男性は、2015年の女川ポスター展で1位に輝いたポスターに写っていた方だった。ポスターには、「ツイッター? やってないけどつぶ焼くよ」というキャッチコピーとともに、彼が頑固そうな表情を浮かべている。東京から一人で来る女性は珍しいらしく、一日中私と時間を過ごしてくださった。このポスターのできた背景、震災時の話を語ってくれ、復興住宅にも案内してくださった。

翌日、本社で行われた3次面接(5月26日)は、6人の局長との個人面接だった。「東日本大震災について抵抗はあるか」と聞かれ、女川町での出来事を話し、盛り上がった。自ら体験したことを素直に自分の言葉で話すことができたと思う。

最終面接(5月31日)は、社長を含む9人の面接官との個人面接だった。午後からの面接だったため、始発の新幹線で仙台に行き、飲み屋が連なる駅前の小さな商店街をウロウロして回った。日本料理店を営む60代夫婦に、仙台のいいところや彼らの生活について聞きながら昼食を取った。もちろん最終面接でも「なぜ仙台なのか」と聞かれ、夫婦の話を交えながら、ゆっくりと落ち着いて話せた。そして、その日のうちに、新幹

線のなかで内々定の電話をいただいた。

## ▼マスコミ志望者へのアドバイス

その局や地域を知るためには、時間もお金も惜しんではいけないと思うようになった。知らない地で人に話を聞くのは交通費もかかるが、何より楽しかった。たとえ、その地域で面白い話が聞けなくても、「この子はこの地域を知りたいと本気で思っている」と、面接官に思わせることが大切だと思う。また、2次試験後には、関東在住で東北出身の阪東ゼミOBの方にも話を聞いた。東北の人には、話をぐいぐいと聞いてくる人が少ないと教わった。そのため、面接官の質問に対する回答に加えて、次の質問につながる言葉も散りばめるように工夫した。

私は、阪東ゼミのOB・OGや多くの仲間に支えられてきた。唯一のアナウンサー志望で孤独に感じる時もあったが、OBの方が真剣に悩みを聞いてくださり、仲間との勉強会では「アナウンサーの特徴」について、ああでもない、こうでもないと話し合った。人に甘えていいのだと強く感じるようになった。仲間と自分を信じて、やりたいことは何かを考え続けることが大切だ。頑張ってください。

MEMO

# 11 小手先のテクニックより、なぜ 記者になりたいのかに立ち返る

## 朝日新聞社内定　慶應義塾大学　H君

※2021年度版から転載

### ▼受験までの経緯

きっかけは東日本大震災であった。茨城県大洗町で中学3年生の卒業式前日に私自身が被災した。数万人の命が津波によって飲み込まれていく光景はおそらく一生忘れることはできないであろう。

本格的に記者を目指すことを決めたのは大学3年の春であった。大洗町は津波の避難命令をすぐ独自に出した。死者は1人だけだった。それで私は石巻と南三陸町を訪れた。震災から6年の月日が流れても復興が順調に進んでいない。同時に自分の足で現地に向かい、自分の目で確かめなければ知ることができない事実がたくさんあった。世の中に隠れている事実を掘り起こし、発信するには記者しかないと思った。

だが具体的に記者を目指すには何をすればよいのか全くわからなかった。夏のインターンでは新聞社や民放キー局を受けたがことごとく失敗した。焦りを感じた私は秋から阪東ゼミに入塾を希望した。

### ▼受験対策

主に作文と時事問題、面接の3本柱で対策した。そして個人的に最初に優先するべきは作文対策だと思った。なぜなら作文対策がESの質の向上に直結するからである。記者は文章力で適性を見られると聞いた。選考の土台であるESを書くのに作文対策をするのはうってつけだった。

### 【作文対策】

秋から入塾したということもあり、作文を書いた数も時間も仲間よりも圧倒的に少なかった。

だからこそ12月までは毎週数本の作文を書き、OBの方に添削してもらった。そしてなるべく作文に自分の体験や他人から聞いた話を盛り込めるようにした。そのために気になった場所や社会問題について知るため、自分の足であらゆるところに赴いて多くの人の話を聞いた。そのほうが作文を事実に基づいたリアルなものにできるからである。

そして作文は書き出しがいかに重要であるかも学んだ。最初の書き出しでいかに読み手を自分の世界に引き込むかということを常に意識した。結果、採用面接時に作文に関してはかなりほめられた。冬にはESもある程度土台ができた。書いたら友人やOBの方に必ず添削してもらうべきだと思う。

### 【エントリーシート（ES）対策】

ゼミで作文対策をやっていたおかげで冬にはある程度の土台ができていた。

ESは最終面接まで選考の柱として使われる。ゆえに時間をかけて何度も練り直し、多くの人に添削してもらうことをおススメする。私の場合は少なくとも1つのESを5人に添削してもらっていた。だが自分が築いてきた軸はぶらしてはならない。なぜ記者なのか？ なぜその会社なのか？ どのようなテーマを取材したいのか？ という設問は1本の川のように流れるように書くことを意識した。そうすれば面接時に無駄にESに関して矛盾点を指摘されることがなくなるからである。

**【時事問題対策】**

時事問題対策は日頃の積み重ねが非常に重要と感じた。主にニュース検定のテキストと新聞を使用していた。ニュース検定のテキストを2年分何度も反復した。そして新聞を毎日読むことも大切だと思う。面接でも時事問題に対する知識は問われる。ゆえに毎日さまざまな分野を満遍なく見ておくことは非常に大切だと思った。時間に余裕があるならば国立国会図書館に行き、各社の報道の違いを研究することをおススメする。

**【紙面研究、OB・OG訪問】**

第1志望の企業は若手のOBの方からベテランの記者の方までOB・OG訪問を行った。

会社説明会では聞くことのできない、働き方や他社にはない魅力などを聞くことができた。幸いにもゼミには多くのOB・OGの方がいる。そのつながりを活かして訪問することをおススメする。

紙面研究に関しては国会図書館で気になった事柄の各社の報道を見比べていた。

**【面接対策】**

面接練習は必ずするべきだと思う。夏のインターンでは全く面接対策をしなかった。志望動機すら話が詰まってしまう有様で、結果は言うまででもなかった。冬以降は想定される質問にある程度対応できるように自己分析や業界研究を繰り返した。

またゼミの合宿に参加し、面接を練習した。実際の面接を想定した緊張感のある空気で練習を行うことで自分に足りない部分を見つめ直した。だが、面接は「会話」であることを忘れてはならない。ある程度想定される質問でも自分の言葉で熱意を伝えることを心がけた。暗記したことを述べるだけでは想定外の質問に対応できないと思う。「会話を楽しむ」ことを心がけてからは自然体の自分で面接に臨むことができた。

**【勉強会】**

私は勉強は1人ですることが好きだったのであまり勉強会には参加しなかった。だが今思うと友人と集まりやったほうが多くの知識を得たり、モチベーションの向上にもつながったりしたのではないかと思う。

**▼いざ、戦線へ**

私の戦線は日本テレビ、TBSテレビ、日本経済新聞社、朝日新聞社であった。

**【日本テレビ】**

ES通過後、1次面接に臨んだ。面接では日本テレビの記者を志望する理由、好きな番組などを聞かれた。ある程度日本テレビの報道番組は見ていたので自信を持って臨

み通過した。

次は筆記試験だ。英語と一般教養の試験である。一般教養は時事、ドラマ、バラエティー、数学が出題された。正直ドラマやバラエティーを全く見ていなかった私は問題を解ききることができなかった。苦手な数学に関しては1問も解くことができなかった。本気で民放を目指す人には毎日テレビは見ることと数学は早めに対策してほしいと思う。

## 【TBSテレビ】

ESで痛恨のミスをした。私自身TBSで学生アルバイトをしており、そのことをアルバイトの欄に書いてしまった。なるべく選考では自社でアルバイトをしていることは隠すのが好ましいらしい。面接では志望動機すら聞かれず、アルバイトのことだけを聞かれて不合格となった。

## 【日本経済新聞社】

冬のインターンに参加したため、模擬面接と模擬筆記試験を2月に受験することになった。筆記試験は日経テスト準拠問題ではなく普通の時事問題のようだった。英語も難易度は高くなく、普通に対策をすれば高得点はとれる内容だった。

面接ではなぜ日経の記者であるか、最近の気になるニュースなどを聞かれた。面接後のフィードバックではよく質問に答えられているとほめられはしたが、日経でなければならない理由がわからないと言われた。今思うと電子版のことや海外勤務への意欲などは一切語っていなかった。日経を志望するのであれば、電子版でやりたいことや海外勤務への意欲を示すべきだと思った。

## 【朝日新聞社】

第1志望であったため万全の状態で臨めるように努力した。SPIの対策を甘く見ずに高得点を取るため8回は受験した。1次面接では特に志望理由などは聞かれなかった。サークルの話や関心を持ったニュースなど内面を見られているような感じがした。

次は作文試験と2次面接。朝日新聞を志望する理由や時事問題に関する幅広い分野からの質問があった。新聞を満遍なく読んでいた成果がこの時一番発揮できたと思う。

作文試験のテーマは「多様性」という抽象的なテーマだった。自分の体験から多様性に関してどのような考えを持っているかを述べた。面接の翌日には電話で通過の連絡があった。最終面接は学生1人に対して面接官は8人だった。

ESをもとに質問を深堀りされていく感じがしたが、最終面接は想定していない質問がたくさん飛んできた。しかし焦らず会話を楽しむことを忘れなかった。答えられそうにない質問には間を取るために「少し考えてもいいですか?」や「知識不足で答えられません」と正直に答えた。手応えをあまり感じなかったが当日の夜に内定の電話をいただいた。自分なりに考えて、落ち着きを見せて応答したことが評価されたのではないかと思った。

## 【まとめ】

就職活動を通して学んだことは小手先のテクニックを学ぶだけでは内定には至らないということだ。確かに面接のテクニックだけで乗り切れることもあるとは思う。だが、常になぜ自分が記者を目指すのかを考え、熱い思いを面接官にぶつけなければな

らないと思う。そうすればいずれ自分を評価してくれる会社はあると思う。

#### ▼マスコミ志望者へのアドバイス

　アメリカの作家、エルバード・ハバードは「やる気をなくさない限り、失敗はありえない」と言った。就職活動にも全く同じことが言える。どんなに失敗しても本人があきらめない限り良い結果はついてくると思う。テニスの大坂なおみ選手ではないが、常にポジティブであるべきだ。

　自分が正にそうであった。夏のインターンでは多くの悔しさを味わった。いくら努力をしても結果が報われないことが何回もあった。だが1度も失敗だと思ったことはなく、次への糧とした。ゆえにみなさんにも失敗したとなど思わないでほしい。あきらめない限り道は開けるのだから。

MEMO

# ⑫ 1次面接落ちの連続。 そこからどうやって内定を得た?

## 読売新聞社、日刊スポーツ新聞社内定　早稲田大学　Y君

### ▼受験までの経緯

「スポーツ取材をしたい!」小さいころからスポーツが大好きで、授業中も机の下で『Number』を齧りつくように読んでいた私は漠然とそんな想いを抱いていた。ただ、どうすればそれが実現できるのか? 部活の先輩を辿りテレビ局の内定者に話を聞くと、「そんなに甘くないよ」と一蹴された。とりあえず、テレビ局の夏インターンに応募するもほとんどが書類落ち。マスコミ就活の厳しさを知った私は2020年10月阪東ゼミの門を叩いた。

### ▼受験対策

### 【作文対策】

作文はとにかく書き続けることだ。これを聞いた就活生は、本当にそれで書けるようになるの? と疑問を抱くだろう。当時の私もそう思う1人だった。量をこなすメリットは2つある。1つには文章力や構成力の向上だ。ただ、こちらはさほど重要ではない。最も重要なのは書くことでネタを切らすことだ。作文で求められるのは他者との関わりである。自分のことを書き続けるなかで、ネタがなくなっていく。これがチャンスであり、身近な人について思い返してみたり、新たに話を聞く過程で本当の意味でのいい作文ができあがっていく。

### 【エントリーシート(ES)対策】

エントリーシートを書くうえで大事にしていたのは、多面性を見せるということだ。たとえば、私の場合は体育会に所属していたため、体育会での活動がESの主体となる。しかし、取材したいテーマや自己PR全てが体育会の活動だけでは印象には残りにくい。また、面接の際にもテーマが偏ってしまう。そこで、体育会の活動以外にもゼミでの活動や学生コーチとしての経験、別のスポーツへの興味などをESのなかに散りばめる。これによって、自分がさまざまなことに興味を持っている人間だということをアピールできるし、面接での話のネタにもなるのだ。

### 【筆記試験対策】

### ○WEB試験・テストセンター試験

新聞社の選考において、筆記試験やテストセンター試験に特段力を入れる必要はあまり感じない。実際に私は準備せず望んでいたが、筆記試験で落とされたことは1度もなかった。強いて言えば、作文試験の際に漢字や語句のミスがあると減点対象になるので、日頃から意識しておいたほうがいいかもしれない。

### 【面接対策】

面接対策は、就活において最も重要である。なぜなら、面接が採用試験において最

内定者から聞く! 合格体験記　**77**

も比重が高いからだ。私自身、面接は最も苦労した。就活をはじめた当初はほとんど1次面接落ちであった。では、そこからいかにして内定を得たのか。

私は、面接は準備が9割だと考えている。面接は15分から20分が一般的で、その間に自分とは何者でなぜ相手の企業を志望しているのかを伝えなければいけない。これを準備なしで行えるのはよほど話し上手な一握りの人間だけである。

具体的には、想定問答集を作ることをススメたい。そのなかでも絶対に固めておきたいのが、①なぜ記者を目指すのか②なぜその媒体なのか③なぜその企業なのか④どんなテーマを取材したいのかである。この4つは、自分のなかで明瞭な答えを用意しておくべきである。たとえば④であれば、取材したい人、記事を読んでほしい人、伝えたいポイントなど面接官に深堀りされても答えられるようにしたい。逆にここさえ抑えておけば、後の質問は自分の頭で考えて意見を言うことができれば問題ないと私は思っている。

## ▼いざ戦線へ
### 【読売新聞社】

ESは全て手書き、内容はこれまで力を入れてきたこと、取材したいテーマ、読売新聞で気になった記事だった。気になった記事はスポーツ以外のテーマを選び、読売新聞と他紙の比較をすることで幅広く新聞を読んでいることをアピールした。

1次選考は、人事2人による対面での面接だった。時間は15分。なぜ記者になりたいのか、なぜスポーツ紙でなく読売新聞なのかについて深堀りされた。また、「理不尽と思うことは?」など記者としての適性も問われていたと感じた。

2次選考は、1次面接とは別の人事2人による対面面接だった。時間は15分、1次面接よりも雰囲気は重たく、人によっては圧迫に感じる人もいるかもしれない。質問内容は1次面接と類似しており、スポーツ以外で取り組みたいテーマや自分の取材したいテーマに辿り着くまで時間がかかるがどう思うかなどを聞かれた。記者としての資質や覚悟を計っていると感じた。

3次選考は、論文・時事問題試験だった。まず時事問題は全て4択で、毎日新聞社で受けたニュース検定よりも簡単だった。新聞を読んでいれば対策は必要ないと思う。また、論文のテーマは「人生」だった。論文は最終的に社会問題と絡めて結論を書きたいので、自分の予定稿に関連する新聞記事を調べて知識を得てから臨んだ。

4次選考は、支局訪問だった。1日目は街頭取材と記事執筆を行った。街頭取材は、いろいろな人に声をかけ話を聞いた。引率の記者の方も言っていたが、いい記事を書けるかよりちゃんと人とコミュニケーションができるのかを見ていると感じた。

2日目は新聞の読み比べを行った。支局に着いてから読む時間もあるが、朝ホテルに新聞が届いているので、読んでから行ったほうが無難だと思う。また、1日目2日目ともに懇親会という形で記者の方と話す機会があった。若手の記者には聞きたいことを聞けばいいが、デスクや中堅記者と話す際には半分面接のような形になるので、志望度や記者になりたい理由などを整理しておくことをおススメする。また、最後に支局長と面談する機会があった。ざっくばらんに話す場所だったが、読売新聞社への志望度の高さはしっかり伝えた。

5次選考は、本社での役員面接だった。大きめな会議室に役員3人が座っていた。質問内容は、学生時代と東京五輪についてだった。東京五輪については、読売新聞社の主張に反しない程度に自分の意見を率直に伝えた。

当日の午後8時頃に内々定の電話があった。

**【日刊スポーツ新聞社】**

ESは、マイナビの「Offer Box」経由で提出する形だった。質問内容には「日刊スポーツ新聞社であなたが新しいビジネスをするならどんなことをするか?」「それを行ううえで、活かせるあなたの強みは何か?」という項目があった。日刊スポーツ新聞社は総合職採用なので、こういったビジネス的な視点も求められる。

採用フローは少し変わっており、ESを通過した人全員が1次面接、作文試験、2次面接を受けたうえで人数を絞り役員面接を行うという形であった。

1次面接はオンラインのグループ面接で、面接官2人(男女1人ずつ)対就活生2人を15分×2セットで行った。面接官は、ビジネス部や整理部など記者以外の方々だった。

質問内容は記者を目指す理由や気になった記事についてで、私は事前に日刊スポーツを読み込んで、記事の内容だけでなく紙面の構成を含めて熱く語った。

2次面接はオンラインでの個人面接で面接官は2人(男女1人ずつ)。前回と同じように写真部や営業部など記者以外の方々だった。時間は15分。質問内容も前回と同じようなものだった。なぜ日刊スポーツ新聞社なのかという質問に対して、実際の記事を紹介しながら、日刊スポーツと他社のスポーツ紙との違い(社会性のある記事)を話した。

作文試験はオンラインで行われた。テーマは、「日刊スポーツであなたが開発したいアプリ」だった。想定外のテーマで焦ったが、知恵を捻り出して書き終えた。手書きでなく、パソコンで書いたものをデータで送る方式だった。

役員面接は、築地本社で行われた。時間は15分で6、7人の役員(全員男性)が横並びで座っていた。質問内容は、学生時代の取り組みや趣味などパーソナルな質問が多かった。最後にテニスの大坂なおみ選手の会見拒否問題について意見を求められた。一般論に終始せず、自分の考えを伝えた。また、紙面を読んでいることがわかるように、日付や内容などを詳細に話すことを意識した。

面接終了後、書類提出のため応接室に呼ばれ、選考状況や志望度を聞かれた。私はゼミOBから事前に絶対に第1志望と言うようにアドバイスされていたため、日刊スポーツ新聞社に入りたいという想いを熱く語った。

面接当日の午後7時ごろ内々定の連絡をもらった。

**【報知新聞社】**

ESの仕様は手書きで、罫線が引かれておらずフリースペースになっていた。質問内容は挫折経験や取材したいテーマについてであり、クリエイティブな姿勢が求められていると感じた。私は、取材したいテーマの部分を新聞の一面のように写真を貼り付けて作成した。

1次試験は、本社で対面での面接だった。面接官は、50代前後の男性2人、役職はわからなかった。質問内容は、部内での役割や好きなスポーツ選手などパーソナルな質問が多かった。雰囲気も終始和やかで、落ち着いて話すことができた。

1次面接通過後、選考を辞退。

**▼マスコミ志望者へのアドバイス**

私から伝えたいのは、「志望企業のコンテンツを愛せ」ということだ。番組や記事な

ど何でもいいが、その企業のコンテンツをしっかり研究することが、業界研究や企業研究につながる。また、コンテンツを愛することで、その企業への志望度も高まり、面接での説得力も増す。私も就活をはじめた当初、テレビ局を闇雲に受けていたときは、その局の番組を前日に軽くチェックして望んでいたが、全く歯が立たなかった。

そこで、一般紙では読売新聞と朝日新聞、スポーツ紙では報知新聞と日刊スポーツ新聞をほぼ毎日買い続け読み比べていくうちに志望度が高まり、面接でもそれを活かすことができたと思う。この点からも私は持ち駒を増やせるだけ増やすというのはあまりおススメしない。

また、もう1点注意してほしいのが、新聞を読むときに書き手の視点に立って読んでほしいということだ。記者がどんな想いを持ちその記事を書いたのか。自分だったらこういう視点を加えたいなど、想像を働かせながら読んでほしい。それはきっと、自分が記者を目指す理由や取材したいテーマにもつながってくるはずだ。就活は最後まで何が起こるかわからない、あきらめず愚直に頑張ってほしい。

## ◎内定までの道のり

| 読売新聞社 | | |
|---|---|---|
| 2021年 | 4/20 | ES締め切り |
| | 5/17 | 1次面接 |
| | 5/22 | 2次面接 |
| | 6/2 | 論文・時事問題試験 |
| | 6/7 | 支局訪問 |
| | 6/16 | 役員面接 内々定 |

| 日刊スポーツ新聞社 | | |
|---|---|---|
| 2021年 | 4/12 | ES締め切り |
| | 4/26 | WEBテスト締め切り |
| | 5/7 | 1次面接 |
| | 5/13 | 作文試験 |
| | 5/19 | 2次面接 |
| | 6/1 | 役員面接、内々定 |

| 報知新聞社 | | |
|---|---|---|
| 2021年 | 3/26 | ES締め切り |
| | 4/22 | 1次面接 |

MEMO

# ⓭ 夏のインターンから開けた 早期選考・内定への道

## 読売新聞社内定　青山学院大学　Bさん

### ▼受験までの経緯

　大学3年生のころに何となくマスコミ業界（新聞、広告）に興味を持つようになった。ただ、自分の大学からはあまりマスコミ業界に就職する人が少なかったのと、作文試験の対策をしたいと思い、10月頃に阪東ゼミに入塾した。そして、インターンに参加するうちに記者への仕事に魅力を感じたため、記者職に絞って受験をした。

### ▼受験対策
### 【作文対策】

　作文は自分のなかでかなり不安材料だった。ゼミに通いながらも、トータルで30本くらいしか書けなかった。部活動ばかりをやってきたため、ほかの学生に比べて取り組んできた経験も少なく、とにかくネタを持ち合わせていなかった。日頃からアンテナを張っておくことが大切だ。

### 【時事問題対策】

　時事問題も対策が手薄だった。毎日新聞社が主催しているニュース時事能力検定2級は、早めに取得しておくことをおススメする。『新聞ダイジェスト』の巻末問題は、解いたがあまり良問ではない気がした。1番は、やはり紙の新聞に目を通しておくこと。これが1番大事だ。

### 【エントリーシート(ES)対策】

　独りよがりのエントリーシートにならないために、できるだけ多くの人に見てもらうのがよい。ゼミの仲間や先輩方に見てもらったのと、学校のライティングセンターに元朝日新聞のOGの方が勤めていたため、何度も通って添削してもらった。

### 【面接対策】

　ゼミのお正月の面接特訓にものすごく助けられた。現役の方からバシバシと厳しいお言葉をかけていただいた。何で記者になりたいのかさえもしっかりと言えず、自分の不甲斐なさを感じたきっかけだった。そして、ゼミのみんながそれぞれ良いところ、悪いところを言ってくれたことがブラッシュアップにつながった。また、2、3月においては阪ゼミの新聞組でオンライン面接練習を何度も重ねられて良かった。

### ▼いざ、戦線へ
### 【読売新聞社】

　新聞社のなかで1番最初にインターンに参加した会社が読売新聞社だった。8月に行われた読売アカデミーでは、新聞社の仕事の幅広さとネタをつかむために駆け回る

内定者から聞く！ 合格体験記　**81**

記者の方の話に圧倒された。新聞記者ってかっこいいなというイメージがつき、目指すようになったはじめのきっかけとなった。最初は、記者職だけでなく業務職にも参加したりもしていた。

また、夏のインターンシップだけでなく、9月、12月にも「1dayインターンシップ」が行われていたので、そこにも参加し、先着順で参加できなかったプログラム以外は全て参加した。

そして、採用につながった2月の読売カレッジ。読売カレッジに進むためには、1次面接・2次面接・論文を突破しなければならなく、ハードルが高い。1月の段階であまり面接練習を踏めていなかった私はとても不安だった。迎えた1次面接、驚くことに45分ほど面接をした。最初は緊張もしていたが、話をするうちに和らいできて自然体な自分で挑めた気がする。1次面接は、志望理由やニュースへの関心の高さよりも自分の打ち込んできた経験や人柄を見ている質問が多かった。面接に挑む前や後も人事部の人がいろいろ話しかけてくれたのも印象的で、とても丁寧だと感じた。

2次面接は、1次面接とは反対に圧迫気味だった。面接官の表情も何1つ動きがなく、まず自分の言ったことが伝わっているかが不安になった。また、「自分の陸上経験が記者の仕事にどう活かせるか?」という質問をされたとき、何も準備していなかったからか「取材相手のところに走っていけます」と答えてしまった。ダメな答え方であることには間違いないが、強面の表情をしていた面接官が爆笑してくれたため、なんとかやり通せた。

論文のテーマは、「外国人」だった。とても書きやすいテーマだが、論理的に主張を書けず「作文」になってしまった。案の定、最終面接で「これ、作文になってしまっているよね」と突っ込まれた。多くの新聞社は作文だが、読売だけは論文のため注意が必要だ。また、共同通信や毎日新聞とは系統が異なり、自身の経験から必ず時事問題につなげることが必須となっている。

こうしてなんとか、読売カレッジに合格することができた。応募したときは、どのような選考があるのかを知らされていなかったため、予想以上にがっつりとした選考に圧倒された。

読売カレッジの支局訪問先は、宇都宮だった。緊張感はありながらも、1種の遠足のようで楽しかった。新幹線でご飯を食べながら、到着した後は支局長のお話を聞き、実技取材を行う。実技取材では街の人がみんな快く応じてくれたため、どの話を記事で使おうか迷ったほどだった。また、書いた記事を支局長がほめてくれたのがうれしかった。夜の懇親会では、若手からベテランまで記者の方の話をたくさん聞けて勉強になった。読売新聞社の活気ある雰囲気がとても伝わってきた。

2日目は、朝刊の読み比べと支局長との面談。読み比べについては地域面の同じ内容の記事にしても、新聞社ごとに取材対象が異なっていたりしていたため、とても興味深かった。面談は、参加体験の感想文をもとに10分ほど手短に行われ、あっという間に終わった。この読売カレッジを通じて、地方支局で働くとはどういうことなのかというイメージがついたため、選考を抜きに考えてもとても満足のいく支局訪問となった。

この支局訪問の翌日午前中、人事部から電話がかかってきた。読売新聞社の志望度を確認した後に役員面接を受けてほしいとのことだった。支局訪問のメンバーの半分くらいが呼ばれると思われる。

役員面接は、これまでと変わって絨毯が敷いてある豪華な部屋で行われた。順番が

最後だったこともあり、2時間ほど待機したが、人事部の方が話しかけてくれたのでややリラックスできた。聞かれた質問に予想外の質問はなく、1次や2次で聞かれた質問も再度聞かれた。ただ、あまりうまく受け答えできず、交わされた議論も平行線で終わった。終わった後は駄目だろうなという気持ちだった。初めての役員面接ということもあり、経験が少なかったのかもしれない。

1週間後にきた連絡は、不採用だった。新聞社のなかでは、やはり読売新聞社に行きたい気持ちが強かったので、とても悲しく気持ちを立て直すのに時間がかかった。ただ、人事部の方に「人数の関係もあって非常に惜しかった」と言ってもらい、春採用試験で「筆記試験さえ受ければ、支局訪問からチャレンジできる」とのことだった。落ちてしまったことは残念だったが、他社の選考も次々とはじまっていたため、落ち込む余裕も正直あまりなかった。

そこからは、他社の選考を受けたが、全国紙は2次面接ほどで全て落ちてしまい、内定を獲得できなかった。そうした状況が続くなか、突然読売新聞社から電話がかかってきた。「コロナの影響で筆記試験が中止になった。入社の意思があれば現時点で内定を出したい」とのことだった。突然の内定連絡に驚くとともに、ある意味、新型コロナウイルスに救われたような気がした。内定辞退者が出たのかもしれないが、とてもうれしかった。

私の場合はこうした特殊なフローではあるが、何とか読売新聞社の内定を得ることができた。総じて、読売新聞社の人事部の方々はとても丁寧で、1人ひとりしっかりと向き合って選考してくれたような気がしており、本当に感謝している。

## 【共同通信社】

共同通信社は、2次面接で落ちてしまったが、インターンに参加し、その後の作文教室にも参加できたので書いておく。共同通信社のインターンは、面接がなく、400字の作文だけで参加できるので、比較的参加しやすい。共同通信社の作文は、「自分はどういう人間か」を1番のポイントにしているため、必ずしも時事ネタに結びつける必要はなく、自分の経験からどのような感情が湧いたのかという点を踏まえて書くことが大切だ。

インターンは2日間だったが、取材実技が体験できるのとフィードバックが得られるのでとてもためになった。また、人材育成本部の方々と一緒に昼食も食べられるので、聞きたいこともたくさん聞くことができる。ここで仲良くなるのがおススメだ。

そして、インターンで目を引いた何人かが後日作文教室に呼ばれる。作文練習会でありながらも、実際には早期選考の一環となっている。1時間以内に800字で作文を書き、グループで読み合う。共同ならではの作文の評価ポイントが知れるのと、人材育成本部の方からの丁寧なフィードバックが得られるので、とても良かった。

私は呼ばれなかったが、作文教室で目を引いた何人かは早期採用ルートに呼ばれるようだ。書いた作文を人材育成本部の方がすごくほめてくださったこともあり、少し期待していたが、呼ばれなくて悔しい思いをした。

通常の春採用試験では、運動記者で応募した。しかし、一般記者で応募すべきだったと後悔している。なぜなら、運動記者の採用人数は男子1人、女子1人とかなり狭き門になるからだ。また、入社後に一般記者から運動記者への転向もできると聞いたため、応募時にそこまでこだわる必要がなかった。

実際私は、1次面接を運動記者で受験したが、当日に人材育成本部の方から「運動

記者だと通過は厳しいが、ここで落ちるのはもったいないから、一般記者で受けてみませんか」と連絡がきて、2次面接から一般記者で受験することになった。

しかし、こうして迎えた一般記者職としての2次面接と筆記試験は、手応えがほとんどなかった。漢字が3問ほどしかわからず、時事問題も文化系の問題が多く、こちらも半分ほどしかわからなかった。そして2次面接も、運動記者のエントリーシートのままで一般記者の面接を行ったこともあり、あまり深堀りもされずあっけなく終わった。これは失敗したなと強く思った。案の定、2次選考で落ちてしまった。

1つの紙面にとらわれず、あらゆる媒体や地方紙にも記事が載る共同通信社は、とても魅力的だったが、実力不足で内定は叶わなかった。

### ▼マスコミ志望者へのアドバイス

記者を目指すのであれば、夏から各社のインターンに行くことをおススメする。特に読売新聞社はインターンを大切にしていて、1dayインターンにおいてもメモを取る様子や表情はきちんと記録されている。インターンで早期選考の流れに乗れれば、内定の道も開けてくる。共同通信社は、夏から早期採用ルートがある。

そして何より、阪東ゼミに入塾して先生と記者を目指す友人に出会えたことに本当に感謝している。受験は団体戦という言葉があるが、就職活動もある意味団体戦だと痛感した。自分に足りていなかった考えに気づくことができ、同じ目標を持つ友人が近くにいることはとても心強かった。また、情報もたくさん得ることができる。

そして地道に作文、時事、面接対策を積み重ねることも大切だが、運や縁というのもつきものだ。うまくいくこともあるし、うまくいかないこともある。一喜一憂しすぎず、自分が今できることを最大限取り組んでいってほしい。そうすれば必ず道は開けてくるはずだ！

#### ◎内定までの道のり

| 読売新聞社 | | |
|---|---|---|
| 2021年 | 1/7 | ES締め切り |
| | 1/20 | 1次面接 |
| | 1/25 | 2次面接・筆記試験 |

| 2021年 | 2/12 | 地方総支局訪問 |
|---|---|---|
| | 2/13 | |
| | 2/19 | 役員面接 |
| | 4/9 | 内定連絡 |

MEMO

# 14 「なぜ記者になりたいのか」に向き合い、足を使って現場へ行く

### 読売新聞社内定　秋田国際教養大学　C君

#### ▼受験までの経緯

中学生のころから物書きになりたかった。夢はサッカー専門新聞「エルゴラッソ」のライター。あるいは『ワールドサッカーダイジェスト』(日本スポーツ企画出版社)『サッカーキング』(フロムワン)といった雑誌のライターに憧れていた。選手の成功の裏にある努力や挫折を取材したかった。戦術うんぬんよりも「人」に興味があったのだ。テレビ番組も、NHKの『プロフェッショナル仕事の流儀』やテレビ東京の『カンブリア宮殿』など人物にスポットライトを当てたドキュメンタリーを毎日見ていた。

高校、大学と進学するうちに、サッカーだけでなく政治や経済、社会問題や環境問題などさまざまなことに興味を持ちはじめた。やはり「人に直接会って話を聞きたい」「現場に自分が行きたい」という思いが強く、自然と全国紙の記者を目指すようになった。

実は阪東ゼミに入塾したのも、「マスコミ志望の面白い学生に会いたい」という理由からだった。

#### ▼受験対策
#### 【作文対策】

はじめて書いた作文はひどいものだった。先生に「作文はあなたがどんな人なのかアピールするものです」と赤を入れられた。作文はこの考えが基本だ。要するに自己アピールである。採点官に、「会ってみたい」「記事を書かせてみたい」と思わせることが必要なのだ。もちろん、1文を短くする、固有名詞や数字を入れる、コメントを入れるといったことは基本中の基本である。本番までに予定稿を5つ用意した。

個人的におススメする作文対策は、他人の優秀作文を読むことだ。本屋に行けば、作文や小論文の対策本が売られている。立ち読みでもいいので、じっくり読む。高得点がとれる作文はどのようなものか理解できると思う。また、論文形式の場合は起承転結を意識する。要するに論理の展開だ。空中戦にならないように気をつける。やはりオリジナリティや自分らしさが必要である。

#### 【エントリーシート(ES)対策】

自分の体験を踏まえて書く。これが基本だ。作文と同じである。面接官は記者出身なので、「この人はどんな人なのか。どんな問題意識があるのか」を知りたいのだ。ただ単に、「こんなことをした。こんなことを学んだ」というESは最低だ。自分の心が動いた体験を書くこと。それを意識して書く。そのうえで、なぜこの会社なのかを考える。もちろん、「御社はデジタルに力を入れていて……」「○○新聞は弱者の声を……」など誰にでも言える内容を書いていてはもったいない。面接でも不利になるだろう。

内定者から聞く！ 合格体験記　**85**

## 【筆記試験（時事問題）対策】

　新聞を毎日読む。私は本当に新聞が好きだったので、4紙契約していた。気になった記事はスクラップしていた。また、NHKオンデマンドに登録し、朝夕のニュースをできるだけチェックした。あまり使わなかったが、『新聞ダイジェスト』（新聞ダイジェスト社）も購読していた。お金はかかるが、好きなことをやっている感覚で、ほとんど趣味のようなものだった。ニュース時事能力検定2級をとれば、毎日新聞社の筆記試験は免除になる。私は2年生のうちに取得した。

　SPIは、問題集1冊（『本気で内定！　SPI&テストセンター1200題』〔新星出版社〕）を購入して取り組んだ。問題形式に慣れることが重要だと思う。非言語の分野が苦手だったので、繰り返し問題を解いた。ただ、新聞社の場合はSPIの成績はそこまで考慮されないだろう。

　漢字はあまり対策できなかったが、漢字検定2級の問題集をやるのがよい。『大学生の就職 マスコミ漢字』（一ツ橋書店）は難しすぎるのではないか。

## 【面接対策】

　ゼミの合宿ではじめて面接練習をした。OBの方に、「もっと自分のエピソードを」とアドバイスされた。これが基本である。自分の体験を絡めて結論から話す。私は面接練習をこなすよりは「自分の体験」をできるだけ増やすようにしていた。新聞社の場合は、話下手で不器用でも全然かまわないと思う。想定問答も私は用意しなかった（もちろん志望動機や気になったニュースぐらいは前もって考えた）。面接官との言葉のキャッチボールであることを意識し、自分の言葉で伝えることが大切だ。

　新聞社志望の学生は選考の早いテレビ業界を受けることも多いが、私は受けなかった。その時間を使って、被災地に行ったり、ボランティアをしたり、ネタ探しをしたほうがよい。面接官が食いつきそうな話題をたくさん用意する。できれば地方に行くのがよい。東京であれば「月島で下町育ちのおばあさんと話して……」など。現地の人に頑張って声をかけ、立ち話をする。そうすればその土地の経済や行政の課題が見えてくる。その話を面接官に話す。新聞の場合、不器用でも構わない。とにかく印象に残るような話をすることが大事だ。

　日頃からアンテナを張っていることも大事だ。とある新聞社の2次面接前の朝、近くの銭湯で朝風呂に入った。浴場は高齢者だらけで、休憩所では平日の朝からビールを飲んでいる年金生活高齢者がいた。頑張って声をかけると、興味深い話を聞くことができた。その日の面接で「面接の前には必ず銭湯に行って身を清めます」などと話をしたところ、大いにウケた。もちろん高齢化といった社会問題に絡めて朝の出来事を話したのだが、このように面接官の印象に残るような工夫が必要だと思う。

## 【インターンシップ】

　私はインターンシップの重要性を理解しておらず、3年生の夏休みは一切参加しなかった。インターンに参加することで早期選考に参加できることも多い。積極的に参加すべきである。人事に顔を覚えてもらえることもあるようだ。

　冬に行われるインターンはほとんど選考だ。ある新聞社の面接では、「なぜ夏のインターンに参加しなかったのか」と問い詰められたこともあった。やはり夏のうちから積極的に動いたほうがよい。

## ○NHK冬インターンシップ

エントリーシート選考の後、面接があった。NHKの面接は、じっくりと話を聞いてくれる。普段からニュースを見て、自分が取り組みたいことを説得力を持って話せるとよい。

インターンは銀座の放送センターで行われた。模擬取材や、リポート実習があった。インターン中は人事の方がしっかりと学生の様子を見ていた。積極的に質問・発言すべきだと感じた。評価が高い学生は早期選考ルートに乗れるようである。

## ▼いざ、戦線へ
### 【共同通信社】

共同通信社の面接は、「人柄」が特に見られているように感じた。自由な社風が面接官からも伝わってくる。緩い雰囲気のなかでも、なぜ通信社なのか、新聞との違いはどこにあるのかを説得力を持って伝えることが大切だ。

作文は、人柄が伝わるように意識する。自分(筆者)の意見は別になくてもよい。その代わり、社会性のある内容にする必要がある。

また共同通信社は、実技試験がある。テーマが与えられ、街に出て取材をする。いきなり見知らぬ人に声をかけるのは勇気がいる。慣れが必要だ。街角取材は他社の入社試験でも行われる。何度か練習する必要があるだろう。私は阪東ゼミで何度かルポを経験していたため、対応できた。また、アルバイト先の居酒屋でお客さんと積極的に会話をした経験が役立った。普段から意識して幅広い年齢層の方と話をしておくといいだろう。

### 【日本経済新聞社】

志望度は高くなかったが、選考の締め切りがかなり早かったため応募した。SPIやTOEICが重視されているという噂がある。1次から最終まで、面接の予約はマイページで行う。予約は早い者勝ちなので注意する必要がある。

エントリーシートが通過すると、1次面接と筆記試験、論文がある。筆記試験は、日経TEST準拠問題(マークシート)。8割くらい取れれば問題ないのではないか。日頃から日経を読んでおけば問題はない。

面接では「なぜ日本経済新聞社で、どんなことがしたいかを1分で話してください」と人事部がはじめに質問するのが定型だ。全国紙との違いを意識する。私は社会部志望だが、日本経済新聞社の面接では「経済部志望」にしていた。世の中の幅広いことに関心があるか、そのうえで経済面からみてその関心ごとをどう取り上げるかが見られている。

また、日本経済新聞社はデジタルに力を入れている。「紙の購読者数を増やすにはどうすればいいか」といった質問もあった。これは意外であった。そのほかには、「日本経済新聞社のデジタルの値段が高いと思うか」「紙とデジタルの違いは？」などの質問があった。

私は意外だったのだが、論文の成績が重視されているように感じた。2次面接では、「あなたの論文はトップクラスでした」と伝えてくれた。

### 【読売新聞社】

読売新聞社はエントリーシートがかなり重要だ。人事部の方がかなりESを読み込

んでいる。普段から読売新聞をよく読んで、特徴を理解する。手書きで量も多いため、他人に読んでもらうことが大切だ。書いた文章を音読するのもよい。

　面接では、「なぜ読売新聞なのか」をしつこく聞いてくる。4つほど理由を述べられるようにしておくべきだ。また、2次面接は圧迫だった。威圧感のある面接官が矢継ぎ早に質問してくる。わからないときは、「少し考えさせてください」、あるいは思い切って「わかりません。勉強不足でした」と言う。政策や社会問題について意見が求められるが、面接官を論破しようとしないこと。未熟な意見でかまわない。読売新聞社では、厳しい環境でもやっていけるのか、へこたれないか、もっと言えば部下として使えるかを見られている気がする。元気よく、素直な態度で面接に臨むべきである。

### ▼マスコミ志望者へのアドバイス

　「自分にしかできない取材があるから」（本書2015年度版より）。アマゾンでたまたま見つけた本に書いてあった言葉だ。なぜ記者になりたいのか、この問いに対し答えは1つしかないという。私も同じように思う。受かる人は、自分なりの目的と目標をもって記者を志望している。結局は、記者に対する志望度が大切なのだ。

　「なぜ記者になりたいのか」この問いに対して真摯に向き合ってほしい。面接対策などテクニック的なことはたくさんあるのだが、不器用であっても面接官に気持ちが伝われば必ず受かる。面接官を説得するための原体験を探してほしい。頑張ってください。

MEMO

# 15 自分自身の体験を交えながら、血の通った思いを伝える

## 日経新聞社、NHK（記者職）内定　東北大学大学院　Y君

※2018年度版から転載

### ▼受験までの経緯

　ある劇的な出来事をきっかけに、記者になりたいと思うのは「うそ」だと思う。少なくとも、私はそうではなかった。高校時代のデモへの参加、東日本大震災、米国留学、そして大学院進学。これらのなかで知的好奇心を刺激され、魅力的な記者に出会い、最終的に「そうか、記者なのか」と確信するに至った。

　私にとってその確信は決して早いものではなく、2016年1月のことである。大学院でギリギリまで研究をしてきたがゆえに、残されている時間はあまりなかった。ただでさえ「今年はインターンシップへの参加で決まる」「就活100日戦争」などと吹聴されていた時だ。本屋で見つけた本書をきっかけに、わらにもすがる思いで阪東ゼミの門を叩いた。

### ▼受験対策

　そもそも何を、どこから始めればいいのかわからなかった。手当たり次第、就活対策本なるものを買い、「自己分析」や「業界研究」をしていた。そんな私がゼミに入って真っ先に取り組んだのが、作文を書くことであった。

### 【作文対策】

　はじめはなぜ作文を書くのかよくわからなかった。ESに時間をかけたいのに、遠回りをしているように感じた。「記者だから文章力が大事といった短絡的な理由なのではないか」などと考えていた。

　最初の1カ月間は、ほぼ毎日作文を書いた。特に最初の10本はひたすら書き、作文を書くコツや時間配分を身体に叩き込んだ。中学以来と言ってもいい作文だ。なかなかコツがつかめず四苦八苦した。ゼミの仲間たちからのアドバイスを参考に、初稿に加筆修正を行い推敲していった。

　10本を過ぎた頃、あることに気がついた。それは作文を書くことが自分の来し方を振り返ることになっていたということだ。家族、出身地、高校・大学時代……。自分が歩んできた過去を振り返り、そのなかからモチーフを探す旅は楽しかった。同時に、過去の出来事を振り返ることで、自分自身の理解度が深まった。今思えば、「自己分析」を「作文を書く」という行為を通して行っていたのだ。

　それ以降は、ネタの引き出しを増やし、作文に落とし込んでいった。人生、故郷、出会い、日常を思い起こすことで、実は記者に近いような作業をしていたのかもしれない。実際にまちに繰り出し、人に話を聞くことも多々あった。そうやって作文を書き、先生や友人に添削してもらうことで作文を磨き上げていった。

作文こそがマスコミ受験対策の基本だった。阪東100本塾という塾名も、作文を100本書ければ、マスコミ内定を勝ち取れるということを意味している。面白い作文を書ければ、面白いESが書ける。作文に慣れれば、筆記試験でも臆することがなくなる。作文がマスコミ受験対策の基本といわれる所以である。

## 【エントリーシート(ES)】

「ESは作文である」という事実に気づくまでにそれほどの時間はかからなかった。上述した通り、過去・現在・未来から滲み出てくる出来事や思いを昇華するのが作文である。ESも同様だ。「志望動機」「最近、興味があること」という作文を書くだけである。

最初の頃、「私は○○でアルバイトをし、△△という工夫をすることで、売り上げが上がりました」というようなことをESに書いていたことがある。だが、この無機質な文章はマスコミ就活におけるESには適さないと感じた。なぜなら、この文章から「人柄」が伝わってこないからである。面白い人間と働きたいし、そういうヤツはネタをとれる、といった考えがマスコミ業界には強い。

「人間関係のスペシャリスト」(某放送局人事)である記者職の採用においては、よくも悪くも人柄が重視されている。「なぜ○○というアルバイトをしたのか」「△△という工夫をなぜ思いついたのか」という点を自分自身の体験を交えながら書き、その人の来し方が滲み出てくるES、血の通ったESを書くことを心がけるべきだと思う。私もその点を心がけてESを書いていった。

なお、注意すべきだと感じたのは、ESはより時間をかけられるがゆえに、完成度がひと目でわかるということだ。友人とESを見せ合うことで、推敲を重ねる必要がある。阪東ゼミOBの方がいっていた言葉だが、「ESは就活を乗り切るための武器」である。その武器の研磨をみすみす怠ってはいけない。できるだけ時間をかけ、納得いくESを作ってほしい。

## 【時事問題対策】

時事問題がわかるようになるまでには時間がかかる。だんだん問題が解けるようになるという感覚は大学受験の時と似たようなものを感じた。私はもとから新聞を読み、ニュースを見るのが好きだった(マスコミを受験する人はだいたいそうだと思う)。ただ、誰しも何にニュースバリューを感じるかは異なるものだ。私の場合も「政治」「経済」「国際」に偏りがちであった。その場合に満遍なく時事問題の対策をできるのが、『新聞ダイジェスト』やニュース検定のテキストである。図解や問題もあるので、効率よく対策をすることができた。

問題を解き、調べ、復習するというプロセスはこの20数年間の人生で口酸っぱく言われてきたことだと思う。自分の勉強方法を見つけ、対策をしてほしい。

## 【紙面比較、OB・OG訪問】

マスコミ就活で言うところの「業界研究」は、紙面比較とOB・OG訪問にあたると思う。まず、最も大切なのは紙面や番組といった媒体の理解を深めることだ。比較をしないことには各社の特徴がつかめない。私の場合、紙面比較で得た各社の特徴を訪問するOB・OGに質問し、各社の理解を深めていた(朝日「フォーラム面」、日経「迫真」、読売「政治の現場」などについてよく質問した)。

なお、阪東ゼミのネットワークは素晴らしい。各社にOB・OGの方々がたくさんいる

ので、それを存分に利用した。

## 【面接対策】

面接練習は必ずするべきだ。私の場合、阪東ゼミや仲間との勉強会で数をこなした。当初はESの内容をなぞるように話していた。だが、そのような面接は一番よくないと思う。よく言われることだが、「面接は会話」だ。面接練習をOB・OGの方々に見てもらうなかで、質問に対して端的に答え、ESを復唱するのではなく、自分自身の言葉で話すことの大切さを学んだ。さらに、突拍子もない質問に答える瞬発力も磨くことができる。

ただ、面接練習をやりすぎるのはよくない。練習をしすぎると、一種の予定稿が頭のなかで浮かんでしまうからだ。実は、面接を受けながら気づいたことだが、面接官はいかに相手の「鎧」を脱がせるかということを考えている。用意されてきた、準備万端の就活生の着ぐるみを剝がす、「本性を見抜く」ことが彼らの使命だ。

そうであるならば、受験する側は「面接官が鎧を脱がせたように思わせる」ことが大切だと思う。突拍子もない質問が来た場合、悩みながら必死で考え、言葉を置くように語ることは面接においてプラスだと思う。たとえ準備していた質問でも、まるで考えたことがなかった質問であるかのように振る舞うことが有効だ。また、その延長線上でいえば、緊張している雰囲気を出すことも効果があると思う。

## 【勉強会】

以上のような受験対策は、毎週阪東ゼミで行ってきたと同時に、ゼミの仲間達と一緒に開催してきた勉強会で行ってきた。ファミレスで侃侃諤諤語り合った仲間と一緒に対策をしてきたからこそ、今の私がある。

## ▼いざ、戦線へ

私の戦線は、NHK、朝日新聞、日経新聞、読売新聞、共同通信だけだった。さらに、選考の日程上、朝日新聞と共同通信は途中辞退することになった。以下、日経新聞、読売新聞、NHKの選考内容を略記する。

## 【日本経済新聞社】

日本経済新聞社のリクルーターがついたのは2月頃だ。私はインターンシップ参加のESすら出していなかった。だが、日経本社で行われた説明会に参加すると、その後連絡が来た。友人の話を聞くとインターンに参加していた学生にはリクルーターがつかなかったようだ。やりたいこと、志望先などを聞かれ終始和やかに進んだ。

日経から「模擬面接」の連絡が来たのは3月末だ。私は、3月23日に同社が主催していたマスコミ模試に参加していた。全体の50位以内、英語の得点で20位くらいであったため、連絡が来たのだと思う。「模試」という名の実質的な筆記試験だった。インターンシップに参加していた学生もそうでない学生もかなり絞られたようだ。

その後、模擬面接と作文練習という名目で4月中旬に本社へ呼ばれた。40代後半の面接官3人と面談した。事前に、模擬面接シートという用紙を渡され、提出していたので、それをもとに質問された。

その後、4月後半に面談へ呼ばれた。50代くらいの面接官5人だったと思う。論文や大学のことを聞かれた。約20分の面談だったと思う。そして、その日中に電話が来て、

本社に行くと内々定をいただくことになった。

ちなみに、6月1日までは他社の受験を続けてもいいということであった。

## 【読売新聞】

読売新聞との初めての接触は2月だった。インターンシップへ参加ができなかった学生を中心に、人事部によって勉強会が開催された。特に囲い込みのようなものはなかったと思う。

本格的に動き出したのは支局体験セミナーのための筆記試験を受けてからだ。筆記試験を通過し、後日、本社で面接を受けた。デスク級の記者が3人いた。基本的にESからの質問だった。付箋が貼られ、赤ペンなどで線が引かれていたことから、かなり読み込まれていたと感じた。

支局体験は1泊2日で行われる。盛岡や福島に行く参加者もいたようだ。本社から支局までは記者の方が引率してくれる。メモはかなりとっていたので、基本的に見られていると考えたほうがよい。

支局体験のメインは、街角取材と模擬記者会見だ。支局のデスクなどが警察の副署長役で、彼への質問や態度などが見られている。しっかりと「仮説」を立てたうえで、取材をしたほうがいい。基本的な事項をおろそかにしていないかなどがチェックされていると感じた。事件、事故、火事の記事のどれかを書くことになる。データベースなどで検索し、テンプレートを記憶していったことがかなり役に立った。

また、懇親会などでは志望動機などを深掘りされるので注意したほうがよい。最終日に書かせられる感想文においては「印象に残った話」「学んだこと」などを書くことになるので、適宜まとめておくのが無難である。

支局体験報告会という名の最終面接は本社で行われた。約20分の面接だった。役員が7名ほどいた。選考状況、支局体験、ESの内容などを聞かれた。残念ながら読売とは縁がなかった。

## 【NHK】

NHKと初めて接触したのは1月末だった。NHK内定者の方に誘われ、参加した。その後はNHK主催のジャーナリストカフェに数回参加し、理解を深めた。阪東ゼミのNHK職員の方を訪問し、お話を聞くなどした。

5月まで、NHKは基本的にインターンシップ参加者を中心に内定を出しているようだった。

6月に入り、筆記試験とWEBテストなどを受け、面接が始まった。NHKの場合、30分以上面接の時間をとってくれる。しっかりと話を聞いてくれる印象があった。1次、2次面接をこなした後、NHKは2.5次面接がある。人事との面接だ。個人的に就職活動のなかで最も厳しい面接だった。

後日、最終面接があったが、この場において厳しい質問はされなかった。友人の話を聞くかぎりでも、この面接で落とされた人はあまりいないようであった。

その日中に人事の方から連絡があり、内定をもらった。

当初、今年の就活はインターンシップで決まるということが吹聴されていた。だが、終わってみれば必ずしもそうとはいえなかった。むしろ、採用ルートが多様化し、人事が接触を図る機会は増えているのではないかと感じた。スタートダッシュに遅れても、焦ることなく就職活動を続けてほしい。

## ▼マスコミ志望者へのアドバイス

　ここまで述べてきたのは、私の個人的な経験と感想である。内定を勝ち取ったという自負がある人間はまるで自分の経験が全てであるかのような主張をするものである。その批判をこの体験記自体も免れることはできない。

　ただ、かといって全てが間違っていると捨て去るのもまた違うだろう。自分が納得し、使えるものは使う。その精神で就職活動を乗り切ってほしい。

　最後になるが、「就職活動は縁である」という人がいる。私もそう思う。突き詰めれば、就職活動もまた人と人との関係だからだ。ただ、その「縁」を生む可能性を広げるための努力は最大限行うべきである。私にとって、その「縁」を生む環境を提供してくれたのが阪東ゼミであり、そこに集った仲間たちであった。ぜひ自分の方法でその「縁」を勝ち取ってほしい。

MEMO

## 16 作文のネタがなければ、自主的に取材したらいい

### 中日(東京)新聞社内定　立教大学　Yさん

#### ▼受験までの経緯

　「満員電車に揺られる人生は嫌だな」。ラッシュ時の地下鉄丸の内線で、死んだような目をした会社員を見て、そう思った。オフィスワークよりも、自分の手足を動かす仕事がしたいと強く感じた。そんなとき、ドキュメンタリー映画『忘れられた子供たち』を観た。私も貧困や格差の現場に立てる記者になろうと決心した。

　大学3年生の夏、私は夏休みを謳歌していた。アルバイトをしては毎晩のように飲み歩き、気がつけば夏休みが終わっていた。その間、同じマスコミ志望者は夏のインターンに参加していた。すでに大きな差をつけられていたのだ。

　茶髪を黒に染めて、本格的に就活をはじめることにした。出遅れた分を巻き返そうとしたが、何をすれば良いかわからなかった。書店に置いてあった本書を読んで、2019年10月阪東ゼミに入塾した。

#### ▼受験対策
#### 【ガクチカ】

　いざ、大学生活で何か頑張ったっけ？ と思い返しても、胸を張れるガクチカが思い浮かばなかった。体育会に所属する学生、地域活性化に励む学生など、周りにはガクチカ強者がたくさんいて、劣等感を抱いてしまう。慌てて11月、台風19号の災害ボランティアに参加した。土砂や水浸しになった家財を運び続ける気の遠くなるような作業だった。泥臭い作業のエピソードには面接で助けられた。

#### 【エントリーシート(ES)対策】

　誰もが1度読むだけで理解できるESにするため、できるだけ多くの人に見せた。OBや友人のアドバイスをもとに、何度も何度も練り直したため、ESで落ちることはなかった。

　「その1文字に人生かかってるんだからね」。お正月特訓をした際に、OBから言われた言葉だ。新聞社のエントリーシートは手書きのものも多い。不注意な性格の私は誤字脱字が多かったため、ESを誰かに見せる度に間違いを指摘された。逆に、誰にも見せずに提出していたら、誤字脱字だらけのお話にならないESだっただろう。ミスのチェックの意味も込めて、周りの人に読んでもらうといい。

#### 【WEBテスト対策】

　正直、かなり苦しめられた。というか、最後まで克服できなかった。渾身のESを出しても、WEBテストで落ちたことが何度もある。「足切りのためだから、普通にやれば通る」。そんなほかの学生の言葉を信じてはいけない。入念な対策をススメる。

　数字に弱い文系学生におススメなのが、ナツメ社『史上最強SPI＆テストセンター超

実戦問題集』だ。最も解説が丁寧だと思う。割合や確率がさっぱりわからない私でも、かろうじて理解できた。コンピュータに落とされると、消化不良な気持ちが続くので、ぜひ早めに取りかかってほしい。

### 【作文対策】

とにかく本数をこなすことに尽きると思う。私は62本書いた。数をこなすと速さも身につく。速く書けると本番の試験で焦らなくて済む。制限時間60分でも40分くらいで書き終えて、見直しをする余裕もあった。10本目くらいまでは、過去の自分の経験を書けば何とかなった。本数を重ねるうちにネタが尽きてきた。身のまわりに面白いことはないか、目を光らせるようになり、地域の公園にいるおじさんの話を書いた。妹の工場アルバイトの話など、自分以外の家族や親戚の話も書いた。すると、140点くらいをとれるようになった。

私が作文を書くうえで特に意識したことが2つある。1つは、つかみを工夫すること。OBから「作文は最初の3行で決まる」と聞いたことがある。会話ではじめたり、擬音を使ってみたり、惹きつけられる出だしにしようとした。もう1つは、眼鏡や白髪など、登場する人の特徴を細かく描写すること。読み手がイメージを膨らませられるようにした。

試験は、十八番のネタである「曽祖父の戦争経験の話」「修学旅行での沖縄反基地デモの話」「祖父母が営む花農家の話」の3本で乗り切ることができた。

京成立石の飲み屋に行ってルポの練習もした。もつ焼き屋の店内に女性は私だけ。ほかは全員おじさんだった。お店の人は「何？」と無愛想で、戸惑ったのを覚えている。それでも店や客の様子を頭に焼きつけながら、面白い話が聞けないか、積極的に会話を試みた。ルポは共同通信の冬インターンシップや、読売の取材実技に活かされた。いきなり本番を迎えていたら、取材の仕方がわからず限られた時間で原稿を書けなかっただろう。

### 【新聞購読】

1人暮らしのアパートで、毎日新聞を購読していた。1番読みやすかったからだ。「記者の目」など、毎日新聞らしさが出ている記事はスクラップしていた。どんなに忙しいときでも、せめて社説と社会面くらいは読むように心がけていた。

それ以外の新聞は、大学の図書館で読んでいた。気になる記事は、メモしていた。記事を書き留めたノートは、全部で5冊分くらいになった。時間がないときは、記事の写真をスマホで撮っていたが、ほかの写真と紛れて後々見返さないのであまりおススメしない。

地方紙は、国会図書館で読んだ。

### 【時事問題対策】

ニュース時事能力検定2級を取得した。毎日新聞の筆記試験が免除になった。

「朝日キーワード」の最新時事用語は頭に入れておくようにした。政治や社会に関するキーワードだけでなく、渋野日向子や久保建英などスポーツ選手の名前を問われる新聞社もあった。世の中の関心ごとを幅広くカバーしておく必要がある。

### 【面接対策】

ゼミの同期に練習を頼んだ。ファミレスやオンラインで「三角面接」を行った。受験

生、面接官、見守る人だ。第3者の立場から面接を見ると、目線のチラつきや話すスピードに違和感を抱きやすい。受け答えの態度やあいさつなどの所作もチェックしてもらった。

1番思い出に残っている面接練習は友部合宿の時のことだ。OBに「なんで？」「それ他社でもできるよね？」と厳しく問いただされた。アドバイスも辛口で、自分の実力不足を痛感できた。多くの新聞社で面接を受けてきたが、合宿以上の鬼面接官に出会ったことがない。いい経験になった。

## ▼いざ、戦線へ
### 【毎日新聞社】

日頃から人に寄り添う新聞社だと感じ、第1志望だった。新聞社のなかで1番早い面接だったので、場慣れしないまま本命を迎えてしまった。志望動機、やりたいこと、気になるニュースなど、想定問答を一通り頭のなかで用意して挑んだ。だが、会場で聞かれたのは「趣味は？」「休みの日は何をしているか？」「サークルは？」など、ESの端っこの欄のことばかりだった。面食らってしまい、うまく受け答えができず、2次面接で不合格となった。自分自身のことを十分に話せなかったことが悔しくて、しばらくモチベーションが下がったままだった。ゼミの同期にファミレスで慰めてもらった。

### 【共同通信社】

「それを地方紙に載せるのにはどんな意味がある？」。ホームレスの取材をしたいと伝えると、面接官にそう返された。通信社の特性を理解していなかった。2次面接で不合格になり、自業自得だと思った。

### 【NHK】

経験した面接のなかで最も受け答えがしやすかった。ESをよく読んでくれているのか、面接官が受験生の良さを引き出そうとしてくれている気がする。人柄を聞いてくる質問が多い。「チームで行動するけど、協調性はあるか？」など、NHKならではの質問もあった。志望度は高かったが、他社の面接と丸かぶりしてしまい泣く泣く辞退した。

### 【中国新聞社】

広島には縁もゆかりもなかったが、「何も知らないので、これから知っていきたいです」という素直な姿勢が評価されたと思う。広島のことはもちろん、私の地元に関する質問もたくさんあった。また、作文をほめられると同時に、作文に関する質問が数問あった。

### 【中日新聞社】

1番最後に受験した新聞社だ。「なぜブロック紙か？」「なぜ中日新聞社か？」というところをブレずに固めて挑んだ。面接の経験を重ねてきたので、面接官とお話ししに行く気持ちで、余裕を持って質問に答えられた。最後には「お酒とか飲むの？」とかなりくだけた質問になるくらい、テンポよく面接を進めることができた。

地方紙としての温かみと、権力へ迫る鋭さの両方を持っていることに魅力を感じ、入社を決めた。

### ▼マスコミ志望者へのアドバイス

数打って慣れること。他業界でもいいので、本命までにもっと面接に慣れておけばよかった。

声は大きいに越したことはない。面接官とは意外と距離がある。年配の役員は少し耳が遠いかもしれない。大袈裟なくらい大きな声で自己紹介をすると、大抵「元気いいね」と場が和む。

経験者に聞くこと。傾向を知ることで対策ができる。NHKの内定者が「喜怒哀楽は聞かれるよ」と言っていた。実際に面接で「最近ムカついたことは？」と聞かれた。事前に聞かれるかもしれないと思っておけば、面接で焦ることも減る。

あきらめないこと。周りの仲間は、インターンシップの早期選考でどんどん内定をつかんでいた。私はNHKと共同通信社のインターン選考には呼ばれなかった。「私の何がダメなんだろう」と落ち込んだ。インターン選考は本気でマスコミを志願する学生と肩を並べるため、敵わないことがあるだろう。本選考は狭き門とはいえ、時間をかけてコツコツ対策を積んだ学生にチャンスはある。どうか、挑戦し続けてほしい。

私が最後には満足して就活を終えられたのも、切磋琢磨する仲間が近くにいたからだ。ゼミの同期と締め切り間近のESをファストフード店で書いて、深夜に郵便局へ駆け込んだことがある。作文のネタを探しに、福島県まで行って地元の人に話を聞いたこともあった。

面接が集中する時期には、特にゼミの仲間に支えられ、励まされ、喝を入れてもらった。頼れる人がたくさんいた環境に感謝している。みなさんも1人で抱え込まずに、最後まで頑張ってください！

MEMO

# 17 ESも作文も「数字、コメント、エピソード」を

## 西日本新聞社内定　早稲田大学　Nさん

※2022〜23年度版から転載

### ▼受験までの経緯

就職活動を終えた今でも記者を志したきっかけはわからないというのが正直なところだ。小学生のとき、図書館で「お仕事の本」を手に取り、記者のページを開いて大変そうだなとは思いつつそのページだけ熟読したときだったのだろうか。中学生のとき、大好きなソフトバンクホークスの試合結果を見るために新聞を毎日開いていたときだろうか。わからない。

大学3年生の秋、就活をはじめた。周りにマスコミ志望者がいなかったため、10月に阪東ゼミに入塾した。ゼミでたくさんの記者にお話しを聞いた。会社説明会とは違って、突っ込んだ質問にも快く答えてくださった。就活をはじめたころは、ぼんやりとしていた記者という仕事に対するイメージも段々明確になっていった。お話を聞けば聞くほど、記者になりたいという気持ちが大きくなった。

### ▼受験対策
### 【作文対策】

入塾した10月から3月の間に作文を50本くらい書いた。最初の1カ月は、800字の作文を書くのに2時間かかることもあったが、だんだん慣れた。私は「数字、コメント、エピソード」を入れることと、文をできるだけ短く書くことを意識した。作文は面接やESの土台になると思う。OB・OGやマスコミ志望者に添削をお願いするとよい。

また、地方出身者は地元をネタにした作文をたくさん書くとよい。私は先生に「地元ネタ禁止令」を出されるまで、地元ネタの作文を書きつづけた。地元のことをネタにすると、オリジナリティが出て作文がよりおもしろくなる。面接でも作文で書いたことをそのまま話題にすることが多かった。

### 【面接対策】

面接練習は実際に声に出して行うことが重要だ。「簡潔に、にこやかに、適度な声量で」を意識した。

ゼミの合宿や勉強会で模擬面接をしていただいた。厳しい意見をいただくことも多かったが、本番の面接であれ以上に圧迫されることはなかった。1度阪東ゼミで圧迫模擬面接を受けておくと、どの新聞社の面接でも和やかに感じられる。

また私は面接の前日、鏡の前で1時間ほど面接の練習をした。面接当日をイメージしながら、予想される質問に答える練習をした。そのおかげか当日は、「昨日と同じように受け答えすればいい」と思えたのでリラックスできた。

## 【エントリーシート(ES)対策】

ESも作文と同様「数字、コメント、エピソード」を入れるようにした。ESは面接の話の土台となる。面接で掘り下げられてもよい話題を取り上げた。私の場合は自分の経験や身の回りで起きたことを書くようにした。自分で実際見聞きしたことは、どんなに掘り下げられても答えられる自信があったからだ。

また、ESの趣味欄やストレス解消法は工夫することをオススメする。面接で趣味の話になって盛り上がることも多々あった。

地方紙やブロック紙を受ける方はその地方に対する「愛」をESで伝えることも重要だと思う。その際、地元の人だから知っている話題やおいしい店を組み込むと面接官と話が盛り上がる。

## 【筆記試験対策】

私は筆記試験で落ちたことはなかった。

SPI対策では『最新最強のSPIクリア問題集』(成美堂出版)のみを使用した。言語分野には自信があったため問題傾向を把握するのみで、問題は解かなかった。苦手意識のあった非言語分野は一通り解いた。1人で解いていると気が滅入るので、友達に解説を頼んだこともあった。SPIを含め基礎的な学力を問う試験の対策は、自信がない分野のみ取り組むのが効率的でよいと思う。文系の私は、数学の問題を解くのが久しぶりで楽しかった。

時事問題対策では、購読していた新聞を毎日読むのに加えて『新聞ダイジェスト』を半年分読んだ。また、ニュース検定の対策本の太字のところは暗記した。時事問題では浅く広い知識が求められると思う。

## ▼いざ戦線へ

### 【朝日新聞社】

朝日新聞社の1次面接は春・夏選考とも和やかな雰囲気で行われた。現役の記者3名が面接官だ。志望理由や時事ネタというよりは、ESをもとに面接官が興味を持ったことを質問されるという印象だ。基本的なコミュニケーション能力を問われていると思う。「元気よくハキハキと」を意識してほしい。

春選考の2次面接は人事の2人が面接官だ。タイピングテストも行われた。新聞記事を制限時間内に何文字打てるかのテストだ。面接ではどのような就職活動をしてきたか、なぜ記者を目指すようになったかを問われた。

夏選考の実技試験では、作文と模擬取材が課せられた。模擬取材は、朝日新聞社の記者にインタビューし、600字のひとものの記事を書くという課題だ。

### 【西日本新聞社】

#### ○1次面接

40代の記者と一対一の面接。面接官には、大学名や出身地が知らされておらず、ESの「大学時代頑張ったこと」の欄のみをもとに面接が行われる。和やかな雰囲気で、基本的なコミュニケーション能力を見られていると思う。

#### ○2次面接

デスク記者2名が面接官。1次面接と変わらず和やかな雰囲気だが、「なぜ記者か、な

内定者から聞く! 合格体験記　**99**

ぜ西日本新聞社か」をかなり深掘りされた。また入社後取材したい場所や人を固有名詞で答える質問もあった。雰囲気に流されず、深掘りの質問に耐え、熱意を伝えることが大切だと思う。

## ○筆記試験

1時間で900字の作文が課された。また、基礎学力テストでは、読解問題(30分)とグラフ読み取り問題(30分)が出題された。「筆記試験が最終面接に影響することはありません」と伝えられた。私の場合は最終面接で作文の内容を社長から質問された。

## ○最終面接

社長を含め役員5人との面接だった。「九州への愛を語ってみて」「本当にうちが第一志望なの?」など意思確認のような質問が多かった。特技のモノマネをしたときに終始真顔の面接官の笑顔を見れたときはうれしかった。私は筆記テストで書いた作文が高く評価されていたため、面接前からアドバンテージがあったように感じた。

## ▼マスコミ志望者へのアドバイス

私は就活が怖かった。「『うちの会社は人柄で人を選びます』って言ってる会社に落とされたら、自分を否定された気持ちになる」「友達の内定を素直によろこべない」と先輩が言っているのを聞いていたからだ。映画『何者』を見て、さらに怖くなった。

しかし、今思うと恐れることなど何もなかったのだと思う。就活中、たくさんの人との出会いがあった。いろいろな方の優しさに触れ、感動し、感謝した。また、自分自身を見つめなおすいい時間だったと思う。せわしなく過ぎていく時間のなかで、これほど自分自身について考えたことはなかった。就活を経験できてよかったと思う。

「人生の岐路は思ったほど、そうたくさんあるわけでもない。悔いのない就活にしてほしい。が、過度に喜ぶことも過度に落ち込む必要もなく、亡くなったドリス・デイが歌ったようにケ・セラ・セラと歩んでいけばよい。自然と縁があるところに落ち着くはずだ」

就活中、私のスマホの待ち受けにしていたOBの言葉だ。

これからの就活で泣きたいことも叫びたくなることもあるかもしれない。そういう時は泣いて、叫んで、お酒でも飲んでまた明日からがんばってほしい。

MEMO

# 18 変なプライドを捨てることが就活では大切

### 北海道新聞社内定　東北大学　A君

#### ▼受験するまでの経緯

　記者を志したきっかけは何かと問われても困る。強いて言うなら2011年に発生した東日本大震災だろうか。当時は西日本に住んでいたため、直接地震の被害を受けることはなかった。だが、連日の報道を通じて「伝えること」の役割を感じた。また、私は小さいころから人の話を聞くのが好きだった。この特性を活かすことができる職業として、漠然と記者になりたいと考えるようになった。

　私は就職留年を経験している。1年目の就職活動では業種を絞らず、手当たり次第にインターンを受けた。たまたまNHKの記者職インターンに参加することができ、忘れかけていた記者への思いが再燃した。インターンの受講態度や執筆した記事が評価され、早期選考を受けることができたものの、ご縁がなかった。今思えば完全に自己流で記者を目指したのは無謀だった。

　1年目の就活ではマスコミは全敗した。最終面接を数社控えた山場の時期にケガで入院したこともあって不本意な形でその年の就活は終わった。休学して就活を続行することを決意した。

　だが、私の大学は地方ということもあり、記者を一緒に目指す学生がほとんどいなかった。たまたま書店で手に取った本が本書だった。わらにもすがる思いで阪東ゼミの門をたたいた。2021年の2月中旬だった。

#### ▼受験対策
#### 【作文対策】

　入塾後に早速作文を提出したところ、「文章が支離滅裂」と酷評された。200点満点で80点台を連発した。「自分はやはり記者に向いていないのかもしれない」とかなり落ち込んだ。アドバイス通り、「1文を短く、自分の経験をもとに、社会問題と絡める」の3点を心がけた。しばらくすると120点以上をコンスタントに出せるようになった。

　作文を書くにもネタがないと書けない。長期休みの大半をインターンに費やすよりも、今しかできない旅行やアルバイト、ボランティア活動などで多様な経験を積むほうが遥かに有意義だと思う。本選考の作文試験ではそれなりのできだった作文を持ちネタとして準備しておいて、出されたお題に合わせて改変した。おかげで作文選考では落ちることはなかった。

#### 【エントリーシート（ES）対策】

　ある会社のインターンシップで人事の方に、「ESは最終面接までついて回る資料」と言われた。だからこそ、深掘りに耐えられるように嘘をつかないことは大前提だ。後述する日本経済新聞社のように、ほかに誰も書かない内容は面接の話が弾むネタになる。私はどの会社も締め切りギリギリにESを書いたが、極力期限の1週間前には完成させ

内定者から聞く！合格体験記　**101**

ておくべきだ。遅筆のせいでESの相談に乗ってくださった阪東ゼミのOB・OGの方に多大なご迷惑をかけてしまった。OB・OGの方々のおかげで書類選考で落選した会社は1社もなかった。

## 【面接対策】

　私は緊張すると早口になる癖がある。そのため、面接本番では「笑顔・ゆっくり・ハキハキ」を心がけた。オンライン面接中に接続不良ではっきりと質問が聞き取れず、何度も聞き直した会社は面接官の表情が曇りだし、私も焦ってしまいことごとく落ちた。「聞こえません」と大きく書いた画用紙を事前に用意すべきだった。

　また、先生に「君は目が笑っているからメガネは外して面接に臨むように」と言われた。不思議なことに、メガネなしで受けた面接の通過率は飛躍的に上がった。メガネをかけていて、なかなか面接が通らない人は1度だまされたと思って試してみるとよい。

## 【筆記試験対策】

　最大の対策は毎日、ニュースや新聞に触れることだろう。私のずぼらな性格上、電子版だと毎日読むのをついつい忘れてしまうので、紙の新聞を購読した。新聞の購読料は学生にとって決して安くはない買い物だがぜひおススメする。

　片手間にニュース時事能力検定を受験した。公式問題集そのものが新聞社の筆記試験対策にもってこいだ。合格することで優遇措置がある会社もあるが、何よりESの資格・検定欄が賑やかになる。個人的には2級までで十分だと思う。1級の勉強に割く時間があれば面接や作文の対策をしたほうが時間を有意義に使える。

## ▼いざ、戦線へ

### 【読売新聞社大阪本社】

　秋口から始まる記者セミナーに参加すると出席点があるのか、優遇措置として早いうちから本選考の案内が届いた。1次面接の面接官は、これまでのイベントで何度もお世話になった採用担当の方だったためリラックスして臨めた。だが、翌週行われた2次面接では「なぜ読売新聞社？」の問いをとことん追及された。嘘でもいいから読売新聞社に対する愛や忠誠心を述べれば良かったのだろう。私にはそんな芸当はできなかった。当然不通過だった。

### 【朝日新聞社】

　インターンにも参加でき、第1志望ということもあって1番緊張した会社だった。面接官は3人とも和やかだった。ただ、念入りに想定質問に対する答えを用意していたからか「準備しすぎ」「前のめりさが足りない」と判断されて落とされたのだと思う。面接は自然体で臨むべきであると痛感した。

### 【日本経済新聞社】

　1次面接ではESの「あなたを○○にたとえると」の設問に対する答えが面白いと評価された。ESは大切な面接資料であると感じた。ただ、2次面接では通信回線が悪く、何度も「聞こえません」を連発してしまった。回線トラブルで動揺していたところ、「本当に経済に興味あるの？」「やりたいことからすれば朝日新聞や読売新聞のほうが向いているんじゃない？」と言われた。うまく切り返せずに落ちた。

## 【産経新聞社】

　筆記試験がオンラインであった。産経新聞の社説や明治時代の文語体の文章、俳句、文学史と幅広く出題された。1次面接は「新聞社ができるSDGs」がお題のグループディスカッションだった。「新聞社は紙の新聞の発行をやめて電子版に全面移行するべき」と発言した学生がいて笑いをこらえるのに必死だった。その後の2次面接では、ESに書いた最近関心のある時事問題が独創的だと評価された。ただ、「君みたいに心優しい人が記者になってもつらいだけかもよ」と面接官の1人に言われた。不通過だった。

## 【北海道新聞社】

　ES通過後は作文・要約試験があった。要約試験とは北海道新聞の社説がリスニング音声(4分弱)で流れて要約するもので、少々面食らった。

　面接は1次面接(局長管理職面接、部長・デスク面接)、最終面接(局長管理職面接、役員面接)とあり、それぞれ15分間の面接が2回ずつだった。今まで受けてきた新聞社のなかで1番人柄を見られた気がした。北海道には縁もゆかりもないけど、うまくやっていけるかを念入りに聞かれた。「暑がりだし、ゴキブリが大嫌いなので北海道で働きたい」と言ったら面接官一同に笑われた。翌日電話で内々定の連絡がきた。

## ▼マスコミ志望者へのアドバイス

　同級生たちが大学を卒業して働きだしているなかで就活を続けている自分が情けなかった。無駄な自尊心があって就活を終えた友人に進路の相談ができなかった。こういった変なプライドを捨てることが就活では大切だ。

　また、私の就活中の息抜きのおススメは博物館めぐりと銭湯だった。前者はきっと新聞社の選考を受けるなかで面接や作文のネタになるはずだ(実際に北海道新聞社の面接では、旭川の三浦綾子記念文学館の話で盛り上がった)。後者は下宿の狭い風呂に入っている私にとってワンコインでできる最高のリフレッシュだった。

　私のように縁もゆかりもない土地の新聞社を受ける以上は学生時代に何度もその県を訪れること(少なくとも3回)が必須だ。地方新聞社の面接官の多くが地元出身であるため、他県出身者から見た地元はどう映っているかが非常に気になっているようだった。

　新聞社は留年に関して比較的寛容だ。実際に留年の理由について詳しく問われた会社は1社だけだった。新聞社内定は何も難しいものではなく、「本当に記者になりたい」という熱意さえあれば誰にでも可能だ。この本を手に取った人の夢が叶うことを願ってやまない。

## ◎内定までの道のり

| 読売新聞社大阪本社 | | |
| --- | --- | --- |
| 2021年 | 1/11 | ES郵送必着 |
| | 1/21 | 1次面接(オンライン) |
| | 1/26 | 2次面接(オンライン)、作文試験(「禍」800字、60分)(不合格) |

| 朝日新聞社 | | |
| --- | --- | --- |
| 2020年 | 9月 | 夏インターンが4日間行われた |
| 2021年 | 1/27 | ES締め切り(WEB) |
| | 2/11 | 1次面接(オンライン不合格) |

| 日本経済新聞社 | | |
| --- | --- | --- |
| 2021年 | 1/25 | ES締め切り(WEB) |
| | 2/6 | 論文試験(脱炭素化社会について論ぜよ」900字、60分) |
| | 2/9 | 1次面接(オンライン) |
| | 2/19 | 2次面接(オンライン、不合格) |

## 中日新聞社

| | | |
|---|---|---|
| 2021年 | 3/31 | ES締め切り(WEB) |
| | 4/13 | 作文試験(「違和感」、700字、60分、オンライン) |
| | 4/22 | 1次面接(対面、不合格) |

## 産経新聞社

| | | |
|---|---|---|
| 2021年 | 4/9 | ES締め切り(WEB) |
| | 4/19 | 作文試験(「全力投球」、60分、400字、オンライン)・筆記試験(福沢諭吉が書いた文語体の文章もあった、文学史多めだった、多肢選択だけでなく漢字の読みなど入力欄もあった、60分) |
| | 4/26 | グループディスカッション(オンラインで「新聞社ができるSDGsについて」。最初の20分で議論、最後の5分で学生1人が発表、面接官5人対学生7人、面接官のカメラは終始オフのままだった) |
| | 5/10 | 2次面接(オンライン、不合格) |

## 西日本新聞社

| | | |
|---|---|---|
| 2021年 | 4/26 | ES締め切り(WEB) |
| | 4/27 | 論文試験(「聴く」、60分、900字、オンライン)・社説要約試験(カネミ油症についての社説、30分、100字) |
| | 5/8 | 1次面接(40代男性デスクに模擬取材・記事執筆、オンライン、不合格) |

## 京都新聞社

| | | |
|---|---|---|
| 2021年 | 4/20 | ES締め切り(郵送) |
| | 5/15 | 作文試験(「窓」、800字、60分、対面)・筆記試験(日本史や安楽死事件など京都にまつわる問題多め、英語も出たがセンター試験レベル) |
| | 5/31 | 1次面接(対面、不合格) |

## 中国新聞社

| | | |
|---|---|---|
| 2021年 | 4/14 | ES締め切り(郵送) |
| | 5/6 | 作文試験(「声」、800字、60分、オンライン)・1次面接(不合格) |

## 時事通信社

| | | |
|---|---|---|
| 2021年 | 3/23 | ES締め切り(WEB) |
| | 5/18 | 作文試験(「往来」、60分、800字、オンライン) |
| | 5/19 | 1次面接(オンライン) |
| | 6/4 | 2次面接(オンライン、不合格) |

## NHK

| | | |
|---|---|---|
| 2021年 | 4/19 | ES締め切り(WEB) |
| | 6/1 | 1次面接(オンライン) |
| | 6/9 | 2次面接・作文試験(「未」、60分、800字、オンライン)(不合格) |

## 北海道新聞社

| | | |
|---|---|---|
| 2021年 | 3/31 | ES締め切り(WEB) |
| | 4/25 | 作文試験(「熱視線」、60分、1000字、オンライン)、社説要約とそれについての意見論述試験(北海道3国立大学統合についての社説、要約は200字、意見論述は400字、) |
| | 5/29 | 1次面接(オンライン) |
| | 6/6 | 最終面接(オンライン、翌日内々定連絡) |

MEMO

# 19 スポーツ記者の夢を叶えるために実践したこと

## スポーツニッポン新聞社内定　慶應義塾大学　Aさん

※2022〜23年度版から転載

### ▼受験までの経緯

　私は何よりもスポーツが大好きだ。小学4年生の時から野球をはじめ、空手やバスケットボールも経験した。大学では野球観戦サークルにも所属するなど、スポーツを観戦することも大好きだった。その思いに動かされ、大学2年からは放送局で野球中継の補助をするアルバイトをはじめた。大学3年の秋からは、スポーツ実況専門のアナウンススクールにも通った。こんな大学生活を過ごしていたため、就活の方向性は自然とスポーツメディアに向いた。

　しかし、私はどこからも内定をもらえなかった。自分がどのような形でスポーツ報道に関わりたいのか明確になっていないことが原因だった。もう1度、自分の過去や業種の志望度を考え直した。その時、私が特に大好きな野球と競馬に携われて、かつアナウンススクールに通った経験から「自分の言葉で表現できる仕事」が私のしたいことだと再認識した。大学4年の12月、これらを叶えることができるスポーツ新聞社を軸に、もう1年就活をすることを決心した。すぐに私は阪東ゼミの門をたたいた。ゼミの活動は、大学3年時に偶然本屋で本書を手に取ったことで知っていた。とにかく受かるためにはなんでもしようと思っていたので、入塾に迷いはなかった。

### ▼受験対策
#### 【作文対策】

　私はまず、本数を書くことに注力した。というのも、新聞記者を志望していながら、文章を書いた経験があまりなかったからだ。そのため、まずはゼミで週2本のペースで800字の作文を書きつづけた。すると10本を超えたあたりで、文章を書くことに慣れた。同時に、内容も改善しつづけた。

　そこで、私が意識したことは2つある。1つ目は「具体的に書くこと」だ。文章の中身が相手に伝わらないと意味がない。そのために「数字」を使った表現や、「○○のような……」などと読み手が想像しやすい表現方法を用いた。書いた作文は、多くの人（OB・OG、ゼミ生など）に添削・批評してもらった。お世辞にも私の書く作文はうまいとは言えず、添削してもらうたびに周囲のゼミ生との力の差を感じた。特にゼミ合宿に参加した際は、OB・OGに厳しいことを数多く言われた（思い出したくないくらい……）。しかし、こうした忌憚のない言葉に向き合い、自分なりに受け入れることで作文は少しずつ上達した。

　2点目のポイントは、作文のネタを集めることだ。そうはいっても、私がゼミに入ったのは大学4年の1月のことだったので、とにかく時間がなかった。そのため、できるだけ普段行く場所にいる人と会って話をした。ふらっと立ち寄った喫茶店で店主と話し

たり、以前メディアに出演した人にアポなしで話を聞きに行ったりもした。作文試験では、本番にならないと作文の題はわからない。どんなテーマにも対応できるように、ネタの引き出しは多いほうがいい。

**【面接対策】**

対策としてはゼミや、ゼミの合宿で模擬面接を行った。面接官役の人がOB・OGや記者の方だと、本番に近い雰囲気を体感できるし、人によってESの着目する点も異なるのでさまざまな質問への対応を経験できた。

この経験から、大切だと思ったのは「姿勢」と「会話する力」の2点だ。1点目の「姿勢」は意外と気にしていない就活生が多かったと思う。記者職は多くの人と関わる仕事なだけに印象が非常に大事だ。面接でも試験官と直接関わるわけだから、好印象を与えられるように身だしなみはしっかり整えた。整髪料で髪を整え（男性は前髪をあげて、額が見えていると受けがいい）、革靴は面接前に必ず磨いたほか、面接時の姿勢（椅子と背中の間を拳1個分あけて、やや前のめりの姿勢をとるとよいと、面接官に言われたことがある）などだ。

大切だと思うことの2点目は「会話する力」だ。私は正直、面接を苦手に感じたことはない。話すことがもともと好きだったし、声も通りやすいほうだからだ。それでも、面接の対策はするべきだと実感した。面接での「会話する力」は、普段の会話とはやや異なって、面接官の質問に質・量ともに的確に答える力だと思ったからだ。最初から完璧な受け答えをするのは意外と難しい。だいたい緊張して言葉足らずになるか、それを補おうとして話がだらだらと長くなる。話が長くなると、しゃべっているうちに本題から逸れた内容を話してしまうこともある。これでは、面接で高評価を得ることはできない。聞かれたことに的確に答える力は、面接練習を通して鍛えるべきだ。

ちなみに、私はこれに加えて話すときに抑揚をつける練習もした。ゼミ合宿の面接練習で、OB・OGから「ハキハキしているけど、口調が一本調子」と指摘を受けたからだ。話し方にメリハリをつけることで、面接官に伝えたいことをうまく強調できるようになった。

**【エントリーシート(ES)対策】**

まず自分でESを書く際に注意したことは、ESに自分らしさを表現することだ。ESは書類選考がある会社だと、面接官に自分を知ってもらう唯一の手段となる。だからこそ、自分が経験したことやそれに対する考え方、得意なこと不得意なことなど、素の自分を表現することが大切だ。ESに自由記述欄や白地の記述欄があるなら、カラーペンや写真・絵、デザインなどで表現するのも手だと思う。ただし、嘘を書いたり、記述内容を誇張したりすることは避けるべきだ。相手は人を見るプロである。いずれ面接などで必ず見破られる。

**【筆記試験対策】**

就活1年目には多くの会社の筆記・作文試験で落選したため、特に注力した。まず、受験予定の会社の過去問から出題傾向を分析した。たとえば、政治・経済・スポーツ・芸能などそれぞれの分野から何問ほど出題されるのか、漢字や英語を含めた問題の難易度はどれほどなのかといった点を把握することだ。傾向がつかめたら、新聞を用いて1カ月ごとに起こった出来事を分野別にノートにまとめた。最低過去1年分くらい

の新聞(基本は毎日新聞)を読んで勉強したが、基本的にどの紙も報じるようなニュースのみ勉強した。これで筆記試験(SPIやWEBテストではない)や作文試験があった4社のうち3社、通過できた。

### 【勉強会】

ゼミが終わった後や、休日にゼミ仲間で集まり面接練習をした。と、自信を持って言えればよかったのだが、練習することもあれば、数時間雑談することもあった。それでも、そんな何気ない会話が今になって必要な時間だったと感じる。人によっては、メディア業界を受験する人が身の回りにいないこともある(私も1年目の就活はそうだった)。同業界を受験するからこそ共感できることがたくさんあって、話しているだけで気持ちが楽になることも多かった。適度な息抜きは必要だ。

## ▼いざ、戦線へ

### 【共同通信社】

運動記者ではなく、一般記者で受験した。1次面接は、全体的に「記者になりたいか?」という意思確認のようなもの。ESにスポーツのネタがあったことから、「なぜ運動記者じゃないの?」と聞かれ、準備していた答えを言ったが面接官にはあまり納得されず、手ごたえはよくなかった。筆記試験は公表されている過去問に似た内容。一般常識は問題なく解き終えたが、英文和訳がボロボロだった。しかし、面接・筆記試験ともに通過した。これは推測になってしまうが、おそらく筆記試験の後に書いた作文が高評価だったと思われる。

2次試験は、取材実技と面接だった。テーマが与えられ、2時間ほどで受験者が自由に取材活動をして800字の記事を書く。私は近くの駅前で商業を営んでいた男性に話を聞いた。彼の人生経験を当時の政治ニュースに絡めながら記事を執筆した。取材実技の後に行われた面接では、執筆した記事についても質問された。面接官からは「作文うまいね。書く練習とかしてる?」と高評価を受けた。1次試験で書いた作文も手ごたえがあったため、この時に「作文が評価されて1次試験を突破したのではないか?」と感じた。ただ、「スポーツ紙への志望度は高くないの?」という質問にうまく答えられず、結局最終面接の連絡は来なかった。後に、この経験を踏まえて熟考した結果、「自分は一般紙の記者職ではなくスポーツ紙の記者になりたい」という意思を再認識し、以降の一般紙の新聞社は選考を全て辞退した。

### 【中日(東京)新聞社、毎日新聞社】

中日新聞は私の地元の新聞社で幼いころから読んでいた。また、自身が中日ドラゴンズファンであることから、将来的には中日スポーツの記事を書きたい(採用は中日新聞社のため、配属先はスポーツ部とは限らない)と思い志望した。毎日新聞は冬のインターンから参加し、一般紙のなかでは志望度が高かったことからエントリーした。中日新聞は5月下旬に筆記試験、毎日新聞はニュース検定2級所持の優遇措置があり、6月上旬に面接からスタートすることになった。しかし、自分の方向性を固めるために、どちらも選考を辞退した。

### 【報知新聞社】

スポーツ新聞社では、初めての面接だった。スポーツ紙への思いや、スポーツへの

思いを熱く語ることができ、非常に高い評価を受けて1次面接を通過した。適性検査を経て、2次試験を迎えた。内容はグループワークと筆記試験。事前に得ていた情報からグループワークが勝負になると考えており、試験に臨んだ。6人ほどのグループで推理ゲームをしたが、手ごたえは可もなく不可もなくといった感じだった。筆記試験はスポーツ分野に関するものがほとんどで、十分に対策したにもかかわらずボロボロだった。筆記試験の難易度を考えると、高得点を取れる人はほとんどいないだろうと思われるので、グループワークが災いしたのか、ここで落選となった。

## 【スポーツニッポン新聞社】

ESを提出し、1次面接に臨んだ。私が好きな記者の話をすると会話が弾んだ。その流れで、私がESに書いていた特技を披露してほしいと面接官に言われたので実演すると、面接官から大きな拍手をもらえ、面接という雰囲気を忘れそうなほど盛り上がった。

2次試験は筆記・作文試験だった。昨年の反省と対策が活き、筆記試験に関して一般常識からスポーツ・芸能分野までほぼ完璧に解けた。作文試験もネタを複数準備したことで、400字15分と800字80分の作文にも対応できた(作文ネタを多く準備したことが奏功した)。

3次試験はグループワークと面接だった。グループワークは、2グループで対戦する形式だった。ワークの題は2つ出されたが、そのうち1つがなんと大喜利だった。試験官をクスっと笑わすことができるとチームにポイントが加点される。なんともスポーツ紙らしい試験で楽しかった。その後の面接では、1次面接以上にスポーツ紙への思いや、スポニチへの思いを聞かれることが多かった。ここまでくると、対策というよりも自分の素直な気持ちや思いの強さのほうが大事になってくると感じた。

最終面接では、社長を含めた複数の役員との面接だった。2次選考で書いた作文についてほめられたり、改善点を指摘していただいたりした。また、私が好きな記事について和やかに談笑したほか、入社後の希望職種を聞かれるなどした。面接が終わってから2、3日以内に、電話にて内定連絡をいただいた。私が受験した会社のなかで、最も面接時間が長く、最も多くの社員の方に面接していただいた。その分、私のことを知っていただき、また私自身の志望度も高まっていった。内定連絡の際は、「スポニチをもっといい会社にしていきたい。長く一緒に働いてほしい」と言っていただき、私の思いは決まった。

## 【日刊スポーツ新聞社】

まずESを提出したが、その分量は同業他社と比べても圧倒的に多かった。本当に志望度が高くないと、あきらめてしまいそうなESだ。その後、WEBテストと適性検査を経て5月上旬に書類選考通過の連絡を頂いた。その際、通過連絡をもらった受験者は全員で40人弱だった。

1次面接は学生3に対して面接官2で行われ、新聞やネット記事や、自己PRについて聞かれた。2次選考では作文試験が行われ、60分800字の作文を書いた。その後、任意参加で質疑応答会が開かれた(選考前に会社説明会が行われなかったため)。次に行われた2次面接は個人面接だった。「周りからどんな人って言われる?」など、パーソナリティを見られるような質問が多かった。

次が最終面接で、役員5～6人との面接だった。ESに沿った質問で、これまでの自身

の経験について、やってみたい仕事(総合職採用なので)について聞かれた。最後には逆質問の時間もあり、お互いに理解を深められる面接だった。面接後に就活状況の聞き取りがあり、「内定を出したら他社の選考を辞退する?」や「うちの志望度は?」ということを聞かれた。残念ながら、この後採用連絡は来なかった。

### 【日刊スポーツ新聞社西日本】

ES提出後、エントリー者限定に会社説明会があった。説明会が終わると質疑応答の時間があり、社員がメモを取る様子が伺えるなど選考がはじまっている印象だった。この説明会後に、1次面接通過の連絡が来た。1次面接は集団面接で、面接前に受験者全員であるテーマについて討論を行い、面接官にプレゼンする時間があった。いずれも面接官の目の前で行った。その後に、個人への質問があったが、人によって質問数や質問時間に差があり、私はほとんど質問されなかった。ここで厳しいかと察したが、案の定、面接終了2時間後には不合格の通知が来た。

日刊スポーツ新聞社では、主に関東圏を中心に静岡支局などと連携して、東日本のスポーツ報道をカバーする。日刊スポーツ新聞西日本では、名古屋本社が東海圏、大阪本社が関西圏をカバーするなど、地域に密着した報道形態をとっている。これに伴い、採用活動も東と西でそれぞれ別れて行われている。自分が報道したいと思う地区にこだわりのある受験者は、志望しやすいだろう。

MEMO

## 20 志望先は自分の言葉を持てるか どうかで決まる

### 集英社内定　東京大学　Hさん

※2022～23年度版から転載

**▼受験に至った経緯**

　父の影響で昔から本に囲まれて過ごした。そのため、中学生のころからなんとなくマスコミは志望していた。だが、阪東ゼミに入った3年生の4月はまだ出版社か新聞社かを決めかねていた。ミーハー心が疼き、どっちかというと出版、さらに言えば、ずっと読みつづけていた女性誌志望かな、というような不明瞭な状態で私のマスコミ就職ははじまった。後述するが、結局志望が完全に固まったのは翌年2月だ。普通に考えれば遅すぎたが、ゼミでやってきたことが内定につながったと思う。

**▼受験対策**

**【作文対策】**

　正直、昔から文章を書くのは得意だった。だが、マスコミ用の作文と普通の作文はわけが違う。題材選びにも一苦労だった。三題噺も合わせて50本以上の作文を書いたが、最後のほうはネタが尽きてきて、昔の記憶をどうにか引っ張り出して文字にした。この自分の記憶を思い出す経験は、自己分析にもつながったと思う。結局、「これならいける！」と思えたのは三題噺が2本と作文が3本だけだった。だが数を書いた分、文章力も鍛えられ、テーマに無理やり予定稿を合わせるのもうまくなったと思う。出版社では、最終面接のときに筆記試験時の作文が見られていたりと、作文はかなり重要視されている。私は4回の面接中2回も作文について触れられた。少なくとも2本くらいはどんなテーマにも対応できる予定稿を作っておいたほうがいいだろう。

**【エントリーシート(ES)対策】**

　とにかくESを書くのは苦痛で仕方なかった。出版社は手書きのところも多く、非常に面倒くさい。私はその面倒くささに負け、何社か提出をあきらめた。具体的に言えば新潮社と文藝春秋とKADOKAWAだ。あきらめすぎである。だが今思い返せば、計画性を持ってちゃんと完成させておくべきだったと思う。ESは0次選考とも言われており、出すことがまず大変なのだ。それでもESを出さないことには面接さえ受けられない。本命ではなくとも面接や筆記試験の練習になるだろうから、出しておいて絶対に損はない。

　ESを見せるのは恥ずかしいかもしれないが、1度はOBに見せたほうがいい。私も集英社の提出前に見てもらったが、その時には「これじゃES通らないよ」とバッサリ言われた。それから私のESはガラリと変わった。まず、ファッション誌志望ということで、「ガクチカ」などを徹底的にファッションに近づけた。「私のここがすごい！」ではなく、「私はこんなことをやってきて、あんなことができるからこの部署に向いている！」というイメージで書くことを心がけるようになった。OBは「受かるES」を知っているのだから、1度は見せるべきだ。

また、ESはもちろん面接でも使われる。随所にネタを仕込むのが鉄則だ。ESは膨大な量であるため、面接官も全てを読んでいる暇はない。そのため、目に止まった言葉をピックアップしていくのだ。趣味やバイトなどで話せる変わったネタがあると良い。

### 【面接対策】

　私の就活は面接練習からはじまったと言っても過言ではない。秋ごろにゼミでは面接練習を伴った合宿が行われた。そこで私は、自分が思った以上に何も話せないことに気づかされた。新聞社のOBから厳しい質問に答えられず思わず涙が……。冒頭にもあった通り、私は志望さえもふわふわしていたため、何一つ自分の言葉で話せていなかったのだ。このままではダメだと思い、雑誌の研究をはじめた。今考えると、それまでの半年間何をしていたのかと思う。言ってしまえば、自分の怠けていた部分が合宿面接であらわになったのだ。

　そこから私は血迷った。ファッション誌での内定は難しい、週刊誌のほうがもらいやすい、という言葉につられて国立図書館で『FRIDAY』や『FLASH』を読み漁った。だがいくら読んでも、自分の言葉でやりたいことを表すことはできなかった。2019年に入ってからの授業での面接練習では0点をつけられた。そこでもまた泣いた。そんな状態のまま、気がつけばあっという間に2月になっていた。

　実は、私がファッション誌を第一志望にすると決めたのは、集英社のESを書いているときだった。それも理由は単純で、集英社には週刊誌が『プレイボーイ』しかなかったからだ。流石にそこまで色物担当になる勇気は持てなかった。ここはもうダメ元で、本来やりたかったファッション誌で行こう！と腹を括った。ESが通ってからは、毎日のように国会図書館に行って雑誌のバックナンバーを読み漁った。自分が志望している雑誌は過去3年間分読んだ。ファッション誌だけでなく、文芸誌なども読むようにした。また、集英社といえば漫画ということで、ネットカフェにも通った。今連載されているものだけでなく、打ち切りになったものも読んだ。そのどれもを、ただ読むのではなく、その作品の良いところ、悪いところを自分なりにまとめた。

　また、想定問答集も100問ほど作った。私は全て暗記するタイプではなかったので、ノートにアイデアだけを書き並べた。あまりにスラスラ言えすぎると用意してきたことがバレて逆効果なので、暗記タイプの人は、暗記したものを今考えついたように言う練習をしたほうがいい。私のようなタイプの人は、バラバラの単語を即興でうまくつなぎ合わせて文章にするイメージで行くべきだ。

### 【ネタ探し】

　ゼミでは、夏に農業ボランティアに行かされる。私は北海道に行った。酪農ができればよかったが、あいにく野菜を刈り取る農家だけだった。

　そこでは立派な家に住み高級車を乗り回す主人から「その野菜は1個65円で売れる。65円が地面に落ちていると思って拾え」と罵られた。世の中は「こんな人もいるのか」と腰痛でボランティア仲間にマッサージしてもらいながら泣いた。また、立石ルポにも行った。飲み屋で隣のおじちゃんたちと語り合ったいい経験だ。そうして、いろんな経験をすることで話せるネタが増える。作文も1本はこの時のボランティアネタで用意していた。今まで特に目立ったことを何もしてないという人も、時間はまだいくらでもあるので、新しい世界に足を踏み入れてみるといい。特技に「乳搾り」と書くだけでも大きな強みになるだろう。

## ▼いざ、戦線へ

### 【テレビ局】

　面接の練習にと思って、民放も2社ほど受けた。そのうちテレビ朝日はESで落ちた。日テレは1次面接はなんとか通過したが、次のグループワークでほかの参加者の雰囲気に巻き込まれて敗退した。ここでわかったのは、あたりまえだが本番は緊張する、ということだ。早送りかと思うくらい早口でしゃべっていた記憶がある。早口すぎ、同じ質問を2回されたこともある。きっと聞き取れなかったのだろう。練習になったかはわからないが、緊張した自分を知るいい機会だった。民放では筆記試験は結局どこも受けないまま終わってしまった。

### 【集英社】

　ESが無事通過し、次は筆記試験だった。私は民放で練習できなかったこともあり、初の筆記試験だった。とりあえず筆記試験の1週間前にアマゾンで『新聞ダイジェスト』を買って読んだ。あとは、最近の文学賞受賞者をリストアップして覚えた。正直、エンタメ問題は全然解けなかった。体感で3割ほどだ。だが、漢字問題はほぼ全て解けていたと思う。ゼミでやっていた漢字問題対策が役に立った。どこの出版社も漢字問題は出題される。難しいエンタメ問題で点を取る、というよりは漢字や四字熟語といった取れる問題を落とさないことが重要だと思う。もちろんエンタメで点を取れるに越したことはないので、「王様のブランチ」を見たり、ウィキペディアの「○○年の出来事」という項目を読んでおくとよい。あとは前のほうでも述べたが、作文の完成度を高めておくべきだろう。定かではないが、どれだけ筆記試験の点数が低くても作文が抜群なら無条件で面接まで行けてしまうという噂もある。対策は万全を期したほうがいい。

　そしていよいよ迎えた面接。集英社の場合は4次面接まで行われる。最終面接もあるが、それで落ちることはない。そのため3次が実質の最終だ。面接は基本的に和やかな雰囲気だった。面接受けよりも、自分の話したいことを話した。出版社の面接は簡潔に答えるよりも、できるだけ長く、詳しく話せるほうがいい。なぜかと言うと、1問1答形式のようになり質問がバンバン飛んでくるようになってしまうと、アラが見えてしまうからだ。もちろん全てを対策している完璧な人ならいいが、そうでない人には厳しい。文芸志望なのにファッション誌のことを聞かれても詳しいことまでは話せない。そうならないために、いかに1つの質問を自分の言葉で面白く長く話せるかが重要だなと感じた。私は基本的に身内ネタと「ガクチカ」、そしてバイトネタで押し切った。面接はだいたい約15分ほどだ。面接官たちも聞くことがなくなってくると、変な質問を繰り出してくる。そうならないためにも、できるだけ1つの質問に対して、自分の経験も踏まえながら長く話すことを心がけた。あくまで理想だが、1問につき1分以上話せるとよい。その15分間をいかに自分の得意分野の話で押し通せるかが鍵だろう。

　また、やはり一番大事なのは笑顔だと思う。私の強みは「いつでも笑顔なところ」の一択だった。うまく答えられずメンタルがやられてもずっとへらへらしていた。淡々と答えるのもありだが、やはり笑顔のほうが面接も盛り上がる。面接前には近くの人に話しかけ、緊張をほぐしていた。ライバルだと気負わずに、ガンガン話しかけよう。仲良くなると情報交換もできる。

　私がよくOBにしていた質問として、「自分が受かった決め手はなんだと思いますか？」と言うのがある。私の場合を考えると、面接官全員を笑わせたことかな、と思う。2次面接では失敗したが、それ以外の面接では全員を笑わせることができた。もちろ

ん笑わせることを目標としていたわけではないが、自分が楽しみながら面接をすると、相手にも伝わるような気がする。自分をさらけ出しつつも、できるだけユーモアのある返しを心がけた。特に最終面接などでは、実力が拮抗している。そのなかでやはり一番の決め手はいかに「こいつと働きたい！」と思わせるかどうかだと思う。だから、包み隠さず弱みも全てさらけ出した。すると途中でイジられたりと面接も盛り上がった。変にお堅く行くよりも、ありのままの自分で勝負したほうが、出版では意外とうまく行く。

## 【企業研究・インターンシップ】

　インターンシップは結局夏も冬も参加しなかった。自分の能力を考えて、グループワークをやったときに1人抜きん出るタイプではないと判断したからだ。出版社のインターンでの採用は15人参加したとしても、多くて1、2人だろう。つまり、そのほかの10人強は内定をもらえないうえに、「実務では働けない」と判断されてしまい、本選考でも通らない可能性がある。そう考えるとムリにインターンに参加して無能がバレてしまうよりは、面接でどうにか切り抜けるほうがよい気がした。そもそも出版社のインターンに参加できるような人たちはもともとのスペックが高い。そのなかで1人輝ける自信がない人は受けないことをおススメする。本選考だけでも内定は取れる。

　その代わり、企業研究はしっかり行った。OB訪問は数をこなすというよりは、面倒を見てもらえる人を1人か2人見つけるほうがいいと思う。もちろん多くの人に会うのもいいことだが、途中で考えがブレてしまう可能性がある。自分に合うOBの方を見つけ、その人に何度か会うほうがよいだろう。また、選考直前のOB訪問は、自分の考えとその会社の考えが合致しているかを確認する、というようなイメージで行くのがいい。あまりにも考えなしに行っても得られるものはない。「私はこう考えているのですが、どうですか？」と言える程度には話すことをまとめていったほうがいいだろう。

## ▼マスコミ志望者へのアドバイス

　マスコミ就職に模範解答はない。だからこそ対策が難しく、膨大な時間を要する。面接で聞かれるかもわからない文芸書を読み漁るなんて、一般企業を受ける人からしてみれば愚の骨頂かもしれない。それでも気を強く持ちつづけることがマスコミ就職への第一関門なのかなと思う。そう言ってる私も、実は何度も出版社志望をあきらめようとした。それでも、惰性だとしても、つづけたことに意味があったのかなと思う。まずは国会図書館で青い利用者カードを発行してもらうべきだ。

　また、マスコミ就職は縁と運だと言うが、実際には実力90ぐらいの世界だと思う。おそらく、一社に受かる人はどこを受けてもそれなりのところまでいける。大手ほどその傾向が強い。それは、出版物に対しての質問よりも、その会社についてや、自分自身のことに対する質問が多いからだ。「本が好き」だけでは内定を勝ち取れないだろう。それよりも、いろんなものにアンテナを張っていろんなことに興味がある人のほうが、面接では通りやすいのが現実だ。だから、私ができるアドバイスとしては、「いかに自分の持っている体験を自分の言葉で表せるか」に重きを置くべきだと思う。もちろん出版物研究などの対策を怠るべきではない。自分が志望している物に関しては、どこまで深く聞かれても答えられるように準備していくべきだ。

　だが、結局はどこに行っても通用するエピソードを何本も持っている人が強い。ESも、そのエピソードにつながることを書くべきだ。作文なり自己分析なりのなかで、自分らしさを見つけてほしい。

内定者から聞く！合格体験記　**113**

# 21 「初志」が合格に導いてくれた

### 講談社内定　明治大学　Wさん

※2022〜23年度版から転載

**▼受験に至った経緯**

　ずっと出版社に入りたかった。本と関わる仕事をしたかった。

　中高6年間、ずっと寮生活の私には、本がいつも側にいてくれた。両親とは、週に1度しか会えないため、悩みごとは本のなかでいつも答えを探していた。小説から、新書、ノンフィクション、コミック、雑誌まで、いつも学校の近くにある本屋で買って、寮で読んでいた。

　試験でいい成績を取れなくて、自己嫌悪に陥るときに、石田衣良先生の『池袋ウエストゲートパーク』が心を支えてくれた。少年たちの、何も恐れずに戦っている姿は、目に焼きついた。友達とうまくいかないとき、武者小路実篤の『友情』は、さっぱりした人間関係のつくり方を教えてくれた。

　このように、私を支えてきた本と関わる仕事をしたかった。この初心は、変わることはなかった。

　2018年、3年生の5月に、阪東ゼミに入ることにした。限られた時間だが、できることをやると決意した。

　毎週1本の作文、漢字問題、自己紹介、合宿の面接大会、地方でのルポルタージュ取材、片っぱしから練習した。

　就職活動がはじまり出版社を中心にいろいろと出願したが、自分の能力不足のため、筆記試験が通ったのは講談社だけだった。

　実は、講談社の筆記試験の2週間前に、集英社の筆記試験が落ちたという「お祈りメール」が来た。講談社しか持ち駒のない私は、筆記試験で落とされるわけにはいかないと猛練習の決心をした。この2週間に、それまでゼミで書いた120点くらいの作文5本をもう1度書き直した。原稿のロジックを練りなおし、文法ミスを注意深くメモして、整理した。このようにして、講談社の試験に臨んだとき、5本の原稿を念頭において問題を解きはじめた。

　いま考えると、集英社の筆記試験が落ちたおかげで、自分はここまで頑張ることができたのかもしれない。

**【心の整理】**

　講談社のホームページで例年の採用データを見てみると、3000人近くの応募者のなか、20人強しかとっていない、鬼のような高倍率だ。先生の紹介で、何人かOB・OG訪問を行い、内部事情を教えてもらってはいたが、いつ落とされてもおかしくはない状況だった。

　そこで、真剣に考えたのが、「出版社に行けなかったら、自分はどういう人生を歩むか」だった。考えたあげく、「私がしたいのは、本という媒体を通じて、昔の私のような誰かに人生を変える力を持つきっかけを与えたい」ことだと気づいた。

一方で、「誰かの人生に影響を与える」こと自体は、「本」という媒体を通じないとできないことではないとも考えた。私のしたいことは、別に出版社でしかできないことではない。講談社の面接の前に、今までのこだわりを捨てた自分がいた。

　執着を捨てると、面接会場に向かう足どりが軽くなった。「今までの思いを伝えればいい」とだけ考え、面接に臨んだ。

## ▼いざ戦線へ
### 【講談社】
　講談社の面接は全て個人面接だ。グループ面接が苦手の私にとってはそれがよかった。1次面接は、社員が2人いた。「どこ出身なの?」というような雑談のような質問が多かった。とてもラフで、友達と対話している感覚。非常に楽しい面接だった。4年生になり、あまり本を読む時間がなく、面接の前に心配していた。だが、現在のことより、今までの人生について多く聞かれた。「どうして出版社?」という質問は、昔から自分にいつも問いかけていたので、難なく答えることができた。

　2次面接は、社員が3人いた。2次面接は最も苦労した面接でもあった。「入社したら何をしたいの?」と企画について聞かれたのはもちろん、アドリブでの質問も非常に多かった。「本以外で、最近なんか人気なものは?」など、とても準備しきれない質問は、その場で考えて答えるしかなかった。唯一心がけたのは、なるべく面接官の質問の意図を考え、自分の性格を表せるようにコミュニケーションをとることだ。1次面接と違い、楽しさを、不安な気持ちが大幅に上回った。

　不安のなかに結果を待っていると、なんと3次面接に呼ばれた。3次面接は、社員が5人いた。2次面接と、また雰囲気がガラッと変わり、面接官が自分の興味関心で、質問しているように感じた。1次面接はエントリーシート中心、2次面接は仕事の能力が中心テーマだった。それに比べて、3次面接は面接官自身の興味関心がすごく表れた面接だった。「今までしてきたアルバイト全部きつそうだね。レストランのホールで何をやっていたの?」というような、その前の面接では全く触れられなかった部分について質問が大量に来た。ドキドキしながら、面接官に理解してもらいやすいように、具体的に説明を行った。ゼミでの普段の練習のおかげで、いつの間にか、急に聞かれた質問でもスラスラと答えられるようになっていた。途中で、面接官が自分の経歴を話してくれる場面もあり、とても勉強になった回でもあった。

　その次が、健康診断と総務面接だ。総務面接は、よく「落とされることはない」と言われるが、あくまで選考なので、気を抜いてはいけない、と自分に言い聞かせた。社員は4人。全員、今までの面接会場で会ったことのある社員だった。気軽に話すことができたが、やはり「私はどういう人なのか」が伝わるように答えた。

　最終面接は、社長を含めて4人の社員がいた。最も緊張した面接だった。緊張した理由は落とされるかどうかということではなかった。一番入りたい会社の社長に会えると思ったからだ。尊敬し、恐縮な気持ちがいっぱいだった。仕事についての心構えをいろいろと聞かれた。「本と関わっていればなんでも!」と本心から思っている自分は、真正面からぶつかった。

　その日の夕方、内定通知の電話をいただいた。

　「初志」が、私をここまで連れてきてくれたと思う。入社してからしたいこと、ぼんやりとしていた夢は、毎回の面接を通じて具体的になっていくように感じた。自分自身の立場を理解し、きちんとつかんでれば、就職活動は「優秀な私」を演出する場という

より、「こんな私ですが、もしよければ」と自己紹介する場所になる。最終評価をするのはあくまで企業側であるからこそ、素の自分を出すしかない。講談社は、「こんな私」を拾ってくれたと思っている。

### ▼マスコミ志望者へのアドバイス

就職活動の準備は、まず「自己分析をすること」とよく言われる。そんなに難しいことではない。日常生活のなかで、誰しも「私ってどんな人だろう」と考えたことはあると思う。友達との食事中、両親との会話中、もしくは学校の講義中に自然と現れた考えが、自分なのだろう。

メディア業界を志望するみなさんは、敏感で、思慮深い人のはずだ。日々の生活のなかの出来事を大事にしていけば、就職活動は決して難しいことではない。健闘を願っている。

MEMO

# ㉒ 内容はありきたりでいい。 どうやって魅力的に伝えるか

## KADOKAWA内定　慶應義塾大学　E君

### ▼受験までの経緯

幼少期から物語が好きだった。特に漫画は、自分の人生に大きな影響を与えてくれた存在であった。だから漫画の編集者という仕事を知ってからは、この仕事に就きたいとずっと思っていた。小学生のころに1番好きだった漫画である『こちら葛飾区亀有公園前派出所』(こち亀、集英社)の編集者になることが小学生の私の夢であった。

それからは、アニメやライトノベルなどのオタク的なコンテンツに触れながら成長してきたが、その根幹には漫画があったように思う。高校生のとき、こち亀の連載が終了した。これで夢を叶えることはできなくなったわけだが、改めて将来について考えるきっかけとなり、漫画の編集に携わりたいという思いを再確認した。

就活を意識しはじめたのは大学2年生になってからのことだ。出版業界の倍率の高さや採用人数の少なさを知り、何か行動を起こそうと考えて阪東ゼミに入塾した。

### ▼受験対策

#### 【ガクチカ】

ありきたりなガクチカしか思い浮かばないというのは、よくある悩みだろう。私も周りと差別化できるほどの強いガクチカを持っていなかった。ガクチカ探しのために変わったアルバイトをしたり、ボランティアへ足を運んだりもした。結局、それらは話のネタにはなったものの、ガクチカとして採用することはなかった。その場しのぎでガクチカを作ったところで、熱量を持って語ることはできないと考えたからだ。大学で最も熱量を持って取り組んでいたサークル活動をガクチカの軸とし、そこから何を学んで、どういうものに興味を持つようになったかという部分に重点を置いた。ありきたりな内容であっても、惹きのあるガクチカになるよう意識することが大事である。

#### 【エントリーシート(ES)対策】

限られた文字数のなかで、どれだけ自分をアピールできるかが重要である。結論ファーストで、端的に書かなければならないのはESの大前提だ。ムダな部分はできるだけそぎ落とし、自分の考えや思いを存分に押しだしていった。そして書きあがったESは必ず誰かに見てもらったほうがいい。友人でもOBでも両親でもいいだろう。人の目を通すことで、自分では気づかなかった部分を指摘してもらえる。何回か校正を繰り返し、完成度を高めていく必要があるのだ。ESは最終面接まで同じものを使うのが一般的だ。ESで手を抜き、ES選考の段階で落ちてしまっては、はじまるものもはじまらない。就活において最も時間をかけるべきなのはESの作成であると感じる。

ESには必ず求められているものがある。設問には必ず何かしらの意図があるので、その意図を推測しながら答えることが必要だ。また、ESは会社ごとに異なるので、企業研究は必須だと言えるだろう。複数の会社のESで同じ設問があったとしても、全て

に同じ回答をしていてはダメである。たとえば、特に海外戦略に力を入れている出版社があったとする。その出版社のESに海外戦略についての設問がなかったとしても、必ずほかの部分で海外戦略について考えているということをアピールしなければならない。設問は同じだとしても、内包されている企業の意図が違うことはあり得るのだ。

## 【WEBテスト対策】

私はあまりWEBテストに重きを置かなかった。最低限できていれば、通るものであると感じる。しかし、数学が苦手な私立文系の大学生には注意が必要だと思う。私は数学が得意なほうで、塾講師のアルバイトもしていたので定期的にアウトプットする場があった。そのため、非言語の問題も少しテキストを見返せば解けるようになったが、そうではない人も多いと思う。早めに準備をしておいて損はないだろう。

## 【作文対策】

30本以上は書いていた。実際に採用試験で作文を書く機会はなかったが、文章力の向上につながっていたと感じるし、何より自己分析になっていたと思う。作文で書くエピソード探しを通じて「そういえばこういう経験もしていたな」とか、「実は自分ってこう考えていたんだ」といったように気づく部分も多い。また、書いた作文を他人に批評してもうことで、何がウケるネタなのかを知ることができる。これは面接で何をしゃべるべきかという部分にも応用できる。

## 【時事問題対策】

ニュース時事能力検定2級を取得した。日々のニュースを把握していることは、業界に限らず常識である。最低限、面接当日のニュースはチェックするようにしていた。ただ時事問題を知っているだけでなく、自分がそれに対してどう考えているのかを言語化できるようにすることが大事だろう。

## 【面接対策】

ESをもとに友人と面接練習をしていた。その際に「いじわるな質問もしてほしい」とお願いしていた。どんな質問をされても焦らず、冷静に答えられるように練習を繰り返すことで、本番もあまり緊張することなく話すことができた。

1番思い出に残っている面接練習は合宿だ。OBはあえて厳しい質問を連発してくる。「○○の作品を3つ挙げて、感想も一緒に言って」と言われ、固まってしまったこともあった。企業研究が十分にできていないことを痛感させられ、勉強するよいきっかけになったと思う。圧迫面接を乗り切ったという経験は自分への自信につながった。

## ▼いざ、戦線へ
### 【KADOKAWA】
#### ○選考体験

2020年
11月
KADOKAWAや講談社のインターンに応募した。出版社はそもそもインターンの枠が少なく、選考方法が抽選である場合も多かった。今年はオンライン開催に変更となったインターンも多く、インターンというより説明会の要素が強いと感じた。このままでは面接の経験をすることなく本番を迎えてしまうと焦ったため、NHKと朝日新聞社のインターンにも応募した。ESの選考はど

れも通過していたので、とりあえず安心して過ごせていたと思う。

12月　KADOKAWAのインターンでは会社説明を聞き、グループワークを行った。Zoomで行われたインターンだったが、参加している学生は40人ほどでかなり少なかった。面接選考はなく、ESだけでかなり人数を絞っていることがわかる。ESの重要性をひしひしと感じた。緊張することなく普段通りふるまって、楽しくインターンを終えることができた。NHKと朝日新聞社は、インターンに参加するための面接があったが、どちらも落ちてしまった。面接官に志望度の低さを見破られていたのかもしれない。これがはじめてのオンライン面接だったので、よい経験になったとポジティブに考えることにした。朝日新聞社の面接は面接官からフィードバックをもらえるので、面接練習には向いているように思う。この結果から新聞社は自分に向いていないと思うようになり、新聞社の本選考は一切受けないことを決めた。その分、KADOKAWAの面接に本気で取り組むため、企業研究に時間を費やした。

1月　KADOKAWAのESを書き上げ、面接に臨んだ。面接対策として、Excelで想定問答集を作った。ESを読み返しながら、深堀りされそうな部分をピックアップしていった。1文で答えていき、何を聞かれてもある程度、言語化できる状態に持っていった。面接ではあまり長くしゃべりすぎないように意識して臨んだおかげで、面接官の反応も悪くなく、和やかな雰囲気のまま面接は終わった。

2月　最終面接での逆質問を何にするかを考えながら過ごす日々が続いた。所沢サクラタウンに足を運び、逆質問のネタを入手することができた。おかげで、最終面接での逆質問のウケも良く、社長も笑っていたので、少し安心できた。しかし結果が来るまでの3日間、あの笑いは嘲笑かもしれないと考えてしまい、もやもやした日々を過ごしていた。人事からの電話で合格を伝えられ、やっと安心できた。一気に駆け抜けた数カ月だった。

## ▼マスコミ志望者へのアドバイス

　面接で緊張しすぎず、面接官ときちんとコミュニケーションをとることが大事である。好きなものについては、熱量を持って話せば必ず面接官には伝わるだろう。あとはその場の空気を読み、どのくらいのボリュームで話すかを判断することが必要だ。面接官にとってあまり重要に思わないことを、ぺらぺらと長く話したところで意味がない。自分のウリだと思うポイントをきちんと理解し、状況を見て臨機応変に対応することが大事だ。1番よくないのは面接で嘘をつくことだ。正直に「わかりません」「まだ決まっていません」と答えたほうがよい場合もあると思う。ありのままの自分を見せることが大切だ。それで落ちても、相性が悪かったと考えて気にしすぎないようにする。どうしても運が絡んでくるのが就活だ。気持ちを強く持って頑張ってほしい。

### ◎内定までの道のり

| KADOKAWA(早期選考) | | |
|---|---|---|
| 2020年 | 10月 | インターン募集開始(ESのみ) |
| | 11/5 | インターン募集締め切り |
| | 11/21 | インターン結果発表 |
| | 12/4 | 1dayインターン(コミック) |
| | 12月中旬 | 早期選考案内 |

| 2021年 | 1/7 | ES締め切り、SPI受験締め切り |
|---|---|---|
| | 1/26 | 1次面接(オンライン) |
| | 2/5 | 2次面接(オンライン) |
| | 2/16 | 最終面接(オンライン) |
| | 2/19 | 内定連絡 |

# 23 経験を通じてわかった大切な3つのポイント

## 光文社内定　日本女子大学　Pさん

### ▼受験までの経緯

　幼いころから兄弟の影響で少年漫画やアニメなどにハマったり、友人と感想を共有したりしていた。そのせいか、漠然と将来は、漫画などのコンテンツに関わる仕事をしたいと思うようになった。

　大学生になり、将来のことを再度考える機会があった。大好きな作品に人生を変えてもらった私は、自分もそんなコンテンツを作り、届ける1員になりたいと感じていた。そうして、出版社を目指したのだ。

　いざ就活の準備をしようと思い、3年生の4月から書店やインターネットで情報収集をはじめた。だが、調べるほどに出版社に就職する難しさを実感する。今までの人生で失敗ばかりだった私は、「今回も無理かもしれない」と悲観的な気持ちになることも多かった。

　だが、憧れの出版社で働きたいという思いは強くなり、「全力を出し切って、それでもダメならあきらめよう」と覚悟を決めた。そうして、10月ごろに阪東ゼミに入塾した。私の周りには出版社を目指す知り合いも、出版社で働くOBも、誰もいなかった。そのため、作文対策や合宿を通して、出版社で活躍されているOBの方々とのつながりを持つことはとても新鮮だった。今思えば、身近に活躍されている方々とお話しをすることで、自分に何が不足しているのかを学ぶことができた。

### ▼受験対策

#### 【エントリーシート(ES)対策】

　夏に一般企業のインターンシップに多数応募していた私は、ES段階で撃沈することがほとんどだった。さらに、マスコミ就活ではESの選考を通過することがまず難関だ。「自分の思いを直接ぶつけられずに敗退するなんて嫌だ」と思い、ESは何度も書いては添削してもらった。1人だけではなく、OBや友人も含めて複数人に見てもらうことで、一貫性が出てアピールポイントが明確になる。そのかいもあり、ES段階で落ちることはほとんどなくなった。また、私は出版社の対策のために、本選考ではテレビ局にもESを出した。通過して1次面接を行ったが、全く練りあげられていなかったESでは会話が盛り上がらなかった。ESの書き方を工夫し具体的に書くほど、面接官は「これってどういうこと？」と興味を持ち、会話につながる。キャッチコピーを作る、イラストを使うなどして、読み手を楽しませることが重要だ。

#### 【筆記試験対策】

　作文とWEBテストの2点を徹底的に行った。私は特に三題噺が苦手だったが、出版社の就活を乗り切るうえで三題噺は避けては通れない。年が明けて、試験が迫るなか、私の三題噺はまとまりもオチもなかった。そのため、星新一の短編集を読んで、オチ

のパターンをギリギリまで詰め込み、予定稿を作成した。

　また、見落としてしまいがちなWEBテスト対策が実は重要になってくる。WEBテストを突破しないと、面接にすら行けない企業もある。そのため、苦手な人は書店で売っている問題集を1冊買って、早いうちから対策することが大切だ。また、一般企業のWEBテストを受けて慣れておくこと。私は大手出版社の選考前に、WEBテストの対策に追われてしまったことが後悔である。どうか、後回しにはせずに早めの対策をしてほしい。

## 【面接対策】

　自分が考えていることを口に出すことは、思っていたよりも難しかった。考えながら話せば長くなり、どう結論へ持っていけば良いのかわからなくなる。アウトプットの練習が圧倒的に足りていないことを実感し、冬に行われた合宿で何度も実践練習を重ねた。ゼミで知り合った友人との練習を含めて30回は行った。そして、ほかの優秀な仲間の話し方を研究したり、自分の面接姿を動画で確認したりと試行錯誤し続けた。

　本番で緊張せずに堂々と面接を乗り切ることができたのも、合宿や仲間と面接練習を重ねたおかげだ。また、面接練習や本番の面接が終わるたびに、どこが良かったのか、何が伝わりづらかったのか、次はどう伝えればもっと良くなるかなどをノートにまとめた。こうすることで、自分のやってきたことが可視化され、本番前に「私はこれだけやってきたんだ」という自信につながった。

## 【グループディスカッション（GD）対策】

　コロナの第1波が落ち着いた3年生の夏ごろは、多数の企業が集まる合同セミナーに対面で参加することが多かった。そのなかで、グループディスカッションを2回ほど、また一般企業のインターンシップで数回のグループワークを経験していた。マスコミ就活のなかでグループディスカッションを行う企業もあるだろう。そのため、無料で行われるイベントなどに参加し、どんな流れで行うのかを把握しておくこと、どんな評価ポイントがありそうかを自分なりに考えておくことが、本番リラックスしてグループディスカッションを行うためにも重要になってくる。

## ▼いざ、戦線へ
## 【講談社】

　集英社もKADOKAWAもWEBテストで敗退したため、何としてでも面接に行くことが目標となった。講談社は作文も筆記試験に組み込まれていたため、ゼミで書いていたなかでも評価の高かった作文を書き直し、三題噺の予定稿も作り直した。そのため筆記試験は、予定稿をうまく利用して通過することができた。はじめての面接に挑むこととなった。

　事前に雑誌を読み込み、想定問答集も作るなど、自分のなかでは完璧に対策を行った。だが対策をしすぎた分、肩に力が入りすぎて、本番は「こんなに頑張った私を採ってください」と言わんばかりの必死感が出てしまった。それが面接官にも伝わったのか、結果は1次面接不通過。面接官は、「あなたはどんな人？」という人柄を見ているため、想定問答集やESとは違った質問も飛んでくる。それにもかかわらず、私は一方的なアピールを重ねてしまい、面接官との会話を楽しむどころか、ただの演説大会に終わってしまった。

内定者から聞く！ 合格体験記　**121**

## 【白泉社】

　講談社を受けて以降、筆記試験に通過することが難関となった。そのため、自分の思いを面接官に伝える機会も少ないまま、白泉社の面接を迎えた。白泉社の筆記試験は講談社と同様、作文も重要であった。事前に作っていた予定稿を当てはめて何とか通過することができた。

　そして1次面接を迎えた。講談社の二の舞は踏むまいと決心した私は、とにかく「自分はこんな人だ」という人柄が伝わるよう意識した。面接ではESに沿った質問や好きな漫画作品、学生時代の経験を主に話した。さまざまな回答を通して、「あなた＝○○な人」というキャッチフレーズがつけられるよう回答に一貫性を持たせることが大切だ。どんな質問が来ても、上っ面な回答ではなく、自分の体験にもとづいた意見をしっかり言えるようにする。そうすることで、自分の人柄を面接官に伝えることができ、面接も通過できるようになった。

　2次面接・最終面接は1歩踏み込んだ質問を受けた。だが、「この会社だからこそ成し遂げたいこと」を詰められていなかった。「なぜこの会社か」という志望動機は、面接を通過しても考え続けることが必要だ。

## 【光文社】

　こちらも、面接を通して「自分はこんな人だ」という印象づけができるようにした。また、ゼミで毎週作文対策をしていた経験から、ほかの人と違う視点でものを考えるよう意識した。というのも、就活において自分と似た経験・意見を持つ人は非常に多い。そのなかに埋もれてしまわないよう、普段から人とは違った視点でものを考えるようにしていたのだ。

　加えて、面接では面接官に楽しんでもらえるよう振る舞った。出版社や面接官によって色は違えど、彼らは私たちの経験や意見に興味を持って話を聞いてくれる。そのような貴重な機会はそう多くないため、自分も面接官も楽しめるよう話の種を多く蒔いて（もしくはESに話題をちりばめて）、笑顔で話すようにしていた。自分もリラックスしていれば、多少ひねった質問が飛んできてもその場で考えながら自分の意見を言うことができる。面接が苦手な人は、まず「楽しむ」ことを目標としてもよいだろう。

　総じて、マスコミ就活をするなかで大事なのは①人とは違った新たな視点で物事を考えられるか②業界・会社のことを理解しているか③自分の武器に自信を持てるか、の3点である気がした。

　私の武器は、「好き」だからこういう行動をしたという一貫性と、笑顔でいることだった。そしてその武器を出版社でどのように活かせるのかも考えるようにした。そうすることで、出版社で働くことのイメージをより具体的にして、自分の夢に1歩近づくことができた。

## 【インターンシップ】

　一般企業のインターンにはいくつか参加したが、出版社のインターンには参加しなかった。優秀ではない私は、インターンで変に失敗したくないと思い、躊躇した。だが、今考えればインターンシップに参加することのメリットは大きい。ほかの受験生のレベルを知ることができるし、早期選考を受ける機会も得られる。そのため、個人的にはチャンスを広げるためにも、インターンシップには積極的に参加したほうがよいと感じた。

## ▼マスコミ志望者へのアドバイス

　アルバイトも、学生時代の経験も、学歴も、平々凡々だった私にとってマスコミ就活は茨の道だった。そのため、はじめはほかの人と比べては不安で泣いた。だが、好きなことにとことん向き合い、同じ「好き」を持った仲間と切磋琢磨することが心の支えになった。また、面接を通して出版社で働く方々の新たな魅力を知ることが何度もあった。それが自分にとって頑張る動機になり、つらいはずの就職活動も自分なりのペースで楽しんで行うことができた。

　就活は、運や縁がものを言うこともある。それは私も肌で感じた。同じことを言って笑ってくれる方もいれば、そうでないこともある。そこでの運や縁を1つでも多く感じてもらうためにも、自分が将来成し遂げたいことへの種まきは続けるのがよい（周りに宣言したり、出版社につながりそうなことを見つけては行動してみたり）。そうして出版社との「つながり」を1つずつ見つけて、伸ばしていけば、自分の成し遂げたいことと同じ方向性を持った企業に巡り合うことができるかもしれない。

　いろんな方の合格体験記やマスコミ就活情報を見て、「それでもやっぱりこの道に行きたい！」と固く決意した方々は、マスコミ就活も乗り切れるはずだ。この本に巡り合ったのも何かの縁だと思って、どうかあきらめずに自分の「好き」を伸ばしてほしい。みなさんが少しでも成し遂げたいことへのチャンスをつかめるよう、心から祈っている。

### ◎内定までの道のり

| トーハン、白泉社、光文社 | | |
|---|---|---|
| 2020年 | 12月 | トーハン1Dayインターンシップ |
| 2021年 | 1月 | トーハン1Dayインターンシップ応用編 |
| | 3月上旬 | トーハンES締め切り(インターン早期選考) |
| | 3月中旬 | トーハン1次面接(オンライン) |
| | 3月下旬 | 白泉社ES締め切り |

| | | |
|---|---|---|
| 2021年 | 4月上旬 | トーハン最終面接→内々定、光文社ES締め切り、白泉社WEB筆記試験 |
| | 4月下旬 | 白泉社1次面接(オンライン) |
| | 5月下旬 | 白泉社2次面接(オンライン)、光文社1次面接(対面) |
| | 6月中旬 | 光文社2次面接・筆記試験(オンライン) |
| | 6月末 | 白泉社・光文社ともに最終面接(対面)→光文社に内々定 |

MEMO

## 24 面接で企画書を提出し、熱意をアピール

### 朝日新聞出版社内定　明治大学　Cさん

**▼受験までの経緯**

「アナウンサーになりたい」と小6の卒業文集に書いた。私のマスコミ業界へのあこがれはこのときからあったのかもしれない。大学2年生が終わろうとするころ、漠然と将来について考えはじめるようになった。東南アジアの難民キャンプに行ったときに「青空教室で勉強しているような子どもたちがいることを伝えたい」と感じた。それを思い出し、マスコミを意識するようになった。そして最も好きだった媒体は何かと考えた時に「偉人漫画」(学習まんが世界の伝記など)に行きついた。幼い頃に大好きだったものだ。現在、私は日本史を専攻し大河ドラマを欠かさず見るほどの「歴史ファン」だ。本の影響力に気がついた。いつしか「心の種」を育てる本の編集者になりたいと思うようになっていった。

出版社は狭き門であるので、私はなかば日和っていた。大学3年の夏はさまざまな業界のインターンシップや説明会に参加した。皮肉にも、ほかのどの業界もつまらなく感じてしまい、出版社を目指す決意をした。大学3年の秋のことだった。そして阪東ゼミの門をたたいた。

**▼受験対策**

**【エントリーシート(ES)対策】**

ゼミの内定者の方のESや本書を参考にした。最初の1社(2020卒の場合は2月提出の集英社)を書くのは苦労するが、それにしっかり取り組めば他社は使いまわしでいいと思う。

小学館が第1志望であったが、会社研究がまったくできていなかった。書類落ちしてしまった。「やりたいことへの熱」と「全体のバランス」どちらも大切だと学んだ。また「出版社で働いている方が面接で知りたいことは何か」という視点を持つことも大切だと思う。塾でアルバイトをしていた経験などはあまり突っ込まれず、ESの隅に書いていたキュレーションサイトのライターの話はよく突っ込まれたからだ。

**【筆記試験対策】**

**○作文対策**

ゼミで週に1本書くことで書き方のコツがわかってきた。いつも授業をサボってしまっていた。トータルで20本ほどしか書くことができなかった。選考が始まってからこのことを少し悔いた。週に1度与えられたお題で作文を書くという訓練は、ESを書くときのネタ探しになることに気がついたからだ(ESを書く時間を大幅に短縮できる)。そしてある量をこなすと、どんなテーマが出たとしても今まで書いた作文からネタを見つけ、かつテーマにあった「オチ」もつけられるようになる。

○時事問題や一般常識問題対策

『新聞ダイジェスト』の巻末問題、『朝日キーワード就職(朝日新聞出版)』(用語解説のみの『朝日キーワード』もあるから注意)を使うのがオススメだ。エンタメやスポーツもよく出るので、今年1年で話題になったことは調べてワードにまとめた。東京オリンピックについてまとめる時は次のオリンピック会場まで調べるなど細かく対策したので、27枚ほどに及んだ。

○漢字対策

『マスコミ漢字』を使った。1周しかできなかったため、練習で覚えたはずの漢字を本番では書けない……ということが何度かあった。早め早めの対策が重要だ。3周はやっておくべきだ。

○筆記試験全体を通して

出版社の就職活動が本格化する3月になると、日中は説明会(他業界含む)などに参加して夜にESを書く……という生活になる。そして選考が早い会社(2020卒の場合は集英社やKADOKAWA)の面接も始まる。2月までに筆記試験の対策をある程度終わらせておくと気持ちに余裕を持てると思う。

【面接対策】

出版社を30社ほど受けたため、選考をするなかで面接の技術を磨いていった。私はインターンシップの面接を5〜6回、テレビ局の面接を数回しか受けていなかったため、3月に集英社やKADOKAWAの面接が始まったころはかなり不安だった。IT業界やテレビ業界などで「面接慣れ」しておくことをおススメする。

冬のインターンシップでは「イイ子」になりすぎていた。女子高出身まるだしだったためなのか、全く面接を通過できなかった。先生から「結婚の選択肢もあるよ」とまで言われた。作戦を変更した。自分自身の弱みを見せることや笑いをとることを意識した。すると不思議なことに通過するようになった。面接で聞かれそうなことをまとめ、「これだけ準備をしたのだからあとは話すだけ!」という自信を持つことも大切だと思う。ちなみに志望動機から自分の性格までまとめたメモはワードは25枚に及んだ。

面接は自分のことを知ってもらう場なので、自分の経験をベースにすることが大切だ。あるOBに言われた「学生の思いつく企画は既に実施して失敗したものか、事情があってできないことだと思うよ」という言葉が印象に残っている。ありきたりな企画でも自分の経験をベースにすることで差別化できる。企画は「熱意×論理」だ。

▼いざ戦線へ

最終面接で2回落ちるなど悔しい思いを何度もした就職活動であった。30社ほど受けたなかで学んだことをまとめる。

ESは上記の通り、使いまわしである程度通った。小さなところはESでかなり絞っているせいか落とされたこともあった(フレーベル館、金の星社など)。

筆記試験についてはやはり作文の出来が左右すると思う。極度に緊張してしまって力を発揮できず落ちてしまったことがあった(学研プラスなど)。「筆記試験受けている人は多くいるけれど実際に内定する人はほとんどいないんだ! ほとんどの人はどこかしらで落ちるんだ!」という開き直りも大切かも……。

内定者から聞く! 合格体験記　**125**

面接については3段階あると感じた。大手はKADOKAWA以外はあまり進んでいないため、中堅出版社について書く。

### ①最初の面接

主にコミュニケーション能力と準備をしてきたか(志望度)を見られる。面接想定問答集を作り込んだら、基本的なこと(志望動機・やりたいこと)と、会社の主力本・自分がやりたい部署の本をおさえて感想を言えるようにしておけば大丈夫だと思う。

### ②最終直前の面接

能力が高い人しか残っていないためここが勝負！ ポプラ社では想定問答集を作りすぎてしまったせいか、自分の経験をベースに話すことができず落ちてしまった(質問は「どうしたら子どもが本を読むようになるのか」など)。世界文化社ではWEBサイトの編集長をしていた経歴を持つ子と一緒にグループ面接をし、ほかの質問では差がつかなかったため落とされてしまった。また同社は美人を採用するという噂もある。

部長クラスの方がズラーっと並ぶなど今までと雰囲気が異なるが、自分の経験を話すなど「楽しむ」ことが大切だった。JTBパブリッシングではおススメの旅行先を尋ねられたときに、「鹿児島県の指宿の砂蒸し風呂です！ 邪念などが落とされた気分になるので傷心した時にピッタリです！」と言ったら面接官も笑ってくれた。グループ面接は運の要素(一緒に面接する受験生に左右される)が強い。落ちてもあまり気にしないようにしたい。

### ③最終面接

4社の最終面接を経験した。KADOKAWAは逆質問含めて10分間しか時間がなかったため、言いたいことを何一つ言えずに終わってしまった。面接の冒頭で「自己紹介とやりたいこと」を言う場面で短く答えすぎてしまったことが敗因だ。冒頭で志望動機ややりたいことを言う場面は、唯一質問ではなく自分で話すことができる時間なので、多少時間が長くなっても言いたいことはしっかり言うように！ 日経BPでは反省を活かし話しきることができた。しかし専門的知識がないという理由で不合格だった。就職活動は「縁」だということを最も実感した瞬間であった。そして3度目のJTBパブリッシングでは企画書を持参した。「なぜニュース検定を受験したのか」などあまり関係のない質問が多かったが、最後の「何か言いたいことがありますか」という場面で企画書を提出し熱意をアピール、内定することができた。

### 【朝日新聞出版社】

朝日新聞出版の面接の流れは次のとおりだ。1次面接は2対1で30分間面接を行った。1人は朝日新聞の元記者の方だった。新聞社系の出版社は規模としては100〜200人の中堅出版社が多い。また幹部に新聞社出身が多い。民放も新聞社の影響が大きいが、新聞を読んだかなどと聞くのは社長くらいだ。

さて、1次面接である。その面接官は私の志望分野に詳しくなかった。そのため「ほかに読んだ朝日新聞出版の本は？」と最初に聞かれた。自分の経験と関連する『AERA』の発達障害の特集について答えた。『AERA』や『週刊朝日』から自分の経験と絡めることができる記事をいくつか用意しておくと、面接で話題が広がるからよいと思う。2次面接は3対1で30分間面接を行った。『週刊朝日』の編集長など現場のトップの方ばかり

だった。『週刊朝日』の編集長の方がメインに質問をしていく面接だった。

　週刊誌や雑誌、時事についての質問が多く、週刊誌志望でない私は大変だった。編集長も朝日新聞の記者出身だった。気になるニュースでトランプについてあげた。「政治や経済にも興味ある？」と聞かれたが、「それよりも発達障害など身近な問題を扱いたいです」と正直に言った。詳しくない分野に話題がいかないように気をつけるべきだと思う。最終面接は7対1で30分間行った。後で調べると面接官の半数以上が朝日新聞出身の方だった。

　「昨日何時に寝たの？」「筆記試験はどうだった？」といった軟らかい質問から始まった。社長さんがとても気さくな方で良かった。作文やESの企画、卒論のテーマなどをほめてくださった。つまり、面接は相性もあるんだとつくづく感じた。新聞社系の出版社は、最終面接の面接官の第一印象が「威圧感」という方だとばかり思っていた。

　出版社の最終面接でよく聞かれる質問がある。「最初は営業だけど、大丈夫？」だ。これには「大丈夫です！　書店でのイベントなどもやってみたいです。具体的には……」と企画につなげるようにしたい。

　面接官には記者あがりの方が多い。そのため、学校のプログラムで参加した地方新聞社のインターンシップや、海外の孤児院に行った経験などが深堀りして聞かれた。また1次面接から30分間も時間をかけてくれ、とても丁寧に選考をしてくれると感じた。

#### ▼マスコミ志望者へのアドバイス

　「私は出版社（テレビ局、新聞社）に行ける！　と心から思うこと」、「ネタを10個用意すること」、「『柔軟に』あきらめないこと」の3点が大切だと思う。

　1つ目の「自分は志望業界に行ける！　と思うこと」についてだが、就職活動において根底にある気持ちのはずだが、本当に心から信じられている人はどのくらいいるだろうか。私は頭の片隅に「出版社は狭き門だから……」という思いが常にあった。付き合っている相手が社会人だったので結婚すればよい。その気持ちが筆記試験対策の甘さなどにつながってしまったと反省した。KADOKAWAの最終面接に残ったときから、私も出版社に行ける素質があるのだとようやく思えるようになった。

　2つ目の「ネタを10個用意すること」については『面接で泣いていた落ちこぼれ就活生が半年でテレビ局の女子アナに内定した理由（日経BP）』を参照してほしい。私は家庭の事情でサークル活動などをあまりすることができず、アルバイトをして生活費に……という大学生活を送っていた。そのためESや面接で使うネタを10個用意しようとしても高校時代の経験を含め6個ほどしか出なかった。

　喫茶店で友達と計10時間ほど話し合ったのに何も出なかったのは苦い思い出だ。面接で落ちることが続いたときに「出版社が私を採用するメリットはないのではないか」という思いにかられ、何度も涙した。就職活動まで時間がある人は「人と変わった趣味を持つこと」「『これだけは学生時代頑張った』と自分で胸を張れる活動をすること」を推奨する。これらを「マスコミ業界で働いている方が知りたくなる」視点を大切にしながらESや面接で話せばよい。

　そして3つ目の「『柔軟に』あきらめないこと」について記す。「柔軟に」とは「休む」ことも大切だということだ。私は4月第3週が「魔の1週間」だった。月曜日にKADOKAWAの最終面接で失敗し飯田橋駅で号泣した。

　火、水曜日に面接を3つこなし、木曜日に日経BPの最終面接と志望度が高いポプラ社の筆記試験（内容：イベント企画）を行った。夜には「配属先を考えた時にCさんが

いく部署がなかった」と日経BPの人事の方から電話がきた。そして金曜日には第1志望の小学館からES落ちの連絡がきた。就職活動が本格化した3月から突っ走ってきたが、さすがに何もできなくなった。この時に初めて就職活動のことを忘れて遊ぶなどリフレッシュした。そしてGWの10連休で思いっきり遊んだ。活力が戻り就職活動を再開することができた。このようにどうしようもないほどつらいときや苦しいときは「思い切って就職活動なんか忘れてしまえ！」と言いたい。「あきらめないこと」については、「筆記試験や面接の開始間近でも対策を続ける」ということだ。面接に向かう電車で読んだ雑誌について面接で話すことは何度かあった。

　最後に「人生は百年時代だから何とかなる！」という言葉を送りたい。魔の1週間を経て就職浪人を考えはじめたときに母に言われた言葉だ。就職活動しか見えず目の前が暗くなってしまったときに思い出してほしい。


MEMO

# 25 ありのままの自分を 評価してくれる企業を見つけよう

## 博報堂内定　慶應義塾大学　D君

**▼受験に至った経緯**

　小学3年生のとき、初めてテレビで『ナルト』を見て、その感動を忘れられなかった。「こんな面白いもの初めて見た！」と思い、アニメ、コミック、ゲームや小説に夢中になった。

　慶應義塾大学に入り、そうしたコンテンツに関わる仕事と距離が近くなった。3年生のときにメディアについて講義で学んだことを機に、ずっと憧れを持つ出版社、テレビ局、新聞社などに接点を持つようになったのだ。

　4年生になり、出版社をはじめとする、映画業界、音楽業界、ゲーム業界といったエンターテイメントに絞り、就職活動を始めたが、4年生の6月に入っても、思うような内定が出ないままだった。

　「このままではやばい」と考え、大学院に行くことを考え始めた。就職留年をして1年期間を延ばしても、成長しないのではないかと怖かったのだ。

　早大大学院に入り、今度こそ、早めに就活について考えなければと、早い段階で動き出した。

　前年はメディア業界だけに絞っていたが、視野が狭かったのではないかと思い、大学院進学する前の1カ月間、外資コンサルティング会社の長期インターンシップに参加した。

　さまざまなバックグラウンドを持つ社員と会話を重ねることで、それまでは考えもしなかったたくさんのことを知った。5月から外資コンサルティング会社や、投資銀行なども視野に入れて就活を始めた。

　それと同時に、やはりメディア企業への未練があると考え受験したが、全て筆記試験で落とされた。このままではダメだと痛感し、3年生の時に買った本書を思い出し、昨年5月に阪東ゼミに入った。

　それからは、怒涛のような毎日だった。週3日はコンサルティング会社でのインターン、週1日は出版社でのアルバイト、ゼミでは毎週作文を書いた。そのほかにも、教習所、大学院の授業と研究、外資を中心とする就活などがあり、追われる日々だった。

　だが、このような毎日のなか、「職に就く」ことについて、考えさせられる機会が多かった。

　「本当にしたい仕事だと、具体像が思い浮かぶはず」とは、同じ研究室に所属している先輩から言われた一言だ。痛いくらい私に刺さった一言でもあった。今まで「メディア企業に入りたい」とだけ漠然と考えていた。「入って、どうする？　何をしたい？」ということまで、きちんと考えていなかった。

　それはゼミ合宿のときに、なおさらはっきりした。OBによる模擬面接のときに、うまく答えられず、一体自分に何か足りないのか、ようやくわかったのだ。

　「そうだ、私は、日本のコンテンツを世界に広げたいのだ！」

中学生のとき、勉強だけに追われて、世間を何も知らない私に、新しい人生の選択肢、新しい考え方を教えてくれた『耳をすませば』のような作品を、さらに多くの人々の手元に届けていきたい。そういう仕事をしたかったのだ。

そう考えると、おもしろいことに、今まで自分がしてきた外資コンサルティング会社のインターンシップであれ、飲食店のアルバイトであれ、一見全く違う経験だが、自分の「広げたい」という思いや考えが底通していた。

根底の考えさえ同じであれば、メディア企業だけに就職先を絞らなくても自分のやりたいことをできるのではないかと考えるようになり、広告業界を志望しはじめた。

### ▼いざ戦線へ
### 【博報堂】
広告業界の就活は4月からはじまった。だが、電通はES落ちというなんとも言えない結果だった。だが、「自分と合わないだけ！」とすぐに切り替え、博報堂の選考に移った。

エントリーシートはOBに2回見てもらい、5回くらい書き直した。いかに伝わりやすいか、理解しやすいか、という視点でさまざまなアドバイスをもらい、その場で書き直して、また見せることを繰り返した。筆記試験はテストセンターだったので、以前コンサルティング会社の入社試験のために受けて成績が良かったものをそのまま使った。それで、無事に1次面接に呼ばれた。

### 【1次面接】
正直、面接ブースに入る前まで、自分が伝えたいことはまだ固まっていなかった。2対2のグループ面接だった。ブースに入っても、面接官は私に顔すら向けなかった（というのも、一緒に面接を受けるのがイケメンで、面接官が「あなたかっこいいね」と世間話を始めたのだ……）。

とにかく、明るさ全開モードで話した。最後に、面接官によるフィードバックがあった。そのとき、先述の社員さんも「すごく話が、おもしろいね！」と言ってくれた。少し安心した。

1次面接はGWに入る前に受けて、GW直前の金曜日の夜に通過のメールが届いた。2次面接の予約案内には、時間が10時から18時と書いてあった。「8時間も⁉」と驚き、また不安になりながらも、とりあえずGWは気分転換しようと思い、思い切って遊んだ。

### 【2次面接】
いよいよ2次面接。ただ2次面接というよりは、1日インターンシップの日だった。5月中旬だ。6人くらいにグループ分けされ、10時から、ひたすらワークをやらされた。内容は、次のとおりだ。

● 個人ワーク1時間：社会問題を解決するためのコミュニケーションプランを考える
● 個人ワーク1時間：あるモノに対して、キャッチコピーを20個考える
● 12時から50分休憩。弁当が配られる
● 個人ワーク45分：社員に指名され、2つのグループの前で発表し、自由にコメントする（ゼミでいつも練習していた作文批評がすごく活かされた。指名されたときに、臨機応変にコメントする能力が鍛えられた）

●グループワーク75分：任意に指名され、発表し、コメントする

　内容はハードだが、ディスカッションして、自分の考えで、課題解決を行うプロセスがこんなに楽しいものだと初めて知った（のちに最終面接で最初に感想を聞かれたときも、このまま答えた）。また、ゼミで自然と鍛えられた能力が役立って、すごくうれしかった。

　1日が終わり、博報堂は自由にものごとを考えて、いろいろな意味で「アイデアを形にできる」会社なんだと実感した。

　試験結果は、2日後にメールで来て、3次面接＝最終面接の案内が来た。メールの翌日に、社員によるフィードバックの電話が来て驚いた。

　「グループワークはどうだった？」という感想を聞くことからはじまり、親切に職種のアドバイスまでしてくれた。

**【最終面接】**

　いよいよ最終面接だ。大きな部屋に長いテーブルが置かれ、そこに座っているのは3人の役員だった。なるほど、最終面接の雰囲気はこういう感じか、と思いつつ、席に座った。

　「グループワークはどうだった？」と最初に聞かれ、思ったままに答えた。3人の手元に、私に関する資料が7、8枚置いてあった。そのうち2枚は私が提出したエントリーシートだったが、残りは全て社員の書いた評価内容だった。

　面接の質問は、「どうして広告業界？」「どうして博報堂？」という基本的な質問からはじまった。そのうち、「日記を書いているの？　どういう内容？」「こんなに映画や本を読んでいて、普段寝てないんじゃないの？　どういう日常生活を送っているの？」といった、家の近所のおじさんと世間話をしているような内容に移っていった。

　またゼミの必須行事であるボラバイトに関連して「特技で、ネギ加工って書いているけど、どういうこと？」と聞かれ、その体験を熱く語りながら、「あまりにも過酷な環境だったから、資本主義についていろいろと考えさせられました」と答えたら、おもしろがられた。

　とても愉快な雰囲気で、最終面接は終わった。「全ての面接が最終面接のようだったらいいのに」というくらい、本当に楽しかった。

　その2日後、内定の電話をいただいた。就職活動の初めての内定だった。博報堂で本当に良かったと思う。

**▼マスコミ志望者へのメッセージ**

　就職活動中、何より大切なのは、「楽しむ」ことだ。当然、その前提として自分をよく知ること、そして相手のことをよく知ることがある。私は普段、自分のことをペラペラ話す人間ではない。誰にとっても自分が一番大切で、語りたがる人のほうが多いが、自分のことばかり話しても、相手にとって時間の無駄になりかねないからだ。

　だが、就活は違う。相手はあなたの話を聞きたがっている。思いっきり、自分を表現すればいい。素のままの自分でぶつかれば、必ず認めてくれる企業が出てくる。

　楽しむことさえできれば、作文批評も、面接も、OBO・OG訪問も、何もかもが成長の原動力になる。

内定者から聞く！合格体験記　**131**

# 26 インターンシップを活用し、夢のエンタメ業界へ

### 東北新社内定　学習院大学　S君

※2021年度版から転載

#### ▼受験までの経緯

　当初はテレビ局を志望していた。幼いころからサッカーばかりに明け暮れていた私の唯一の娯楽がテレビドラマだった。私もいつか人々を楽しませるテレビドラマを作りたいと考えていた。その想いは大学でのサークル活動を通してより一層増した。映像制作サークルで、約200人の観客を招き、映像作品を披露する番組発表会を開催し、会場中を笑顔にできたことをとてもやりがいに感じた。もっと多くの人に笑顔を届けたいと思った。

　サークルの引退が近づくと、就職活動の準備を始めた。3年生のときの11月にゼミに入った。そこでOB・OGなど多くの人の話を聞くなかで、「ドラマ」に関わるにはテレビ局に固執する必要はないと感じるようになった。そして映画会社から芸能プロダクションまで自分が仕事にワクワクできると感じた会社は一通り受験することにした。

#### ▼受験対策

　主に作文と面接対策、企業研究を行った。作文はゼミで何本か書くうちにエントリーシート(ES)で使えるネタが増えていった。実際にESに書いた内容は作文から抜粋したものが多い。また、企業研究はネットの情報だけだと浅いと感じたので、実際にインターンシップに参加するなどして、できるだけ足を運ぶことを心がけた。それが結果的に面接対策にもなったと思う。

#### 【作文対策】

　ゼミに入った時には、周りの仲間たちとの圧倒的な差を感じた。新聞社志望の仲間は文章力が高く、いつまで経っても追いつけない。そこで私の場合は、オリジナリティを出すことを常に心がけた。自分の今までの人生を振り返り、成果や楽しかったことだけでなく、時には恥ずかしい体験も作文にした。それこそが私という人間を最も知ってもらえると考えたからだ。

　また、友人やOB・OGの方に添削してもらい、作文の質を向上させていった。結果、ESで落とされることは少なくなった。作文が必須である映画会社も作文で落とされることはなかった。

#### 【エントリーシート(ES)対策】

　当初はいかにESの選考を突破できるかを考え、内容を練った。だが、ESは選考が終わるまで、面接でも会話のネタになる。そのため、面接で深く話せないと意味がないと就職活動を続けていくうちに感じた。

そこで、かっこつけたような内容ではなく、自らのありのままをESに反映させた。それが結果的にほかの人との差別化につながったのかもしれない。また、ESの添削はしつこいくらい多くの人にお願いした。その人の感想こそが面接官の感想であるからだ。また、首尾一貫を心掛けた。設問が変わっても一貫性があったほうが私の人柄を知ってもらえると感じたからである。

## 【企業研究、OB・OG訪問】

その会社が提供している"商品"は必ずチェックをした。テレビ局ならテレビ番組。映画会社なら映画。最近の作品はもちろんのこと、過去の作品を見ることで企業の特徴をつかんだ。最近は、オンデマンドが充実している。TVerやFOD、Netflixなどで多くの作品を視聴することができる。

また、インターンシップや説明会に足を運んで企業を理解することに努めた。ネットの情報だけでは限りがあるからだ。ただ、1つ注意したのは志望度の高い会社のインターンシップに参加するかどうか。そこで準備不足だと、その時点で使えない人材だと思われてしまうからだ。

OB・OG訪問に関してはゼミに多くのOB・OGがいるため、困らなかった。ゼミの授業に参加することがOB・OG訪問になった。

## 【時事問題対策】

テレビ局や映画会社は一般企業や新聞社と違い、エンタメ問題が多くのウエイトを占める。そこで日経エンタテインメントを購読し、TBSの「王様のブランチ」を視聴し、常にエンタメ情報にアンテナを張った。また、朝日新聞デジタルではあったが、新聞もできるだけ読むようにした。

## 【面接対策】

「面接は合コンだと思え」と誰かから聞いたことがある。その通りであると就職活動を通して感じた。話が長い人はモテない。笑顔が少ない人はモテない。相手を楽しませられない人はモテない。だからこそ、話は短く、笑顔で楽しく面接をすることを心がけた。

ただ、言うのは簡単だが、面接となると緊張もあって実践するのは難しかった。夏のインターンや選考の早いテレビ局では対策不足で散々な結果に終わった。そこから仲間たちと面接練習を繰り返し、ゼミの授業や合宿でも練習した。そのおかげで、徐々に面接に慣れていった。

## 【勉強会】

私は勉強会に参加することは少なかったが、ともに就職活動を頑張る仲間たちと切磋琢磨できるので、もっと参加すればよかったと反省している。

## ▼いざ、戦線へ

私の戦線はテレビ朝日、TBS、フジテレビ、サイバーエージェント、東映、東北新社であった。

## 【テレビ朝日】

ES通過後、筆記試験に臨んだ。一般教養から時事問題、英語、漢字、数学ととにか

く幅が広かった。一般教養のなかにテレビの問題もあり、テレビ朝日だけではなく、他局からも相当の問題が出た。人よりテレビを見ていると自負している私にとっても難易度の高い問題が多く、時事問題も予想していない問題が多かった。とにかく新聞やテレビをチェックする必要があるように感じた。正直、手ごたえはなかったがなんとか通過した。

次は1次面接だ。これが私にとって初めての面接であり、緊張で頭が真っ白になってしまった。覚えてきた原稿を必死に思い出すように話してしまい、ここで落ちてしまった。民放が第一志望の方はその前にインターンシップなどで面接慣れしておくことをおススメする。

## 【TBS】

ES通過後、1次面接に臨んだ。面接時間は10分もないと感じるほど短い面接だった。だからこそ、いかに印象に残るかが大事だと思った。私はTBSのドラマ愛を伝え、そのなかの1つの話が面接官のツボにはまり、通過した。次の2次面接では課題が課された。1枚のA4の紙を用いて番組企画をプレゼンするというものだ。題材は面白がってもらえたが、番組の見どころや、どのドラマ枠で放送するか、それはなぜか、などを詰めておらず、不合格になってしまった。

## 【フジテレビ】

1次面接は面接官2人と就活生3人というグループ面接だった。とにかく短く、楽しい話をしようと心がけた。ただ隣の人の話が尋常ではないほど長く、つられて私も少し長めに話してしまった。反応はよいような気もしたが、ここで不合格になってしまった。

## 【サイバーエージェント】

「AbemaTV」に携われたらと、受験した。最初の選考は少々特殊であった。あるお題が与えられ、それに対するプレゼンを行い、フィードバックを60分間繰り返すというものだ。私は新規事業に関するプレゼンテーションを行い、何度もダメ出しを受けた。それでもめげずにプレゼンテーションを繰り返した結果、通過した。クリエイティブな面とあきらめない粘り強さなどが見られていると感じた。

2次選考は15分ほどの面接だ。ひたすら学生時代に取り組んできたことを聞かれた。終始、和やかな雰囲気で面接が行われ、多少の手ごたえも感じたが、不合格だった。

## 【東映】

東映はESと一緒に作文を提出する。今年のお題は「変身」だった。作文はゼミで何度もやってきたので、苦もなく通過した。次の選考はグループワークだった。これは試験官だけでなく、ともにワークを行う仲間からも採点されるため、いかに協力して信頼を勝ち得るかも大切だと思う。次の選考が筆記だった。漢字と英語、一般教養に映画問題と多少特殊だった。全体的に難しく感じた。特に英語は文章題で、全く手ごたえがなかった。結果、ここで不合格になった。

## 【東北新社】

冬のインターンに参加したため、多くの社員さんに顔を覚えてもらえていた。面接

に行くたびに「また君か」と笑ってもらえたので、印象に残っていると感じた。面接は私の場合、毎回インターンの話が主だった。インターンに参加していない友人は、深い企業理解度を確かめられる質問が多かったと話していたため、インターンに参加していたほうが圧倒的に有利だと思う。

面接では嘘をつかずありのままを話した。インターンで感じた疑問点などを正直に打ち明けたら面接官の反応が良かった。1次面接から3次面接まではインターンについてと自己PR、志望動機など基本的なことが聞かれた。

最終面接に社長と副社長を含めた6人対自分1人だったので、とても緊張した。想定していない質問も飛んできたが、わからないことはわからないと正直に打ち明けた。それから3日後に合格の電話をもらった。東北新社は主に私服で選考が行われることもあり、自らをさらけ出すことが大事だと思う。できればインターンに参加することをおススメする。

### 【まとめ】

就職活動は相性もあると思う。手ごたえがあって落ちた会社や、逆に手ごたえがないのに通った会社もある。だからこそ、挑戦しつづけることが大事だと感じた。3年生の夏の時期は、あまりにも選考に落ちて気分が落ち込んだこともあったが、それでも就職活動を継続してやりつづけた結果、内定をもらえた。安易な言葉だが、努力を怠らず、あきらめずに挑戦する気持ちが大切だ。

### ▼マスコミ志望者へのアドバイス

就職活動において、恥じらいは捨てるべきだ。OB・OGや多くの人に疑問に思うことや知りたいことはどんどん尋ねるといいと思う。ESや作文の添削も同様だ。

私も当初は拙い文章が恥ずかしかったが、さまざまな人の話を聞いて、成長できた。自分の持つ先輩や友人などの人脈は大切にして有効活用することをおススメする。私が東北新社のインターンに参加したのも先輩の影響だ。どこにチャンスが落ちているかわからない。就職活動はつらいことも多いが、めげずに頑張ってほしい。ただ、根を詰めすぎるのはよくない。時に友達と飲みに行ったり、遊んだり、息抜きを忘れずに就職活動に臨むとよいと思う。

MEMO

## Column ②

# マスコミのクロスオーナーシップ制

　日本のマスコミは、新聞社や放送局などが同じ経営グループに属し系列化していることが多い。これを「クロスオーナーシップ制」と言い、欧米諸国では、「言論の多様化を阻害する」と禁止されていることが多い。

### ▼朝日新聞系列

- 日刊スポーツ
- 朝日新聞出版
- ABC朝日放送（大阪）
- 浜離宮ビル
- **朝日新聞**
- 中之島フェスティバルタワー（大阪）
- 神奈川新聞

相互に株を持ち合い

- テレビ朝日
- ANN系列の地方放送局
- 茨城放送（ラジオ局）

### ▼毎日新聞系列

- スポーツニッポン
- 毎日新聞出版
- 東日印刷
- **毎日新聞**
- 大阪本社ビル
- ミッドランド スクエア（豊田・毎日ビルディング）
- パレスサイドビル（東京本社）

協力

- TBS
- MBS毎日放送（大阪）
- RKB毎日放送（九州）
- 下野新聞
- 福島民報

### ▼読売新聞系列

- スポーツ報知
- 中央公論新社
- **読売新聞**
- 福島民友新聞
- 日本テレビ
- 読売テレビ（大阪）
- NNN系列の地方放送局

新聞・テレビの論調が似通っていたり、相互批判ができない原因とも言われる。

就職活動の場面では、「新聞の一面のこと」を聞かれることがある。たとえば読売テレビを受験したある学生は最終面接の前に人事担当者に「新聞を読んでこい」と言われたという。このときの「新聞」とは、読売新聞だ。同社の社長や役員の多数は読売新聞からの天下り。読売新聞の一面を読んでくることが期待されているので、注意してほしい。

## Column ③
# 地方就活生の悲哀と裏技

　マスコミ就活の主な舞台は首都圏のため、地方就活生は金銭的にも体力的にも首都圏在住の学生より不利になるのは否めない。だが、工夫はできる。ある東京キー局に内定した学生の経験談を紹介するので、参考にしてほしい。

※コロナ前の体験

### ▼大変その1　時間のやりくり

　関西の大学に通う私が東京で就活をするにあたっては、やはり大きなハンデがあった。

　私は体育会系の部活に所属していた。そのため時間のやりくりが大変だった。たとえば滋賀で練習試合の後、汚いユニフォーム類を京都駅のロッカーに押し込んでそのまま銭湯に。そして、スーツに着替えて新幹線で東京へ向かう。その夜、面接を終えたら終電1つ前の新幹線でまた京都に寄る。そこから京阪電車で大阪に帰り、翌早朝から部活……といった生活がつづき、心身ともに疲弊した。

　毎日スリルと緊張がつづいたが、一方「俺は生きている！」という妙な実感（日本の最前線のサラリーマンのような）に満ちた毎日でもあった。

### ▼大変その2　出費

　さて、これから取り上げるのは、地方学生が東京で就活をする場合には避けられない問題だ。

　中四国や九州在住の学生が大阪で就活をする際にも懸案事項になる点だ。ぜひ参考にしていただければと思う。

　さて、地方勢にとって地元を離れて就活をするうえでの一番の困難は、金銭的なものだろう。

　就活の時期には、いつ予定が入ってもいいようにシフトを抜けなければいけないため、アルバイト収入も減る。

　どうしてもというときは仕方ないが、何度も新幹線で往復していてはすぐに所持金が底をついてしまう。しかし、何度も親に頼み込むわけにはいかない。

　そんなジレンマを抱える学生も多いのではないだろうか。まず節約できるのが交通費だ。

### ▼交通費

　おススメは夜行バスだ。私はあのバス独特のにおいが苦手でマスクを常備していた。耳栓はいろいろ試したが100円ショップ「ダイソー」のアメリカ製のものが10回は使える。

　こうしたひと工夫があれば耐えられないものではない。アイマスクの着用もおススメするが、これは夜間など休憩時に眠りを妨げられないための自衛手段である。空気を入れて首を固定する枕も、1000円くらいで売っている。バスに酒を持ち込んで30分ひとり酒をするとぐっすり寝られる。

　バスはネットでつねに最低価格のものを探した。大阪-東京間で4000円は普通だ。余裕があれば3列シートでリクライニングも十分なバスが6000〜7000円で使える。「京阪」、「京急」や「南海」、「江ノ電」などの電鉄系は「バスタ新宿（新宿高速バスターミナル）」で当日買える。

　しかし、金曜の夜はほぼ満席なのには気をつけたい。大阪便にはUSJへの客、東京便にはディズニーへの客が多く、満員になる場合もある。バス会社は「ウイラー」や「さくら観光」よりは「ジャムジャムライナー」が私は好きだ。夜行バス専門会社は本数が多く、席があいていればネットで2000円くらいで見つかる場合もある。

　新幹線をどうしても使う時は、学割か金券ショップで企画商品の「ぷらっとこだま」を買うとよい。

　新宿に行くときは、たとえば大阪から小田原まで自由席のひかりで1万2000円（名古屋の次は小田原と比較的早く着く）で行き、小田原から新宿までは90分かかるが、小田急に乗り換えるとよい。小田急はJRの普通電車よりも早い。私の場合、金券ショップの株主優待券（450円〜550円）を使った。こうすると、計1万3000円弱で、のぞみの普通座席指

定より約2000円安い。

#### ▼食費・宿泊費など

目的地の東京や大阪についてもなお、金銭問題はついて回る。地下鉄を乗り継いだり、コンビニでおにぎりや飲み物を買ったり、カフェに入ったりと細かくお金がかかる。

私は節約するため、カプセルホテルに泊まった。最近は、キャビンというカプセルホテルの豪華版もある。

スマホの電源問題もある。東海道新幹線は、窓側の席や最前列と最後列の座席に電源がある。夜行バスも3列の「デラックスバス」の場合、たいてい各座席に付いている。

節約しているつもりでも、細かな出費の蓄積はボディーブローのように効いてくるので、注意したい。

#### ▼空き時間を過ごすスポット

まず、空き時間を過ごすおススメのスポットは、各地域の図書館である。都心には多く整備されており、快適だ。無料だし、何時間いようが文句を言われない。私は初めはマクドナルドを転々としていたが、図書館の良さを知ってからはやめられなくなった。面白い書籍もたくさんあるし、ESや想定問答の手直しに集中することもできる。

ただ、開館日や利用時間の制限など、思わぬ要因で「難民」になったりするので、最低限の事前リサーチは要るだろう。

#### ▼ネットカフェは最終手段

また、宿の問題も重要だ。安さでまっさきに思いつくのはネットカフェだが、私は体が全く休まらなかった。

それに一泊3000円はかかるので、コストパフォーマンスが悪い。それなら5000円出してホステルやキャビンに泊まったほうが良いだろう。調べれば安い宿泊先はかなり出てくる。ネットカフェは、予期せぬ飲み会のときなどの最終手段と考えておくべきかもしれない。

#### ▼大学の食堂

知らない土地では、友人に穴場を教えても

らうのがよい。どこかで時間を過ごす際の穴場は大学の食堂だ。たとえば、早大は理工学部の生協食堂が長時間いても何も言われない。食事も安い。電源もある。スーツ姿だと守衛にも怪しまれない。ただし大学図書館は、IDが必要なことが多いので、要注意。

#### ▼友人も頼れるが、頼りすぎず

「それでも宿泊費が高い……」と言う人や、ホステルなどが不安な人は、友達を頼ろう。

東京や大阪なら、高校の同期もいるだろうし、インターンシップや説明会など、就活の過程で友達ができることもある。

連絡先を交換し、定期的に連絡を取っている場合などは、もしかしたら家に泊めてくれることもあるかもしれない。

これは、就活の情報交換にもなるし、純粋に夢について語ることが刺激にもなるのでオススメしたい方法だ。ESの添削や、模擬面接をしあうなど対策を行うのもいいだろう。

ただ、突然、馴れ馴れしくしはじめると面倒くさい奴と思われかねない。相手の都合もある。この先にももしかしたら長くつづくかもしれない友情を犠牲にしてまで、節約をする必要はないだろう。そこは加減や工夫が重要だ。

#### ▼1、2駅歩くとネタ探しも

節約について、最後に一言付け加えるとすれば、「歩いてみよう」ということである。私は都心で移動するとき、1駅か2駅分なら歩いてしまえと思っていた。東京の地下鉄の駅の間隔は徒歩10分など近い場合もある。山手線の高田馬場駅など、目白駅が見えているほど近かったりする。

案外これがいい運動になり、気分転換にもなる。歩いているうちにおもしろい店や、おいしそうな料理屋などの発見もある。時間に余裕があるときなどは、こうやっていちいち、周りの景色に感心しながら歩いてみよう。案外、そういう何気ないところで感じたことを面接で話すと(この学生はアンテナを張っている)と面接官にでウケることもある。

内定者から聞く！ 合格体験記　**139**

MEMO

第 **3** 章

2024
-25
GUIDE

# 現役社員のホンネがわかる マスコミ匿名座談会

## マスコミ匿名座談会［放送業界編］

# アマゾンプライムやネットフリックスが脅威に？

近年、広がるアマゾンプライムやネットフリックスなどの動画配信サービス。
放送局にとってどんな影響があるのだろうか。放送局の未来は？

【参加者プロフィール】
- **小林**氏：東京キー局、取締役、62歳、男性
- **鈴木**氏：大阪準キー局、ディレクター、50歳、男性
- **山田**氏：東京キー局、営業、40歳、男性

## ◆視聴率で大混乱

**小林**：今年の話題は？

**山田**：あまりないけど、視聴率の基準が大きく変わったことですかね？

**鈴木**：そうそう。ややこしい。世帯視聴率のほかに個人視聴率が加わった。

**小林**：ビデオリサーチという会社が視聴率を調べる機械を約1000世帯のテレ
ビに接続しているやつね？

**鈴木**：そうです。モニターの人がテレビを見るときにボタンを押す。そのボタ
ンに年齢性別が登録されている。

**山田**：つまり何歳の女、ないし男がどの番組を見ているかが、わかる。

**小林**：ウチは4〜59歳の範囲だけど、他局は4〜49歳だったりして年齢の幅が
ある。

**山田**：広告会社のF1とかいうのと同じ。コンビニのレジで何歳くらいの男と
かをチェックしているのと同じです。

**小林**：Fはフィーメールで女性。F1は20歳から34歳で、F2は35〜49歳の女性、
F3は50歳以上の女性かな。

**鈴木**：男はM1、2、3で年齢のくくりは同じ。その区別とは別にテレビ局が重視
する年齢層がある。ウチは50歳以上は存在しないのと同じ扱い。

**小林**：どういう意味なの？

**鈴木**：つまり広告主が必要でないカテゴリー。広告主は購買意欲が高い層と
か、F1など若い人がどんな番組を見ているのかを知りたいし、その番組
にCMを出したい。

**山田**：50歳以上もモノを買うのにね？　その辺がよくわからない。また、世帯視聴率は新聞に出ているけど、あまりテレビ局としては重要視していない。

**小林**：ゴルフの松山英樹選手が2021年4月にマスターズで優勝したときには早朝なのに一桁の視聴率が新聞に出ていた。あれは世間の関心が高いということで、TBSとしては、個人視聴率を重視しているようだ。

**鈴木**：ゴルフなので、おじさんが多かった。MBSなど系列局でも数字はよかったが、問題はその中身ということになる。

## ◆チコちゃんブームも去った？

**小林**：2019年ごろは番組のなかにチコちゃんという人形がいると思っていた視聴者が多かった。さすがにいまはモーション・キャプチャーというCGであることは知られるようになったね。

**鈴木**：あれはカネのあるNHKにしかできない。おまけに制作は共同テレビで、もともとフジテレビにいたプロデューサーが中心につくっている。

**山田**：官業（NHK）による民業（民放）への圧迫とも言われましたね。

**小林**：モーション・キャプチャーは20人が1週間かけて1時間の番組しかできない。

**鈴木**：NHKの大河ドラマもいままではテレビ朝日の「ポツンと一軒家」や、日本テレビの「世界の果てまでイッテQ！」に視聴者を食われていましたが、さすがに2021年になって人気がなくなってきて。

**山田**：渋沢栄一のドラマ「青天を衝け」は、主人公が吉沢亮（アミューズ所属）で、徳川慶喜役を草彅剛（元SMAP）が演じるなど、若返りしたので人気が出た。

**小林**：そういえば、2021年度はなかなかお化け番組が出ない。視聴率的には日本テレビが独走して、テレビ朝日、TBS、フジが3弱でテレビ東京が「独自の戦い」ですが、あそこは日経新聞の子会社なのでアニメとか好きなことをやっていて学生には人気です。

**山田**：それから、企業の人気ランキングから民放がすべて落ちて、マスコミでは集英社が7位で総合商社とかと競っています。講談社が20位ぐらいでNHKでも40位に入らない。まして民放は……。

**小林**：悲しいですな。我々のころは数万人の学生のエントリーがあったけど。

**山田**：講談社で2万人のエントリーという話も。集英社はそれ以上、新型コロナウイルス感染症のせいで巣ごもりの影響もあるのでしょう。

## ◆TVer（ティーバー）が定着

**鈴木**：TVerは依然好調ですね。

**小林**：推定で1700万人くらいユーザーがいる。もっとすごいのがAbemaTVで、

だいたい2000万人くらい。ただ、有料会員になるとそのうちの5%くらいですかね。

**山田**：それでも100万人ですから、成功という評価ですね。

**小林**：特にドラマの影響が大きい。テレビの視聴率はイマイチでも、スマホなどで見る配信では逆転する。そういう現象が常時起きています。

**山田**：今までの常識が通用しない。日テレの「あなたの番です」やTBSの「わたし、定時で帰ります。」などもいい例です。視聴率は良くなかったが、配信では人気ランキング1位になる。

**鈴木**：やっぱり無料のものは強いですね。逆にNHKオンデマンドなんかは相変わらず伸び悩んでいる。

**小林**：NHKはオンデマンドの作品はアーカイブスとして「貯蔵」するのが目的かも。見逃し配信が人気の一方で、ブルーレイなど録画再生機器は本格的に売れなくなってきています。

**鈴木**：聞いた話ですが、ブルーレイは欧州では売れていないそうです。

**小林**：国民性ですかね。録画してまで見るのは。

## ◆リアル体験が人気

**小林**：放送で明るい話題はないですかね？　リアルぐらい？

**鈴木**：TBSが小屋主になって成功しているのが江東区豊洲の「IHIステージアラウンド東京」ですね。

**山田**：昔の高層ビルの最上階のレストランは回転して、食べに来たお客さんは360度の景色が見られるみたいな。

**鈴木**：それの劇場版みたいなものですね。観客席がぐるぐる回る。

**山田**：前のほうの列だと視野いっぱいに画面が広がるので、とてもおもしろいらしい。料金も1万円とか高いのに若者が集まっているそうです。

**鈴木**：もともと石川島播磨(IHI)という造船所の跡地に作った。オランダの円形劇場が世界一の座席数で、豊洲のは1300席ある。

**山田**：劇団新幹線？がヒットした。

**鈴木**：新幹線ではなく「新感線」です(笑)。

**小林**：1年以上のロングランでTBSの担当者がビックリした。1日の売り上げが1000万円で月に3億円です。本業にはもちろん及ばないが副収入になる。

**山田**：「ユーチューバー」のリアルイベントも若者が行くらしいね？　毎日スマホとにらめっこしているので、「リアル体験」が流行るのかね？

**鈴木**：プロ野球の放送が減った分、野球場に行く人が増えたり。

**小林**：失礼な言い方だけど、セ・リーグの横浜が最下位付近ウロウロしているのに観客動員数は伸びているとかいう。

**鈴木**：広島カープのカープ女子と同じです。目の前のショーとの一体感がたまらない。

**小林**：大阪では広島対オリックス、広島対阪神という試合が、最近は赤いユニ

フォームで埋まるとか。

## ◆eスポーツ

**小林**：アジア大会(4年に1度開催されるアジアで最大のスポーツイベント・ア
ジア競技大会)でもやっていたeスポーツ(スポーツと考えられるコン
ピュータゲーム)が人気だとか。

**鈴木**：一体感、リアル感ですかね？　アメリカのフロリダ州で銃の乱射事件が
2018年8月にあったけど、その場所がeスポーツの大会をやっていた。

**山田**：eはエレクトロ、電子の意味だけど、まあトランプゲームの「ブリッジ」も
アジア大会の競技種目だからね。

**小林**：神戸新聞が記事にしていたよ。あの神戸のおばあちゃんが最年長選手
とかで騒がれたのよ。

**鈴木**：相手の27歳の日本人男性選手が「おばあちゃんが3人いる」とか言ってた
(笑)。

**山田**：アジア大会ではサッカーゲームのeスポーツで日本が優勝したとか？

**小林**：近畿大学の学生とカドカワとドワンゴがやっている「N高校」の高校生が
組んだペアが金メダルを。

**鈴木**：もうおじさんはついていけないね(笑)。

## ◆アマゾンテレビはどう影響？

**山田**：Amazon Fire TV Stickがどんどん普及していますね。

**鈴木**：差し込むだけで、どんなテレビもネットにつながるようになる。アマゾ
ンプライムやNetflixだけでなく、YouTubeなどもテレビで見られるよう
になります。

**小林**：Netflixの登録者数はだいたい250万〜300万人ほど。Hulu(フールー)が
200万人、FOD(フジテレビオンデマンド)が40万人ですから、相当の人
気がある。Netflix自体は、日本のユーザーに対してあまり関心がない。
日本のアニメが欲しいだけですからね。

**山田**：もはや日本のテレビ局を敵視すらしていません(笑)。

## ◆本格的な放送と通信の融合が進む

──**放送業界は昔と今でどう変わってきていますか？**

**小林**：20代を中心に、テレビ番組をリアルタイムで見る人が少なくなりました
ね。最近では、テレビが一台もない家庭もあります。家族でテレビを囲
んで一家団欒する光景はなくなる可能性もありますね。

**山田**：そうなんですよ。録画やオンデマンドで見る人が増えた。特にスマホを
使う若者が多い。

**鈴木**：個人的に寂しく思うのは、どの番組がどの局でどの時間帯に放送されて

いるか知らない人が多くなったことです。そもそも、どの局が何チャンネルかも知らない若い視聴者が出てきている。

―――打開策はどう考えていますか?

**小林**：昨年ぐらいから「テレビはメディアとしての生き残りは厳しい。コンテンツプロバイダー(ニュースやドラマ、バラエティーなどの番組供給事業者)として生き残るしかない」と一部で言われていますね。

**鈴木**：そのために各局は見逃した番組を見るためのオンデマンドを作ってます。フジテレビの「FOD」やテレビ東京とTBSのパラビ(Paravi)。「Hulu」は日本テレビ系番組を流している。もともとアメリカで成功したもので2011年に日本国内で配信を開始した。

**山田**：オンデマンドの利点としては、様子を見ながら事業の規模を拡大していけるところですかね。イベントとかだと、当たるとデカいけどリスクが大きい。

**鈴木**：逆に、オンデマンドで何でも放送をしてしまうとメディアが潰されかねないという心配もあります。まあ、そこまで会員が増えるか疑問ですけど。

**小林**：視聴率に関しては、ビデオリサーチ社が測定器を600世帯から900世帯に増やした。また、HUT(総世帯視聴率)からPUT(個人総合視聴率)に切り替えていますね。そのうち、オンデマンドも視聴率に組み込むことになるかも。

**山田**：ウチの子供の同級生が「ユーチューバー」のイベントでわざわざ仙台に行った。

**鈴木**：最近は「Vチューバー」(バーチャル・ビデオ・ブロガー)というのもある。これは主人公が人間ではなく、アニメのキャラクターらしい。

**小林**：ますますリアル地上波は中高生に見向きもされなくなった(笑)。

―――若者以外もオンデマンドを利用するのでしょうか?

**小林**：確かにオンデマンドは、スマホ世代の若者の利用が多い。一方で、タブレットを使う高齢者が増えています。落語や1960年代のドラマが見られるオンデマンドサービスが人気のようです。

**山田**：専業主婦や仕事帰りのサラリーマンがよくスマホでゲームをしているのも目にしますね。需要は各世代にあると思います。

**鈴木**：そういえば、ソフトバンクがスポーツ配信権を独占しようとして失敗したんだよね。

**小林**：そうそう。この配信権には野球だけでなく、中高年に人気の相撲もふくまれています。ひょっとしたらDAZN(ダゾーン)を持っているドコモを買うことになるかも。

　5年前は見向きもしなかったヤフーに転職する民放や新聞社の社員もいるし、ウチの子供なんかも「超難関企業」と言っていて民放より人気らしい。

## ◆海外へのコンテンツ展開は関西準キー局が熱心

**小林**：テレビ局も次々と海外にコンテンツを売りはじめています。

**鈴木**：それに関しては、キー局よりも関西準キー局や地方局の方が上手ですね。特にABC(朝日放送)やMBS(毎日放送)が頑張っている。

**小林**：最初から原作のないオリジナル脚本を使ってコンテンツを作っています。

**山田**：マンガもふくめ原作があると出版社にお金を取られますからね。特にK社やS社がうるさい。

**小林**：裏話をするとね。今、できあがったコンテンツを海外に売ろうと思ったら、まずトルコに売るんですよ。

**鈴木**：へえ。なんでですか?

**小林**：ヨーロッパ人はなぜか日本人の顔だと売れない。トルコ人の顔ならウケる。トルコで撮り直して、ほかの国に売るっていう仕組みです。そうすると自由に話数を伸ばせますからね。日本だと1クール(3カ月)のものを、半年かけて放送することもできます。

**鈴木**：関西準キー局だとバラエティを売ったりしていますね。やはりすべてオリジナルなので売りやすいんでしょう。

## ◆民放各局の結婚や転職事情

**──結婚は考えていますか?**

**鈴木**：今は休日でも急に呼び出されるから、結婚はやめておこうと思う。同期は半分くらい結婚しているかなあ。

**──転職して来る人、出て行く人はいますか?**

**小林**：60歳定年のあと65歳まで再雇用されて働く人が多い。局からの転職はほとんどないなあ。商社やデジタル業界から局へ転職してくる人はぼちぼちいる。

**──転勤はありますか?**

**小林**：営業ならある。報道だと、海外支局に行くことがある。共同通信は動画がとれないから。ただ、民放の報道の海外支局も減ってきた。新聞だとサンフランシスコやロスに支局があるけど、テレビではロスの事件をニューヨーク支局が担当したりしてる。

**──関西の学生に毎日放送、朝日放送、読売テレビなどの大阪準キー局に行くことをススメますか?**

**鈴木**：もちろん。給与は明らかに準キー局のほうがいい。人数少ないからねえ。

仕事にやりがいがあるかどうかは別だけど。番組を作りたいのだとすると、一定の制約があります。

　ローカルならではの制作能力が必要となる。そういう意味では面白いけど、なかなかチャンスがありません。大阪に興味ある人は、西田二郎というディレクターについて、調べておくとよいと思います。

**山田**：出費も少ないんですよ。名古屋とかおススメです。北海道は大変そう。STV(札幌テレビ放送)が一人勝ちだからねえ。あと、地デジ化のときに設備投資費用がほかよりかかっている。北海道全土を網羅する必要があるからね。

─────**地方局の番組はどうなんですか？**

**小林**：ローカルはローカルで独特のいいものが作れる。ただ、ニュース映像しか作るチャンスがないんですよ。

─────**地方の系列局への出向はあるんですか？**

**小林**：ないですね。

**鈴木**：あるとしても取締役ぐらいですね。

**小林**：地方局だと新聞から社長が来たりすることもある。特に読売新聞はSTVとかKTK(テレビ金沢)など多くの局に役員を送り込んでいる。

─────**女性にとって放送業界はどうでしょうか？**

**山田**：女の人も活躍していますよ。女のADは男よりしっかりしてる。ちょっとのことじゃ辞めないし。男はすぐ辞めるやつがいる。

**小林**：プロデューサーも女のほうがしっかりしてる。現場では女が強い。最近は各局とも女性局長が出るなど管理職が増えている。まあ、個人としては本音は、現場なら女の人が増えるのは歓迎です。育休産休も最近はしっかりしてるし。環境はいいですよ。ついでに言うと、社員の喫煙率も下がってきてる。私も1日40本吸っていたけど、健康診断に引っかかってやめましたよ(笑)。

**山田**：2013年4〜6月にTBSで日曜夜9時に「空飛ぶ広報室」ってドラマをやったんだけど、主人公は新垣結衣で、女性がディレクターやら管理職をやるドラマ。昔なら考えられなかったことですね。

## ◆本気の志望者はチャンス

**小林**：もはや本当に番組制作をしたいなら、制作会社に入ったほうがいいかもしれない。

**鈴木**：テレ朝は記者も外注に頼りつつある。

**山田**：管理職になるためにテレビ局に入る、といっても過言ではないかもしれません。そのくらい番組制作は下請けに頼りきっています。

小林：昔は番組制作会社は低賃金だったが、今はフリーランスを囲うためにけっこうな給料を払っている。本気で番組を作りたいならそっちのほうがいいかもしれませんね。

鈴木：映像技術も進歩してます。スマホでもいい映像が撮れますからね。だから、カメラはだれでも良くなってきている。あまり人気はありませんね。

山田：それよりも、配信技術を学んだほうがこれからは将来性があると思います。

小林：逆に、音声や照明は職人技ですね。経験がものを言います。後から修正できないものは、やっぱり人間の手に頼らざるをえない。

鈴木：そうそう。放送よりネット配信中心になると、余計大切になってきますね。

小林：3年ほど前から、時代はYouTubeだ、テレビなんて見ません、なんていう学生が新卒採用の面接に来ます。

山田：どういう評価ですか。その学生は？

小林：そういうのは問答無用で落としてます(笑)。

鈴木：やっぱり志望する以上、テレビでしかできないことを追求してほしいです。

──民放に入るための準備、勉強方法はありますか？

小林：とにかくテレビを見ておくことです。特に1次面接では「どんな番組が見たい？」と聞いても、答えられない受験生が多いイメージですね。記念受験組が多い。テレビを見て、番組について詳しく語れるようになっておくことが最低条件です。

鈴木：ウチでも同じで番組を見ていない。NHKのある地方のデスクが「『クローズアップ現代＋』や『NHKスペシャル』も見たことないのが入社して困っている」とぼやいてました。面接を突破していくなら、そういう人たちと差別化し「ほかの業界に行かなさそうだな」と思わせるぐらいテレビについて熱く語れるとよいですね。

──おススメの番組やテレビを見るコツを教えてください。

小林：いいなと思う番組を詳しく語れるほど見たら、次は各局の戦略のようなものを考えて、分析してほしい。たとえば、各局は数字の取れる番組をひとつの曜日に固めてる。日テレは日曜に「真相報道バンキシャ！」「笑点」「ザ！鉄腕！DASH!!」「世界の果てまでイッテQ！」「行列のできる法律相談所」かな。TBSは金曜日を、「爆報！THEフライデー」「ぴったんこカン・カン」「金スマ」で攻めてる。ほかにも「マツコの知らない世界」「水曜日のダウンタウン」「モニタリング」「クレイジージャーニー」など。

山田：ドラマはTBSだと「わたし、定時で帰ります。」「アンナチュラル」「義母と娘のブルース」が、フジテレビだと「グッド・ドクター」がおススメです。テレビ朝日の「白い巨塔」はリメイクでもヒットしました。最近、本気でテレビ局を受けにくる人が減っています。こうして番組名を挙げていて

も傾向や系統から、何かその人のやりたいもの、好きなものがわかるようにしておくとその人らしさがわかりやすいです。

**小林**：テレ朝だと「相棒」がシーズン19とロングランになっている。「相棒」はなぜか関西では人気がないけど、関東は再放送も視聴率が高い。「おっさんずラブ」がSNSで話題になった。深夜ドラマにもかかわらず、高い視聴率ですね。中年のおじさんが若い男を好きになる。BL（ボーイズラブ）の延長で、F1（若い女性）に人気です。田中圭がブレイクしているらしい。

**山田**：確かに。ドクターXや相棒シリーズなどもそうですよね。見ているのはオバちゃんが多い。逃げ恥もいい例ですが、だいたい高齢者が番組に追いついてきてくれたらヒットにつながるというのがよくあります。傾向として、日テレ、TBSはファミリー向けで、フジテレビは若者向けを作ろうとしつつも乖離してきちゃってる感じ。

**小林**：でもフジは、誰も見向きもしなかった次に来る新しいコンテンツを先取りするのがうまいよね。

———**なるほど、そうやって見るとそれぞれ局の考えが読み取れて面白いですね。**

**小林**：あと、局がどの番組を作っているかきちんと確認してほしい。

**山田**：たとえば、TBSだと「情熱大陸」は作っていないのに、「情熱大陸が作りたい」という学生が来るようです。あれはMBSが作っています。「プレバト!!」もそうです。最近はフジにも東京スタッフがいたりしますが、MBSは大阪にある会社です！

———**観ておいたほうがいい映画はありますか？**

**山田**：テレビ人が注目している映画は2018年だと独立系の『カメラを止めるな！』ですね。テレビ業界の用語がたくさん出てくる。大ヒットしているので、TOHOシネマズ系でも上映していた。フジテレビ志望は『劇場版コード・ブルー』をおススメします。

　　　日テレはスタジオ・ジブリと『ルパン三世』というソフトがありますが、局外制作なので、ドラマ志望者は、それを答えるのはイマイチかもしれません。そちらの作業は編成の作業だと思われます。テレビ朝日は「相棒」がありますが、これも東映制作。高い視聴率となった「ドクターX」もザ・ワークスというプロダクションが作っている。

———**学生の志望部署は変わってきてますか？**

**小林**：報道が減ったと思う。ドラマ志望が増えてきた。バラエティをやりたくても局によってほんと色が違うからねぇ。番組作るとき外部の制作会社とどう関わってる？

**鈴木**：うちは、完全に外注もしくは社内のチームに何人か外部の人が入ってくる感じですね。

**小林**：フジ、TBSは局の制作率高いよね。日テレは特殊だけど、半々ぐらいかな。あとの局は外部がほとんど。制作部が小さいから。まあ外部が作ってるかどうかは、番組最後のクレジットを見るだけじゃよくわからないだろうけど。

───**学生の志望者数は？**

**小林**：減ってます。自分のときは10万人ぐらい応募者がいたけど、今は1万数千人ぐらい。で、採るのは20〜30人。

**鈴木**：うちは約10人ですね。

**小林**：応募者は減ってるから、入りやすくなっているのかも。

**山田**：TBSスパークルはTBSの子会社ですが、2022年採用では1万人近い学生の応募があったそうです。番組制作だけしたい学生も増えているということでしょうね。

※座談会に出てくる番組・映画は、発行時点ですでに放送や公開が終了しているものもあります。また数字も推定です。ご了承ください。

# マスコミ匿名座談会［新聞業界編］

# 読売新聞が人気1位の不思議

スマホ時代に没落傾向の新聞業界。しかし、志望者は出版、放送について多く、難易度は高い。どんな人材が求められるのか？

【参加者プロフィール】
●**藤沢**氏：スポーツ紙、仙台駐在、37歳、男性
●**森**氏　：一般紙、文化部デスク、43歳、女性
●**佐藤**氏：通信社、社会部長、元海外特派員、58歳、男性

## ◆学生の人気ランキングで読売新聞が1位

――2021年のトピックは？

**佐藤**：読売新聞が新聞社のなかで断トツの人気トップになったことですかね。信じられないけど。

**森**：それだけ学生が保守化している。読売新聞の意見というか、スタンスに賛成の学生が増えた。

**佐藤**：30年前なら朝日新聞が一番人気だった。考えられない。読売は「ヨタウリ」「ヨミステ」という記者も多い。

**藤沢**：大昔、日経新聞が某有名企業の社長人事を特ダネで報道して、その社長候補の名前を間違えたことがあった。名字ではなく名前のほうを。早版の12版や千葉県埼玉県、神奈川県の田舎に配達される13版から報道したら、読売新聞が14版（東京23区や横浜、川崎などに配達される最終版）で「特ダネ」で報じていた。しかし、日経と同じ人名の間違いがあった。

**佐藤**：整理部が日経の早版を見て書いたんだね。

**藤沢**：そうそう。毎日新聞も「特ダネを盗まれた」ことがあると聞いたことがある。暴力団の稲川会の熱海での忘年会で、有名演歌歌手・北島三郎が歌っていた。静岡県警から情報を入手し、忘年会の写真と一緒に毎日新聞の1面トップで書いた。

**森**：私も知っている。静岡の事件なので12版から毎日は書いた。特ダネなのに読売新聞がなぜか最終の14版で記事だけ追いついていた。毎日新聞

にあった写真は読売にはなかった。

――それ以来、朝日新聞は用心して最終版の14版からしか特ダネは書かない。秋篠宮殿下が川島紀子さんと婚約した特ダネは朝日と毎日が競っていた。東宮に川島さんのお父さんが車で入ったときに両社とも記者が門で確認していたが、毎日は「裏」が取れず、記事にできなかった。その年の新聞協会賞は朝日のその記事だった。

佐藤：天皇家のネタはウルトラ級の特ダネだからね。

## ◆紙の特ダネを捨てた日経

森：今、日経は特ダネを電子版で午後10時1分から流しているとか。

佐藤：NHKの平日午後9時から10時の「ニュースウオッチ9」が終わるのを待って、日経は流すらしい。つまり電子版時代の競争相手はNHKということらしい。

藤沢：時代は変わった。そういえば、2020年9月の日経の特ダネだったNTTによるドコモの完全子会社化も「紙」では全国紙や共同通信、時事通信と同着だった。

森：紙の新聞の締め切りはどんどん早くなっていて、関東でも小田原とかに行く新聞にはプロ野球の結果が間にあっていないことも。

佐藤：一都三県や京阪神以外では県版の締め切りが午後8時とか9時という地方もある。

森：スポーツ新聞はスマホ時代で経営が苦しいのか、エロ面や釣り、ゴルフ、相撲など「おとな」相手の記事を充実させているね。セクハラは関係ないようだね。

藤沢：話題は覚醒剤で逮捕された清原の長男が六大学野球でデビューしたことかな。

佐藤：2021年6月にデイリースポーツが裏面でトップの大きい扱い。一般紙も毎日新聞などが運動面で小さいけど異例の扱い。

藤沢：慶應の野球部のB軍なので、まだまだ。でも明るい話題だった。清原は2021年でいうと、阪神タイガースの佐藤輝明のような存在で、巨人の桑田と一緒にPL高校時代から活躍していたから。

森：スポーツ紙の不祥事もあった。

藤沢：スポニチの大阪の競馬予想責任者(本社印という予想の最高責任者)が滋賀県・栗東の競走馬の訓練センターで、新型コロナウイルス感染症の休業補償の不正申請を手伝っていた。

藤沢：ウチのスポーツ紙ではないけど、取材対象とあまりに仲良くなるとトラブルに巻き込まれる。

佐藤：新聞ではないけど、NHKが官邸に近づきすぎていると言われているのと同じ。そういえば、NHKでは子どもを縁故入社させるケースが多いけ

現役社員のホンネがわかるマスコミ匿名座談会　**153**

ど、政治部長の長男は1次面接で落とされたらしい。NHKにも自浄能力が出てきたのか。

**森**：NHKの記者は地方でも自家用車を運転せずタクシーですからね。国民の税金の無駄遣いと言われている。

**佐藤**：取材にタクシーは共同通信もそう。

## ◆こころの病は相変わらず多い

──**労働問題のその後は？**

**佐藤**：多い。NHKは東海地方の放送局でアルハラ、セクハラのような問題も。

**藤沢**：それはどんな内容？

**森**：幹部職員は男性の単身赴任が多い。それで新人の女子を酒に誘ったというケースで、しかも、その新人が酒が好きだとうかつに最初に言ってしまった。ほかの新人はごまかしたのにね。月曜から金曜日まで違う先輩に別々に誘われ、最後はこころの病になりかけたみたい。新型コロナウイルス感染症の影響で、「飲み屋が閉店」のためなんとか救われたらしい。NHKの大津局では放送部長のパワハラで新人2人が「病院送り」になっている。しかも部長は、2021年に別の局の放送局長に栄転している。

**佐藤**：東海地方の新聞でも新型コロナの影響で飲み屋に行けないので、デスクが支局で毎晩飲んでいる。新人女性記者はつまみ（新聞社ではエサという）や酒を買いに行かされ、かつホステスみたいに酒の相手をさせられる。

**藤沢**：それでか……。

**森**：うつ病になり、会社を休んでいるとか。

**佐藤**：新聞業界では新人は取材の仕方を同業他社の先輩から習うという鉄則があるけど、新型コロナの影響で、他社の記者とも飲みに行けない。

──**目立った特ダネは？**

**森**：ないね。毎日新聞が夕刊（東京）1面で「新聞放送はなぜ軍隊用語が多い」という特集をやっていたのが印象に残った。

**佐藤**：たしかに警視庁とか警察担当記者は、事件や事故の現場に最初に行く下っ端が「一番機」、次が「二番機」とか。「部下」を持つと「私は兵隊を2人持っている」とか平然と言う。

**森**：毎日に書いてなかったけど社員旅行を「ぜんげん」、漢字だと全弦だね。旧海軍の用語です。軍艦が港に接岸して船員が上陸するという意味。ふつうは右舷、左舷のそれぞれ半分だけ上陸するので「半弦上陸」だが、全員陸に上がる。それで、みんなで社員旅行に行くことを全弦という。

**佐藤**：昔、朝日新聞の社会部に、ベルギーの新聞から交換留学生が来た。その人が全弦に参加したら、あまりの無礼講でびっくりしたという噂もある。

**藤沢**：新聞社がつくった民放もその言葉を使っている。時代錯誤かもね。そう

いえば、朝日新聞のハイヤーの旗は旧海軍の旭日旗だ。

**森**：リベラルと言われる朝日がね。朝日の社会部では、兵隊は自分のデスクがもう何年も前からない。

**佐藤**：出社したらどうするの？

**森**：個人ロッカーからパソコンや資料を出してきて、共用のテーブルで仕事をする。それで「もうこんな会社にはいたくない。五輪も公式スポンサーだから東京新聞のように中止すべきとはっきりものが言えなかった」とぼやく記者もいましたね。

## ◆地震と新聞記者

──地震対応は？

**藤沢**：大阪の6月（2018年）の地震の時は、たまたま転勤でいたけど新大阪から梅田の本社まで自転車で移動だった。神戸や奈良、和歌山の同僚が出勤できなかったので。

**森**：阪神大震災でもそうだけど、家族も大事だが、新聞記者にとっては会社はもっと大事になる。友人の銀行の支店長（当時太陽神戸三井、現在の三井住友）も歩いて神戸支店まで行ったとか。

**佐藤**：愛社精神か職業的な本能か？

**藤沢**：地方民放は震度6以上なら全員出社のルールの会社もある。

**森**：6月（2019）の新潟・山形の地震もテレビに合わせて一部の新聞も特報シフトになった。

## ◆転職が盛んだけど、デメリットも

──転職をする記者も増えています。

**藤沢**：私は同期50人で、3割が辞めています。一般企業やNGOもあるけど同業他社が多いです。

**佐藤**：年収がメーカー並みの会社もあるからな。でもデメリットもあると思うよ。

**森**：どうしてもプロパーが優遇される。朝日もかつて「外人部隊」と呼んだ転職組をこき使ったとか。

**藤沢**：給与が高いのはそれなりにこき使っていますからね。

**佐藤**：そうだと思います。10年はいないと「雰囲気」「労働パターン」に馴染まないかも。

## ◆ドローン写真記者

──ドローンで写真を撮影する記者が増えているそうですね。

**森**：日経でも「ドローン操縦の技能」の写真記者を京都新聞から引き抜いたらしい。けど、あの「ザ・ニッポン企業」の代表のような会社はなかなか同

現役社員のホンネがわかるマスコミ匿名座談会　**155**

業他社からは転職できない。

佐藤：日経は純粋培養主義だね。

藤沢：ドローン操縦は国家資格なので、なぜか民放より新聞に優先的に免許が与えられる。それでも操縦時間が数百時間以上とか条件が厳しい。

森：ウチの子供が遊んでいたけど、おもちゃドローンは飛行制限ないけど業務用は、住宅地とかは禁止されているようね。

藤沢：そうそう訓練できる空き地を探すのが大変だと同僚がグチを言ってた。

佐藤：京都新聞のドローン写真記者が日経新聞に転職した。それほど役に立つ技術だ。

## ◆電子版の対応は進むが

──最近の話題は？

森：どの会社もWEBにますます力を入れている。

佐藤：朝日新聞は、電子版のシンプルなのを1000円(月額)で売りはじめました。

藤沢：販売店からの反発が強くて、朝日の紙面ではその「広告」が出せないとか(笑)。

佐藤：日経新聞も編集局長がFacebookでオンラインサロンみたいなことをやりはじめました。それを担当するデスクまでいます。

藤沢：読売は紙を定期購読していると電子版が無料になるサービスをはじめた。

森：儲かるのかな？

## ◆記者生活は、サラリーマンとはまったく違う

──それでは仕事の話を伺いますが、まず仕事のルーティンを教えてください。

藤沢：整理部の場合、夕方5時に出勤して深夜1時から1時半に退勤しますね。東北・北海道の地方紙面担当なら、午後10時には終わります。それ以外は「10 to 10」(午前10時から午後10時まで)が基本です。

──休みはどのくらいありますか？

藤沢：休みは、木金固定です。先輩が病欠の時は若手が駆り出されたりしますが。普通のサラリーマンとは逆転した生活してますね。

──整理部は、それぞれ担当の分野はあるんですか？

藤沢：競馬専門の整理部の人はいますね。

──関西の支局と交流はありますか？

藤沢：東西交流は結構ありますよ。たとえば、相撲担当からオリックス担当に変わった人は東京から大阪へ移りましたし。デスク間交流も2年ぐらい

をメドにありますね。採用枠も、1人は大阪がいるようにしますし。出張も、いろいろな試合の開催に合わせて1カ月単位でしたりしますね。体力的にきついですけど、まあ出張費けっこうもらえますから。

――**異動はどのくらいの頻度でしたか?**

藤沢：会社によってさまざまですよね。基本的にデスクの判断ですけど。うちは、3年単位で異動はできます。意見も聞きますよという姿勢もある。

――**藤沢さんはカメラを担当していた時期もあるそうですが、スポーツ紙と一般紙で求められる写真に違いはありますか?**

藤沢：スポーツ紙のほうが細かいレベルを求められますね。たとえば野球だと、一般紙は打ってるとこと、喜んでいるとこのアップだけでいい。でも、スポーツ紙だと1試合で3ページ使ったりするから、アップ、雑観、細かいフォームの写真が求められる。訓練しないと撮れませんね。

――**カメラマンは採用が少なそうですね。**

藤沢：そうですね。ペン記者からカメラマンになるという手もありますよ。書けるという素養が大事なときもあります。

森：人物取材などはカメラマンと行く。その時に間合いのとりにくい取材でどうカメラ向けるかを元ペン記者ならわかってくれたりしますね。

藤沢：産経新聞のカメラマンで写真協会賞を取った人が、一度退社してから共同通信に半年後に入った例もある。

――**報道写真はどうやって撮るんですか?　待ってるだけではいいのを撮れませんよね。**

藤沢：待ってるだけではダメです。仲良くなって自分だけ撮らせてもらったりとか、やり方はいろいろあります。常識なくてもこういうことができる人はまれにいます。ただ、平均値をとると頭いい人のほうがうまいですね。

――**森さんは異動を何度も経験されているそうですが、日々の仕事のローテーションを教えてください。**

森：ある面を作っていたときは、前日のニュースを見て翌日の昼締め切りで書いてましたね。今は雑誌に関わっていますけど、2日徹夜とかよくあります。校了週は1週間の睡眠時間が12時間ですよ。雑誌の記事は外注することも多いんですが、私は自分で書いてます。新聞の現場に長くいたので書きたいんですよ。1ページ1500字で今回は9ページ書いたんで、まあ時間かかりますよね。

――**休みはどのくらいとれますか?**

森：昔よりはとれるようになってますよ。今は週1回くらいですね。政治部

現役社員のホンネがわかるマスコミ匿名座談会　　**157**

のときも、たとえばNHKの日曜朝9時の日曜討論のあと政治家にぶら下がりをして原稿さえ出せば帰ってよかった。キャップに報告さえすれば、家で書いていいんですよ。

——**育休とかはありますか？**

森：うちは支局でも子供産んでますよ。育休はとらせるのが基本なんです。育休後仕事を続けるかどうかはもう議論にならない。今は、子供のいる女性が管理職になれるかどうかという議論のフェーズに移っているんです。家庭の理解があれば、デスクになれます。

——**具体的にどのような理解が必要なんでしょうか？**

森：まず、転勤ですね。実家があるとこに移りたいという希望は通ります。実家で子供を見てもらえたら仕事時間を短縮せずにすみますから。夜回り後の若手とやりとりできるまで働けるかが大事になります。あと、最近はそもそも女性が昇進したがりませんね。比較的楽な生活家庭部や文化部に滞留してます。男性だって介護の問題などがあるからここらへん不平等ですよね。

——**佐藤さんは特派員も経験されてます。特派員について教えてください。**

佐藤：昔は、成果を上げている人のキャリアパス、つまりご褒美でしたね。今は、語学力が重要になってくる。30年前の特派員は、ロイターの記事を横縦（横書きの英文を縦書きの日本語にすること）にすればよかった。つまり翻訳だけだったんですよ。日経新聞はTOEIC910点以上でないと海外特派員になれないらしい。

## ◆夜回りは減り、ケータイ取材が増えている

——**一般紙の新人記者はまず地方支局で警察（サツ）回りを行いますが、サツ回りについてはどう思いますか？**

森：サツ回りは無駄だと言われていますが、私は必要だと思います。この一言がとりたいという執念を培いますから。本社でも役立つから私は地方支局でのサツ回りを是としますね。将来事件を追いかけたときに、3日も4日も人の家の前で立つか他紙を参考にしてしまうかの差が出てくる。家の周り、家族の様子を見ていくことでわかることがあるんです。

　　政治部になっても、幅広く取材し分析できるようになります。家族関係とか聞きにくいことでも取材する力がつきますし。私がサツ回りをしていた時代は圧倒的に人数が少なくて、お祭りの取材と夜回りを私1人で掛けもってました。でも、それのおかげでお祭りで仲良くなった消防団の人から情報もらったこともありましたね。

佐藤：今は夜回り減ってきてますよ。役所は夜は入れませんから。出入り厳し

くなってます。議員宿舎も入りにくくなりました。せいぜいぶら下がり
ができるぐらい。元維新の橋下徹はある意味真面目ですよ。普通、ぶら
下がり2時間とかしませんから。

藤沢：ぶら下がりがYouTubeに流れてたりしてますよね。

佐藤：流してるメディアもあるね。

藤沢：政党によってそこらへんの方針違ったりしますよね。大阪維新の会は比
　　較的ゆるい感じじゃないかな。

佐藤：話を戻すと、夜回りが減って今は携帯電話取材が増えてる。政治家も来
　　るぐらいなら電話かけてくればというスタンス。まあ、そういう電話は
　　出たくないでしょうけど。

## ◆記者の仕事はなくならない

──**学生に言いたいことを教えてください。たとえば、読んでおくべき本とか。**

　森：本は、好きな本を読んだほうがいいです。記者は、いろいろな人がいる
　　べきで、みなが同じような本を読んでいるのはちょっとどうかと思いま
　　すね。本はコミュニケーションツールの1つですから、読むのが目的に
　　なってはいけない。

　　　あと、どうしても記者になりたいのなら、必ず毎日1〜3面を読み比べ
　　てほしい。1面は見出し、2、3面は事件の解説・分析に注目してほしい。
　　ここは、各社が一番力を入れていて、違いもよくわかるところ。1〜3面
　　だけなら毎日読み比べも負担にならないはず。

藤沢：そうですね。一般紙の場合だと、1、2、3面と社会面、地方面は見ておい
　　てほしいです。政治・国際・経済は大きい事件があれば、1〜3面に入って
　　きますからね。スポーツ新聞も、他紙と読み比べてほしい。日刊とサン
　　スポの取り上げ方の違いがわかるぐらいまで読みこむのがベスト。見出
　　しも整理部が力入れているので、見てほしい。

──**新聞記者の醍醐味、やっていて面白いことを教えてください。**

佐藤：人の知らないことを一番先に知って、自分が世に出すと大騒ぎになる。
　　これは快感ですよね。特ダネをとることより、それで世の中が変化する
　　ことのほうが面白い。

　森：私も、ある重要法案改正のとき、改正が決まる前に情報を手に入れたん
　　ですけど、改正が決まってから書いても基本的に同じなんですよ。ただ、
　　その法案に関して役人は改正したがったけど自民は改正したくなかっ
　　た。そういうもともとの議論まで知っていたから準備できてきちんと分
　　析した記事を書けたことはよかった。

藤沢：記者の醍醐味は、お金で買えない状況に遭遇できることですね。もし給
　　料が今の10倍あっても、体験できない状況が多い。たとえば、オリンピッ
　　クとか相撲とか。「一番前の席」の記者席でカメラマンは座れる！

現役社員のホンネがわかるマスコミ匿名座談会　**159**

相撲は記者席の後ろに、戦前から席を持ってるような家の人が座っている。つまり売られていない席なんですよ。メディアだから入れた場所も多いですし、そういう「メリット」はありますね。

佐藤：人が知らないことを知っているというのは、それだけで優越感ですよね。ただ記者の場合、努力しなくてもすぐそこまでいける。やりがいの一部ではあるけど、それだけでは長持ちしない。

森：たしかに、偉い人と話ができるのは職務上当たり前。私は、もっといろいろな人の考えに触れられることが醍醐味だと思います。たとえば、被爆者に取材したとき、リンゴの話を聞いたんです。真っ赤なリンゴをモノクロで撮ったら真っ黒。で、子供たちに「被爆した人の写真を見せて、これは真っ黒なのか真っ赤なのかあなたの心の目で見てください」と説いていました。こんな話は、記者をしていたからこそ聞けた話です。

佐藤：森さんならではの考えで、みながそういうふうに思えるかというとなかなか難しいかも。本社より支局にいるとそういう話に遭遇できるかも。

藤沢：転職話も同僚との間で出ますけど、残る人は記者という看板を持っていることで得られるチャンスのためにやってますね。

佐藤：記者は、人生80年記者をやれる。メディアはたくさんある。テレビ・新聞だけがメディアじゃない。たしかに、新聞は家族入れて2000万人とかに届くけど、日々埋もれてしまう。本は蓄積されるが、1万、2万部しか売れない。ネットなら、すぐ100万アクセスくる。ホリエモンは、塀のなか(刑務所)にいても常に1万人の読者がいた。起爆力と影響力がある。

森：でも、ネットではあなた自身がコンテンツにならないと見てもらえないということを忘れてはいけない。ほとんどの人はコンテンツにはなれない。だけど、新聞なら、ファクトをとれる人にならなれる。そのためにこの業界でみな日々修業している。

佐藤：それは本当にそう思う。修業するのにはいい業界です(笑)。でも、ヨーロッパでは新聞はあまり読まれていない。日本でも宅配制度がなくなれば新聞は力がなくなってしまう。新聞社はネットに入っていくんじゃないかな。新聞はなくなっても、新聞社はなくならない。

## ◆記者に必要な資質とは？

森：少し話がずれますけど、池上彰の本が売れるたびに読者が何を求めているのか悩むんですよね。子供向けの紙面のときなんか池上彰の真似にならないことを意識してました。

藤沢：池上彰は、ある程度ニュースが形になって事件の流れがわかってからタイミングよく発表するからウケた。新聞は即時性が求められるから待てないし、そこが難しい。

佐藤：ネットなら検索できるから、事件の流れもわかりやすくできる。

森：あと、池上さんの番組はビジュアル的に解説してるんですよ。安保理の

解説とか、ブロックを手で積み上げたりして解説するからわかりやすい。新聞で解説するときに、図解で悩むんです。図も記者が描きますから、作りこむ余力がないんです。

———どういう人に入ってきてほしいですか。

**藤沢**：精神的に強い人。体育会系の雰囲気があるんで、先輩から何か言われたら「はい」と言える人がいい。最初から「それおかしいでしょ」とは言わない。

　お酒飲むときも、男が「ビールじゃなくカシオレで」と一杯目から言うのはちょっと。エレベーター乗ったときに下っ端がボタンを押す。そういう必要最低限のことができて先輩といい関係を築ける人に来てほしい。

　あと、軸になるやりたいことがある人。もちろん、それ以外もしないといけない。基本的にサラリーマンなんで自分の好きなことだけやることはできない。でも、「なんでもやります」ってやつからは企画のアイデアなんて出ないんですよ。興味のあるものはつきつめて知ってるから、その枝葉から面白い企画が出たりする。ルーティンでやらないといけない仕事を「おれはこんなことしたくて入ったんじゃない」と思いつつも、投げ出さずバランスとってやりたいことやってく人が喜ばれる。

**森**：私は、出会った人と泣いたり笑ったりできる人が来てほしい。厳しい場面に遭遇しても、べったり浸かってやっていいと思うんです。どこに行っても、嫌な思いもうれしい思いも持てる人。近い関係性を持てる人。そういう人がいい。

　ただ、それだけじゃなく、歴史とか違う観点から俯瞰して物事を見たり発言の意図をくみとることも大事。最近、政策とかそういう硬派な取材から逃げたくなる記者が多いんです。ヒューマンな軟派な取材のほうが好きなんです。特定のテーマでしかやりたがらない記者がいる。感情的に人間関係を築きつつ、世の中の流れも勉強しましょう。多様な視点がないと読者が何を知りたいのかわかりませんから。

**佐藤**：協調性があり、嫌な仕事もするというのは社会人にとって必要。ジャーナリズムの世界で必要なのは、流されないという反骨心。あと特派員を担う人は英語はTOEIC800点以上でかつ中国語、アラビア語、ドイツ語、スペイン語、ロシア語、タイ語などもペラペラな人が欲しい。だから、最近外国語学部（東外大、阪大、上智など）をやたらと採っています。

## マスコミ匿名座談会 ［広告業界編］

# 電通が東京・汐留の本社売却

　最大手の電通が本社を売却するなど広告業界は大揺れだ。さらに新型コロナウイルス感染症拡大で広告収入は低下している。スマホしか見ない学生・若者、いわゆるF1層のテレビ離れなど、どういった課題があるのか広告志望者は把握してほしい。

【参加者プロフィール】
●林氏　　：大手広告代理店、子会社部長、37歳、男性
●古川氏：大手広告代理店、海外子会社社長、47歳、男性
●小島氏：大手広告代理店、営業、52歳、男性

### ◆電通の改革が止まらない

　林：タレントの櫻井翔のパパが電通の副社長になったことが芸能ネタで話題に。
古川：それぐらいしかいまの電通には明るい話題がない。
小島：新入（新入社員）に先輩がビールを飲ませるアルハラはいまでもあるようですが、先輩が自分の革靴にビールを注いで飲ませる「儀式」はいまはないようですよね？
　林：その儀式はないようです。「上意下達」の体育会系の社風は残っています。
小島：「電通　鬼十訓」精神は健在ですね。
　林：35歳以上の電通マンを見ているとそう思います。喜々として昔話をしますからね。広告代理店志望はネットで鬼十則を調べてからエントリーシートを出してほしい。

――本社売却の意図は？
古川：あれは改革をしているというポーズで社内向けには「危機感」を煽り、リストラを進めたいということです。売り先はみずほ銀行がらみのところです。そもそも2021年2月に日経新聞が特ダネで書きましたが、本社をいままで通りに使っていて実質的に変わりはありません。
小島：たしかにこの2年連続で赤字ですから、これが3年連続になると株式上

場の対象から外れる。

## ◆ネット広告(デジタル)が主流に

**小島**：いままでの日本の大手広告代理店はテレビや新聞雑誌の広告に頼りすぎていた。

　**林**：そうですね。電通の曽我取締役も新聞の取材に「海外の売り上げの6割がデジタル、国内でも29％になってきている」と答えている。そのデジタル化に乗り遅れた。

**古川**：オリンピックのようなイベントや総選挙の自民党の広告などの戦略を仕切っているのは国策企業(戦前)の電通ですが、スマホの波に遅れてしまった。

**───社員が一人親方(社員請負制度)になる制度は？**

**小島**：他社なので、私もよくわからない。「社員1人ひとりが1つの会社という精神で頑張る。営業成績が上がらないと給与もない」という意味なのでは。電通社員は新型コロナウイルス感染症でオンラインの在宅勤務をしているようなので、「一人親方」には違いない(笑)

　**林**：電通の一人親方制度の対象は数百人で、社内ではリストラとしか思われていない。2020年7月ぐらいから早朝7時から15時まで連続で会議をしている社員もいる。「通勤」も増えているそうです。コロナを極度に恐れて(新聞に叩かれるので)酒は飲まないみたいですが。

**古川**：電通の社長だか副社長(櫻井でないほうの)が訓辞をしています。広告を売るだけでなくコンサルティングも強化する。「敵はアクセンチュア」という電通マンもいます。

　**林**：労働基準監督署(労基署)も外資のアクセンチュアやマッキンゼー(マッキンゼー・アンド・カンパニー)、ボスコン(ボストン コンサルティング グループ)にはガサ(捜査)には入りにくいのか。

**小島**：労基署といえば高橋まつり事件(新人の自殺)が電通マンのトラウマになっている。労基署を彼らは毛嫌いしていますが、コンプライアンスは異常に守る。新型コロナウイルス感染症の影響で電通社員同士でも酒は飲むな、と徹底している。

**古川**：フジテレビで2005年放送のサスペンス番組「労働基準監督官 和倉真幸・働く人の味方です」が最近BSフジで再放送された。

**小島**：私も見ました。労基署の宣伝みたいな番組です。長時間労働などをもみ消す会社を警察ではなく、労基署が取り締まるというのはおもしろかった。新聞社も労基署が入って「未払い残業代が支払われてクラウン1台買えた」(笑)という話も。

現役社員のホンネがわかるマスコミ匿名座談会　**163**

## ◆広告代理店の人気も博報堂が1位

**林**：東洋経済の学生の企業人気ランキングを見てびっくりしたのですが、博報堂のほうが人気がある。

**小島**：電通幹部は相当ショックを受けたようですが。

**古川**：昔は慶應のアメリカンフットボール部ならほぼほぼ内定だった。つまり体育会有利だった。

**小島**：それは昔の話ですね。いまは「物事の本質をつかみ取れる人」が採用されるそうです。本で言うと、『学び効率が最大化するインプット大全』（サンクチュアリ出版）が無名出版社にもかかわらずベストセラーになった。それを読んでいるかどうかも面接での判断基準の1つという噂もあります。

**小島**：マスコミでも民放はそもそも総務省の電波の免許で守られている。外資が50％以上にならないように。出版社は再販制度で規制され、新聞も同じで本業の売り上げが50％以上でないといけない。だから他業種が簡単には参入はできない。そういう意味では広告代理店は厳しい競争にさらされている。志望者はそこをよく考えないといけない。

## ◆"おもしろ人材コンテスト"ではダメ

**小島**：よくどんな人材を採用するのか聞かれるけど、最近は人事が面接が「"おもしろ人材コンテスト"になっている」と嘆いている。

**林**：そうそう、それはよく聞く。吉本新喜劇と間違っていると。

**古川**：どんな人材がほしいのでしょうか？

**林**：やはり学生なのだから、卒論やゼミなどで学んだことを実直に朴訥（ぼくとつ）に語れる人材がよいと思います。

──ところで、学生の関心のあることをお聞きします。まず、語学力ですが、英語はできて当たり前という雰囲気ですか？

**林**：そうです。僕は英語できないんで生きづらいですね。

**小島**：3、4年前からTOEICで950点以上をとる新人とかがいたりする。オジサンたちは危ないですよ。グローバルに活躍できるのが当たり前の時代ですから。クライアントがグローバル化してますからね。

**林**：テレビ会議でも英語です。通訳なんてもちろんありませんし。できなくてもやらないといけない。

**古川**：TOEICの点がある程度高くないと英語の研修も受けさせてくれない。できるやつにしかリソースをさかないんです。

**林**：自分のクライアントの場合、今は海外のほうが日本での売り上げより多いですね。日本での売り上げは4割ぐらいです。海外でもやっていること

は変わりませんが。

古川：最近は、専業化が進んでますね。クリエイティブは現地のクリエイティブ同士でやって、日本では媒体を買うことに専念したり。

林：心動かされるポイントも日本とは違いますからね。特にクリエイティブは現地の力が大事です。

──仕事の魅力を教えてください。

林：部活みたいですよ。議論しながらすごく熱くなる。面白いなと感じますね。「ノーと言われたところからが仕事だ」みたいな雰囲気があります。ダメだと言われたことをひっくり返したい。それが面白い。それで、最後まであきらめないやつがリーダーになります。

小島：内勤からすると、そういう営業はありがたいですね。「○○さんが契約とってくるって言うなら本気だろうから、こっちも終電逃がしてでも仕事するか」みたいな雰囲気になりますね。

古川：うちの部署は若い人が多いからか、ドライですね。あまり議論したがらない。こっちも、言ってもわからないだろうと思ってる。

──価値観の違いですか？

古川：小手先のコミュニケーションだけ覚えてるんですよ。深くケンカというか議論できない。

林：雨降って地固まる感覚がなくなってきてるんでしょうね。雨が降るところには行かないし、ケンカをしない。雨が降ったら傘を探す。

## ◆労務問題の根底にはデジタル化の波

小島：労務問題の根底にあるのは、デジタル化です。広告会社のCM領域とデジタル領域は分けて論じる時代になりつつあります。

林：電通は、ホールディングス化の検討を開始しています。民放と同じです。

古川：子会社のトップの機敏な判断が必要です。スピード経営です。

小島：それに、デジタルはとても時間と手間がかかります。

林：子会社が直接雇用すれば、人件費も安くすむ。何十年後かには社長以外はプロパー採用になるかも。

小島：電通と電通ピーアールでは年収がそもそも違う。

古川：電通デジタルとかいう名前の会社もできる？

林：電通デジタルはすでにマーケティングの会社としてありますよ(笑)。

古川：会社の場所は？

林：東京は電通の本社ビルなど、大阪は朝日新聞社が大家の中之島フェスティバルタワーなどにあります。

現役社員のホンネがわかるマスコミ匿名座談会　165

## ◆入社はゴールではない

───**体育会系だと有利なんでしょうか?**

**古川**：野球部やラグビー部など六大学の体育会系とかは多いですね。身元が
しっかりしてるんです。最近はその傾向はなくなってきています。

**小島**：あと、会社も体育会系ですからね。スポーツやってきた人間は潰れませ
んね。

**古川**：どんなに優秀でもストレス耐性やコミュニケーション力がなければやっ
ていけません。その点、体育会でキャプテンとなるとやっぱり違うなと
思いますね。よく脳味噌筋肉なんて思われますけどそんなことはない。
ストレス耐性はもちろん、周りを鼓舞し、まとめあげるリーダーシップ
が群を抜いている人を採用する。

───**新人に儀式として靴でビールを飲ませるとか今でもあるんですか?**

**林**：それに近いことはありますよ。

**古川**：最近の新人は、弱いですね。腹がすわってないというか。のし上がって
やるという気概を感じない。

**林**：契約社員のほうがのし上がってやるという気持ちが強い。

**小島**：契約社員は潰し合いですからね。新入社員は、入社がゴールだと思って
る。入社してから徹底的に叩き潰されることを覚えておいたほうがいい。

**古川**：電話が鳴ったら、すぐとらないと上司から受話器が飛んでくるという噂
とか(笑)。ネット部門は会社のなかでは、リベラルな雰囲気です。

───**コネ採用はあるんですか?**

**林**：コネがあっても、1次面接を突破できるぐらい。一発採用はない。ただ、
その子を通すために社員相手に面接練習とかはする。それでも採りたく
ない場合は、筆記で落としますね。

**古川**：でも、今は企業の重役のご子息はみんな優秀ですね。バカ息子みたいな
のはいない。

───**体育会系以外の学生はどんな準備をしておけばよいでしょうか?**

**小島**：多くの広告を見たり、マーケティングの取り組みを見ておくと面接など
で話題にはしやすいと思います。ですが、それよりも自分がどんな人間
かと一言で言えるようになっておくべきですね。会社側がどのように自
分を使えばいいのかを示せれば理想的ですが、それもなかなか難しい
と思うので、自分の人となりを示せればよいかなと思います。自分の趣
味なり能力なりを高める経験を多くこなしておいたほうがよいですね。

**林**：それと、やはり何かひとつでも強みを持っていれば、突破の可能性は
高まりますね。たとえばF1ドライバー、アイルトン・セナの走りを音と光

で再現したホンダの広告がありますね。この広告は、カンヌライオンズ2014でグランプリを受賞しました。担当した電通のクリエイティブディレクターはずっとデータ分析の分野に取り組んできた人です。

**古川**：いわゆる業界・企業・職種研究と自己分析は必要だと思います。あと、挫折体験をどう克服したのかを聞かれるので、挫折するような挑戦をして、克服するのがいいと思います。アプリコンテストとかに出てる人が多かったですね。

───**面接対策で必要なことは？**

**林**：面接受けるときにどんなこと言えばいいみたいなのはネットで出回ってるんです。それを逆手にとって差をつけられるかどうかですね。あと、内定が出る人は、自信持って臨める人。オドオドしてる人は向かないです。

───**でも、面接では緊張してしまう学生もいませんか？**

**林**：場数踏んで準備してこいよということです。ほかの内定をもってる学生は自信醸し出せますよね。

**小島**：この前、上司から頼まれて学生のOB訪問受けたんですよ。そのとき、学生が手ぶらで来てびっくりしましたね。ESかなにかもってこいと言いたい。手ぶらで30分話せるレベルなら内定とれるでしょうけど、まあいませんから。

**林**：でも、ポイントポイントをつくセンスみたいなの持ってる人もいますよね。いい答え導いて志望動機に書こう、とか。機会や人脈をうまく使ってやろうという気概は大事。

**古川**：最近の学生は、言われたことに反応しすぎ。

**林**：気のよい、いい子ちゃんになってしまう。普段は疑い深くても、就活が始まると物分かりがよくなってしまう。

**古川**：Aさんから聞いたことをBさんCさんに聞いて検証するとかしてほしい。

───**学生は仕事の内容をわかってるんですか？**

**林**：わかってないですよ。

**古川**：そういうことはあまり問わない。それより、一緒にやれるかとか我慢強いかをみますね。

**小島**：あと、面接官を楽しませる気持ちも大事です。就活生はみんな同じ格好で、話も似通っていて、同じに見えます。だから少しでも面接官の心に引っかからないと厳しい。自分の言いたいことが相手の聞きたいことか考えることが必要です。

───**面接での評価軸は決まっているんですか？**

**林**：ガイドラインで決まっていますが、自分と一緒に働きたいかどうか、みたいなものなので個人の好みは多少入りますね。正直、大学生が学生の

うちにやってきたことで活かされるものは少ない。それより、人間性を見ますね。

――ここ5年で注目すべき広告(テレビCM、セールスプロモーション)など教えてください。

**小島**：CMは全般的に見ておいて損はないと思います。ライザップは、耳に残る音楽などインパクト重視のわかりやすいCMだと思います。話題が醸成された後に、赤井英和や香取慎吾を使って念押しするという展開スキームもうまいと感じましたね。

**林**：大塚製薬の「ポカリスエット」のCMは、一般からダンスのアイデアを募った「コラボ」の形式でとてもおもしろい。

**古川**：私は「コカコーラ」です。オリンピック協賛で、もらってうれしいスポーツワードがわかりやすい。トヨタの「イチローが嫌いだ」も話題です。

**林**：かなり前ですが、サマージャンボ7億円の巨大ロボ「ジャンボリオン」も好感度ランキングの上位に入りました。

**古川**：日産自動車の自動運転のCMは、とてもわかりやすかったですね。

**小島**：少し古いけど、auの昔話をモチーフにした「3太郎シリーズ」。最近のCMのひとつの潮流を生み出しました。auの売り上げも大きく伸びたんです。ソフトバンク、日本生命、ペプシなどがパクリとも言える展開をしています。なぜ昔話を使うとウケるのか。それは学生のみなさんに考えていただければ(笑)。

　　どんな広告にしても、面接で話す場合には、なぜそれに注目したのか説明できることが大切です。

## ◆起業するぐらいの気概を！

――どんな人材がほしいですか？

**小島**：デジタル、グローバルの素養ある人ですね。もちろん、企業ごと、部署ごと、さらに言えばその年の方針によって違うと思いますが。

**古川**：本質をつかんでる人。情報を解釈したうえで、物事の本質を理解している人がほしい。

――たとえば？

**古川**：「こんなにいいWEBサイト作ったのに、なんでだめなんですか？」とか言うやついますけど、いやいやクライアントのニーズ読めよと。広告代理店はサービス業なんですから、こんな仕事して相手がどう思うか考えないと。自己満足なサイトは勝手に1人で作ればいい。あと飲み会だと、部長の昇進祝いなのに、別の人を盛り上げたりとか。見切られるタイミングが早い業界なんで、宴会が2回失敗したら3回目はもうない。

**林**：あと、情報を集めるのは正確だけど、それを人に伝えるのが苦手な人が

多い。

古川：パワーポイントで企画書作るときに、流れをつくるのがうまくない。どこが山場とかわかってない。

　林：情報の本質がどこにあるか理解して、それをキープしつつ緩急つけないと。あと、熱い思いはあってほしいが、客観的でもあってほしい。俯瞰(ふかん)の視点を持っているべき。

古川：それから、仕事内容がコンサルタントと重なる部分も多いので、1つのベンチャー企業を立ち上げるぐらいの気概が必要。シンプルにお金儲けできる新たな仕組みを考えないといけないんです。そこらへんがなんとなくで終わっているように感じる。

　林：人間性を見るってさっき言いましたけど、仕事ができる人で人間的に薄い人はいないんです。人当たりのよさではなく、この人がやると凄そうだという人が偉くなるし仕事もできる。

───**自分の子供に広告業界をススメますか？**

　林：行かせたくないですね。何よりも、きついですから。プレッシャーもあります。

古川：ありえませんね。特に娘なら。この業界は、「男子は3割増、女子は3割減でみられる」と言われている。広告代理店勤務の女性は、同僚の男性に惹かれるんです。だから、社内結婚多いですよ。お互いの仕事わかってますし、夜12時に酒飲んで帰ってきてこれも仕事とか、ほかの業界の人には理解されませんから。

　林：仕事が面白いと思って、かつ好きじゃないとやっていけないですよ。サービス業ですからね、理不尽なことはたくさんあります。

※この座談会に出てくるCMはキャンペーンが終了しているものもあります。ご了承ください。

## マスコミ匿名座談会［出版業界編］

# マンガ業界は空前の好景気、電子版が寄与

　出版不況と言われ続ける出版業界だが、巣ごもり需要で景気が回復。マンガ業界は空前の好景気となったという。電子書籍への関心もこれからの出版社志望者には欠かせない。

【参加者プロフィール】
● **飯田氏**：大手出版社、書籍編集、56歳、男性
● **和田氏**：中堅出版社、書籍編集、42歳、女性
● **山田氏**：大手出版社、漫画編集、34歳、男性
● **中川氏**：大手出版社、週刊誌編集、40歳、男性

### ◆電子版が紙の売り上げを超える

——**最近のトピックスは？**

**飯田**：ついに電子版の売り上げが紙を超えました。

**中川**：ウチなんかはライツ（著作権）の売り上げとマンガの電子版の売り上げが両方あわせると紙を超えました。

**和田**：ウチはマンガを出していないので影響はないです。「女子どもには手を出すな」という創業者の家訓が、いまとなっては完全に時代を読み間違えたことになります。

**飯田**：子どもがマンガで育っている。活字はなかなか読まれない。本が売れないので、単価を上げている。図書館とか金持ちの読者が相手になっている（笑）。

**山田**：マンガを出している出版社は双葉社など中堅でも史上空前の利益で、ボーナスもデスククラスで500万円とかという噂です。

**中川**：大学生の人気企業ランキングで集英社が7位前後で商社と並んでいる。これなんかは20年前にはありえなかった（笑）。

**飯田**：KADOKAWAなんかも上位ですが、KADOKAWAを出版社というカテゴリーに入れていいのかという疑問もある。出版業だけで食っていけるのは、これからはマンガだけかも……。

## ◆出版社の志望者が新聞を上回る？

**飯田**：出版社の志望者が新聞の3倍以上いると言います。これも不思議。全国紙はともかく地方紙(県紙)は応募が100人未満という千葉日報のような名門新聞社も多い。

**中川**：新型コロナウイルス感染症の影響で航空、鉄道、旅行代理店、外食チェーンが採用を激減させている。その学生が新聞に向かったり、難関だけど「ダメもと」で有名出版社を受けてみようとしている。

**山田**：中川さんは今年も面接官をやったんでしょ？

**中川**：そうですね。東大や早慶、京大だとレベルは高い。だけど、準備しすぎというか。1次面接は通過するけど、2次面接は厳しい。私は準備してきていると思ったら落としている。

**飯田**：そうそう。人物がおもしろくない。磨けば玉になるかなという期待を寄せられる面白そうな人材がいない。

**中川**：配属に不満があると数週間で退職してしまうしね。会社訪問しているのに、地味な仕事だとわかっていない。

## ◆パワハラできない

**和田**：それと最近は、"パワハラ"ができない。

**山田**：「月曜日の朝までにこれやっておけ」もパワハラになる。

**飯田**：そうそう。土日は完全に休養させないといけない。

**中川**：われわれの仕事は平日は会社の仕事を、休日はパーティーとかゴルフに参加して人脈づくりをするものなんです。そうしないとネタは集まらない。

**――ネットでネタを集めてもしょせん2次情報だということがわかっていない。私は週刊新潮編集部にいましたけど、締め切りが月曜の深夜で、土日は仕事なんです。取材相手の個人宅に行く。すると話が聞ける。相手は仕方なく。逃げられないから(笑)。水、木が休みでしたが、名刺を100枚単位で持って行って宴会やパーティーでばらまく。その時に情報が入手できる。それが仕事でした。**

**飯田**：土日に休みたい、プライベートを大事にしたいなら親方日の丸に行けばいい。

**中川**：親方日の丸は死語のようです(笑)。

**和田**：日の丸、つまり日本国や自治体をバックにしているところ、つまり公務員は潰れる心配がない。という意味なんですけど。

**中川**：親方といえば、電通の部長が言っていたけど会社そのものがなくなって、みんな親方、つまり個人経営者になるそうです。

飯田：小さい出版社では新型コロナウイルス感染症の影響でリモートワーク
　　　が進んで、実質的に「一人親方」のような状態の会社も多い。

――書籍の編集者は一人前になるのに10年はかかった。はたしていまの学
　　生にその根性があるのか、一人親方になったはいいが、すぐ「倒産」とい
　　うことも（一同爆笑）。

## ◆編集者に残業という発想はない

――まず1日の仕事の流れを教えてください。
飯田：編集は何時に出社してもいい。直行直帰とかもありますよ。管理部門な
　　　どほかの業務は、いちばん早いところで午前9時半出社の7時間労働、1
　　　時間休憩です。

――みんな時間は守っているのですか？
飯田：うちは数年前にタイムレコーダーが設置されたから、守っていますよ。
　　　社員証のなかにICチップが入っていてタッチするんです。
山田：僕は雑誌担当ですけど、先日は朝7時からの撮影がありました。その後、
　　　記事のデザインをチェックしたりして、終わりは夜の12時ぐらいですか
　　　ね。これは忙しい日です。土日もどちらかは仕事しています。
　　　　校了とか暇なときは、午前11時ぐらいに漫画家さんから原稿とってき
　　　て出社して、だいたい夜12時終わり。終わりは同じですね。今日もこれ
　　　から会社に戻りますよ（笑）。
中川：僕は週刊誌ですけど、金曜は午前11時から2時間ぐらい企画会議があり、
　　　何が通ったか発表されます。その後、契約記者と打ち合わせをします。
　　　金土日で取材して、月曜朝に進捗状況を報告。昼にある程度台割（ペー
　　　ジ構成）が確定します。そして月火に詰めの取材をし、木曜の深夜12時
　　　に校了するという流れですね。月から木までは徹夜です。新潮は、社員
　　　が取材します。新聞社と同じ社員記者です。異動はさせず育てようとい
　　　う会社の方針です。
　　　　ただ、この流れはうまくいく場合で、たいていは月曜になっても企画
　　　が決まっていません。火曜にいきなり編集長（編集担当役員）が決めたり
　　　するのが大半です。企画モノは別ですけど。『週刊現代』や『週刊ポスト』
　　　などは企画モノが多いです。ニュースは売れなくなってきてるんです。
　　　文春も実はトップでない週もあります。
　　　　あと、タイムカードとかないから、残業って発想ないですよ。
和田：うちは出版のなかでは特殊ですよ。午前9時出社で、営業は前日の業務
　　　報告書を提出する。営業からの報告書はありがたいですね。どこでどん
　　　な本が売れてどんな売り場展開しているかすぐわかる。

―――午後5時上がり？

和田：ルールではそうですが、5時に帰るのは子育て中の女性ぐらい。たぶん編集部は6、7割女性です。産休育休はとれます。

―――その間の人員の穴埋めはどうしていますか？

和田：きちんと引き継ぎはします。自宅のPCでも報告書とかは見られるので、会社で何が起こっているかみんな把握しています。だからあまり浦島太郎にはならない。産休のあとは基本的には元の職場に戻れます。

## ◆入室後10秒で採否は決まる？

―――最近の受験生、若手社員はどんな雰囲気がありますか？

山田：男子がおとなしいですね。成績も女子が上位半分以上なので、男子に下駄をはかせて、3次面接ぐらいで調整する。結果、女子は2〜3割しか入れない。うちは女性が多いのを嫌がる傾向があります。

和田：うちは調整しきれなくて、結果、7割女性です。社風もありますけど。

山田：早慶ばかりにならないように調整しますね。いろんな人が来るように。

中川：面接官をやっていてよく見かけるのが、自分をタフだと自己PRする子。あとTOEIC900点とりました、とか。変わった特技を持っている子も多いけど、僕はそういうのは落としています。エントリーシート(ES)でいかに巧みに見せても、細かいところを質問すれば、ばれます。

和田：うちの会社にも最近、TOEICが990点の人が来たけど、その子はほかにも資格があって、うちでは生かしきれないと思っています。あとエントリーシート(ES)の写真が実物とかけ離れている女性もいるし、会ってみないとわからないですよね。オンライン面接だけだとダメです。

飯田：TOEIC900点なんて、30年前では考えられない……。いなかったね。
　　　それから疑問に思うのが、なんでみんな同じ紺のスーツなのかな？ベージュとかいろいろあってもよさそうなのに。

―――面接官をしたことはありますか？

山田：面接官はしていませんが、作文は50本を3人で採点します。50人中2、3人ぐらいはいいのがいて、AAをつける。AAAは無条件で、上の段階にいきます。Aが2つだけだと別の採点班に回るか、みんなで協議する。三題噺（さんだいばなし）は特に平凡なのが多いので、そこを勉強するといいのでは？

和田：うちは履歴書と一緒に作文を書かせます。作文は真面目すぎるのもダメですよね。読む人を楽しませる気持ちがないと。
　　　面接は、面接室に入って10秒で、なんとなく決まりますね。

中川：米国の大学で学生が教授を採点するのと近いですね。米国では、教授が服、髪型、歩き方も含めて教室にどういう姿勢で来ているか、10秒で

現役社員のホンネがわかるマスコミ匿名座談会　　173

優秀かどうか学生が決める、という話があります。

——**採用したいのはどういう学生ですか？**

和田：打たれ強い子かな。怒られても持ちなおす子。心身壊す人多いんで。あと、きちんとコミュニケーションできることかな。

飯田：常識がある子だね。マナーというか。タクシーに乗る順番とか、電話応対とか、基本ができないやつがいるんですよ。

——**敬語とかも？**

一同：そうそう。できないのがいる。

中川：でも、打たれ強さとか、みんなPRしてくるんですよね。どこかでそう言えって教わってるんでしょうね。だから僕は、出版社に入る以上、読書量とか、どんな本を読んでいるかを重要視して深く聞きます。それで出版社が第一志望かどうかがわかる。

　　　一方で、昔は「出版社だけ受けてます」みたいなのが模範解答だったけど、今は違いますね。ほかの業界も受けている子が優秀だったりしますから。

——**出版社の経営は厳しいといわれますが、出版社の数は変わってないですよね？**

飯田：出版社の数は変わってませんけど、書店は減ってます。2008年は1万8000店ありましたが、今は1万店割るぐらい。本を売るところがなくなってきている。

和田：日本だけをマーケットにしているとだめですね。翻訳出版でアジアやヨーロッパにも売り出していかないといけない。

中川：週刊誌は広告収入も減ってますね。風俗案内に近いような特殊なエロ本の広告とかまで入れないといけなくなってる。

和田：営業力が強い会社はまだよいです。百科事典とかが意外に売れています。全国の学校や図書館に売りに行きます。

## ◆編集者は、最初の読者

——**出版業界の魅力は？**

山田：漫画でいうと、編集者は一番目の読者です。作家を育てていく。作風が定まらないとか、作品の部数や人気で後輩に抜かれても、ほめて励ましていく。その結果、うまく育ったとき、自分としてはやりがいを感じます。ステップアップが間近で見られるんです。読者から作家にファンレターとかが届いて「漫画家やっててよかった」なんて言われるとうれしいですね。

和田：大きな影響力があることですかね。読書カードを作家と一緒に読んだ

りしますが、自分の編集した本なり雑誌が、読者の人生観を変えている。そういう読者が多い企画は、社会を変えていける、大きな影響力を与えられると思います。それから、仕事がいろいろあって飽きないし、自分の仕事が永遠に残るのも魅力です。

**中川**：自分の世界観を世に問えるのも魅力ですね。

**飯田**：会社のカネで見聞が広められる。面白い企画は、作家と取材旅行に行ったりして。実際、この仕事をやっていても何がヒットするかはわからない。そういう博打も会社のカネでさせてもらえると思うと、いい仕事だと思う。

―――**私（阪東）も出版社の週刊誌をやっていましたが、出張経費は30年前に、2泊3日で12万円。時効だと思うので話しますが、タクシーなんかは運転手に5000円払って領収書を1冊まるごと入手する。で、金額はこっちで勝手に書き込んで、経費を20万円にする。実際の経費は10万円だとすると、1回の出張で10万円儲かった。バブルの頃を知っている人間からすると、今の人はかわいそうに見えます。**

**中川**：お金貯まらないですしね。私は貯金8万円しかないですよ。それでYさんとか有名作家に貸したりもしている（笑）。

**和田**：執筆で生計が立てられる作家はほんの一握りで、原稿料の前借りをする人もいる。連載持ってない場合、しんどいんですよ。

―――**山田さんは？**

**山田**：忙しいので貯まる一方で、家を23区に買いました。アベノミクスで値上がりする前に。

**一同**：え、まだ30代になったばかりでしょ？

―――**話は変わりますが、もし自分の子供が出版業界入りたいと言ったら、どうしますか？**

**和田**：本の編集がやりたいなら止めない。

**山田**：将来的にも、編集って仕事は残ると思います。作家は1人じゃ育たないから。最初の読者が必要なんです。

## ◆作家との付き合いは？

―――**初めて作家と会うときのアプローチはどうしていますか？**

**飯田**：手紙を出すね。

**和田**：私も。手紙が一番。

―――**返事は来ますか？**

**和田**：来ますよ。手紙に名刺を入れておけば、メールや電話で。それで会社や

喫茶店でお会いしたりします。その作家の作品に惚れ込んでいることはもちろん、営業力が強いことや、書店とのネットワークなど、わが社、自分の実績を自己PRする。

**飯田**：人からの紹介もあるよね。あと有名な賞の会場では、編集者同士で作家の取り合いしたり。

**和田**：2次会とかでもありますね。自分はこの作家と仲がいいとさりげなくアピールしたり。

**飯田**：20年ぐらい前、バブルのころは、受賞式の会場から銀座のZやMなどの文壇バーに流れていくということもありましたね。料亭で1人10万円使ったりして……。

**和田**：料亭なんて行ったことないですよ。ゴルフも全然しませんね。作家の講演旅行には付き合います。講演の司会や売り子も兼ねつつ。30会場で6000冊売った作家もいました。その本は、結果的に10万部売れました。そういうのは楽しいですね。もちろん作家が飲む人だったら付き合います。

**飯田**：でも、40代までの若い作家は、飲まない人が増えたね。

**山田**：うちも作家さんが若いんで飲みませんね。取引先とのほうがよく飲みます。

## ◆電子書籍の読み放題サービスが人気に

────**最近、雑誌を中心とした読み放題サービスが人気ですが、どう思いますか？**

**中川**：アマゾンの「アンリミテッド」はすごくお得なサービスです。しかし、アマゾンと出版社の契約からみると人気作品はなかなか出せないのであまり普及はしないでしょうね。アメリカなんかではデッドストックという売れ残りの本などを掲載する読み放題サービスが主流ですしね。

**和田**：その点、ドコモの「dマガジン」はとっても人気ですね。特に雑誌をたくさん読む人にとっては、月額500円で読み放題はかなり魅力的なサービスだと思います。

**飯田**：「dマガジン」は最初、各社参入にとてもビビっていたのですが、案外儲かって今や各社続々と参入している。ただ、これも長くは続かないだろうという見方もある。同じようなサービスも出てきているし。

────**電子書籍は今後どうなりますか？**

**飯田**：若い人にはいいサービスだと思う。だけど我々のような50代くらいになると、文字を拡大できないようなものは見にくいから中高年層への普及は厳しいんじゃないのかな。「dマガジン」とかは電子書籍専用に作っているものもあるけど、大抵はPDFファイルだから拡大できないし見にくい。

**和田**：これまでは紙をデータにするといったように媒体を変えれば、出版不況は免れるといわれていたけど、マンガ以外の電子書籍はあまり儲からないと気づいてしまった。どうこれから工夫していくのかというのが大きなカギですね。

**山田**：スマートフォンは縦にスクロールするから、漫画も4コマ漫画のようにして編集するとか、工夫は必要だと思います。

## ◆業界のIT化は、不可避

――**文芸の収益はかなり厳しいと聞きますが。**

**飯田**：今や大手はビッグ3という東野圭吾・池井戸潤・有川浩が頼みの綱の状況です。この3人のスケジュールを取ることが大事で、出版社が持ち回りのような形で仕事を頼んでいます。

**和田**：数年後の経営方針までこの3人で立てていると聞きます。

**中川**：芥川賞も文壇がプライドを持ってやっていたけど、今や売れることのほうが大事で、話題性重視でやっています。『火花』の芥川賞受賞は以前では絶対にありえないことです。

――**出版に未来はあるといえますか**

**中川**：ITと出版の融合の面でいうと、あと5～10年くらいはグズグズ行くと思います。雑誌依存の出版社はまずいですよね。書籍、とくに専門書はB to B（専業者向け）なので一定の需要がある。医学書や税金、法律、経済の本とかは。

**山田**：MERY（株式会社ペロリ）というアプリがあるんですが、アッという間に月間1億PVで、雑誌としても出版したけど売り上げは好調みたいですね。若い女性3人で立ち上げたのを聞くと、デジタル化をいろいろな方向で進めていくのが生き残るカギだと思います。

**中川**：今後はどんどん出版社がIT系に肉薄していく感じですよね。MERYも小学館が投資したりしている。雑誌というものではないが、アプリとかになって仕事は残る。紙の出版社がやっていたのがITになるだけですよ。

**飯田**：新卒採用なんかもITの知識を重要視するようになると思いますね。とくに大手出版社は危機感を持っているので。

**和田**：昔ですが、小学館の『小学二年生』が休刊になることもびっくりしたニュースです。『小学一年生』も4月号しか売れていないという話もあります。

――**電子書籍反対派は？**

**飯田**：児童書のある出版社の有名社長（故人）は強行に反対していました。教科書が電子書籍になったら、児童書は壊滅するからです。

**和田**：ウチの社長も反対です。小学校の教科書が1つのタブレットで読めるよ

うになったら、本への愛着が薄れるばかりか、子供の身体性や情緒も損なわれる。ただし、習熟度別の反復学習や、障がい児童の教育など、限定的な活用にはむしろ賛成です。文科省も本格的に検討しています。

**飯田**：新聞も小学校や中学校に記者を派遣して「新聞の読み方」や「記者の仕事」について学ぶ機会をつくるNIE(Newspaper in Education)という取り組みをやっています。

──**小学生がいても新聞を定期購読しない若い親も多いので、読売新聞はそこに目をつけて、学校に安く売ろうとしていますね。**

**和田**：でも長期的にはアメリカみたいに、電子書籍が普及するのは間違いない。

**山田**：紙と電子は並列するようになるだろうけど、電子書籍・雑誌、漫画雑誌でも記者や編集者、文字を校正する校正者、紙面をデザインするデザイナーが必要なのは変わりません。

**中川**：みんな勘違いしていますよね。作家が書いた原稿のデータがあれば、電子書籍はコストがかからない、と。でも実は、電子書籍化するにも、デザインなどにかなりのコストがかかる。作家さんが「電子書籍化してもいいよ」といっても、そこまでにかけるコストを回収するには紙の本のせいぜい3割引ぐらいの値段でないといけないんです。

**和田**：作家さんのなかでも有名どころでは、村上春樹や宮部みゆきなどが電子化に反対していますね。

**山田**：逆に、電子化賛成で元編集者が会社をつくっていたりもしますね。いわゆる「エージェント」というやつです。

──**アメリカのプロ野球やプロバスケットの選手の代理人みたいな？**

**和田**：作家さんの本の企画や広報宣伝から、はては私生活まで人生の伴奏者のような感じですよね？　米映画で『ザ・エージェント』というのが日本でもヒットしました。代理人が集まって会社を作り、選手と球団との間で年収契約までやっている。そして年収の3割を代理人の手数料として受け取っている。

**山田**：それって、いまは出版社の編集者がやっているけど、さすがに私生活まではアドバイスしない。漫画だと、作家を発掘して育てるのが面白いんだけど、それは会社の看板があるからできるものでもある。個人や優秀な編集者が集まってエージェントをつくっても成功するんでしょうか？

**中川**：うちでも漫画はむずかしいかな。でも書籍なら、エージェントからいい企画が出れば成功するかもしれないですね。

## ◆編集の仕事は、本で学ぼう

──**おススメの本は何かありますか**

**飯田**：面接をしに来る若い子の話を聞くと、編集者がどんな仕事なのかわかっ

ていない人が多いから、30年編集をやってきた！　とかいう人の本を読むのはおススメですね。

**中川**：『鬼才　伝説の編集人斎藤十一』(幻冬舎)とかですよね。

**飯田**：週刊新潮の編集長を長年やった野平健一の『矢来町半世紀』はかなりおススメです。

**和田**：月刊『創』の出版業界研究編の号が年に一回出るが、それを10年分読むと、出版業界の移り変わりがよくわかると思います。デジタル版なら5年分はすぐ読めますよ。学生は業界のことを知っておく。ちょっと古い『編集者の学校』も参考になりますね。

**山田**：どの部門を希望するにしろ、編集者の自伝、仕事の本を読んでおくべきだと思いますね。かなりイメージも変わるだろうし、面接なんかにも役に立つと思います。

## Column ④

# 経験者が語るコロナ感染体験と
# オンライン面接でのコスメ対策

　感染したのが内定後でよかった。まさか自分が陽性者になるなんて思いもしなかった。日々、都内の感染者数をニュースで確認しては「そろそろ自分もかかるだろうか」と少し心配していた。それでもあくまで一瞬のことで、常に気を張っているほどではなかった。それだけコロナ禍の生活は私の日常になってしまっていた。感染対策は行っていたが、どこか気持ちの面で油断していたのかもしれない。本当に「まさか」だった。もともと軽く咳き込むことが増えるのは、初夏に毎年ある私の体質だった。2021年6月18日、アルバイト先で陽性者が確認されたことから、アルバイトを含む従業員全員のPCR検査実施が決まった。4日後には、その日休暇をとっていた私以外の従業員の検査が行われ、全員が陰性だった。その翌日に出勤した私は、まさか自分だけが感染しているとは思っていなかった。職場から言われなければ、検査を受けることもなかっただろう。

　さて、私が内定した大手新聞社は対面での面接がほとんどだったが、これは少数派だ。オンラインではかなりの苦労があると聞く。画面越しの顔の印象を良くするために、リングライトを使用したり、メイクを工夫したりする友人もいた。オンライン面接が増えたことによる機材調達などの負担が注目されていた。新型コロナウイルス感染拡大以前と比べて、家電販売店で見る頻度が増えた機材の1つがリングライトだった。YouTubeなどの動画サイトでは、オンライン面接や会議向けのメイク方法を紹介する動画も増えた。画面越しの印象や映りを気にする人はやはり多かったと考えられる。

　私も、インターンシップの選考では上記の2つにかなり気を配った。特にメイクは、派手に見えない程度に色味を濃くしていた。リングライトで色が飛びやすくなってしまうからだ。目元は暗く見えないよう淡い色を選び、眉や唇はやや発色のよいものを選んでいた。ノーズシャドウやハイライトにも気を配り、顔立ちがはっきり見えるように工夫した。派手な印象になるのは良くないが、のっぺりした印象になるのは避けたかった。口紅も対面ではコーラルピンクを使った。オンラインでは少し濃いコーラルレッドを使うなど使い分けていた。実際にパソコンのカメラで写して、見え方を確認し、適度な色味を探した。そのかいあってか、選考を無事突破することができた。

　オンライン面接で慣れると対面で苦労する。5〜25分の短い面接では見た目の与える影響は大きいと実感した。それは対面で行われた面接でも変わらない。一方でオンラインと違うのは、体型も印象を左右するということだ。内定した学生を見ると、過度にふくよかな人はあまりいない。私自身、3年生の前期は「自粛太り」で2キロほど体重が増えてしまっていたが、冬のインターンシップ選考までにもとの体重まで戻した。体脂肪率40パーセント超えの学生にも1人出会ったが、非常に苦労して親しみやすさを強調していた。

　近年ではルッキズムを問題視する声が高まっており、私自身も外見だけで人を知った気になることについてはよく思っていない。しかし、短い時間でどんな人間かを見極めなければならない面接では、やはり見た目の印象は大きくなってしまう。

　清潔感を大切にし、だらしなく思われないよう、最低限見た目に気を配ることは大切だ。美形かどうかに限らず、自らの魅力を際立たせられるのも身だしなみやメイクの力だと思う。女子はほのかな色気が大切だと阪東先生は強調する。

　オンライン面接では白いワイシャツにバストアップした黒色のブラで色気を強調している女子も多い。カメラには上半身しか映らないからだ。最終面接で受かるのは昔から「長男の嫁にしたい人物」らしい。健康で、明るく聡明なことだ。そして色気も必要だ。

　2022年卒業向けの採用では、新聞社やNHK、出版社のどの業界でも、面接やES提出のオンライン利用には会社によって対応に差が出た。たとえば、読売新聞東京本社記者職の場合、1月17日がES郵送の締め切りで、1次面接はオンライン。2次面接、筆記試験は対面であった。日経新聞社は、ES提出から論文試験、2次面接に至るまでオンラインを活用していた。

# 第4章

**2024 −25 GUIDE**

## 試験突破の要、マスコミ作文の書き方

# ◆はじめに

## ▼作文力を高めれば、ES・面接も怖くない

　マスコミ就職の難関を突破するためにカギを握るのが作文力だ。とりわけ「伝えること」に関わるマスコミが、ほかの一般企業より作文を重視するのは当然である。新しい価値観をつくり、時代の最先端をゆくクリエイティブな仕事のため、発想力が重視されるのだ。新聞社や出版社にいたっては、文章を書くことそのものが仕事なので、最重要視されている。そのため就職試験では、いかに他人と違う独自の視点やエピソードをアピールできるかが、大きなポイントになる。

　作文は苦手という人も多いかもしれないが、ポイントをおさえて何度も練習すれば上達するので心配ない。さらに言えば、作文力を高めれば、エントリーシートや面接も怖くなくなる。ネタの作り方は同じなので、応用できるからだ。阪東100本塾でも学生に作文を徹底的に書いてもらう。目標は100本書くこと。それだけ書けば、誰でもマスコミに就職できると思っている。

　しかし最近気がかりなのが、若者の日本語力の低下だ。私の周囲でも「話はうまくても語彙が不足していたり、文法などが不正確だったりする学生が増えている」とよく耳にする。社会人になってもレポート、業務日誌、企画書などの文章が書けないという。

　私の就職塾でも状況は変わらない。たとえば、学生に新聞の朝刊1面に掲載されているコラムを音読してもらう。すると、3割の学生は漢字が読めず、つまってしまう。新聞記事には常用漢字しか使われていない。常用漢字は義務教育期間に習う約1800の漢字である。それが読めていないということになる。

　ふだんから新聞や本を読んでいないからか。テレビの字幕、メール、ネットなどの短い文章に慣れてしまったためか、漫画など総ルビの本を読んでいるためか。はたまた、ゆとり教育が原因なのかはわからない。いずれにせよ、日本語力を高めることなしに、マスコミ就職の難関は突破できない。そこで、この章では、入門編から上級編までそのノウハウをまとめた。


# ◆入門編

## ▼採点官はオジサンだ　5つのタブーを知る

　マスコミの就職試験で採点官を務めるのは、ほとんどオジサンだ。最終面接に近づくほど、採用の権限を持つのが50代、60代、70代と高齢になる。だから受験するみなさんは、オジサンのツボを理解しておくとよい。

　論作文は基本的になんでも書いてよい。だがタブーもあるので、知っておいてほしい。世代間の価値観の違いによるものが多いが、タブーに触れたら即アウト。逆に、みなさんには「全共闘」「2017年の安倍内閣での共謀罪法成立反対デモ」などの学生運動はタブーと感じられるかもしれないが、オジサンにはウケたりする。論作文の内容は、最終面接まで参考にされる場合が多いので、気をつけよう。もちろんエントリーシートを書くときも同じだ。

　では、ときどき見かけるタブーを見てみよう。

## 書いてはいけない！

# 5つのタブー

① 同性愛ネタ

② 恋愛ネタ

③ 大学受験の苦労話

④ 水商売ネタ

⑤ 学生言葉

### 1.同性愛ネタ

　善悪や法律の問題ではなく価値観の違いだ。若いみなさんが40〜50代になった時には「公認」されるかもしれないが、日本のオジサンたちは同性愛を受け入れがたいと感じている。避けたほうが無難だろう。ESにも書かないのが無難だ。

### 2.恋愛ネタ

　採点者はみなさんより経験豊富な親の世代。恋愛ネタは「生意気？」「非常識？」と嫌悪される可能性が高い。幼稚と評価されるのでやめておこう。

### 3.大学受験の苦労話

　推薦入学が5割と言われる今では考えられないが、オジサンたちの時代は倍率30倍とかの競争をくぐり抜けてきている。1975年前後に早稲田大学の第一文学部には、定員1000人に対して約3万人の受験生がいた。現役合格は3割、1浪が4割、2浪以上も3割、著者のクラスには8浪もいた。大学受験の苦労はいま以上だ。

　だから、いまの学生が「人生最大の試練」としてエントリーシートや作文に大学受験について書くのは「ちゃんちゃらおかしい」ということになる。実際、NHKなどのエントリーシートに大学受験の苦労話を書いていた慶応の学生がいたが、その年は見事にどこも受からなかった。

### 4.水商売ネタ

　女子学生のなかにはバーやクラブなどの水商売でアルバイトをしている人がたまにいる。しかし水商売の経験者は、「男性の知らなくていい一面を知っている」とオジサンには嫌われることが多い。それにホステスなどをしていると異性関係が激しいと誤解されてしまう。印象がよろしくないのだ。2015年度の日本テレビの採用でアナウンサー内定者が水商売がバレてトラブルになった。ホストはもっとダメだ。

### 5.学生言葉

　エントリーシートや論作文で学生言葉、たとえば一昔前の「ガラケー」（ガラパゴス携帯の短縮）など学生の間でしか通用しない言葉を当たり前のように使うのもリスクがある。カッコ書きにして、若者文化を論じるなら問題はない。

試験突破の要、マスコミ作文の書き方　　**183**

# ◆今さら聞けない　作文用紙の使い方

　最近、作文用紙の使い方を知らない学生をよく目にするようになった。パソコンやメールの普及などによるのだろうが、句読点の打ち方や段落のわけ方など基本的なルールを覚えていない人が意外に多い。このルールを守っていないと、常識を疑われてしまうから要注意。ひどい場合は、足切りの対象になるだろう。

　仕事で紙の原稿用紙を使う企業は、いまはほとんどない。しかしマスコミ就職では論作文を手書きしなくてはいけない。作文用紙の使い方は完璧という人も、もう1度確認してみてほしい。

❶アラバマに住むジェリーから、❷久しぶりに手紙が届いた。私は中学校❸2年生の夏休みに❹、ジェリーの家にホームステイした。

❺突然の手紙に、当時の記憶があざやかによみがえってきた。初めてのアメリカは、私にいろいろなことを教えてくれた。馬に乗ったこと、なまず釣りに行ったこと、そして出会った人たちの笑顔❻……。みな大切な思い出だ❼。❽ジェリーが「とてもいい映画だよ」❾とよく言っていた、トム・ハンクス主演の『フォレスト・ガンプ』❿はアラバマが舞台だった。

184　第4章

**①⑤**段落の書き出しは1マスあける。改行は200字につき2〜3回が目安。改行したときは文頭の1マスをあける。最近、改行せず作文を書く人がとても多い。800字の作文で一度も改行しないものすらあった。これは非常にまずい。

**②**句読点やカッコは1字分として書く。

**③**数字は、洋数字でも漢数字でもよい。ただし、どちらかに統一すること。新聞や雑誌などでは近年洋数字が多い。

**④⑦**句読点や「閉じカッコ」が行の頭に来る場合は、前の行のいちばん下のマスに入れるか、下の余白に書く。

**⑥**……(リーダー)や——(ダッシュ)は2字分とって書くのが一般的。

**⑧**身内や友人には、「様」や「さん」をつけないこと。人物に「様」や「さん」をつけるのは、皇室の場合に限るのが一般的。「○○先生」「○○先輩」はOK。

**⑨**「　」(カギカッコ)でくくった文の末尾の句点は、教育現場とマスコミで表記が異なる。「○○。」が教育現場で、「○○」のように句点を書かないのがマスコミ流。

**⑩**本や映画の題名は、『　』(二重カギカッコ)でくくる。

## ▼ここにも注意!

✓ エンピツやシャープペンシルは2Bか3Bを使い、できるだけ濃い字で書く(作文は面接官にコピーが配られる場合も)。

✓ 文字はマス目よりやや小さめに楷書で書く。略字は使わないこと。きれいな字で書けば、点数がアップする。

✓ 自宅で書いて提出する論作文やエントリーシートに「修正液」を使うと、不合格か大幅な減点対象になる。面倒でもエンピツなどで下書きをし、サインペンやボールペンでなぞること。

✓ 誤字・脱字は最も多いミス。自宅で書いて提出する場合は、友人や親などに読んでもらうこと。誤字・脱字は「思い込み」がほとんどなので、第三者に見てもらえば9割は減らせる。

# ◆受かる作文8つのポイント

次に合格する作文のポイントを7つにまとめてみた。文章を書くときは内容も大事だが、「読まれる作文」のポイントをおさえることが大切だ。このポイントを体得すれば読みやすく、わかりやすい文章が書けるようになる。つまり合格に確実に近づくことができるのだ。

① 5W1Hをはっきりさせる

② 時系列にしたがう

③ 具体的に表現する

④ 接続詞を多用しない

⑤ 1つひとつの文章を短くする

⑥ 段落をわけて文章にメリハリをつける(起承転結)

⑦ 体言止めは使わない

⑧ 天気を入れる

### 1.5W1Hをはっきりさせる

「いつ(WHEN)」「どこで(WHERE)」「だれが(WHO)」「何を(WHAT)」「なぜ(WHY)」「どのように(HOW)」はまとめて、「5W1H」という。5W1Hをうまく入れると、文章が具体的になり読みやすくなる。

では5W1Hのそれぞれの使い方をみてみよう。

WHEN——「いつ」は作文では、「去年の11月」などと季節や時期を特定する。より強調する場合は「2011年3月11日の朝」のような表現もある。書きはじめに、この「いつ」が抜けている論作文が多いので、意識して書きたい。

WHERE——「どこ」は、具体的な場所を示す。これも書きなれていないとつい不明になる。採点者が北海道出身なら、北海道ネタの作文は興味をもって読むだろう。地名も青森県八戸市という現在の住所表記だけでなく、江戸時代の南部藩など旧国名も効果的に使える場合がある。旧国名に誇りをもっている採点者も多いからだ。

WHO——さすがに登場人物について書かない人はいないだろうが、注意点がいくつかある。まずその人が誰なのかという説明をしなければならない。有名な人物だったとしても、肩書きなど最低限の情報を示す必要がある。たとえば「総理大臣の安倍晋三」「父は北海道根室出身だ」「アルバイトの先輩、鈴木太郎さんは」と表現しよう。

WHAT——学生の文章を読んでいると、主語と述語が一致していないものがよくある。必ず一文一文を書くうえで、「何を」「どうしたか」を一致させなくてはならない。そのためには主語と述語の距離をなるべく近づけることが大事だ。「何を」を明確に意識しておくと間違いにくい。

WHY——行動には必ず理由がある。読み手はつねに「なぜ」という疑問をもって文章を読んでいる。「私は野球が好きだ」という文を書いたのならば、その理由を書かなくてはならない。文章の内容に深く関わらなくても、できるだけ読み手に「なぜ」という疑問を残さないようにしたい。

HOW——ある行動の工夫の部分にあたる。5W1Hのなかでもっとも独自性を出しやすい。「どうやって」その行動を起こしたのか、具体的に書くことを常に意識するとよい。そこに個性がにじみ出ると、効果的だ。

　ただ、5W1Hは大切だが、それにとらわれすぎて形式的な文章にならないように注意したい。「いつ」「どこで」からはじまる文章はわかりやすいが、インパクトが弱くなってしまうこともある。

### 2.時系列にしたがう
　過去のエピソードを書いていると、時間が前後することがある。たとえば、「マスコミを志望した理由」という作文を書くとする。「大学のゼミでジャーナリズムを専攻し、新聞の歴史や重要性を学んだ」というエピソードを述べてから、「高校時代に壁新聞を作った」と続けると、わかりにくい文章になってしまう。エピソードを述べるときは時間の流れにしたがうことが基本となる。「きっかけ→準備→実行→結果」という流れの場合もある。
　例外として少し高度な「つかみ」がある。時系列をあえて前後させるのだ。時間の流れを無視していきなり核心に入ったほうが、読み手の心をとらえる場合もある。「その爆発はいきなり起きた」というようにインパクトのある表現で書きだし、読み手を惹きつける。そして過去に戻っていきさつを書く。作文に慣れてきたら試してみてほしい。

### 3.具体的に表現する
　論作文を書くときに、まず意識すべきことは「具体的に書くこと」だ。特に作文では抽象的な表現を使いがち。次の2つを意識して書くようにしたい。

### ① 数字を具体的に示す
　読み手を惹きつけるには、具体的な数字を示してリアリティを出すことが大事だ。数字は誰が見ても明らかな基準になる。たとえば「たくさんの人」よりも「123人」、「数年前」よりも「一昨年」と書いたほうが、読み手もイメージしやすくなる。「大きな人」よりは「電信柱のような」「松下奈緒のような170センチぐらいの身長」のほうが、いかに身長が高いかが伝わってくる。
　「たくさん」「少し」「いつも」「ときどき」のような、数にかかわる曖昧な表現を多用すると、つまらない作文になってしまう。「飛行機に乗り込んだ」という文も、「18時発、伊丹行き日本航空123便に乗り込んだ」と表現したほうが明快だ。

試験突破の要、マスコミ作文の書き方　**187**

② **固有名詞**

　数字を入れることと同様に、固有名詞を入れることも作文のリアリティを高めるコツのひとつだ。たとえば地名。有名な地名であれば理想的だ。多くの人がイメージできるからだ。単純に「ずっと立っていた」と書くよりも、「新宿から立川までの電車のなか、ずっと立っていた」とするほうが効果的だ。時間は30分ぐらいだが、東京の人間ならだいたい想像できるので、数字を入れなくても済む場合と言える。

　人物描写をするときは、「顔が四角い男性」と表現するよりも、「寅さんみたいな四角い顔の男性」のように有名人の固有名詞を使うほうが、人物描写をよりリアルにすることができる。

**4.接続詞を多用しない**

　接続詞は、文と文をつなげる役割を果たす。効果的に使えば、文章に適当な間を与え、リズムをもたせることで、文章を読みやすくできる。しかし論作文では多用しないように気をつけよう。文章が長いと、途中で文の流れがわからなくなってしまうことがある。

**5.1つひとつの文章を短くする**

　長い文は読みにくく、わかりにくいものになってしまう。1つひとつの文はできるだけ短く、すっきりさせるようにしよう。

　例を挙げてみる。

「私の先生は、一流大学を卒業して頭はいいのだが、受験を控えた敏感な高校生を遠慮なく罵倒する変わった人で、高校では変人どころか「キリギリス」というアダナまであったが、根は親切で、質問にはなんでもこたえてくれた」。

　このように長い文章が続けば、読み手は混乱してしまうだろう。主語と述語が離れすぎているからだ。1つの文の字数は多くても40字～50字くらいに留めよう。原稿用紙でいえば2～3行程度になる。それより長くなってしまったら、どこかで文を2つにわけるようにする。

　先ほどの文章を直してみよう。

|「|私|の|先|生|は|、|一|流|大|学|を|卒|業|し|て|い|る|。|
|頭|は|よ|い|。|し|か|し|、|受|験|を|控|え|た|敏|感|な|高|校|
|生|を|遠|慮|な|く|罵|倒|す|る|。|変|わ|っ|た|人|で|、|高|校|
|で|は|変|人|扱|い|だ|。|「|キ|リ|ギ|リ|ス|」|と|い|う|ア|ダ|
|ナ|ま|で|あ|っ|た|。|そ|う|い|う|評|判|も|あ|る|が|、|根|は|
|親|切|で|、|質|問|に|は|な|ん|で|も|こ|た|え|て|く|れ|た|」|

このように5つの文に分解できる。「しかし」などの接続詞も入れるとさらに読みやすくなる。一文を短く書くコツは、「1つの文では1つのことを表現する」ことだ。

### 6.段落をわけて文章にメリハリをつける（起承転結）

基本的には、内容が変わったら改行をする。いわゆる起承転結だ。この改行から改行までの文のまとまりが段落だ。段落のはじまりは必ず一文字分下げる。文章を読むときに視覚的に内容の区別ができるようになっている。

段落が同じであれば内容も同じであり、段落が異なれば内容も異なる。このため、読み手は、改行があると「この話はここで終わって、次の行から別の話が始まるのだな」と推測できる。内容が変わることがわかっていれば、内容の変化に無理なくついていける。ところが、改行がないまま内容を変えると、読み手は混乱してしまうので要注意だ。

### 7.体言止めは使わない

文の最後に名詞がくる「体言止め」は、できるだけ避けなければならない。文章の流れが止まってしまうからだ。それに便利なのでつい使ってしまう癖ができる。
「体言止め」は、小説や詩などで余韻を出すときには非常に効果的だ。しかし、就職試験の作文・小論文はあくまでわかりやすく、読み手にとって伝わりやすい文章が望ましい。藤沢周平は現代の作家のなかで名文家と言われている。強調するとき以外には体言止めは使っていない。朝日新聞の天声人語元筆者の福島申二や高橋郁男のかつての記事は、体言止めがほとんどなく読みやすかった。

### 8.天気を入れる

「その時、空は真っ赤だった」など天気を入れると作文は読み手により印象的になる。

# ◆作文は自己PRだ!

　論作文は自己PRだ。論作文をとおして、自分はどんな人間かを採用担当者に自己PRする。採用担当者に「会ってみたい」と思わせれば成功だ。

　そのためには、まず自分のことを書くことだ。論作文の訓練では書きやすい題材から書いていく。たとえば阪東100本塾では「私のアルバイト体験」「私の学生生活」などから書いてもらっている。ほかにも、故郷ネタは自分に書けて、他人に書けないものだ。農業ネタも憧れがあるのか、マスコミ就職では受ける。

　一例を紹介したい。次の作文はアルバイトネタだ。アルバイトで自分をどう変えたか、アルバイトをとおして何を学んだかも自己PRになる。

　　「何をトロいことやってんだ!」
　　また今日も大将の怒声が飛んでくる。今日で何回目になるかわからない。私はおっかなびっくり、寿司オケの洗いの手を早める。
　　御年70を数える老大将は、じっと腕を組みながら監視の目を緩めることをしない。次、いつ飛んでくるともわからない江戸っ子の咳呵におびえながら、一心不乱にオケを洗って洗って洗い続ける日々。
　　私がこのアルバイトを始めたきっかけは、寮の先輩の甘い誘い文句だった。何でも寿司を毎日食べさせてくれるとのこと。上京してから1カ月経ち、飢えていた。その労働条件に飛びつき、私のアルバイト体験が始まった。
　　先輩から渡された地図を頼りに着いたのは、新宿、矢来町の小さな寿司屋だった。戸を開

けると、柔和な笑みをたたえた女将と、しかめっ面をした大将に迎えられた。女将から一通り仕事内容を聞く。複雑なものではない。大体は洗い物が中心だ。

「さあ、仕事だ仕事！」

大将にせかされるように白衣に着がえ、洗い場に積み上げられた出前用の寿司オケを洗いにかかる。

始めてから少しして、どうも普通の洗い物と勝手が違うことに気づく。漆の器は汚れが落ちにくいのだ。寿司は油分が少ないが、一度汚れが付くと、落とすのに難儀する。どれだけこすっても無駄なので手を少し休めると、大将の怒号が飛ぶ。漆の器の洗い方も知らないのか、とあきれた様子だ。

漆の器の洗い方のコツは、指先に体重をかけ、小刻みに汚れをふくこと。言うは易しだが、力加減が難しく、技術の習得には時間を要した。

アルバイトを始めて3カ月、夏まではとにかく大将に怒られた。大将はいわば生粋の江戸っ子で、〇〇県に生まれ育った私にとって

は「未知との遭遇」であった。幾度となく怒る。しかしその怒り方は後腐れしない。不思議とサッパリとした怒り方なのだ。

　ほんの細やかなことでも怒る大将の気質には、決して慣れることはなかったが、これも大将一流のコミュニケーション術だったのだろう。

　秋を過ぎると、怒られる回数が急激に減っていく。それと反比例するかのように、大将と会話を交わす機会が増えた。昔に来ていたアルバイト学生の話、高度成長期の東京の様子……。まさに生き字引だ。

　春。1年続けたアルバイトの最終日を迎えた。去り際、大将はしかめっ面を浮かべながら「お疲れさん」。

　アルバイトのきびしさが伝わってくる。聞けば学生寮で歴代、このアルバイトを1年生がすることになっているという。地方から上京して間もない1年生には、江戸っ子堅気を学ぶいいアルバイトと言える。肉体労働のきびしさ、職人の技もともすると知識偏重になりがちな学生には刺激になる。こういう作文を書く学生は「会ってみたい」と採点者に思わせる。実際にこの学生はNHKに内定した。

# ◆こうすればよくなる！ 改善例①

### ▼一般論は書かない

　ここでは、これまでに述べたポイントも踏まえ、阪東ゼミの学生が実際に書いた作文を改善してみよう。これは入門レベルの作文だ。

「選択」

　「寂しいところがあるものなんやね」西田は驚いたようにポツリと言った。

　大学に入学し、３カ月が経った頃だった。私は、高校時代からの友人である西田と鎌倉へ日帰りで行った。❶九州出身の私たちにとって、鎌倉を訪れる機会は滅多にない。かつて観た大河ドラマ「太平記」の舞台の１つでもあり、鎌倉観光は念願でもあった。

　私は、このドラマを観て以来、太平記関連の書物を読み❷漁った。かつて鎌倉は文化の発信地であった。だが、同時に鎌倉幕府が滅亡した、❸悲しき戦場でもあった。栄枯盛衰が刻まれた街というのが私の鎌倉に対するイメージであった。

　鶴岡八幡宮に東慶寺や稲村ヶ崎などとにかく名所を回った。鎌倉の隅から隅まで回り、歴史を味わう暇もない。だが、観光客の多くがこの❹様な観光をしている。写真を撮ることが好きな西田も神社仏閣を写真に収め、満面の笑みを浮かべる。私は、その光景に多少なりとも違和感を覚えた。

　「腹切りやぐらへ行こう」私は、こう西田

試験突破の要、マスコミ作文の書き方　**193**

に切り出した。西田はその奇妙な名前に面食らったのか、驚いた目で私を見た。❺その地が北条一族が自害した地だと告げると、ますます気味悪がった。私がそれでも粘ると、西田も渋々同意して❻着いて来てくれた。

　腹切りやぐらは、鶴岡八幡宮から徒歩で15分ほどの場所にある。方角で言えば北東に位置する。崖に面したそのやぐらはひっそりとしており、降りだした小雨が不気味さ❼増幅させた。西田は、鎌倉にこのような地があったことに心底驚いていた。

　「オレもちゃんと歴史学ばないとね」西田のその一言が私は純粋に嬉しかった。

　❽歴史とは、栄枯盛衰の繰り返しだ。繁栄と滅亡の両面を知って初めて歴史は理解できる。歴史は未来の選択の大きな指標となる。歴史を学び、未来に応用することこそが歴史を学ぶ意義そのものだ。

❶内容が変わるので、段落を分ける。
❷ひらがなでよい。
❸自分の感情は入れない。事実で読者に感じさせる。
❹ひらがなのほうが一般的だ。

❺ここで改行したほうが読みやすくなる。
❻漢字の間違い。同音の誤字に注意。
❼「を」が抜けている。脱字も確認しよう。
❽結論が一般論になっている。

　ここでいちばん重要なポイントは、一般論を書かないことだ。ネタがよく練れてないときに、ついつい書いてしまう。しかしマスコミ作文で重視されるのは、他人と違う視点やエピソードである。一般論は誰でも書けるので、必然的に評価が下がる。

　具体的なエピソードのなかから、独自の主張を導きだすことが大事だ。この作文の場合、テーマの「選択」とエピソードがうまくかみあっていないのが難点である。独自性の模範例は上級編で紹介しているので、参考にしてほしい。

# ◆こうすればよくなる！　改善例②

## ▼時系列をはっきり書く

　この作文も入門レベルだ。スポーツ紙記者志望の学生に志望動機を書いてもらった。初心者には書きやすい題材である。少し古いが、内容は古びていないので紹介する。

### 「私がスポーツ紙を志望する理由」

　私はスポーツ紙業界を志望する。その理由はスポーツが好きだからだ。選手により近いところで、①生の試合を観戦したいからだ。

　きっかけは②北京オリンピックでの谷本歩実選手に関する記事だった。

　２００８年の８月１２日の夜、③私は自宅のテレビで谷本選手の試合を見ていた。鮮やかに一本勝ちを決め、決勝戦へと進んだ。

　相手はフランス代表のデコス選手である。彼女もまた、一本勝ちにこだわっていた。互いの柔道を認め合う者同士④で、谷本は「デコスが一番好きな選手」と公言していた。

　⑤試合は谷本が内またを決め、⑥勝利した。⑦次の瞬間には大きくガッツポーズをし、指導者だった古賀稔彦氏に駆け寄り、抱きついた。

　画面ごしに嬉しさが伝わってくるような笑顔だった。⑨勝ちにこだわり、⑧ポイント柔道を行う選手が増えるなか、一本勝ちに重点を置く谷本の強さが特に際だったように見えた。

　翌日、自宅に届いたスポーツ紙を読んだ。一面はもちろん谷本・金メダルの記事である。

　「日本の柔道」を貫いた谷本の姿勢を評価した記事に、昨晩の感動が思い起こされた。

　★私は、最後の一文が目に留まった。

　「谷本には笑顔が一番似合う。」という⑩文

試験突破の要、マスコミ作文の書き方　**195**

章だった。昨日、私が思っていたことと同じことが書かれているということがとても嬉しかった。そして、谷本のような素晴らしい選手のドラマを追える記者という仕事に憧れを抱くようになった。

　オリンピックは4年に一度しかない。だからこそ選手はそこに照準を合わせ身体を鍛え上げていく。その思いの強さが、数多くのドラマを生み出すのだと考える。

　2012年、今年はその年である。既に多くの選手が夢の舞台への切符を手にし、日々厳しい練習に励んでいる。

　今年のロンドンオリンピックではどのような報道がされるかが楽しみだ。そして私も、いつか五輪を舞台に記事を書きたい。

❶「観戦したい」では観客だ。記者を志望するなら「取材して記事にしたい」と仕事の内容と結びつける

❷5W1Hをはっきり書く。「オリンピックの時に、あるスポーツ紙で谷村歩実選手の記事を読んで感動したことだ」など。

❸「当時、高校3年生の私」と補足すると「私」がイメージできる。

❹「同士だ。」で文章を切る。一文は短くすることを心がける。

❺「×分△秒で」など時間の経過を入れる。すると、文章に流れ（リズム）が出てくる。

❻「勝利した」より「一本勝ちした」とはっきり表現したい。

❼この一文はなくてもよい。文章はなるべく簡潔に。「彼女は指導者……」とつなげることができる。

❽「ポイント柔道」では、「？」となる人も多い。「ポイントをかせぐ柔道」など、わかりやすく丁寧に書く。

❾「増えている」として、文章を切る。また「重点を置く」より「こだわる」が日本語として正確。推敲しよう。

❿「○×記者の文章」など、より具体的に書く。

　ここで意識してほしいのは、時系列だ。スポーツの場合、限られた制限時間やごくわずかなタイムを競いあうので、時間を書き込むことで臨場感やリズムが生まれる。また過去を書くときは、現在と状況が違うはずなので、「私」の背景説明も大事だ。

　全体としては、エピソードの奥行きを深めてほしい。華々しい舞台だけが記者の取材対象ではないからだ。

　★のような一文は読者をぐっと惹きつけてよい。惜しいのは、「私は」と「目に留まった」が対応していない文法のミスだ。「私は最後の一文がいまも忘れられない」などと、書きかえられるだろう。

# ◆中級編

## ▼ルポに挑戦

　自分のことを書けるようになったら、次はルポなどで積極的に「ネタ」を探すことをおススメする。新聞記者やNHKの記者職、ディレクターを目指すなら時事的な話題に関心をもとう。次の作文は阪東100本塾で東日本大震災のときに宮城県の石巻市にルポに行った学生のものだ。

　　震災から約1年が過ぎた3月17日、宮城県石巻市を訪れた。
　　3・11で最も大きな被害を受けた街の1つで死者・行方不明者が3000人を超えるという。だが、意外にも駅前には震災の影響を感じさせないどこにでもある田舎町の光景が広がっていた。
　　被害が大きかった海岸線に行くためタクシーに乗った。「海から3キロ離れた駅前にも津波が押し寄せて、がれきが散乱してたんだ」と地元のタクシー運転手の高山さんは語る。元自衛官で退職したあとにタクシー運転手に転職したそうだ。陽気な人で「おれは髪が短いから散髪代は安く済むっちゃ」と東北弁でおどけていた。
　　高山さんによると、今は何もなかったように見える駅前商店街も多くのボランティアががれきを撤去してくれたおかげだという。その商店街もところどころ更地が広がっていた。
　　海に向かって数分後、丘陵に差しかかった。「震災当時ここに大勢逃げてきたんだ。ここ

試験突破の要、マスコミ作文の書き方　**197**

の周りは全部水が流れ込んで孤立していたべ。自動車も流されて山のようになってた」と高山さんは語る。

　逃げ延びた人は自動車を乗り捨ててきた人が多かったが、自動車に乗ったまま逃げ遅れて亡くなった人もいるという。「自動車も1つの財産だから簡単に捨てられんかったんだろう」と高山さんは何回もつぶやいていた。

　丘陵を降りると、そこにはありえない光景があった。原型をとどめず廃墟と化した家、延々と続く更地、燃え尽きたまま放置された小学校、なぎ倒された墓石、陸に打ち上げられた船、そこには震災から1年経ったとは思えない被害を受けたままの被災地の姿があった。

　しかし、これでも片づけられたほうだという。解体する家があまりにも多く、作業が間に合っていないという。当時どれだけ深刻な被害があったのか想像できなかった。

　さらに海岸線に進むと、山が見えてきた。

　山は数十台の廃車からでき、その隣には数十万トンものがれきの山があった。驚いていると「こんなのはほんの一部に過ぎんよ」と高山さんは言った。がれきの撤去は済んでも、処理は一向に進んでいないことがわかった。

　印象的だったのがそんな非日常的な世界を

住民の方は普通に暮らしていることだった。すれ違う車に乗る人や道を歩く人もなんら表情を変えることもなく走っている。

　進まないがれきの処理、遅れる復興がこの非日常を住民にとって日常に変えてしまったのだと感じた。

　約40分かけて、駅に戻ってきた。タクシー代金は4000円。観光のようになってしまったこと。そのことを高山さんに謝ると、★「いいんです。もっと大勢の人に現状を知ってもらいたいんで」と言ってくれた。温かい言葉だった。

　実際に被災地を訪れ、復興にはまだまだ時間がかかると感じた。復興のために自分に何ができるかわからない。だが、今回目の当たりした光景を少しでも多くの人に「まだまだ震災は終わっていない」と伝えていきたいと思う。

　この作文の評価は高い。「百聞は一見にしかず」の諺の通りだ。タクシーの運転手の言葉が重い。特に★の「いいんです。もっと大勢の人に現状を知ってもらいたいんで」は、たとえ「見物」「観光」でも実際に見ることの大切さを教えてくれる。

　遠慮するよりは自分の目で見ることが大事だ。現地までのバスや電車、タクシーの代金も、ささやかながら被災地にお金を落とすことになる。そのことも重要な「支援」と言える。ボランティアについては、否定的な見方もある。だが、何万人ものボランティアがガレキを片づけたり、倒壊した墓石を直したりした。それで現地の人から今でも感謝されていることがこの作文からもわかる。作文ネタのためでもいい。いまからでも遅くないので被災地に行ってみてはどうだろうか。

試験突破の要、マスコミ作文の書き方　**199**

#### ▼自分の体験だけがネタではない

　作文ネタは自分の体験だけではない。次のように友人や知人を取材して書くのもよい。

「生きる」

　ボクシングの聖地、後楽園スタジアム。
　相手のストレートが山田さんのアゴを深く打ち抜いた。第7ラウンド終盤。ひざから崩れるようにして、山田さんは倒れ込んだ。ダウンだ。
　レフリーのカウントが始まり、山田さんはどうにか立ち上がった。だが、ファイティングポーズを取る前に、無情にもレフリーは腕を交差させ試合を止めた。
　8年間、プロのA級ボクサーを続けてきた山田さんの引退試合はこうして幕を閉じた。
　「最後の試合は勝ちたかったな。まあ、後楽園でできたことは嬉しかったけど」
　後日、ジムで会うと、山田さんはそう冗談ぽく私に話してくれた。
　プロボクサーはとても厳しい職業だ。ボクサーのレベルによって、高い順からA、B、C級ボクサーに分かれている。
　山田さんは最上位のA級ボクサーだ。しかし、そのA級ボクサーでさえ1試合のファイトマネーは平均で15万円程度。世界チャンピオンにでもならない限りは、ボクシングだ

200　第4章

けで食べていくことはできない。

　だからプロボクサーの人たちはみな、ジムでの練習前にアルバイトをしている。そんな生活を選ぶプロの人たちの目標は高く、例外なく全員が、日本や世界の王座を狙っている。

　しかし、現実はそう易しくない。

　長年にわたって、Ａ級ボクサーとして活躍してきた山田さんは、結局引退するまで一度もタイトル戦に挑むことができなかった。

　最近は黒星が続いていた山田さん。今年で３０歳となり、区切りをつけて引退を決心した。

　「就職活動しなきゃいけないし、正直これからすげー不安。けど、後悔だけは全くしてない。好きなボクシングをやりたかったから」

　人生にはいろいろな道がある。それを選ぶ時にたとえば結果として逆境に立たされようとも、私は山田さんのように後悔のない道を選びたい。

　「30歳の就職活動」とでも言おうか。山田さんの生き様が伝わってくる。彼が既婚なのか、独身なのかなどバックグラウンドを補足するとベターだ。この作文の山田さんのように、長期のアルバイトをしている人はなんらかの人生の目標があることが多い。スポーツで勝負する人、芸術家を目指す人などが、みなさんのアルバイト先にもいるかもしれない。そんな人と出会ったら取材をしてみよう。さまざまな人間模様に触れることができる。アルバイト先が個人経営のお店なら、オーナーに話を聞くのもよいだろう。取材をすれば、「観察力」や「ネタを見つける能力」が養える。ぜひ試してみてほしい。

試験突破の要、マスコミ作文の書き方　**201**

# ◆作文テーマ50本!

　阪東100本塾で使っている作文テーマの一部を紹介する。簡単なテーマから書きはじめて、すこしずつ難易度をあげて訓練するとよい。三題噺(さんだいばなし)や論文は作文に慣れてから取り組もう。

　最初は制限時間1時間で、800字を目標に書いてみよう。慣れてくれば1時間で1000字は書けるようにしたい。たまに1時間1600字に挑戦するのもよい。1000字を40分で書けるスピードを身につけるのがベストだ。そうすれば、エントリーシートも速く書けるようになる。

　作文を多く書けばネタの発見力や、観察力も身についてくる。

　また文章を書くと知識不足も明らかになる。作文を書きながら調べものをすることで知識不足も補うことができる。

　内容については数をこなすだけでなく、ひとりよがりな文章にならないよう注意。できればマスコミに内定した先輩や知人(マスコミ関係者)に見てもらおう。

| ●初級作文テーマ(1〜17) | |
|---|---|
| 第1本 | 「私のアルバイト体験」 |
| 第2本 | 「私の学生生活」 |
| 第3本 | 「私が○○業界を志望する理由」 |
| 第4本 | 「私の特技」 |
| 第5本 | 「私の故郷」 |
| 第6本 | 「顔」 |
| 第7本 | 「手」 |
| 第8本 | 「空」 |
| 第9本 | 「国境」 |
| 第10本 | 「道」 |
| 第11本 | 「私のお勧めの○○」 |
| 第12本 | 「生きる」 |
| 第13本 | 「水」 |
| 第14本 | 「最近面白かったこと」 |
| 第15本 | 「絆」 |
| 第16本 | 「選択」 |
| 第17本 | 「涙」 |
| ●中・上級作文テーマ(18〜34) | |
| 第18本 | 「対」 |
| 第19本 | 「波」 |
| 第20本 | 「罪」 |
| 第21本 | 「流行」 |
| 第22本 | 「日本人と○○人」 |
| 第23本 | 「10」 |
| 第24本 | 「いのち」 |
| 第25本 | 「峠」 |

| 第26本 | 「橋」 |
|---|---|
| 第27本 | 「虹」 |
| 第28本 | 「声」 |
| 第29本 | 「○(まる)」 |
| 第30本 | 「線」 |
| 第31本 | 「食の安全」 |
| 第32本 | 「人情と情報」 |
| 第33本 | 「携帯電話」 |
| 第34本 | 「私の信条」 |
| ●論文(35〜44) | |
| 第35本 | 「原子力発電と私」 |
| 第36本 | 「温暖化と日本人の未来」 |
| 第37本 | 「憲法は改正すべきか、否か」 |
| 第38本 | 「クローン人間に賛成か反対か」 |
| 第39本 | 「外国人労働者との共存は可能か」 |
| 第40本 | 「マイクロプラスチックとわたし」 |
| 第41本 | 「若者の活字離れをどう思うか」 |
| 第42本 | 「小学校での英語教育は必要か」 |
| 第43本 | 「コロナと私」 |
| 第44本 | 「ダム、干拓、道路など公共事業はどうあるべきか」 |
| ●三題噺(45〜50) | |
| 第45本 | 「クローン人間、トンキン、はやて」 |
| 第46本 | 「女子高校生、オペラ、モケケ」 |
| 第47本 | 「イオ、ドローン、ニコラ」 |
| 第48本 | 「ガーデニング、モーターショー、やせ薬」 |
| 第49本 | 「手紙、アルプス、清原」 |
| 第50本 | 「挫折、サミット、仮面」 |

# ◆作文ネタの探し方

作文を書くことになれてきたら、次はネタをストックしておきたいところである。だが、作文ネタの発掘に頭を悩ます人も多いだろう。そこで阪東100本塾オリジナルの「ネタ発見チャート」を紹介したい。このチャートに沿って、ネタを書きだしてみてほしい。

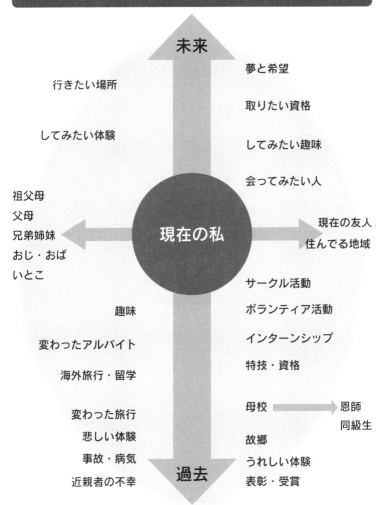

「ネタ発見チャート」で作文ネタを発掘！

**未来**
- 夢と希望
- 取りたい資格
- してみたい趣味
- 会ってみたい人
- 行きたい場所
- してみたい体験

**現在の私**
- 祖父母
- 父母
- 兄弟姉妹
- おじ・おば
- いとこ
- 現在の友人
- 住んでる地域
- サークル活動
- ボランティア活動
- インターンシップ
- 特技・資格

**過去**
- 趣味
- 変わったアルバイト
- 海外旅行・留学
- 変わった旅行
- 悲しい体験
- 事故・病気
- 近親者の不幸
- 母校 → 恩師・同級生
- 故郷
- うれしい体験
- 表彰・受賞

試験突破の要、マスコミ作文の書き方　**203**

# ◆上級編

## ▼起承転結を意識する

　作文は基本的に「起承転結」の構成になっている。「起」が導入だ。その流れを(ネタを)「承」で展開する。そして「転」で、シーン(場面)を変える。話のネタ自体が意外な方向にいったりする。しかし最後には起承転のすべてが結論の「結」に集約される。そこに主張を盛り込むのだ。この展開がうまいものや、ネタ自体が非常にすぐれている作文が上級レベルとなる。好例をみてみよう。これはケーキ屋のアルバイトの話だ。

　私は現在、ケーキ屋でアルバイトをしている。大学1年の冬から始めて、もう丸2年になる。

　ケーキ屋のアルバイトは、秋田から上京し都会に慣れることができずに人見知りをしていた当時の私にコミュニケーションの術を身に付けさせてくれた。

　そのおかげで、今では人見知りをせずに一人ひとりの「人間」と話をすることが、とても好きになった。

　2年間アルバイトを続けていると、本当にいろいろな種類の人間がいるのがわかる。ワガママな人や、穏やかな人、怖そうなのに笑顔がとても素敵な人など、たった2、3分程の接客だが1人のお客様から多くの情報を得ることができる。

　私は、その雰囲気から得る情報を元に、必ずコミュニケーションを取るようにしている。★何千人というお客様を接客してきたなかで、今でも忘れることのできない一人のお客様がいる。それは、11月22日に大きなケーキを買った50代くらいのお父さんだ。

たくさんあるケーキのショーケースを見つめて、しばらく悩んでいる様子だったので、「何か迷われていますか」と声をかけた。
　すると、笑顔で「結婚記念日のケーキを探しているのだけど、イマイチわからなくてねぇ」と言った。
　私がいくつかおすすめすると、その中から苺がのったケーキを選んでくれたので、結婚記念日のお祝いのプレートに「２０周年おめでとう」と書いてデコレーションをした。
　お客様は笑顔で私にこう言った。
　「２０年前は２人だったけど、今は５人家族だからね。大きいケーキじゃないと足りないんだ」
　私はその一言に２０年間の重みと、たった一瞬だけれど、結婚２０周年というイベントに関わることができた喜びを感じた。
　▲それ以来、私は「自分にとっての日常は、誰かにとっての特別な日」と常に頭に置きながら接客をするように心がけている。アルバイトで得たことは、私の大きな財産だ。

　この作文では★が「転」になっている。「何千人というお客様を接客してきたなかで、今でも忘れることのできない１人のお客様がいる」。この一文で、採点官はぐっと惹きつけられる。そして▲の結論も経験から得たことを一文でうまくまとめている。何気ないアルバイトをネタにした作文だが、文章の組み立てがうまくわかりやすい。ここまでくれば、上級者だ。文章構成についてより一歩深めて学びたい人は、朝日新聞の「天声人語」、毎日新聞の「余録」、読売新聞の「編集手帳」、東京新聞の「筆洗（ひっせん）」、日経新聞の「春秋」、北海道新聞の「卓上四季」など新聞１面のコラムを参考にしてほしい。その会社の名文記者が約600字のコラムを毎日書いている。

　これらのコラムを原稿用紙に書き写すこともとても勉強になる。朝日新聞は、専用の書き写しノートも売っている。作文を学ぶ最短かつ格安な方法だと私は思っている。

試験突破の要、マスコミ作文の書き方　　**205**

# ◆小論文の書き方

　小論文も自己PR、5W1H、時系列などの基本は作文と同じだ。小論文と作文の違いは、「論理の展開」にある。作文は事実を羅列し、よいネタでオチが決まれば成立する。一方、小論文は事実を羅列しながら、自分の意見を展開しなければいけない。与えられるテーマも社会的な問題や時事的な問題になり、より客観的に意見を述べる必要がある。

　コツとしては、論点とそれに対する自分の立場をはっきりさせること。どちらの立場にたってもよいので、説得力のある論理を展開することだ。

　よくあるテーマのひとつに「救急車を有料化すべきか」がある。一例を見てみよう。

## 「救急車は有料化すべきか」

　小学校4年の秋ごろだった。いつものように教室で授業を受けていると、突然校内放送が流れた。

　「教室外にいるクラスは至急、教室に戻ってください」

　校庭で体育の授業をしていた生徒が先生に引率され校舎へやってくる。

　生徒が校庭からいなくなって数分後、轟音とともに空からヘリコプターが降りてきた。ドクターヘリと呼ばれるものだ。救急車が救出に向かうと時間がかかり、患者の容態が大きく悪化してしまう場合に使用される。

　私が通っていた小学校は山に囲まれた場所にある。大きな病院へまで行くとなると車で1時間近くかかる。

　私が通う学校へ来たドクターヘリも、学校近くに住む人が急病になったなどの理由で駆けつけたのだろう。担架で病人が運び込まれると、ドクターヘリは運動場の土を巻きあげ

ながら飛びたっていった。

　仮に救急車を有料とするのであれば、ドクターヘリも同じく有料とされてしまうのだろうか。おそらくヘリコプターを使用することでかかる費用は救急車の数十倍は高くつくだろう。山岳遭難では1回100万円と言われている。

　救急車もヘリコプターほどではないにせよ、有料化をすれば、その料金を理由に諦める人が現れる可能性がある。

　また、自宅の近所に病院があるか否かで、医療費に差が生まれるようでは、田舎の過疎化はますます進んでしまうだろう。

　しかし、国民が平等に健康で文化的な最低限度の生活を営むことは日本国憲法で保障されている。治療費がその病の種類により差が出ることは当然だが、受診する機会は差があってはならない。

　これから社会の高齢化が進むなかで、救急車やドクターヘリはライフラインとして不可欠なものとなる。一人ひとりに満足な医療サービスを与えるためにも救急車は有料化してはならない。


　これは有料化に反対の立場から書かれたものだ。まさに正論で説得力がある。地方の過疎の問題にもからめている点がよい。逆に賛成の立場で書く場合、タクシーがわりに救急車を利用するなど市民のモラルの低下も指摘する。救急車の費用の問題（救急車は1回の出動の費用が約10万円と言われる。出動件数は全国で年間630万件を超え、増加しているという）にからめることができるだろう。

# ◆三題噺（さんだいばなし）の書き方

　出版社でよく出題される三題噺は、そもそもは落語用語だ。寄席（よせ）で、噺家（はなしか）が3人の客からべつべつの「お題」をもらい、即興で落語噺にする。三題噺のコツは「創作」というか、物語とわかるように書くことがひとつ。それから「オチ」があること、3つの題をうまく使っていることだ。ことば遊びができていることもポイントになる。実例を見てみよう。

「電波時計、ニットカフェ、ペットホテル」

　　「やっぱり東京のニットカフェとは違うわね。」❶

　　「本場ＮＹまで来たかいがありましたわ。」❶

　　「その通りですわ。」❶

　日本に上陸したニットカフェブームはすさまじい勢いで広まった。猫もしゃくしもニットカフェという中で、一歩先行く人妻セレブ3人衆は、本場であるアメリカにまで足を伸ばし、他の凡人セレブたちと差別化を図ろうとしていた。

　　「やっぱりＮＹはお紅茶の濃さが違うわと」❷リーダー格の３４歳が言う。それに、「そうですわ。まぁ、向こうの席の方、ニコール・キッドマンにそっくりだわ」と亀甲のメガネをかけた３２歳が答える。そして糖尿の気がある３０歳が「その通りですわ」と合いの手を入れる。

　普段は閑静なカフェも、東洋から来た3人のキーキー声でさながら動物園のサル山のような騒ぎだ。

　一方、その頃、東京のペットホテルでは3匹の犬がキャンキャンと鳴いていた。

　　「なんだよ、この水。俺はミネラルウォー

ターしか飲まねぇんだよ」というのはリーダー格、34歳の飼犬だ。「そうですよね。あっ向こうのケージのマルチーズ、マジでマブいっすよ！」と答えるのは亀甲のメガネをかけた32歳の飼犬だ。そして「その通りだワン」と合いの手を入れるのが糖尿の気がある30歳の飼犬だ。

　3匹は飼主達がNYで編み物をしている間、東京のペットホテルに預けられているのだ。これほどまで大切にされているなら、さぞ飼主への愛も強いだろうと思うのだが、3匹の口をついて出るのはご主人様への悪口だ。

　「あのババア、何がニットだよ。何日通っても、まだ手袋の片方もできてねぇじゃねぇか。」❶

　「全くそうですよね。そのくせ、紅茶ガバガバ飲むわ、ケーキバクバク食うわで5キロも太りやがって、馬鹿ですよね。」❷

　「その通りだワン。」❷

　3匹の鳴き声はどんどん大きくなり、セレブ犬というより野犬というほうがふさわしい。

　「うるさい！　場所をわきまえろ。」❶

　同時刻に、NYではカフェのオーナーが客に、東京ではホテル管理人が犬に注意した。

　3人と3匹は急にシュンとして黙った。
★帰りの空港でセレブたちは飛行機を乗り過ごした。電波時計だと安心して、時差の分をずらしていなかったのだ。また飼犬に笑われる。

❶と❷では、❷が正しい。「　」のなかのラストの句点は不要だ。落語に「さげ」といわれる「オチ」があるように、三題噺にも「オチ」が必要だ。この作文では★の部分が、オチになっている。プロの落語家でもむずかしいので、繰り返し練習しよう。

# ◆さらに作文力を高めたい人へ

## ▼差別用語や不適切な表現は使わない

差別用語には多くの例がある。ふだんなんとなく使っている言葉にも、もともとの意味に差別的なニュアンスが含まれている場合がある。マスコミ試験では、差別用語を使うと、減点または不合格の対象となることがある。マスコミは多くの人が読む文章に関わる仕事であり、差別撤廃を主張する立場にいるからだ。インターネットの電子版でも変わらない。

不適切な表現をしないためには、ふだんからことばに敏感になること、相手の立場に立って考えたり、発言したりする姿勢を身につけておくことが大事だ。最近では「痴呆症」を「認知症」、「知恵遅れ」を「知的障害」と言いかえるようになった。「保母」や「看護婦」なども男女平等の観点から「保育士」「看護士」という。作文では「高齢者」「老人」を「お年寄り」といったように柔らかい表現を使うことも増えてきている。

そのほかにも「やくざ」を「暴力団」と表現するなど、不適切な表現を使わないよう注意しよう。差別につながる表現はもってのほかだ。

## ▼ものの数え方(数詞)に注意する

最近の学生はものを数えるときにすべて「個」で済ませてしまいがちだ。年齢や学年を数えるのにも「個」を使う人がいる。「彼は私よりも学年が4つうえだ。しかし年齢は3個しか変わらない」というように。しかし、これでは受験生の常識が疑われてしまう。言語にはそれぞれの名詞の数え方というものがある。

これを「数詞」という。次のように整理すると、覚えやすいだろう。

### ●長いもの→「本」を使う
「銀杏の木が1本ある」「鉄製の棒が3本落ちている」「焼き鳥の串は何本必要でしょうか」

### ●平たいもの→「面」を使う
「テニスコート3面を貸し切った」「バトミントンコートを5面使った試合」

### ●薄いもの→「枚」「葉」を使う
「紙が数枚残っている」「写真が1葉だけ残っている」

### ●どこかに据えられたもの→「基」を使う
「この寺には有名な人の70基のお墓がある」「この岬には1基の灯台がある」「津波で原発は数基の被害を受けた」

### ●対になったもの→「組」「双」を使う
「3組の夫婦が訪れた」「新しい軍手を100双仕入れた」

### ●動物→大きい動物は「頭」、小さい動物は「匹」を使う
「この牧場では羊が8頭、牧羊犬が5匹、猫が10匹いる」
例外)鳥の場合は「羽」、魚の場合は「匹・尾」を使う
「からすが数羽、1匹の魚をとりあっていた」

より詳しく作文について学びたい人は、阪東ゼミOBの薦める「読んでおきたい本」も

参考にしてほしい。

　さらに内定者が実際に書いた作文を読んでみたい方は、巻末の「作文閲覧券」を送ってもらえれば、約50本を阪東100本塾のホームページ上で無料閲覧できる。

## ▼最近のマスコミ各社の論作文課題

| 放送 | NHK | 「未」(800字/60分、オンライン) |
|---|---|---|
| 新聞 | 毎日新聞社 | 「私が大切にしていること」(400字、オンライン)※WEBエントリー時に手書きの原稿用紙をPDFにして提出 |
| | 共同通信社 | 「あなたの求める未来は」(400字、郵送)※WEBエントリー時に手書きの原稿用紙を提出 |
| | 日本経済新聞社 | 「脱炭素社会」(800字/60分、オンライン) |
| | 産経新聞社 | 「全力投球」(全力投球という言葉を文中に用いずに)(400字/60分、オンライン) |
| | 時事通信社 | 「往来」(800字/60分、オンライン) |
| | 北海道新聞社 | 「熱視線」(1000字/60分、オンライン) |
| | 中日新聞社 | 「極端」(700字/60分、オンライン) |
| | 西日本新聞社 | 「聴く」(900字/60分、オンライン) |
| | 京都新聞社 | 「窓」(800字/60分、対面) |
| | 山陽新聞社 | 「感の字が入る熟語」(800字/60分、オンライン)※自宅で原稿用紙に書き、採用担当に写メで送付 |
| | 中国新聞社 | 「声」(800字/60分、オンライン)※自宅で原稿用紙に書き、採用担当に写メで送付 |
| 出版 | 講談社 | 三題噺(800字/70分、オンライン)受験時間帯で題が異なる。タイトルは自分でつける。例)コロナ禍で気づいた自分の本音(コンテンツ、やぶれかぶれ、率先垂範)、コロナ禍で気づいた自分の正体(ストーリー、くるしまぎれ、乾坤一擲)、コロナ禍で気づいた自分の悪意(チャレンジ、おいてきぼり、堅忍不抜)、コロナ禍で気づいた自分の歪み(グローバル、ひとりよがり、虚心坦懐) |
| | 小学館 | 「私だけのちっちゃな喜び」(800字、郵送)※エントリー時に送付 |
| | 集英社 | 「わたしがときめく瞬間」※WEBエントリー時に提出、オンライン |
| | KADOKAWA | 「1年以内にSNSやWeb上で見かけた流行(バズり)と、あなたの考えるバズった要因を教えてください」「あなたの人生の3大ニュース」 |
| | 新潮社 | 「今年最も流行させたい言葉」(1000字、オンライン) |
| | 白泉社 | 提示された写真(ニューヨーク・タイムズスクエアの写真)をもとにひらめいた物語をつくり、タイトルも考える(800字/無制限、オンライン) |
| | 光文社 | 1次面接前：「復活劇」(780〜800字、オンライン)※締め切り日の23:59までにメールで提出、2次面接後：「2022年4月から施行される、改正少年法について、あなたの考えを書いてください」(1200字/60分)※メールで提出 |

試験突破の要、マスコミ作文の書き方　**211**

## ▼手紙の書き方①：転職について相談にのってもらった先輩へのお礼（模範例）

拝啓　新緑の候　●●様には益々ご清祥のこととお慶び申し上げます。

さて、先日はお忙しいなかお時間をいただきまして、ありがとうございます。今回は、自分が広告代理店を目指していた頃のことを思い出し、原点に戻れるような気がいたしました。先輩とお酒を飲みながら大学のことや同期、先輩後輩の活躍ぶりや●●、●●の話をするのは大変楽しく、忘れられない時間になりそうです。

そして今回は本当に親身に、私の進路をお考えくださり、多くの貴重なアドバイスをいただきましたことを深くお礼申し上げます。

先日お話いただいたとおり、私の30代の目標は許されるのであれば「変わらないものを追い求めること」にしたいと思います。

20代後半から現在まで、とりわけこの2、3年は、変化を求めすぎ、さまざまなことに挑戦していくというプラスの側面もありますが、それがために何ひとつ極められなかったように思います。

いくつかのヒットは出せましたが、●●●●●としてももちろんありません。いろいろなことをリセットしすぎた結果の現在だと思います。

もちろん記者という道も含め、プロフェッショナルになるのは容易なことではないのですが、ここ2、3年の私は腰をすえて仕事をするということがなかなかできませんでした。今の会社では、言い訳のようになってしまいますが、今後も現状からの変化は難しいように思います。それが、新天地を目指す大きな理由だと気付きました。

今後ともご指導のほど、よろしくお願い申し上げます。

末筆ながら、寒暖の激しい季節、くれぐれもご自愛くださいませ。

敬具

令和●●年●月

●●●●
●●●●様

（自分の名前）

---

**●ポイント●**

これ以降の学生の手紙と比較しても、非常にうまいことがわかる。時候の挨拶はもちろん、相手に貴重な時間をさいて会ってもらったことへの心配りが随所に見られる。

また、自分の過去のことの「反省」も明記した上で、その時の感想についても「先輩」をたてる形で、自分の意思の確認と表明をしている。

つまり、相談の結果についての自分の「意思」を相手に伝えているのである。

そういう意味で「プロ」の文章と言えよう。

マスコミ業界内での「転職」は近年、非常に増えている。しかし現実的には、このように、相談しないと「相手の会社の実情」がわからない場合が多い。また転職の場合は「縁故」や「紹介」の場合も多い。その時に、相手の会社の実情などは、「知人」にしか聞けない。特に待遇（この文面では給与のことは書かれていないか）や労働の実態は外部にはわからない。その意味で「相談」は大きい。その分、「きちんとした文章でのお礼」が重要になってくるのだ。この場合も、実際には相当の時間をさいて（転職先と思われる）企業にいる先輩に相談にのってもらっていることが理解できる。

# ▼手紙の書き方②：OBへのお礼（模範例）

拝啓　啓蟄の頃、貴殿におかれましては益々ご清祥のことと拝察申し上げます。

このたびは、大変お忙しい中、お会いいただき、ありがとうございます。また、「作文を見てほしい」という無理なお願いをご承諾いただき重ね重ね、御礼の言葉もございません。さっそく指示されたタイトルで書いた作文を同封いたしました。よろしくご評価のほどお願い申し上げます。時間内に提出できなかったために、ご迷惑をお掛けいたしますことをお許し下さい。

またこれとは別に以前に書いた作文「故郷」「他」「私が新聞社を志望する理由」の三本も同封させていただきます。返信用封筒を入れておきましたので、時間の合間に見て頂ければ幸甚です。

勝手なお願いでありますが、三月二十日までに共同通信社に作文を送ろうと思いますので、なるべく早めにお目を通して頂きたくお願い申し上げます。ご無理ばかり申し上げますこと、幾重にもお詫び申し上げます。

時節柄、ご自愛のほどをお祈りいたします。

敬具

二〇××年〇月〇日

早稲田大学商学部　　山田太郎

鈴木一郎様

## ●ポイント●

1. 書き出しと結びに注意する。

「拝啓、〇〇の頃、貴殿におかれましては益々ご清祥のこと拝察申し上げます。」

2. 書き出しの〇〇には気候を示す二十四節気を入れると、より丁寧な手紙となる。

二十四節気とは…太陽年を太陽の黄経にしたがって二十四等分して、季節を示すのに用いる語。中国伝来の語で、その等分点を「春」は立春（2月4日）、雨水（2月19日）、啓蟄（3月6日）、春分（3月21日）、清明（4月5日）、穀雨（4月20日）と六つに区分する。以下同様に、「夏」は立夏（5月6日）、小満（5月21日）、芒種（6月6日）、夏至（6月22日）、小暑（7月8日）、大暑（7月23日）。「秋」は立秋（8月8日）、処暑（8月24日）、白露（9月8日）、秋分（9月23日）、寒露（10月8日）、霜降（10月23日～24日）。「冬」は立冬（11月8日）、小雪（11月23日）、大雪（12月8日）、冬至（12月22日）、小寒（1月6日）、大寒（1月20日）と名付ける。なお日付は正確には年によって微妙に違うため概略だ。

## ▼手紙の書き方③：内定辞退（模範例）

拝啓　啓蟄のころ、貴殿におかれましては益々ご清祥のことと拝察申し上げます。

過日は、御社から内定を頂きありがとうございました。両親ともども大変、喜んでおります。

また、採用につきましては、人事の山田様からは度重なるアドバイスや入社後の手続きなど、細かい、ご配慮をいただき、重ねて、御礼を申し上げる次第です。

さて、今回は大変、申し訳ありませんが、一身上の事情により、御社の内定を遺憾ながら、辞退せざるを得なくなりました。

御社が第一志望ではありましたが、両親や恩師などと相談した結果、大学院に進学することになりました。

書面で、大変、失礼とは存じますが、ご容赦のほどをお願い申し上げる次第です。後日改めて、ご連絡させていただく所存です。

よろしくおねがいいたします。

また、時節柄、ご自愛のほどをお祈り申し上げる次第です。

敬具

二〇××年〇月〇日

○○放送　人事部長　井上敬二様

●●大学経済学部　伏見亮子

### ●ポイント●

今回はOBへの手紙よりも、より敬語や語彙に注意する。「所存」「遺憾」など普段は使わない文字を使うことで、「公式文書」としての「内定辞退通告書」の品位と誠意を相手側に伝える。

内定辞退の場合はまず、手紙を出す。それで（説得の）電話がきたら、電話で謝る。また呼び出されたら、「考えさせてください」と一旦電話を切って、相手の怒りが収まるのを待つ。それでも解決しないようであれば、数日後にまた電話して、訪問してお詫びということになる。

新聞社などは手紙だけで大丈夫なところが多いが、辞退する際に企業によっては「きてください」といわれる。行けば、そこで説得されるので決意の固いことをアピールする。中には灰皿やコーヒーを投げつけられるケースもあるが冷静に処理することが肝心だ。

内定辞退は、人事担当者の「成績」にかかわるので余計に面倒だ。

また、通常は別の会社（本当の第一希望）の内定のことは言わない。人事同士の「懇親会」がだいたい業界ごとに年に一回はある。情報が漏れることはないが、なるべくは海外留学や大学院を理由にするのが無難だ。

# ▼手紙の書き方④：補欠内定のお願い（模範例）

拝啓　小暑のころ、貴殿におかれましては益々ご清祥のことと拝察申し上げます。

私は、御社の採用試験で、最終面接に臨みました●●●大学の井上真希と申します。残念ながら連絡がなく、選考に漏れたと拝察しております。

今回は最終まで進ませて頂きました御礼と、お願いがございましてお手紙を差し上げた次第です。

さて、今回は自分なりに健闘したと考えておりますが、どの辺で、力が及ばなかったのか反省しております。

その第一は、焦るばかりで、新聞記者になるという気持ちが十分にお伝えできなかったことが敗因だと考えております。

さて、書面で、大変失礼とは存じますが、もし、内定辞退などで、補欠がでましたら、是非とも繰り上げ内定を頂ければ幸いと存じます。

失礼なお願いで、また、そういう補欠繰り上げなどの前例があるのか、知らず、無礼とは思いますが、どうしても、毎朝新聞社の記者として働きたい気持ちは誰にも負けないと存じます。なにとぞ、ご配慮を頂ければ幸いです。よろしくお願い申し上げます。

また、時節柄、ご自愛のほどをお祈り申し上げる次第です。

敬具

二〇××年〇月〇日

●●●大学文学部

井上真希

毎朝新聞社人事部長　横沢和人様

## ●ポイント●

今回は敬語や語彙が重要なだけでなく、「熱意」を伝え、相手の同情を買わないといけないという難易度の高い「公式文書」だ。

就職協定の変更など近年は複数回の採用がほとんどだ。

1回目の採用で「他社に大量に流れる」など、人事の予測できない事態が起こった場合は「補欠」繰り上げをする場合がある。

阪東恭一も実は新潮社は「補欠繰り上げ」だった。内定者の中で2人が辞退したのだ。1人が毎日新聞、1人がTBSに逃げてしまった。そのために、試験を2回やるよりも、最終面接で一番近かった人(15人受けて、6人採用の場合で7番とか)を繰り上げするほうが簡単だ。アテネオリンピックの室伏広治選手(ハンマー投げ)のように銀だったから金に繰り上がった。つまりは「銀」にいないとダメ。無駄な場合もある。共同通信は1回目の採用で最終面接落ちの人は、2回目の採用でエントリーシート選考で「不合格」になっている。また逆に時事通信は、「補欠です」と受験生に手紙で伝えてくれる。

ともかく、この種の手紙は「ダメモト」で出すことだ。そこを理解したうえでの「手紙作戦」と冷静になって書くことだ。

## Column ⑤

# 論作文は「カンカラコモデケア」であれ!

50年ぐらい前の大昔、毎日新聞に山崎さんという記者がいた。NHKの人気ドラマだった『事件記者』のモデルにもなった人だ。ドラマでは「ヤマさん」で登場する。警視庁記者クラブが舞台だ。その人が記者の第一線を退いた時に記者養成のための「山崎塾」をつくった。政治家養成のために松下幸之助が創設した、かの「松下政経塾」より歴史は古く、多数の記者が輩出している。

その塾の作文の方針がある。論作文はすべからく「カンカラコモデケア」でないといけないという。どういう意味か。

「**カン**」は感動、つまり感動する、感動したことを書かないといけない。もっともな話だ。

「**カラ**」はカラー（色）のことで、いまでいうビジュアルかどうか。つまり書いた論作文が視覚的にイメージしやすいことを求めている。

「**コ**」は今日（こんにち）性があるか。「ネタ」や論作文のテーマが古くないか注意しろという意味だ。

「**モ**」は問題意識だ。新聞やNHKの記者なら必要な要素、素質である。最近、社会問題への関心が低い若者が多いが、マスコミを目指すなら問題意識は必要な資質である。これももっともと言わざるを得ない。

「**デ**」はデータで、数字や場所、時間など。5W1Hなどをはっきりさせ、具体的に書けということだ。

「**ケ**」は決意だ。記者を目指す決意、つまり不正を行う役人や企業（いまでいうと東京電力や豚肉を輸入して国内産と売りさばいた業者など）を「成敗」する志だ。

「**ア**」は明るい。論作文はすべからく明るくなければいけない。

この7つの要素のうち3つあれば、その作文は合格らしい。このアイデアは山崎さんの経験にもとづくもので、多くの学生が学んだ。著者も指導にあたり、「カンカラコモデケア」をおおいに参考にしている。

現場経験に裏打ちされた作文のコツを学ぶには、記者やOB・OGから学ぶのがいちばん効率がよい。阪東100本塾で学べるのはもちろん、朝日新聞の朝日カルチャーセンターや、毎日新聞のカルチャースクールなどでも学ぶことができるので、試してみてほしい。

第 **5** 章

2024
−25
GUIDE

# 足切りされない エントリーシート攻略法

# エントリーシートの書き方と エントリー方法

　作文の書き方がわかれば、エントリーシートは怖くない。作文の応用問題だと考えよう。

　マスコミへのエントリーの資格は年齢制限が厳格だったり、幅広かったり、既卒は不可だったりとバラバラだ。社会人の場合は職務経歴書が必要なところもある。では、具体的に書き方を見てみよう。

## エントリーシートの書き方

　基本的には、いくつかの原則がある。

　1つ目はエントリーシートを自己PRと考えることだ。「気が弱い」「動転しやすい」「熱中すると我を忘れる」などと書いてはダメ。マイナスなことは書くべきではない。

　2つ目は、エントリーシートを読む面接官は男性で中年だと意識すること。面接も回数を重ねるごとに面接官が高年齢化していき、女性面接官が減っていく。したがってその人たちに「受ける」「理解してもらえる」内容を書くことが基本である。

　たとえば、「最近見た映画」という項目があっても、新しい映画ばかりを書くのではなく、小津安二郎監督の『東京物語』『秋刀魚(さんま)の味』『秋日和』、成瀬巳喜男(みきお)監督の『山の音』『浮雲』。溝口健二の『雨月物語』や山田洋次監督の『男はつらいよ』『学校』『遥かなる山の呼び声』(2014年に死亡した高倉健が主演)などを書くと目を惹く。

　3つ目はタブーを書かないこと。作文と同じだ。第4章を参考にしてほしい。

　4つ目は、エントリーシートは面接官との会話のネタという意識を持つことだ。だから2つ目のところで書いた「オジサン」が好きというか、オジサンが学生時代に見ていた映画をエントリーシートにわざと書くのである。読んだ本も同じである。すると面接で話が弾むかもしれない。そうなると有利になる。

　5つ目は一貫性だ。バラバラな内容を書いたのでは面接官に覚えてもらえない。体育会の山岳部の活動に大学生活の大半を費やしたなら、それを軸にして書くことだ。そうすると「山岳部の○○さん」と覚えてもらいやすい。

# エントリーの方法とその注意

## ①インターネット・エントリー（WEBエントリー）

　就職活動の第一歩がこのエントリーシートだ。インターネットが発達した今は、WEBエントリーといって紙（履歴書）や応募用紙に書かないエントリー方法が増えている。特に東京キー局などの応募者が1万人単位の人気企業は人事部（人材開発部という企業も）が少人数なので、さばききれない。したがって、インターネットで受け付けをして、その内容で「書類」選考して、人数を絞って面接や筆記試験をする。

## ②郵送

　つぎにマスコミで多いのが各社が独自に作った応募用紙（エントリーシート）に記入、提出する方法だ。

　いまは基本的にどの企業もホームページの採用サイトからダウンロードできる。

　入手したエントリーシートは、締め切り日時までに郵送することになる。これは余談だが、エントリーシートは早く出したほうがゆっくり読んでもらえる場合がある。

## ③会社説明会

　NHK、読売新聞、朝日新聞などは有力大学に人事が出張して説明会をやっている。また学生を本社に呼ぶ100〜1000人規模の説明会もある。

　さらにNHKはジャーナリストカフェ、全国紙はインターンシップを採用の前年から何回も行っている。

　ただし、インターンシップでダメとみなされるとアウトなので注意したい。

## ④市販の履歴書を郵送

　中小企業では自前の応募用紙を作る余裕がないので、市販の履歴書に記入させる場合が多い。その際に、課題作文をつける企業も多い。これは「人格」「人物」を作文で見ようというものだ。漢字の正誤や知識、論理展開、文章のうまさなどが一目瞭然である。そのために履歴書に作文をつけて提出させるのである。

　中小企業の採用日程は、志望企業のホームページや創出版の「メールマガジン」で知ることが可能だ。電話をかけるのもいいが、「メールマガジン」が一番便利だろう。

　新聞は自社の紙面で告知する場合も多い。東京スポーツ（中京スポーツ、大阪スポーツ、九州スポーツ）なども紙面で告知する。マスコミは伝統的に朝日新聞の日曜日の求人欄に掲載される例がある。

# 業界別エントリーシートの書き方

## ●放送局編

### 【NHK】

エントリーシートの提出方法は最近大きく変わりつつある。それはNHKと民放の一部がWEBで提出する方法を採用したことだ。NHKは記者職も、ディレクター職もWEBエントリーのみになった。これらはすべて人事の「省エネ」のためである。またエントリーシート処理のソフトが開発されたというテレビ報道もある。手書きの状態よりデータのほうが、処理が迅速なのかもしれない。

しかしインターネット(WEB)のデータがあると、ハッカーに盗まれる可能性がある。また紙と違ってWEBでは読み飛ばされることもある。筆者はそれを懸念するが、データの便利さには勝てないようだ。

内容としては、NHKの番組についての感想、NHKでやりたいことを自分の体験とからませて書くのが無難だ。あらかじめ自分で作成しておいたネタ帳(思いついたこと、面白いと思った新聞記事、友人との会話で印象に残ったことをメモしておく)から引っ張ってくるのがよいだろう。

NHKは記者、ディレクター、アナウンサーとどの職種の志望であっても番組の感想、分析、印象に残ったことを書くのがいい。採用側から見れば、「いまの学生はテレビを見ない。特にNHKは見ない」と思われているからなおさらだ。具体的には、ディレクター職志望なら「NHKスペシャル」「ドキュメント72時間」、記者職志望なら朝、夕の7時のニュースや「ニュースウォッチ9」「クローズアップ現代＋」などの番組をメモしながら見ておきたい。記者職にとって「クローズアップ現代＋」は全国放映されることもあり、地方の記者が自分を売り込む登竜門になっている。時事的な話題も多いので、録画するなどして見てほしい。

アナウンサー職志望者は「NHKスペシャル」のナレーション、バラエティ番組の司会、ニュース番組、そして何よりもラジオ番組、特に「ラジオ深夜便」、土曜日午後放送の「かんさい土曜ほっとタイム(NHK大阪発の川柳などを扱う番組)」、小説の朗読番組「新日曜名作座」などを聞くようにして、それについて書くことだ。

### 【民放】

日本テレビはビデオレターと履歴書に相当する内容をWEBで送る。「書類選考通過者」のみにPDFのファイルが送られる。それを自宅で印刷して自分であらかじめ用意した顔写真を貼って面接に持参する。

TBSテレビはWEB入力のみ、顔写真はスキャンしてデータを貼りつける。

フジテレビもWEBで送る。手順はTBSとほぼ同じである。

テレビ朝日はやはりビデオレターと履歴書を送る。履歴書部分をWEB入力すると、面接シートがPDFで送られてくる。これを2部用意して面接に持参する。

　大阪の民放準キー局は紙で提出の従来型だ。これは東京キー局に比べ、志望者数が少ないことが理由だ。

## 【ビデオレター】

　民放人事の「レベル」の低さを証明するエントリー方法が、最近登場した。ビデオレターだ。アナウンサー職は前年度くらいからあったらしい。容姿や顔が「商品」なので、アナウンサーはおかしくないかもしれない。

　しかし、これはなんの意味があるのか？　営業や番組の裏方の制作要員に必要なのか、理解に苦しむ。撮影はスマホを使う。自分で自分を撮影するのは無理だ。友人や家族に撮影してもらう。スーツを上半身だけ着る。部屋の白い壁をバックに30秒など指定された制限時間で「自己PR」をする。

　顔がひきつっていたり、カメラ目線でなかったりして、だいたい10回は撮影しなおしとなる。阪東100本塾でも、2016年末に教室で「撮影会」を行い、そこからわかったことだ。かなり面倒な作業で、かつ自己PRの内容がとくにひどかった。そもそも作文を書いていない学生が多く、何が自己PRなのかがわからないまま応募してしまうことが危惧される。

　もっと驚いたことがある。それはテレビ局の採用担当者が真剣に見ていないことだ。阪東100本塾にはOB・OGが多数いる。ビデオレターをどう選考基準にしているのか調べたところ、人によってバラバラだった。実際、規定の時間制限を守っていない人が通過している。自己PRといえない内容で通過した者もいた。しかし、ビデオレターエントリーは多くの民放が採用している。

# ●新聞社編

　一般企業では、まず学歴で学生を選別する傾向にある。それは大半の業種が役所の監督下にあるためだ。それはマスコミ業界でいえば放送局にも当てはまる。放送局は旧郵政省(現総務省)の電波監理の部門から、電波の枠をもらっている認可事業だからだ。

　一般企業に目をやると、銀行、証券が金融庁、商社やメーカーが旧通産省(現経済産業省)、宅配便、引っ越しなどの運送業や鉄道、航空が旧運輸省(現国土交通省)の管轄だ。また薬品が旧厚生省(現厚生労働省)、農業漁業が農林水産省など、どの業界も何らかの形で行政に組み込まれているのが現実だ。そして円滑に仕事を進めるために、役所と仲良くしたいという目的で、役所に多くいる大学の出身者を優先的に採用することになる。この監督官庁がないのが、マスコミでは放送局を除いた新聞社と出版社だ。ただし、政治部などは中央官庁の上級官僚には東大出身者が多いため、新聞社によっては食いこみやすいということから東大出身者を優先的に採用している例もある。

　新聞社のエントリーシートに際立って多くの書き込み欄があるのは、行政

足切りされないエントリーシート攻略法　**221**

（役所）の仕事をチェックする立場にあり、さらには広い分野の取材を行っているので、幅広い知識や高い思考能力を受験者に求めているためだ。

また、文章を武器（商品）にしているので、漢字や一般教養の試験レベルも高いものが要求される。2008年麻生元総理（当時）が「未曾有」を「みぞうゆ」と読み違えたが、新聞社を目指すのであれば言語道断なのは言うまでもない。

エントリーシートは、社会問題などに関心があるかを判断する傾向が強い内容になっている。ただし、社会問題を一般論として書いても自己PRにはならない。あくまでも自分の体験、経験との結びつきを強調することで説得力を増すことができる。たとえば、最近はやりの「エコ」がある。環境破壊、地球温暖化については誰でも書ける。必要なのは次のような内容だ。たとえば、自分が実際にドイツで体験した「カーシェアリング」（1台の車を複数の世帯で所有すること）、「パークアンドライド」（日本では上高地が典型例だが、マイカーを麓の駐車場において、バスで該当地に入ること）など。

中心街から車がなくなることで、どういうメリットがあるのかを詳細に書いていれば説得力が増す。さらに自分が体験したドイツの例を紹介することで、たとえば「京都などでパークアンドライドを実施することで観光遺産の保全や、魅力的な街づくりの手助けをしたい」と書くことができるのだ。

# ●出版社編

ここでは、編集職志望者についてふれたい。出版社のエントリーシートの場合は、クリエイティブな要素が入ってくる。これは民放のディレクター職や広告代理店の広告制作やコピー（宣伝文句）制作部門と同じだ。

記者職はどちらかというと取材、記事（放送原稿）の執筆などが軸となるが、短いスパンで本や雑誌を出し続けなければならない出版社の編集者の場合は、そのたびにアイデアを求められる。単行本の編集者であれば数カ月に1冊単位で企画が求められ、雑誌であれば月単位、週刊誌となれば毎週だ。

出版社は総合出版社から専門出版社までジャンルの幅が広いが、一般書籍や雑誌の編集者に求められているのは、いわば「面白い人間」であり、その点を自己PRする必要がある。出版社は優秀な人間ではなくユニークな人間を求めていることを認識しておきたい。そのため三題噺などのクリエイティブ系の作文をエントリーシートに添付して提出する会社もある。また、ほとんどの出版社のエントリーシートには、読んだ本や雑誌・漫画、見た映画やテレビ番組、聴いた音楽、会ってみたい人などの設問がある。これは本人の教養を試すものだ。

書き方のコツは、面接官の世代が30代のデスククラス、40代の編集長クラス、50代の局長クラス、60代の役員クラスそれぞれに関心がもたれるように工夫をすること。これは一般企業においても一緒で、面接で失敗するケースは、それぞれの世代に応じることができずに右往左往してしまうことだ。相手と接するときのコミュニケーション能力が欠けていると見なされてしまう。

たとえば石原裕次郎の場合、懐かしさを感じるのは50〜60代。40代にもい

るかもしれない。1970年代に「太陽にほえろ」、「大都会」など主演の刑事ドラマがテレビで放送されていたからだ。自分の好みを一方的に書くのではなく、両親に聞いて「若い時に何が流行ったのか」を取材して書くのもいい。その時代によって必ず流行った映画、音楽、文学があるのだ。

小説では40代にならないと読まないのが藤沢周平の時代小説だ。『蝉しぐれ』（文春文庫）が代表作で、名文家で知られる。多くの作品がテレビドラマ化、映画化されている。読書欄に混ぜておくのもひとつの工夫だ。最近では横山秀夫の『クライマーズ・ハイ』（NHKでドラマ化）や『臨場』（テレビ朝日でドラマ化）が有名だ。ぜひ読んでおきたい。

タレントの吉永小百合は、ある世代にとっては特別な存在だ。タレントのタモリをはじめとして、60代にはサユリストと呼ばれる熱心なファンが多い。埼玉県川口市の鋳物工場街が舞台の『キューポラのある街』では、高校生役で出演して一気に有名になった。この映画を「見た映画」に入れておくのも50〜60代対策で有効だ。また、新人作家についてふれておきたい場合、もしその作家が無名の人物であれば書いておきたい。編集者（面接官）は自分の知らないことについての関心が強いので、どんな作家なのか聞いてくるに違いない。

# ●広告代理店編

広告代理店は主流の営業職とクリエイティブ職とで大きく違ってくる。

営業職志望者に対しては、エントリーシートをもとに「体力があるか」「酒が飲めるか」「常識があるか」「どの程度広告業界の知識があるか」などが質問される。それは接待などが仕事の一部となっているためだ。「体力」「コミュニケーション能力としての会話力」に加えて、酒席での芸なども「常識」としてできるかも要求されている。こうした点のほうが知識よりも面接のなかで繰り返し問われることを覚悟しておきたい。また、クリエイティブ職では「商品」であるCMについての知識や、雑誌、新聞、インターネット広告などに対する幅広い知識が必要とされる。これは広告自体が「パクリ」（真似）が多いからだ。成功した（話題になった）広告やCMの視点を少し変えただけで、印象が違ってくる。

# ●エンタテインメント業界編

エンタテインメント業界（映画、音楽、ゲームなど）は新聞社や出版社ほど知識の高さは求められていない。ひとつは人物を性格的、基本能力の側面から見ている。さらに、その業界の仕事で必要な最低限の知識だ。それ以外はクリエイティブ系の質問が多い。出版社以上に志望者が多い業界でもあり、変人とまではいかなくてもユニークな発想をする人材が求められている。音楽、映画、ゲーム。そのどれをとっても、企画の当たりはずれが多い業界だ。ヒットするかどうかも過去の実績から予測する以外に方法がない。それだけに若い人の発想に期待している部分もあるということを自覚しておきたい。

足切りされないエントリーシート攻略法　**223**

# NHK総合職のエントリーシート（WEB）

❶地方限定の採用区分もある。全国転動したくない人は考えてみるとよい。

❷関西テレビ内定は書いたほうがよい。志望理由を問われる場合があるので、合理的な理由を書く。また、(関テレに比べ)給与が約半分のNHKを志望する理由も考えておく。

❸「NHKスペシャル」は番組名をあげて、その感想も書くこと。潜水の特技はカメラマン向きと思われるので、よいかも。

❹総合職採用に変わったので内容に注意。この内容だと、入局後にディレクターを志望したいと思われるだろう。もし、ディレクター志望ならどういう番組を作りたいか、過去の番組をNHKオンデマンドで見るなりして、方向性を示すべきだ。

❺なるべく書いたほうがよい。

❻NHKは、地方(エリア)採用にも近年、積極的になっている。また、エリア採用の記者も活躍している。親の関係とか、地域愛などの理由で、エリア採用を志望する人は積極的に理由を考え、応募していきたい。

---

**❶**

●希望区分・都道府県

全国職員

●希望する業務

ニュース取材や調査報道

●学歴・職歴

●NHK採用試験の応募有無と受験歴

なし

●NHK以外にも就職を考えている業種

新聞社、テレビ局

**❷**

●NHK以外にも考えている進路の状況

日本経済新聞社（書類選考通過）、関西テレビ（内定）

●注力分野・得意科目など

卒業論文のテーマは「少年法の改正についての考察」

●得意な外国語

英語（こみいった会話可能）、ドイツ語（日常会話レベル）

●外国語以外の資格・免許・検定・表彰・所属学会など

普通自動車運転免許

●クラブ活動・ボランティア活動

潜水部

**❸**

●特技・趣味・好きなコンテンツ

タイのコタオ（亀島）で潜水（スキューバ）をやり沈没船を見つけた。お金がなかったので、現地の日本人のスキューバスクールの助手をした。和菓子店めぐり、NHKスペシャル

❼ゼミの教授の名前や、授業の内容をもっと細かく具体的に書くこと。

❽2021年2月11日にNHK総合で放送の「ワタシたちはガイジンじゃない」を見た。日系ブラジル人の30年について、イッセー尾形が団地の人たちの前でした一人芝居がとても良く、面白かった。脚本が宮藤官九郎だったこともあるが、団地の人たちが盆踊りをしたり、日本式の意味のない作業をやらされていることなど、苦労がよくわかった。こんな番組を作ってみたい、というふうに書く。YouTubeなどで見られる番組もある。

❾ほかの記述とのバランスをとったほうがよいかもしれない。この学生は何をしたいのか、と不思議に思う面接官がいるかもしれない。

● 志望理由・やってみたい仕事(400字)

❹ 人々の命を救う防災報道に取り組みたい。私は福島県福島市に親(日銀)の転勤で小学校5年生の時にいた。その時、東日本大震災にあった。福島市には津波はなく、放射線も比較的少なかったが、未曽有の災害を前にして、子供ながらに恐怖を感じた。30年以内に高確率で発生するという南海トラフ地震ではさらなる被害が予測されている。再びこのような悲劇を繰り返さないよう、正確な情報を提供することで人々に警鐘を鳴らし続けたい。

● 第2・3希望の業務でやってみたい仕事(希望者のみ)(250字)

❺

● 希望道府県を選んだ理由(地域職員志望者のみ)(250字)

❻ 沖縄（九州）
潜水部のキャリアと沖縄県多良間村での部活の合宿で築いた、沖縄、特に宮古島の人脈を生かしたい。

● 学生時代に取り組んだこと(300字)

❼ ゼミで○○少年院を訪問した。彼らの多くは学校の勉強についていけず学歴がないことから出所後も就職先がなく、再犯率も高い。そのため、彼らの学びに対する姿勢は真剣そのものだ。少年による犯罪は決して彼らにのみ責任があるのではない。罪を犯した少年の多くが小さいころから親の愛情を受けずに育ってきた。社会全体が彼らの社会復帰に対して温かい目で見守る必要があることを学んだ。

● 最近関心を持った社会的な出来事や疑問に思うこと(300字)

❽ コロナ禍で苦境にあえぐ外国人労働者だ。祖父母のいる静岡県浜松市は自動車工場があり、日系ブラジル人労働者が数多く住んでいた。夏休みに祖父母のところに弟と滞在した。その時にたまたま日系人の子供たちとサッカーをして遊んだ。そのことが、きっかけで大学で日系人問題を学んだ。弱い立場にある外国人労働者たちは雇用の調整弁として不況のたびに安易に切り捨てられている。また、貧しさや差別ゆえに犯罪に手を染めざるを得ない現状に対して憤りを覚える。

● 自由記述欄(300字)

❾ 私の趣味は和菓子店巡りだ。旅に行くたびに地元の名物和菓子を買うことが楽しみだ。だが、それらの多くは後継者不足に悩まされている。それにコロナ禍で観光客が減ったことが多くの老舗の廃業に追い打ちをかけた。こうした味は失われたら2度とは戻ってこない。地域に根差したひとつの文化として大切にする必要がある。

足切りされないエントリーシート攻略法　**225**

# TBSテレビのエントリーシート（WEB）

**❶**具体的でとてもよい。しかし、間違いがある。ニューオーリンズとあるが、この映画の舞台はジョージア州のアトランタと言われる。また映画の固有名詞も正確には『風と共に去りぬ』だ。固有名詞のミスは視聴者や読者から抗議電話が殺到する。テレビではアナウンサーがお詫びすることになる。出版なら信用を落とす。新聞なら「訂正」記事を書くことになる。もちろん始末書を書かされ、賞与などの査定に影響するので念入りに注意する。

**❷**「情熱大陸」は大阪の毎日放送の制作だ。「深夜食堂」なども含めてTBSのJNNネット網の毎日放送の番組も多い。他局の制作、またテレビ朝日の「ドクターX」のように下請けの制作会社のものもある。なるべく自社で制作したものを、書くようにする。なお、「情熱大陸」はドキュメント番組で、エンタメ番組ではない。注意したい。

**❸**海外留学は珍しくないので、自己PRにならない。語学や特技欄で「TOEIC」の数字を入れておけば十分だ。ちなみにTOEICのスコアは700点以上が望ましい。日経新聞では、特派員は約900点以上という内部ルールがある。

---

● 学生時代、最もチャレンジしてきたことは何ですか？　その結果、何を得たか具体的に書いて下さい。（全角300字以内）

**❶**

　アメリカの南部のニューオーリンズへ1年間の海外留学に行ったことがチャレンジだ。

　その結果、人種や宗教の垣根を越えてやり取りを行うコミュニケーション能力を得ることができた。

　さらにニューオーリンズは有名な映画『風とともに去りぬ』の舞台で、南部のアメリカ人が北部の人を「ヤンキー」と呼んでいて、ヤンキーの兵隊が主人公のスカーレットに射殺されるシーンに「拍手」がおきた時は驚いた。現地に行かないと得られない発見だった。

● TBSでチャレンジしたいことは何ですか？　具体的に書いてください。（全角300字以内）

**❷**

「情熱大陸」のような、さまざまなエンタメ情報を発信する番組作りをしたい。

● あなたのスキル、経験、性格などを今後のテレビ業界の変革にどのように活かせると思いますか。（全角250字以内）

**❸**

留学で培った語学力。今後、海外に積極的に日本のコンテンツを発信しようとした時に、自分の語学力が活かせると思う。

❹面白い発想だ。しかしゴキブリの天敵は軍隊アリ、サソリ、サル、ハチだ。これらの昆虫やほ乳類はゴキブリが好物だ。あと食べないが人間も天敵になる。

●これまでの人生であなた自身が一番"変化した"と感じた出来事は何ですか？　まずは見出しをご記入ください。(全角13字以内)

留学で景色が変わる

●上記の一番"変化した"と感じた出来事を詳しく教えてください。(200字以内)

何より物事を見る視野が広がった。加えて、留学前よりも大きいスケールで物事を考えられるようになった。

●「○○○○○だが役に立つ」の○に入る言葉を自分なりに考えて新しい名言(格言・諺)を作り、その意味を教えて下さい。(全角100字以内)

❹

〈クモは不気味だが役に立つ〉

意味：クモは非常に不気味で怖い見た目をしているが、ゴキブリを食べてくれるなど意外に見た目より良い虫である。

# 日本テレビのエントリーシート（WEB）

❶中国語やタイ語、ハングルなどのアジア系言語ができればとても有利だ。ドイツ語、フランス語、ロシア語、スペイン語などの欧州系も。あとはアラビア語。これらの特殊言語はHSK（中国語）などの資格試験の数字がなくても書いておこう。

❷弁論部は政治家志望が第一志望と誤解される。なるべく避けることだ。サークルは意外とOB・OGがいたりするので、相談しておいたほうがよい。

❸あまりに有名な番組なので、ほかの学生と差別化できない。

❹もっと駅名や時間、終電まで何をしていたのか、数字や固有名詞を入れる。すると臨場感が出る。

❺これも平凡。これではエントリーシートで落としてくれと言っているようなものだ。

❻これは情報番組志望ならか。報道部門ではないので、注意する。TBSで「あさチャン」が情報番組なのと一緒だ。まぎらわしいので、OB・OGがいたら聞いてチェックを。またはOB・OGを呼んで、エントリーシート添削会をするのが望ましい。

❶ ●得意な外国語とそのレベル（資格試験の点数や、会話のレベルなど詳しく書いてください）（80字以内）

特になし

❷ ●ゼミ・サークル等（80字以内）

弁論サークル

❸ ●日本テレビを志望する理由と取り組みたい仕事を教えてください（具体的に）（250字以上300字以内）

イッテQの様な、お茶の間でいろんな世代が満遍なく楽しめるバラエティ番組を作りたい。

❹ ●あなたが学生時代に直面した「最大のピンチ」とそれに「どう立ち向かったか」を教えてください。（特にその中で実際にとった行動やエピソードなどを交えて具体的に）（300字以上400字以内）
●「最大のピンチ」を1言で

トイレか、はたまた単位か。

次の日が大事な試験にも関わらず、終電を逃してしまったこと。どうしても終電間際にトイレに行きたくなり、トイレを優先した結果、終電を逃した。駅のベンチで一夜を明かし、なんとか試験には参加した。

❺ ●あなたのこれまでの人生で、テレビはどんな存在で、テレビからどんな影響を受けましたか。具体的な例を挙げて教えてください（250字以上350字以内）

色々な楽しさが詰まっているおもちゃ箱のような存在。

❻ ●学生時代、あなたが最も「発想が素晴らしい」と感じたコンテンツは何ですか？（ジャンルは問いません）（250字以上350字以内）

ZIP。朝から気を張らずに、社会で起こっているニュースから、流行のものまですぐにわかるから。

228　第5章

# テレビ朝日のエントリーシート（WEB）

❶この番組も外部制作のはずなので、OB・OGに確認をする。または番組の最後のクレジットで制作した会社を確認する。看板番組だからといって自社制作とはかぎらない。

❷これも外部の制作、東映だ。テレビ朝日の稼ぎ頭の1つだが、注意したい。ドクターXも外部制作だ。ただし「お化け番組」である理由を祖母や親戚のおばちゃんからこまめに聞いて学生らしく書くのもよい。また相棒の鑑識の米沢さん役の六角精児が、相棒を「卒業」した後にブレイクした。組織犯罪部5課の角田六郎課長役の山西惇がNHKの大河ドラマの真田丸に出演したりと、影響の大きさをアピールするのはよいかも。

❸セブン-イレブンなどで人気の店頭のコーヒーは、Sサイズのコップでも、Mの容量が入る。阪東100本塾でも同じようなことをしている美人学生がいた。そのギャップが面接で受けた。

❶ ●テレビ朝日に入社して実現したいことを具体的に書いてください。

> 報道ステーションのような、重厚感のある報道番組の制作に携わりたい。

❷ ●あなたの人生の中で「スゴイ！」と思ったテレビ番組とその理由を教えてください。

> 相棒。何シリーズと回数を重ねてもお茶の間に愛される番組だから。

●「この人たちと一括りにしないで欲しい！」と最も強く思ったことは何ですか？

> 私は競馬が趣味だ。競馬場に行って走っている馬をみるのが楽しみだが、場外馬券売り場の客のおじさんと一緒にしてほしくない

❸ ●友達はまだ知らない、あなたがナイショにしていることを、こっそり教えてください。

> コンビニコーヒーで、いつもひとつ上のサイズのボタンを押してしまうこと。

足切りされないエントリーシート攻略法　**229**

# フジテレビのエントリーシート(WEB)

❶自分の「能力」に酔っている。高学歴の学生、特に女子学生のなかには、自分を偉く見せようとする人がたまにいる。これは面接官からすると、マイナスの自己PRとされるので、自慢話のようなものは避けるべきだ。

❷具体的にどの番組に影響を受けたのか記述が必要だ。

❸これも具体性に欠ける。自分が考える粗筋やキャスティング、どの脚本家を使うかなど細かく記述する必要がある。

❹できれば国内のコンテンツにしたほうが良い。

※2021年度(2021年4月入社)のエントリーシートなので、番組名が少し古いことをご承承ください。

●あなたがこれまで最も力を注いだことと、そこで得たことを教えてください(150字)

❶ 演劇サークルの舞台監督として宮沢賢治の作品「注文の多い料理店」を独自編集して脚本を作り上げたことだ。全員と毎日遅くまで話し合った。自分たちの演劇を見て、感動した、励まされたと言ってくれる人の存在に感激し、企画や編集の楽しさに加え、自分たちのオリジナルを人に見ていただくことのやりがいを知った。

●フジテレビで希望する職種ジャンル(バラエティ、ドラマ、報道、ドキュメンタリー、その他の派生ビジネスなど)は何ですか?(30字)

ドラマ

●上記のジャンルを選んだ理由は何ですか?(100字)

❷ 視聴者に希望や勇気を届けたいからだ。「憧れ」を大切にした貴局のドラマに、くじけそうな時何度も夢と原動力をもらってきた。ただ事実を伝えるだけでなく、物語を通して、人々の心に訴えかけたい。

●上記のジャンルで実現したいことを具体的にお書きください(200字)

❸ 青春群像劇ドラマを制作し、生きづらさを感じる人々に、夢に向かって頑張ることのすばらしさと、「人は変われる」というメッセージを届けたい。私は部活で怪我をして自分の居場所が見つけられず絶望していた時、「のだめカンタービレ」を見た。ひたむきな登場人物たちが、くじけそうな気持ちを奮い立たせてくれた。若者に近く、憧れを大切にする貴局のドラマのような、大きな夢や強い意志を持つ主人公を描くドラマを作りたい。

●あなたが好きなテレビ番組を教えてください(40字)

「ビギナー」「のだめカンタービレ」「RIDE ON TIME」「ブスの瞳に恋してる」※

●その他の好きな映像コンテンツ(映画や配信番組など)を教えてください(40字)

❹ 米ドラマ「ホワイトハウス」他人と比べず、自分らしく輝きたいと思わせてくれた。

❺少し抽象的だ。

❻それをどう乗り越えたかも簡単に記述すること。

❼これも具体性がなく、面接官を納得させることは難しい。

●あなたが一番楽しいと思うときは何をしているときですか(50字)

❺ みんなでアイデアを考え形にするとき。時間を忘れて没頭し、アドレナリンを大量放出していると思う。

●あなたの今までの人生の中で「一番の挫折」はなんですか?(50字)

❻ 10年間続けてきた合気道の最後の大会の直前に怪我をして、個人戦、団体戦ともに出場を断念したこと。

●キャプション(50字以内)とハマっているものの写真

挑戦～SNSへの進出～目指せフォロワー1万人!

●あなたがチームで何かを成し遂げた経験と、そのなかであなたが担った役割について書いてください(200字)

❼ 東京にある某自動車部品会社のインターンで自動車のマーケティング・広報を担当した。チームで過去最優秀の成績を収めた。私はアイデアマンとして、より良いアイデアを出すために、現地の生の情報を取りに行くことをチームメンバーに提案し、実行した。全員が自ら足を動かすことで、より効率よく情報やアイデアを集めることができると考えたからだ。その結果、成果を出すことができ、チームの協力がいかに合理的かを再認識した。

足切りされないエントリーシート攻略法　231

# 放送局エントリーシート(民放／キー局)①

| 趣味・特技・語学力等 | ゼミ・サークル等(学外も含む) |
|---|---|
| 英語TOEIC720点<br>「逆立ち」<br>アジア旅行 ❶ | オールラウンドサークル「ラケット」(学外)<br>映画研究会 (学内) ❷ |

テレビに入って取り組みたい仕事(具体的に)

　私は日本テレビが好きだ。特に日曜深夜のNNNドキュメントが好きだ。ありのままの真実を視聴者に伝えているからだ。「命の砂時計」というがん患者のドキュメントを見た時は涙が出た。

❸

あなたが学生時代に最も力をいれて取り組み、成し遂げたと誇れること

　大学の●●●研究会で部長として、まず●●を覚えて自分なりに工夫したこと。また、その結果イベントも成功させることができた。

❹

その際に、一番苦労した点

　●●●は今、ブームになってきており、プロ並みの人と素人の人をまとめるのが難しかった。

❺

その解決方法、自分なりに工夫した点など

　テレビを見たりライブにみんなで行くなどして、部員の意見をミーティングで話し合ったこと。

❻

| 書類受付　審査日時 | 月　日( ) | ●●●●●株式会社 |
|---|---|---|

❶得意な語学の英語TOEIC720点は普通だ。「逆立ち」は面白い。やってみろと言われる。できれば「逆立ち10分」とか数字を入れておくとよい。アジア旅行は平凡だ。

❷オールラウンドサークルの名前を入れているのはいいが、少し説明を。また映研もいいが統一性がない。

❸NNNドキュメントは今は正式には「NNNドキュメント('21など西暦の下2桁)」が正しい。日本テレビ系列の地方局の番組も流している。たまたま「命の砂時計」は日本テレビの制作なのでよかったが、書くときは注意が必要だ。

❹〜❻平凡だが、この設問ではほかに書きようがない。5W1Hを使って具体的にPRしよう。

232　第5章

# 放送局エントリーシート(民放／キー局)②

❶「納豆で粘り強い」は平凡だ。アナウンサーはエントリーシートでかなり落ちるので、あまりつまらないキャッチコピーを使わず自然に自分を語ることが大事だ。たとえば「納豆1日3つ食べないと気が済まない」と書けば面接官は「どんな人間なのか」聞いてみたくなるだろう。

❷人名を出すのは具体的でよい。また福沢アナみたいに部下職だと(同僚も)文句つけようがない。ただし、福沢アナが嫌いな人が面接官に出てくると運が悪いということになる。

❸相手が年配の面接官だといいかもしれない。ノルディックスキーに興味のある世代だから。クラシック音楽も同様だ。語学はTOEIC760点は普通。国連職員最低基準の850点級が望ましいが、書かないよりまし。

❹アナウンス研究会は平凡だが、仕方ないだろう。具体的な自分の役割や、実績を強調したい。しかしあくまでもアマチュアなので自慢しないこと。プロにはしょせん勝てないし、変に自意識過剰な人物は嫌がられる。

足切りされないエントリーシート攻略法　233

# 放送局エントリーシート（民放／キー局）③

❶これは完全にクリエイティブテストで、2014年度ぐらいから登場した新形式だ。ねらいは、「偏差値の高い大学の学生ではなく発想が豊かな人」を求めているということだろう。

短期の対応策としては、多少、突飛でも埋めること、できれば統一感を持たせることだ。

長期の対策としては、あなたが3年生なら、出版社の筆記試験で書かされる「三題噺（さんだいばなし）」の訓練をしておけば楽に書けるだろう。

この試験で問われている「クリエイティブ度」は、番組企画などで重要な資質だ。この点で、ルーティンワークの多い、テレビや新聞、週刊誌の報道部門とは求められる資質が違う。

---

| 放送総合部門　郵送課題シート | | ID番号 | |
|---|---|---|---|

| 氏　名 | | 志望分野 | コンテンツ事業 |
|---|---|---|---|

**課題1**

こんなオリンピック競技があったら面白い！2013年に人気になった人が挑んだり、話題になったモノ・言葉を使うオリジナル競技「○○○オリンピック」を10個考えて、その内容を教えてください。競技内容はスポーツに限りません。

【解説の記入方法】
※各マスに1文字づつ記入してください。ひらがな、カタカナ、漢字、英数字など文字の種類は問いません。
※や、っ、ー、・・・、！、「　」、(　)、句読点（、。）などの小文字や記号類はそれぞれ1文字扱いとします。
※「ぱ」「ば」など、濁音・半濁音は1文字とします。

■ ×× 禁止事項 ×× ■
■！、？、●、「」、()、&などの記号は使用できますが、
　(TT)などの絵文字（アスキーアート）は不可とします。
■新聞、出版物、インターネット他の著作物からの転載は認めません。

【記入例】

| 競技名 | お・も・て・な・し | | | | | | | | | オリンピック | | | | | | |
|---|---|---|---|---|---|---|---|---|---|---|---|---|---|---|---|---|
| **内容** | 日 | 本 | の | 心 | を | 伝 | え | る | こ | と | で | 、 | 最 | も | 外 | 国 | 人 | の | 心 | を |
| | つ | か | ん | だ | 者 | が | 金 | メ | ダ | ル | 。 | ポ | イ | ン | ト | は | 手 | ぶ | り | 。 |

| 競技名 | ももクロ | | | | | | | | | オリンピック | | | | | | |
|---|---|---|---|---|---|---|---|---|---|---|---|---|---|---|---|---|
| **内容** | 芝 | エ | ビ | 、 | 車 | エ | ビ | 、 | バ | ナ | メ | イ | エ | ビ | 。 | そ | れ | ら | の | 違 |
| | い | を | エ | ビ | ぞ | り | ハ | イ | ジ | ャ | ン | プ | で | 表 | 現 | し | て | 競 | う | 。 |

| 競技名1 | | | | | | | | | | オリンピック | | | | | | |
|---|---|---|---|---|---|---|---|---|---|---|---|---|---|---|---|---|
| **内容** | | | | | | | | | | | | | | | | | | | | |
| | | | | | | | | | | | | | | | | | | | | |

● ● ●

| 競技名10 | | | | | | | | | | オリンピック | | | | | | |
|---|---|---|---|---|---|---|---|---|---|---|---|---|---|---|---|---|
| **内容** | | | | | | | | | | | | | | | | | | | | |
| | | | | | | | | | | | | | | | | | | | | |

❶

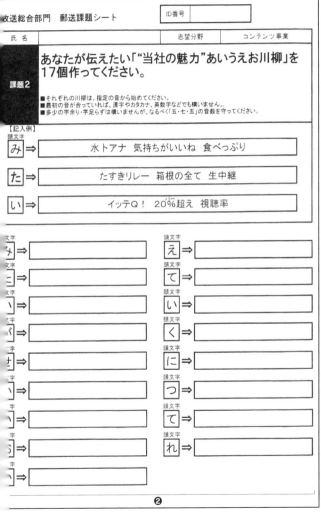

❷ この川柳の創作も、クリエイティブテストだ。

対策としては、新聞やラジオの川柳欄(毎日新聞の3面の「仲畑万能川柳」、NHKラジオ第1放送の「かんさい土曜ほっとたいむ」の「ぼやき川柳」など)を参考に、スタイルの勉強はしておいたほうが、とんでもない内容にならなくてよい。

頭の回転の速い人ならこのページは、1時間で終わるだろう。前頁の「〇〇オリンピック」と同じで、統一感があればなおよい。

17作の川柳のうち、面白いのが5つあればよいだろう。

足切りされないエントリーシート攻略法 **235**

# 放送局エントリーシート（民放／準キー局）

❶数字や固有名詞が入っていて、具体的でわかりやすく、良い。

❷アイデアはおもしろい。大阪のアホなニュースをよくチェックしている。関西のインバウンドは関東に匹敵すると言われている。インバウンドは観光業界や飲食業界も活性させている。CMも取れやすいと営業用のPRにもなる。

1枚目／全3枚

| ●●テレ | 【一般・技術コース】第1期 エントリーシート 年　月　日現在 | ID番号 | 顔写真貼付 |
| --- | --- | --- | --- |

| フリガナ | | 男 女 | 19　年　月　日生 （　　）歳 | タテ4cm×ヨコ3cm ※裏面に氏名・大学名を記入 |
| --- | --- | --- | --- | --- |
| 氏名 | | | | |

| 現住所（都道府県のみ） | 帰省先（都道府県のみ） | 携帯電話番号 |
| --- | --- | --- |

**志望する（興味がある）仕事の分野**

① 番組制作　　　　② 制作技術　　　　③ 放送技術

**これまでの人生で特に力を入れて取り組んできたことと、その中で何を学び、何を得たかを書いてください。**（200字程度）

❶ 夏休みの大半である2か月間行った、枝豆の収穫ボランティアだ。新潟県三条市の枝豆農家で、時給300円程度、1日10時間働いた。肌の皮がボロボロにむけ、赤くなるまで枝豆を収穫しつづけた。そのなかで、農園主の佐藤さんに「たとえお通しの枝豆でもちゃんと美味しい物を出荷しないと」過酷な環境でも妥協せず、誠意をもって取り組むことを学び得た瞬間だった。

**あなたが関西テレビで表現したい"情熱"を、その理由がわかるように自由に記してください。**

大阪愛だ。大阪や近畿に来たインバウンドの外国人が見てもわかるような、タレントでいうと志村けんのような、言葉がなくてもおもしろい人物動作や静止画や動画で笑えるものを。

❷ 具体的には2019年の夏にあったトライアスロンでは大阪城のお堀を泳いだ。藻（も）がいっぱいのお堀を、タレントのマツコデラックスを水着姿でお堀を泳がせる。

❸②の「プレバト」の制作はTBSではない。大阪のMBS(毎日放送)だ。⑩の朝日放送制作の甲子園番組は、「熱血」ではなく、「熱闘」なので注意する。制作会社は、たまに厳しい人事がいる。番組名ミスは完全に大きな減点になる。

❹「やすらぎ……」はお昼の番組だ。中年の主婦が対象というより、定年退職した男性や高齢者向けだ。これはテレビ朝日の「ジジババ戦略」の象徴だ。なので20代の学生が書くのは?だろう。

❺大阪のスーパーに限らないネタだ。少し平凡だ。

❻入社式の当日という指定がミソだ。社長に当選したとPRして、自分のアイデアで番組を作らせてもらう。もちろん10億円は制作費に投資する。不足分はクラウドファンディングで集めるなど知恵を絞る。番組も若者向けというより世の中で権力を握っている50代をターゲットにする。

---

2枚目／全3枚

これまでに見た中で、好きなテレビ番組を10本挙げてください。(放送局・ジャンルは問いません)

① NHKスペシャル(NHK)　　⑥ HERO(フジテレビ)

② プレバト(TBS)　　⑦ やすらぎの郷(テレビ朝日)

③ 有吉弘行のダレトク(関西テレビ)　　⑧ イッテQ(日テレ)

④ NEWS23(TBS)　　⑨ 情熱大陸(MBS)

⑤ 家政婦のミタ(日本テレビ)　　⑩ 熱血甲子園(朝日放送)

上に挙げた10番組のうち、最も好きなものはどれか、その理由とともに書いてください。

やすらぎの郷。内容は中高年向きだと思うが、主演が石坂浩二で、そのほかにも浅丘ルリ子や野際陽子など、演技力の高い演者を集めており、見ごたえがある。放送時間とその時間に最もテレビを見ている中高年の視聴者がうまくマッチしている番組だと思う。

これまでの人生の中で、あなたが「もっとも愛を感じた瞬間」を教えてください。
また、あなたはその愛をどのように受け止めましたか。(250字程度)

大阪スーパーで見知らぬおばちゃんに新鮮な野菜の選び方を伝授されたとき。スーパーで野菜選んでいる私に、「若いもんは新鮮なものをたくさん食べなあかん」と、キャベツやニンジンなど1つずつ丁寧に教えてくれた。それからはスーパーで野菜を選ぶとき、1つひとつじっくりと品定めしながら商品を選ぶようにしている。

カンテレの入社式当日、宝くじで10億円が当たりました。あなたならどうしますか。
説得力のある使い道を教えてください。

将来のために5億円貯めて、残りの5億円は散財する。

---

3枚目／全3枚

テレビを"DiG=掘る"と、何が出てきますか。自由に論じてください。(形式は問いません)

足切りされないエントリーシート攻略法　237

# 朝日新聞社記者職のエントリーシート(WEB)

❶書店の名前か、おばあさんの名前を書くこと。そうするとリアリティが出てくる。できれば高校名も入れる。

❷朝日新聞が自由な社風というのは少しおかしい。阪東も朝日新聞東京社会部の記者だったが、自由というのはピンと来ない。役員クラスの面接官もそうだろう。毎日新聞や中日(東京)新聞、北海道新聞には言えるかもしれない。エントリーシートは最終の役員面接で持ちあがる。役員はみなさんのおじいさんに近い年齢の人もいるので、注意する。

❸テレビの報道よりも、新聞のほうが情報量が多い。つまり細かく取材する。そこをもっと強調する。そうしないと放送部にいたのになぜ、新聞志望なのかと突っ込まれる。

❹とても良く書けている。しっかりと記事の日付も書いてあるので、評価は高い。

---

●記者を目指すきっかけや、記者になりたい理由は何ですか(400字)

❶　高校生の時の新聞部の経験だ。このときの印象に残った取材が高校の正門前に店を構える書店だ。店主が高齢のため閉店する。70年以上の歴史がある書店だった。そこのおばあさんに取材した。この経験から、記者は人の人生に向かい合い、喜怒哀楽をともにできる職業であることを痛感した。また、記者は若いうちから名刺1枚で首相や企業のトップなどにも直接会って話が聞ける職業であると聞いている。その点にも魅力を感じた。

---

●朝日新聞社で働きたい理由は何ですか(200字)

❷　朝日新聞社が自由な社風だからだ。記者による実名でのSNSの発信が活発に行われており、若手記者でも疑問に感じたことは積極的に紙面に反映されるなど、記者の個人が尊重され風通しの良い社風である点に魅力を感じた。

---

●あなたのアピールポイントを教えてください(この数年で力を入れたことなど)(400字)

❸　所属する放送研究会の活動だ。1945年7月に大学近くに空襲があり、1000人以上の市民が亡くなった。空襲を体験した82〜98歳までのお年寄りの証言を映像で記録し、大学祭で出展した。そうしたところ、大学内外の幅広い世代の人たちから反響を受け、新聞社にも取材された。この経験から相手の話に丁寧に耳を傾けることの難しさと大切さを学んだ。

---

●2020年1月以降の朝日新聞・朝日新聞デジタルに掲載された記事や写真、映像で評価するものと、しないものをそれぞれあげて、その理由も教えてください(300字)

❹　評価するものは、2021年7月21日付「五輪交通規制生活しわ寄せ」だ。社としては東京五輪のスポンサーでありながら、報道機関として忖度することなく五輪の影の部分を報じている姿勢が窺えた。
　評価しないものは2021年6月19日付耕論「新型コロナワクチン急加速の中で」だ。ワクチン接種のマイナス面を強調している点は、飲食や運輸業界にとって終わりの見えない自粛生活を長引かせている。

**❺** 中学生時代のネタは弱い。中学生のあなたを採用するわけではない。なるべく大学での苦労話を書くべきだ。

**❻** 人にやさしすぎるのは、遺族取材など、厳しい取材に耐えられるのか、疑問を抱く面接官もいる。理想というか模範解答は次の2つ。長所は「どこでもすぐに寝ることができる」だ。短所は「知り合いからものを頼まれたら断れない」だ。すぐにどこでも寝られる図太さは記者がほしい長所だ。捜査本部（警察用語で帳場がたつと言う）事件など大きな事件では刑事だけでなく、担当者記者も寝る時間は短い。どこでも寝られるのはとても良い。短所の「頼まれれば〜」は他人から信頼されているの裏返しなので、長所にもなる。それで鉄板というか模範解答になる。

---

● これまでの人生でどんな困難に直面しましたか、またそれをどう乗り越えましたか（300字）

**❺**

　　中学1年生の夏に骨折してバドミントン部の県大会に出場できなくなったことだ。これまでの努力が全て無駄になった気がして自暴自棄になった。だが、部の先輩や仲間たちの励ましもあり、リハビリに専念できたおかげで翌春の大会では準優勝に輝いた。

---

● あなた自身の好きなところと、好きでないところはなんですか（300字）

**❻**

　　好きなところは、大雑把で楽天的なところだ。嫌なことがあっても一晩寝ると次の朝には忘れてしまう。
　　好きでないところは、人にやさしくしすぎてしまうところだ。この性格のせいで、小さいころから周りの人につけ込まれることが多々あった。

# 読売新聞社記者職のエントリーシート（手書き・郵送）

❶英語のTOEICなどのスコアを書いておきたい。

❷簿記の資格は経済部はもちろん社会部でも会社の経営状況を調べる時に必要なので、強調するとよい。

❸塾講師は大学生で大半がやっているので書かない。それより、警備員やウエイトレス、引っ越し作業、宅配便の仕分けなどガテン系のアルバイトを書くこと。

❹紙での定期購読新聞を必ず記入する。電子版は不可、というかあまり評価されない。日経新聞では多少評価される。読売新聞なら読売新聞がベストだ。

❺大学生のときの話を書きたい。なければ、家族関係で苦労したことなども考えてみること。

---

## 読売新聞社

2022年4月入社 記者選考 エントリーシート

記者
① 東京本社
② 大阪本社
③ 西部本社

| フリガナ | | 生年月日(性別) | 年 月 日生 歳 ( ) |
| 氏名 | | 携帯電話番号 | |
| | | 自宅電話番号 | ( ) |
| | | Eメールアドレス | |

| 現住所 | 〒 | |
| 帰省先 | 〒 氏名 ( ) TEL: | TEL: |

| 学歴 | | 卒業見込み | 現在の学年または在籍年数 |
| | 留学経験 | |
| | その他学歴 | |

| 職歴 | (在職 年) |

| 最も興味のある本社・部 | 東京本社・政治部 | これまでのエントリー | なし ❷ |
| 得意な外国語資格 ❶ | 中国語検定3級 | 外国語以外の資格や免許 | 普通自動車運転免許、簿記3級 |
| 卒業論文 | | 大学部活サークル | 中高野球部 |
| アルバイト ❸ | 塾講師、工事現場の交通整理(警備員) | 中学・高校クラブ活動 | |
| 定期購読紙 ❹ | 有 ( ・ 無 ) | 趣味 | 筋トレ、バードウォッチング |

これまでで力を入れてきたことは何ですか。あなたのアピールポイントを自由に書いてください。

　高校生のときの野球部のキャプテンの経験だ。私の高校は県立の進学校で、練習
時間や予算に大きく制限があった。また、部員のなかでも勝利に対する意欲に温度
差があった。そうしたなかで私は1人ひとりの意見を忌憚なく発表できるような場を
くるべく、定期的なミーティングを開催した。また、限られた練習時間を有効活用す
るために練習メニューに工夫を凝らした。こうした結果、チームのモチベーション・
練度は次第に高まり、県大会では強豪校に接戦の末勝つことができた。

❺

新聞の記者として取り組みたいことは何ですか。

運動部の体罰の根絶だ。私の高校時代、サッカー部に所属する友人が顧問からの
...罰に悩んでいて、何度も相談に乗った。また、隣町の剣道の強豪校では顧問か
...の体罰に悩んだ末に生徒が自ら命を絶つ痛ましい事件があったことを耳にした。体
...による指導は教育的効果がないことは科学的に証明されている。安心・安全であ
...べき学び舎に暴力による支配はそぐわない。スポーツ界は一刻も早く悪しき昭和の
...質から脱却すべきだ。

**❻** これでよい。ただしラストの「安心・安全〜昭和の体質」のところは、きめつけていると誤解されるかもしれないので不要だ。

...象に残った読売新聞の記事、あなたに影響を与えた記事を教えてください。理由も書いてください。

...載の「危険なバス停」だ。交通事故で我が子を失った親の悲痛な叫びから、本
...なら防げたはずの事故が人災によって引き起こされたことを知った。この連載から、
...聞の存在意義は権力の監視はもちろんのこと、私たちの暮らしをより安心・安全な
...のにするためにあると感じた。

**❼** とてもよい。読売新聞の社会面では交通事故の記事をとても重要視している。朝日、毎日などの他紙と比べるとよくわかる。

| これまで参加した読売新聞以外のインターンシップ（例 ○○テレビ、2019年10月ディレクターコース、5日間） | これから参加する予定の読売新聞以外のインターンシップ（例 ○○新聞、2020年2月記者コース、3日間） |
| --- | --- |
|  | 朝日新聞社、三井住友銀行、富士通 |

— 2 —　　　　年　　月　　日記入

**❽** 民放、広告ならともかく、新聞社とは異業者の三井住友銀行と富士通は書かない。マスコミ業界で統一するのが無難だ。内定先としては書いてもよい。理由を聞かれたら「親を安心させるためです」と答える。あるいは「内定はもらったが、いまは雰囲気が合わない業界と思っている」と答える。

# 毎日新聞社記者職のエントリーシート（手書き・郵送）

**❶❷** 具体的な作家の名前を出すこと。太極拳は面白いが、流派ぐらいは書いたほうがよい。
仏像研究も部長役員級面接ぐらいで、突っ込まれる場合もあるので、説明できるように準備することだ。

**❸** ニュース検定は毎日新聞や地方紙志望の方は受けておくことをお勧めする。2級以上が望ましい。できれば1級(2級取得者に受験の権利)なら、毎日新聞の筆記試験で有利との情報も。
N検は、正式にはニュース時事能力検定といい、新聞やテレビのニュース報道を読み解くための「時事力」を認定するもの。2級以上の保持者は毎日新聞の筆記試験(作文除く)は免除される。

**❹** 環境問題も幅が広い。どの分野なのか? その理由は? どんな記事を書いてみたいのかを書くこと。固有名詞や数字を入れて書くようにする。

**❺** 外国人問題は多くの受験生が書くので差別化が難しい。ただし、「日系ブラジル人の友人」がいるなど、具体的でよい。

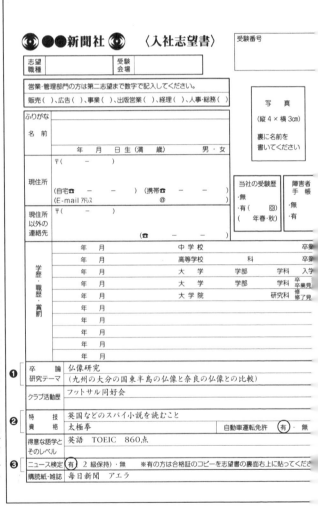

| | |
|---|---|
| …社へ就職を<br>望する理由<br>、当社のど<br>部署でどの<br>うな仕事に<br>り組みたい<br>を書いてく<br>さい。社会<br>カの方は転職<br>理由も書い<br>ください。 | 　さまざまな意見を取り上げ、読者に考えさせてくれる新聞だと思う。ま<br>た、私は環境問題に興味があるのだが、毎日新聞は環境部をどこより<br>も先に作り、環境問題を扱った記事に力を入れているから。<br>　具体的には環境部で、さまざまな企業や自治体の取り組みなどを扱っ<br>ていきたい。 |
| …近、最も関<br>を持ってい<br>ことは何で<br>か。 | 　外国人の受け入れ問題だ。ますます外国人労働者の需要が高まる中<br>で、彼らをどのように受け入れ、共に働いていくのかに興味がある。 |
| …たのまわ<br>起きた出<br>事と、その<br>つあなたの<br>を通じて<br>PRをし<br>ださい。 | 　言葉や文化の壁を乗り越えて、相手と絆を作れる。インドの農村にホ<br>ームステイした時、言葉は一切通じない上に、お風呂もトイレも無い環<br>境が初めは辛かった。しかし、自分がいまいる場所から逃げてはいけな<br>いと思い、身振り素振りで必死に話をした。家の人と打ち解けられたら、<br>トイレやお風呂が無い生活もあまり気にならなくなった。<br>　文化の壁を越えられたと思った。 |
| …年後のあ<br>…をイメー<br>…てくださ | 　今より厳しい状況にある環境問題を世間に伝えるべく、社会部記者とし<br>て犯罪事件を中心に国内を飛び回り奮闘している。 |
| …バイト歴 | ファーストフード店　6年 |
| …活動状況<br>…社以外) | 朝日新聞、NHK |

…この志望書は採用活動以外の目的では利用しません。

記入年月日　　　年　　　月　　　日

❹

❺

❻

❼

❽

❻面白いエピソードな<br>ので、とてもよい。インド<br>のどこか？　どれぐらい<br>の期間いたのかなど<br>が具体的に書いてあ<br>るとなおよい。固有名<br>詞や数字を入れて書く<br>のがコツだ。

❼特に女性は結婚の<br>時期でもあるので、触<br>れておくこと。

❽アルバイトを6年やっ<br>て、何を学んだのか、<br>狭いスペースでもアピ<br>ールすることが重要<br>だ。

# 共同通信社記者職のエントリーシート(手書き・郵送

**❶** Yahoo!ニュースなども入れておいたほうが面接官のおじさん、おばさんにはわかりやすい。

**❷** もう少し工夫する。単純すぎる。またネタが小学生時代というのはマイナスになる場合がある。せめて、大学1年生の時のネタで。祖父母も含めた家族のなかで起きたことが評価される。たとえば、父親からDV気味な暴力を受けたが、乗り超えたことがあるなど。

**❸** 共同通信志望で、海外ネタを書くのは弱い。記者みんなが特派員になるわけではない。90%以上が国内記者要員なのを知っておこう。

**❹** ここも、国内ネタにする。外国人の問題を取り上げるにしても日本にいる人との交流を書くこと。この場合でも日本にいるウイグル人や、同じアジアの問題だと軍事政権下で苦労している在日ミャンマー人とか。基本的には外国人や在日外国人の話より、国内問題、それも、自分の周囲にある問題を書く。なければ、熊本や熱海で起きたような災害のときにボランティアに行って話を書くのもいい。

| 志望職種 | | | |
|---|---|---|---|
| 氏名 | | 生年月日 | |
| | | 性別 | |
| 現住所 | | 休暇中連絡先 | |
| | | 携帯電話番号 | |
| 学歴 | | | |

**●研究課題・得意科目**
卒業論文のテーマは「中国の交通政策」

**●保有資格**
普通自動車免許

**●普段何でニュースを知りますか** ❶
毎日新聞、NHKニュース、Twitter

**●あなたはどんな人ですか** ❷
負けず嫌い。小学校のときに通っていたテニススクールで負けると大泣きしていた。

**●第1志望職種を目指すのはなぜですか** ❸
共同通信社が海外報道に注力している通信社だからだ。学生時代にヒッチハイクで東南アジアを訪れた経験から、海外で起こっている出来事はフィルターを通して日本に正しく伝わっていないと感じた。

**●共同通信社受験歴**
なし

**●他社の選考状況**
共同通信社のみ

**●入社後、第1志望職種で取り組みたいと思うテーマとその理由** ❹
中国政府によるウイグル族に対する人権侵害の問題だ。私の家の近所にウイグル料理店がある。店主の親戚は矯正施設に入れられ、帰国しようにも拘束される恐れがあるため会うことが叶わないことを聞いた。こうしたウイグル族の置かれた窮状をより多くの人に知ってもらう必要がある。

●あなたが人より秀でていると思うものを具体的なエピソードを入れて説明してください。

がまん強さだ。多くの学生が音をあげて3日もしないうちにやめるというひよこの雌雄選別アルバイトを夏休み期間中40日間続けた。黙々と働く姿勢が評価され、社長に「うちで正社員として働かないか」とまで言われた。

❺

●過去1年で最も印象的なニュースとその理由

安倍首相の辞任。歴代最長の長期政権を築き上げたが、持病を理由に突如政権を投げ出した。辞任当時、首相自身や閣僚の不祥事続きに加えて新型コロナウイルス対応で求心力が大幅に低下していた。その一方で、現在はマスコミを通じて健在ぶりをアピールしていることから仮病だったのではと思ってしまう。

❻

●今までで一番困難な経験を書いてください。その困難をどうやって乗り越えましたか?

第一志望の○○大学に不合格だったことだ。尊敬する祖父の出身で長年行きたかった大学だったため、今の大学入学後は何も手が付けられないでいた。そうしたなかで母にもらった『置かれた場所で咲きなさい』を読んで今の大学で頑張ろうと決意し、2年次後期には学部の成績優秀者として学長から表彰された。

❼

❺面白い。ガテン系のアルバイトなので体力ピーアールもできている。

❻少し古いかもしれない。新型コロナウイルス感染症の感染拡大やワクチン対策について自分のワクチン接種やワクチンパスポートをもらった体験をもとに書くほうがよい。

❼大学入試ネタはタブーだ。理由は誰でも大学受験では苦労しているから。おじさんおばさん世代のほうがもっと受験倍率が高く苦労している。

足切りされないエントリーシート攻略法　245

# 出版社エントリーシート①

❶週刊スピリッツは正確には『ビッグコミック週刊スピリッツ』が正しい。雑誌名は正確なのが望ましい。「人間がもがき苦しみ……」は抽象的でわかりにくい。作品名または作家名をひとつあげるなどして、読み手のイメージがわくようにする。

❷身近な家族・友人で漫画をもっぱらスマホやタブレットで読んでいる人に理由や便利さ、不便さを聞く。自分なりの解釈がないと説得力がない。デジタルはコストの割には利益が出にくいという声もあるので。

❸理由が書かれていない。ESは足切りに使われる場合が多いので、説明は具体的にキチンとしたい。出版社志望が集まって、ES検討会をやるなどすればよい。

❹ここはスペースが狭いので、格言か座右の銘を。

❺銀行志望で博打のサークルを書くのは、ダメだ。しかし、マスコミ、とくに個性が問われる出版業界では麻雀はよい。

❻横山秀夫はサスペンスの名手だ。無冠

---

## エントリーシート 202●年4月1日現在　氏名

| ふりがな | | | | 男・女 | | 希望する筆記試験受験地 | |
|---|---|---|---|---|---|---|---|
| 氏名 | | | | | どちらかひとつだけ○で囲んでください | 東京・大阪 | 写真 |
| 年齢 | 歳／ 19 年 月 日生 | | | | | | 裏に名前を記入し、しっかり貼りつけてください（タテ4～5cm、ヨコ3～4cm） |
| ふりがな | | | | | | | |
| 連絡先 | 〒 電話 携帯電話 | | | | | | |
| 学部学科・専攻 | （大学名記入不要） | | | 20 年 月 卒業見込・卒業 | | | |

| 職歴アルバイト歴 | とくになし |
|---|---|

| 卒業論文・研究、力を入れた科目 | 自動車の内燃機関の変遷 | 大学でのクラブサークル等 | 麻雀同好会「国士無双（こくしむそう）」 |
|---|---|---|---|

次の中から第1志望と第2志望の部門・職種を選び、あなたがその部門・職種を選んだ理由を説明してください。
（第1志望と第2志望の部門は同じでもかまいませんが、職種は変えてください）

管理部門 職種：人事・総務／編集総務／経理
営業部門 職種：制作／マーケティング販売関連／マーケティング宣伝関連／広告／デジタル事業
編集部門 職種：児童学習誌／コミック誌／ライフスタイル誌／週刊誌／ファッション誌／その他雑誌／書籍／ライツ・クロスメディア

**第1志望の部門・職種 ▶** 編集部門のコミック誌

❶ 理由 ▶ 人間がもがき苦しみ、成長する姿を描いた作品を作りたい。刊行紙のなかでもとくに愛読していた週刊スピリッツで、毎週月曜がワクワクするような作品作りに取り組みたい。

**第2志望の部門・職種 ▶** 営業部門のデジタル事業

❷ 理由 ▶ 新しい漫画や書籍の読み方を購読者に提案したいから。漫画の登場人物が動いたり、より見やすい電子書籍などの開発に携わりたい。

**小社発行の雑誌・書籍に対する意見・感想をお書きください。**

❸

| 出版物名 ▶ | 意見・感想 ▶ |
|---|---|
| ビックコミック・スペリオール | ビックコミック・スペリオールは、隔週ではなく、毎週発売にすべきだと思う。 |

**下のスペースを自由に使って、自己PRをしてください。**

❹ 座右の銘は「人生一方通行」
90歳で亡くなったという曽祖父の口癖だったと祖母から教わった。過去を振り返らず、常に前向きに夢を持って生きる、という意味らしい。

| | 氏名 |
|---|---|

**大学時代にのめり込んだことを、具体的なエピソードを盛り込みながらご紹介ください**

積極的に何かに取り組むことにのめり込んだ。高校までは自分から行動を起こすことはなかった。しかし、大学では「国士無双」という麻雀サークルを作り、学内の麻雀大会を何回も企画した。 ⑤

**あなたの人生に影響を与えた本の作品名と著者名。その本を他人に紹介する推薦文をお書きください**

① 作品名 ▶ 『64-ロクヨン-』文藝春秋 　著者名 ▶ 横山秀夫
推薦文 ▶ 警察組織がよくわかる。警察は刑事だけでなく裏方の広報担当も、立派な警察官だということがよくわかる。 ⑥

② 作品名 ▶ 『謎のアジア納豆』新潮社 　著者名 ▶ 高野秀行
推薦文 ▶ 納豆は日本の独自の食品と誤解している人も多い。この本は東南アジアをテーマとしている著者が各地を取材した。日本でも「発祥の地」の秋田に取材している。 ⑦

**注目する人物とインタビューで聞いてみたいことをお書きください**

① 人名 ▶ 叶姉妹 　人物紹介 ▶ タレント
インタビュー内容 ▶ コミックマーケットに参加した叶姉妹に、オタクに自分が混じっていくこと、新しいことにチャレンジするモチベーションは何かを聞いてみたい。

② 人名 ▶ 　人物紹介 ▶
インタビュー内容 ▶

**あなたの「デジタル力」「体力」を10点満点で自己採点し、その理由を教えてください**

① デジタル力 ▶ 9 点 　理由 ▶ 漫画は紙で買うべき本、デジタルで買うべき本ときっちり分けたうえで買っている。漫画は絵柄重視、ストーリー重視と実にさまざまだ。それぞれの良いところをしっかり自分なりに考えているからこそだと思う ⑧

② 体力 ▶ 7 点 　理由 ▶ 創業70年、怒鳴り散らすような寿司屋で休日、朝から晩まで働いていたから。 ⑨

**あなたは10年後、どんな出版人になっていたいですか?**

視野の広い、新しいものと古いもの、両方とうまく付き合えるような出版人になっていたい。 ⑩

**弊社での「新雑誌」企画を考えてください**（※記事の企画ではなく、雑誌そのものの企画です）

タイトル ▶ 「インスタグラムマガジン」 　ジャンル及び内容 ▶ インスタグラムで各ユーザーが取り上げているファッションやブームを掲載する。デジタルで雑誌の半分を無料で閲覧可能にする。雑誌版を買った人は、紙面のなかのQRコードを読み取ることで、デジタルでバックナンバーをストックすることができる。

**出版業界以外に志望する進路があればお書きください。また、そこで成し遂げたいことも教えてください**

志望する進路 ▶ ラジオ業界 　成し遂げたいこと ▶ メールやハガキで視聴者と会話しながらものづくりができるから ⑪

---

の帝王(直木賞など賞には縁がない)だが、ファンは多い。JAL123便の事故をテーマにした「クライマーズ・ハイ」は有名だ。

⑦地味な本だが、新聞の書籍紹介のコーナーで複数の新聞が紹介していた。版元が新潮社ではあるが、最終面接官に受ける本だ。

⑧意味不明だ。せめてパワーポイントなどのパソコンスキルを書くこと。

⑨どこの駅の近くの店なのか地名を入れる。有名店であれば、できれば店名も。
抽象的なので、面接官や人事の頭に入ってこない。

⑩これも平凡だ。せめて有名な編集者の名前、新潮社なら故斎平健一や故斎藤十一など。OBから志望の会社の有名編集者を聞いておく。

⑪ここは出版社だけが志望という学生が多いので、あえて「出版社以外」として聞いている。出版社だけの志望なら「特になし」でもよい。

**課題作文について**

新聞社などのニュース、ジャーナリズム系の作文ではない。あくまでもクリエティブな作文の力を求められている。三題噺などを普段から訓練する。落語を聞きに寄席に行く。星新一などのショートショートを読んでおきたい。

阪東100本塾でも出版社志望は20本は三題噺を書くようにしている。

この小学館のテーマの「ちょっと変わったマイルール」も注で「論文・レポートではありません」と明記して釘をさしている。

具体例としては「電車は最寄り駅の手前の駅で降りて、運動をかねて散策している」や「歯磨きはまず利き手の右手で口の左の歯を磨く、次に左手で右の歯を磨く。すると右脳、左脳の活性化もはかれる」など。生活に根ざす「マイルール」が最低レベルの「ネタ」と言える。

阪東100本塾では「私の人に言えない癖」というテーマで2人1組になって、15分ずつ交互に「取材」して、600字で原稿を書く訓練をすることもある。自分の癖は意外と自分では気がつかないからだ。

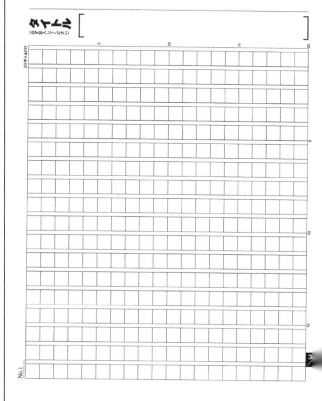

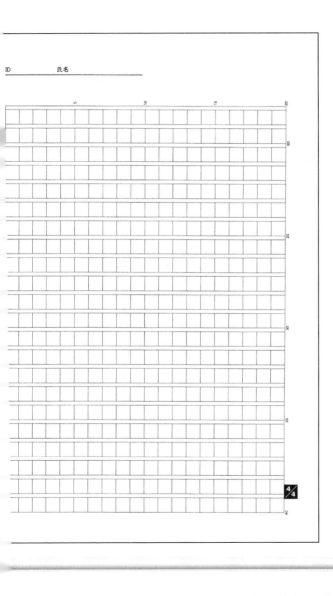

# 出版社エントリーシート②

❶せっかく登山をやっているのなら踏破した山の名前などの記録を書くこと。競馬法で、20歳未満の学生は馬券を買うことは禁止されているので「趣味は競馬」と書いては誤解を招くおそれがあるかも。

❷よく読む雑誌の『月刊ポップティーン』や『Tokyo Walker』はいい。しかし『MORE』は他社の発行誌だ。

❸愛読書もエントリーシートを出す会社の本を1つぐらいは入れておく。

❹好きな作家もエントリーシートを出す会社の著者を1人ぐらいは入れておかないと、面接官との会話になりにくい。

❺これもエントリーシートを出す会社の本を1つは入れておく。そうしないとその会社への志望理由が弱くなる。

❻「朝井リョウ」は別にいいが、「活躍がめざましい」は抽象的な表現なのでダメ。具体的に書くこと。

❼「将来作家になりたい」は禁句だ。企業は採用した人に多額の人件費を使い、教育を

| | | | | |
|---|---|---|---|---|
| よく読む雑誌 | ①月刊ポップティーン | ②Tokyo Walker | ③MORE | ❷ |
| 愛読書（雑誌を除く） | 竜馬がゆく 食堂かたつむり 色彩を持たない多崎つくると、彼の巡礼の年 | | | ❸ |
| 好きな作家・アーティスト | ①司馬遼太郎 | ②小川京 | ③村上春樹 | ❹ |
| 最近感動した本・映画など | 本はTUGUMI 映画はソラニン | | | ❺ |
| 最近注目している人、その理由 | 朝井リョウ 本を書きはじめてからの活躍がめざましい | | | ❻ |
| なぜ左記職種を希望するのか、その理由を記して下さい | 将来作家になりたいので。修業の場として出版社を希望している。 | | | ❼ |
| 志望の理由、…でやりたいこと、およびそれをやることのメリットについて自由に記して下さい | これからアジアに日本文化がさらに浸透すると思うので、その仕事をしたい。中国語も少し話せる。 | | | ❽ |
| …の好ましいところ、好ましくないところを自由に記して下さい | 大学2年の時に、台湾の山を登るために台北に行った時に、「台北ウォーカー」が売っていてびっくりした。好ましくない点はわかりません。 | | | ❾ |
| これまでに最も影響を受けた書物・映画などについて自由に述べて下さい | 『竜馬がゆく』。自分の人生の行動の指針となった。 | | | ❿ |
| 長所・短所を含め自分の性格を記して下さい | 長所は、女ながら、山岳部の部長として山での行動でパーティーをまとめる統率力。短所は何でも自分の意見を通してしまい、失敗を招くこともある点。 | | | ⓫ |
| 学生時代に最も力を注いだことは何ですか。その結果何を得ましたか | 山岳部の部活動と読書。 | | | ⓬ |

して人材を育てる。それなのに「一人前」になった時に独立されたら会社に「大損」させることになる。

❽平凡だ。アジアで流行しているように見えるのは、日本のファッションセンスや音楽や映像が優れているため、単にそれが雑誌に反映されているにすぎない。

❾『台北ウォーカー』を書いていることはよい。好ましくない点は無理にでも書くこと。

❿『竜馬がゆく』だけでは単純な人物と思われる。ほかの愛読書のことも書くこと。雑誌志望でも読書量や読書傾向はしつこく聞かれる。

⓫短所とはいえ、「なんでも自分の意見を通してしまい、失敗を招くこともある点」はマイナスアピールとなる。

⓬自分が何を得たのかが書かれていない。

# 広告代理店エントリーシート

**シート①**

以下の項目について記入してください。

| フリガナ | | 生年月日(西暦) | 性別 |
|---|---|---|---|
| 氏 名 | | | |

**現住所**

〒

tel.

**連絡先(現住所以外に連絡を希望する場合のみ記入)**

〒

tel.

| 携帯電話 | |
|---|---|
| e-mail | |

| | 入学年月 | 卒業年月 | 学校名 学部名 学科名 | |
|---|---|---|---|---|
| 学歴・中学以降 | | | | |
| | | | | |
| | | | | |
| | | | | |

| ゼミ・研究室等、学業の内容 | 特技・趣味等 |
|---|---|
| ❶ 広告における音楽の果たす役割 | ❷ 車の車種を遠くから見れる。近所のスーパーの駐車場の警備員を1年していたので、覚えた。ボーナスをためて、マツダのアテンザを買いたい。 |

| クラブ・サークル活動 | 資格等 |
|---|---|
| ❸ 東大のオーケストラ「東大フィル」(東京大学フィルハーモニー管弦楽団)に所属、パートはバイオリンをやっていた。自分の大学は楽器や遠征の費用が高いので、東大のものに参加していた。 | ❹ 普通自動車免許、秘書検定1級 |

| 語学力 | |
|---|---|
| TOEIC / TOEFL (英語) | その他外国語 |
| 750点 / 点 | フランス語が普通会話レベル |

❺

---

❶~❹秘書検定1級は不要だ。昔は短大卒の一般職では必要だったが、いまは総合職採用が多いので。

❺TOEICはもっと高いほうが望ましい。日産ルノーでは課長以上が750点が昇進の条件らしい。

シート②

学生時代に頑張ったこと／チャレンジしたことを、具体的なエピソードを交えて説明してください。

**学生時代に頑張ったこと／チャレンジしたこと**
オーケストラ、フランス語、フィリピンでのボランティアなどなんでもチャレンジした。

**具体的説明**

❻

オーケストラの理由は、親の影響でクラシック音楽が好きだったから。将来子供ができたときに、バイオリンを教えたい。自分は絶対音感でないので、子供には身につけさせたい。

フランス語はたまたま旅行先で、フランス人女性と親しくなり、興味を持った。親から「出世払い」でお金を借りて、パリ北部のフランスの語学学校に1年留学して覚えた。DELFでB1レベル、実用フランス語検定準1級だが、込み入った会話やビジネス会話にはさらなる学習が必要だ。

フィリピンでのボランティアは、ゴミのやまに住む、子供たちへの教育支援をした。友人に誘われた。貧乏でも明るい子供たちに逆に元気をもらった。日本に招待するとか、里子として養子にするなどして、人口減の日本にもプラスになるのではないかと、現地のNPOスタッフの方の考えに共感した。実際、フィリピンからは多数の看護士が来日している。交流を深めるべきだ。

あなたが当社でチャレンジしたいことを教えてください。

❼

御社では広告制作に必要な、顧客のニーズを汲み取る営業の仕事をしたい。OB訪問で、酒を酌み交わしたり、ゴルフをしたりなどのクライアントとの親密な人間関係の中から、いろいろアイデアを提案できると聞いた。
それが、CMやSP（セールス・プロモーション）やイベントなどで形になり、クライアントの利益にもつながればよいと思う。

❻頑張ったことはひとつでよい。この学生の場合は、フィリピンでのボランティアでのことをもっと具体的に書く。またはフランス語は日本 がサッカーのワールドカップ・ブラジル大会で負けたコートジボアールなどの西アフリカで公用語や日常会話で使われている。その地域は 人口が急増しており、新興国としての市場価値が高いと言われている。そこでの入社後のビジネス展開を述べるのもあり。どちらかにする。 ❼業界内での位置づけなどもう一歩踏み込んで、会社研究をすることだ。

足切りされないエントリーシート攻略法　**253**

シート③
あなたは一言で言うと何のエキスパートですか？
その理由について3つキーワードを挙げ、それぞれ100文字以内であなたの経験を交えながら具体的に説明してください。

私は、 これからの営業職の エキスパートです。

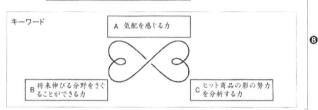

キーワード
- A 気配を感じる力
- B 将来伸びる分野をさぐることができる力
- C ヒット商品の影の努力を分析する力

**A**

キーワード　気配を感じる力

**具体的説明**
駐車場の警備員で、鍛えた警戒や気配を感じる力は、多種多用だ。お客様からの道案内も、スーパー以外のことを聞かれても親切に答える。また体調のすぐれない方もすぐに、前もって、準備（担架などの）をする。また所属の警備会社では、競馬場の警備もしていた。その任務の中に、勝ち馬投票券（いわゆる馬券）を機械からとり忘れる方が50人に1人はいる。その際も、気配と目配りで、お客様に声をかけて注意をうながす。慣れると、お客様の態度や目線で、馬券やつり銭のとり忘れをするかどうかわかるようになった。女性警備員は珍しいが、万引き防止に私服の警備員につく人がいる。その方もおなじように、万引きの気配を感じて行動するらしい。

**B**

キーワード　将来伸びる分野をさぐることができる力

**具体的説明**
日本は水と安全はタダだと、祖父がよく言っていた。平和さは若い私でも感じる。
しかし、業界トップのセコムなどが家庭や会社の「機械警備」で普及してきている。日本も安全ではなくなった。時代が変わると、需要も変わる。日本人は、水は水道水や井戸水を飲んでいたが、いまやペットボトルの水を飲む。掃除機も「ルンバ」が自動でやる。私は、ロボットのメーカーの営業になり、「対話型ロボット」の開発や宣伝の役に立ちたい。先日、ある米映画を見て、インターネットの能力を生かせば対話型ロボットも可能ではないかと思うようになった。

**C**

キーワード　ヒット商品の影の努力を分析する力

**具体的説明**
部品つくりに必要な精巧な金型がないと、NASAのロケットも飛ばないらしい。外国製のスマホには日本の無名メーカーの部品が使われている。そこをリサーチして、クライアントとの勉強会などで、PRしていく。相手の立場に立つというのは、そこまでの配慮が必要ではないか？
東芝に勤める父がいつも「裏方さんに感謝しないと」とこぼしている。協力企業あっての製品だ。

❽〜⓫面白い。発想が豊かだが、現実的でないと面接官から言われるかもしれない。

シート④

以下の2問の内、どちらか一方を選択し、回答してください。

【A】
「あなたが大事にしている言葉(座右の銘)×広告の仕事」
というテーマで自由に論じてください。(800文字以内)

A

【B】
こちらのリンクからご確認ください。

◆ (陽明学の) 心頭滅却 ◆

　私は大学1年のとき、フィリピンの地方都市の「ごみ山に住む子供達」を訪れた。悪臭漂う中でも子供たちは人懐っこい笑顔で私を迎えてくれた。事前にごみ山の現状や子供達の置かれた状況を勉強していただけに、ただただ驚いた。子供たちは、私たち学生に警戒することなく近づいてきた。飛びつく子供達もいた。しかし悪臭はすごい。熱い、夜は寝れない。そのときに、「心頭滅却」という陽明学の言葉を思い出した。

⑫
　お絵かきや授業補助などさまざまなプログラムの教育ボランティアを終え帰国した。子供達の為に何かしたいという思いを抱えたままだった。2年後、地域の社会人などでつくる音楽サークルで、社会人のリーダーの伊達さんという方をくどいて子供達に学校に通う資金を援助するイベントを企画する機会を持つことができた。私は直接子供たちに接していないサークルの方に、映像を用いて説明をした。その映像でベテランからは大きな賛同を得られた。

　少女が言った。「私って臭い?」

　その言葉で私は「心頭滅却」を思い出した。自分も厳しい環境に耐えたことで、みなさんの心を一気に惹きつけた。

　企画したチャリティライブでは230人から15万円を集めることができた。

　広告において社会活動啓発も、そうではなく商品販売促進でも、知ってもらうだけでなく行動に移してもらわないと、知らないのと同じだ。

　私は、広告が効かないと呼ばれている時代で、クライアントが以前よりまして広告の結果を求める中、知ってもらうだけでなく、行動に移してもらうことにこわだりたい。御社では、生活総合研究所など生活者を研究し、「知ってもらう」の次のアクションを起こす仕組みがある。

　私は、そんな御社で自らに「知って行わざるは、知らざるに同じ」と言い聞かせるとともに、生活者に対しても「知ってもらい、行動に移してもらわなければ、知ってもらってないのと同じ」という意識で、広告コミュニケーションを行っていきたい。

⑫具体的でよい。ボランティアのネタはみんな書くので、このようにそれをどういかしたかを具体的に書くとよい。

足切りされないエントリーシート攻略法　255

### シート⑤（持込資料）

今の生活者の特徴的な行動を踏まえた上で、世の中に新しい「流行り」を生み出すプランを書いてください。
また、プランの中に「流行り」を生み出す主体となるもの（モノ・サービス・ヒト等）を必ず明記してください。
※このシートを出し、必ず**手書きで記入**し、面接当日に持参してください。
※Entry Sheet Page4の設問にて【B】を選択された方は、持参いただく必要はありません。
※写真・絵などを使ってもかまいません。ただし、写真等、添付されたものについては返却できませんのでご了承ください。
（写真などを貼る際は、枠内に収めてください。また、立体物や厚さの出るものはご遠慮ください。）

**生活者の特徴的な行動**

近年、食事のかたよりや、運動不足やストレスなどの原因で便秘に悩んでいる人が増えている。
便秘の症状として、「トイレに時間がかかる」「力を入れないと出ない」「排便をしてもすっきりしない」などの例が挙げられている。男女共通だ。男性が痔になる人が、女性はダイエットや生理の影響で、肌荒れもあり、より深刻だ。

↓

**あなたが生み出す世の中の新しい「流行り」**

### トイレピア──便秘解消アプリ

**「流行り」を生み出すプラン**

「毎日スッキリ!! 腸内環境を整えて腸美人になろう!かわいい健康管理・ライフログアプリ〜のサポートトイレピア」という便秘解消アプリを開発

アプリ概要
便秘の方、美容や健康意識の高い方の為に、楽しく排便できるアプリを提供する。
目的：うんちは、体が教えてくれる大切な健康のバロメータだ。
運動や食生活、睡眠時間もオナカの調子に影響する。健康はスッキリ腸ライフから。
便秘薬を使わずに、すぐに排便できるためにこのアプリを作りたい。
ターゲット：健康志向で美意識の高い女性、便秘で悩んでいる男性

【トイレピアで確認出来るもの】
①健康の便の大きさ　②健康の便の形　③健康の便の色　④健康メモ（睡眠時間や、肌の調子、食事記録、飲水記録、運動記録、生理記録、ストレス状態などを記録し、標準値と比較することができる）

【トイレピアの特徴】
①うんこの画像をたくさん見れる。視覚的な刺激を受けることができる。
②携帯でこのアプリを使うことで、トイレにいる無駄な時間を削減できる
③健康度を点数付け、健康管理をしっかりすることができる
④便秘アラームで、便秘を事前にお知らせ
⑤排便力に関する健康管理の豆知識がつく

【トイレピアアプリの外観】
便利で可愛いらしいデザインで女性でも使いやすいのがポイント。

⑬

⑬とても実用的だが、画像は生々しいので、色の濃淡や部分をアニメ風に表現する。音波や波の形でも体調がわかるようにするのがよい。

## Column ⑥

# 主要出版社のエントリーシートの内容を一挙公開!

**【集英社】**

◆卒業論文(研究)
　大学でのクラブ等
　アルバイト歴・職歴

◆趣味
　資格・特技
　志望ジャンルについて

◆第1志望
　どのような仕事に関わりたいか(250字)

◆第2志望
　どのような仕事に関わりたいか(150字)

◆第3志望
　どのような仕事に関わりたいか(150字)

◆学生時代に力を入れたこと・得たものについて記入してください。※250文字以内

◆これまでの人生で、あなたが感謝している人物について教えてください(家族を除く)。※150文字以内

◆あなたの人生の3大ニュース「第1位」を記入してください。※50文字以内

◆あなたの人生の3大ニュース「第2位」を記入してください。※50文字以内

◆あなたの人生の3大ニュース「第3位」を記入してください。※50文字以内

◆あなた自身が抱えている「課題」と、それを克服するための取り組みについて書いてください。※150文字以内

◆あなたがこれまでに、集英社の作品とどのように関わってきたのかを教えてください。※150文字以内

◆集英社のコンテンツを使った異業種コラボレーション企画を考えてください。※150文字以内

◆最近、注目しているニュースと、それに対するあなたの意見・感想を記入してください。※150文字以内

◆つぎのジャンルで、あなたの「お気に入り」「こだわり」の作品・誌名などを書いてください。(いちばん大切な雑誌・書籍・コミックスには、ほかの人に紹介するためのキャッチコピーもつけてください。もちろん、他社作品でも結構です。)

●雑誌名(1つ目)
上記の雑誌をほかの人に紹介するためのキャッチコピーをつけてください。※20文字以内
上記の雑誌を選んだ理由や感想・エピソードを記入してください。※50文字以内

●雑誌名(2つ目)
上記の雑誌を選んだ理由や感想・エピソードを記入してください。※30文字以内

●雑誌名(3つ目)
上記の書籍を選んだ理由や感想・エピソードを記入してください。※30文字以内

●書籍名(1つ目)
上記の書籍の著者名を記入してください。
上記書籍をほかの人に紹介するためのキャッチコピーをつけてください。※20文字以内
上記の書籍を選んだ理由や感想・エピソードを記入してください。※50文字以内

●書籍名(2つ目)
上記の書籍を選んだ理由や感想・エピソードを記入してください。※30文字以内

●書籍名(3つ目)
上記の書籍を選んだ理由や感想・エピソードを記入してください。※30文字以内

●コミックス名(1つ目)
上記のコミックスの著者名を記入してください
上記のコミックスをほかの人に紹介するためのキャッチコピーをつけてください。※20文字以内
上記のコミックスを選んだ理由や感想・エピソードを記入してください。※50文字以内

●コミックス名(2つ目)
上記のコミックスを選んだ理由や感想・エピソードを記入してください。※30文字以内

●コミックス名(3つ目)
上記のコミックスを選んだ理由や感想・エピソードを記入してください。※30文字以内

●映画・舞台・ドラマ
上記の映画・舞台・ドラマを選んだ理由や感想・エピソードを記入してください。※40文字以内

●Webサイト・アプリ名
上記のWebサイト・アプリを選んだ理由や感想・エピソードを記入してください。※40文字以内
●イベント・ライブ・展覧会名
上記のイベント・ライブ・展覧会を選んだ理由や感想・エピソードを記入してください。※40文字以内

---

【講談社】
◆今までに経験したアルバイトや長期インターンがあれば教えてください。(全半角40文字以内)
◆あなたの語学力を教えてください。(全半角40文字以内)
◆あなたの特技・趣味を教えてください。(全半角40文字以内)
◆志望分野(1)やりたい仕事(全半角30文字以内)その詳細と理由(全半角240文字以内)
◆志望分野(2)やりたい仕事(全半角30文字以内)その詳細と理由(全半角240文字以内)
◆志望分野(1)(2)以外に講談社でやりたいことがあれば簡潔に書いてください。(全半角40文字以内)
◆講談社以外で、興味のある職種や業界などを教えてください。(全半角40文字以内)
◆あなたが講談社に、他の会社よりも魅力を感じる部分はどこですか？　そう考える理由も書いてください。(全半角120文字以内)
◆あなたの大学時代を象徴する「ものがたり」を披露してください。
タイトル(全半角30文字以内)その詳細(全半角200～240文字)
◆人生最大の失敗は何ですか。また、その失敗に対してどう対処、行動したか教えてください。(全半角240文字以内)
◆次のあなたのベスト1を、理由とともに教えてください。(他社の作品でもかまいません。)
【ノンフィクション作品】書名(全半角20文字以内)
【ノンフィクション作品】著者(全半角20文字以内)
【ノンフィクション作品】理由(全半角80文字以内)
【文芸作品】書名(全半角20文字以内)
【文芸作品】著者(全半角20文字以内)
【文芸作品】理由(全半角80文字以内)
【コミック作品】書名(全半角20文字以内)

【コミック作品】著者(全半角20文字以内)
【コミック作品】理由(全半角80文字以内)
【映像作品】作品タイトル(全半角20文字以内)
【映像作品】監督名(全半角20文字以内)
【映像作品】理由(全半角80文字以内)
◆あなたが「最も信頼している人」は誰ですか？また、あなたが「その人を信頼する理由」と、その人から自分が「どんな人」だとよく言われるか教えてください。
信頼している人　(全半角30文字以内)　信頼している理由(全半角60文字以内)
どんな人だと言われるか(全半角40文字以内)
◆想像でも構いません。あなたにとって「働く」とは？(全半角240文字以内)
◆あなたが想像する2030年の社会における出版社と、そこであなたが果たしている役割についてできるだけ具体的に書いてください。(全半角240文字以内)
◆あなたが志望分野(1)の仕事についた場合についてお伺いします。
あなたがこんな時代だからこそ手がけたいと考えるコンテンツや作品を企画してください。どうやって読者・ユーザーに届けるかまで、自由にお書きください。(イラストや写真の使用も自由です。)

---

【小学館】
◆第一志望の部門・職種
◆第二志望の部門・職種
◆小社が発行・運営する雑誌・書籍・Webメディアに対する意見・感想をお書きください。
◆あなたが考える「小学館の強み」はなんですか？
◆下のスペースを自由に使って、自己PRをしてください。
◆大学時代にのめり込んだことを2つ、具体的なエピソードを盛り込みながらご紹介ください。
◆あなたの人生で「とっておき」の本2冊を挙げ、その本を紹介する推薦文をお書きください。
◆あなたが家族以外で手本にしている人と、その人から学んだことをお書きください。
◆この2年以内に購入したものの中で、一番大切なものを、理由を含めて教えてください。
◆あなたは10年後、どんな出版人になっていたいですか？
◆小社ならではの「新規ビジネス」を教えてください。

◆出版業界以外に志望する進路があればお書きください。また、そこで成し遂げたいことも教えてください。

### 【光文社】

◆あなたが光文社を志望する理由を書いてください

◆志望するカテゴリ、編集部・部署とその理由を書いてください(第一・第二)

◆クラブ活動

◆高校・大学

◆資格

◆特技

◆大学のゼミ(専門)

◆卒論・研究テーマ

◆学生時代に最も力を入れたこと、その中で成長できた点を教えてください。

◆あなたのコンプレックスを教えてください。

◆人にすすめたい書籍、コミック、雑誌(記事)、映像作品、Webサイト・アプリとその理由を教えてください。(4つ)

◆最近もっとも気になったニュースと、その理由を教えてください。

### 【新潮社】

◆内定の出ている会社

◆進行中の会社

◆受験予定の会社

◆特技・資格

◆趣味・スポーツ

◆志望部門
「エントリーシート記入上の注意」を参考にして、第3志望まで記入して下さい。

◆上記の志望について、どの部署、編集部で、どういう仕事をしたいか、具体的に書いて下さい。(例:芸術新潮編集部でフェルメールの贋作についての特集を組みたい)

◆得意な科目と研究課題

◆自分の身の回りで、いま関心をもっている事

◆最近のテレビ・新聞・雑誌等で印象に残ったニュース

◆学業以外に力を入れてやった事

◆自覚している性格

◆自分の最大の挫折体験

◆自分が「大人になったな」と感じた瞬間

◆年間の読書冊数:単行本、文庫・新書、コミック

◆円グラフを使って、あなたの読書傾向を具体的に書いて下さい。余白も自由に使って下さ

い。(ミステリー15%、時代小説20%、純文学5%、ルポルタージュ5%、ビジネス書10%、青年誌コミックス35%……、など)

◆好きな作家・作品

◆この一カ月以内に読んだ本と、その感想

◆よく読む雑誌

◆よく見るサイト

◆あなたが今一番会いたい人物と、聞いてみたいこと(書かせてみたいこと)
あなたの好きな新潮社の本を2冊選び、それぞれについて「売るためのコピー」を30字以内で書いて下さい。

◆志望動機(縦書200字以内)

### 【KADOKAWA】

◆ゼミ・研究テーマ
ゼミ・研究テーマをお答えください。(100文字以内)

◆クラブ・サークル
クラブ・サークルでの役割・内容などをお答えください。(100文字以内)

◆学外活動経験
もっとも長い学外活動経験での役割や活動内容などをお答えください。(200文字以内)(社会人サークル・アルバイト・ボランティアなど)

◆資格について
お持ちの資格をご入力ください。(80文字以内)
※資格が複数ある場合は、資格の間に「カンマ(,)」を入れてください。
例:英検2級, 普通自動車免許,……

◆趣味
あなたの趣味をお答えください。(200文字以内)※いくつでも可

**当社との関わり**

◆KADOKAWAの商品で一番親しんでいる商品、ジャンル、レーベルなどご記入ください。(200文字以内)

◆希望職種
あなたの希望職種をおしえてください。第一希望、第二希望
【編集】
文芸、ライトノベル、コミック、ノンフィクション
【プロデューサー】
アニメ、実写、イベント、グッズ
【戦略スタッフ】
WEBディレクター(デジタル)、国内・海外戦略、営業・マーケティング戦略

◆やりたいこと、実現したいこと
上記を希望する理由を、当社でやりたいこと・実現したいことをふまえて、第一希望・第二希望それぞれ記入してください。※現時点でまだ扱っていない商品やジャンルでも結構です。(400文字以内)

◆進化について
第一希望の欄で記載されたことをKADOKAWAで実現するためには、KADOKAWAとあなた自身にはどんな進化(成長＋変化)が必要と考えますか？

◆あなたの「すき軸」と「行動力・突破力」について詳しくうかがいます。
①あなたが夢中になっている、全力を尽くしているモノ・コトは何ですか？　またあなたなりに感じているその魅力とあなたのはまり度をアピールしてください。(400文字以内)
②あなたが世の中や現状を変えたと言えることはありますか？　どんな小さなことでも結構です。あなた自身が今までの慣習、ルールとは異なる新しい価値観を社会や周囲に提示した経験を教えてください。(400文字以内)

◆あなたの「エンターテインメント業界」に対する洞察力をうかがいます。
①エンタメへのこだわり、関わり方について質量含めて詳しくお書きください。(400文字以内)
②今後のKADOKAWAに影響を及ぼすと考えられる国内外のニュースや事柄などを挙げ、その理由を説明してください。※なるべく直接的な関わりは薄いが、巡り巡って影響を及ぼすとあなたが考えるものを歓迎します(400文字以内)
③これから流行しそうなビジネスやコンテンツ等を1つ挙げ、その理由を教えてください。※当社や関連会社に関係するものに限りません。KADOKAWAの社員が知らないようなことを歓迎します(400文字以内)

◆エンタテインメントについて
あなたの心に残っている、深く刺さった、揺さぶられたエンタテインメントのジャンルとタイトルをできるだけ多く記入してください。
ジャンルと、タイトルをできるだけご記入ください。また作品と作品の間に「／」を必ず入れてください。(ジャンル例：書籍・コミック・映画・アニメ・演劇・音楽・ゲーム・スポーツ等)

※入力例：映画・君の名は／書籍・青くて痛くて脆い／……

---

【白泉社】

◆以下の職種の中で、第一志望に1を、第二志望に2を記入し、その職種で関わりたい仕事を具体的に書いてください。(女性向けまんが[花とゆめ・LaLaなど]／青年まんが[ヤングアニマルなど]／デジタル事業[開発・配信運営・編集]／MOE・kodomoe・絵本／営業[販売・宣伝]／コンテンツビジネス／その他)

◆白泉社発行の雑誌・単行本など、2点についての感想を書いてください。

◆あなたの「長所」と「短所」を教えてください。

◆大学の主な専攻科目で学んだこと、そこから得たことについて書いてください。

◆大学時代に「学業以外で力を入れたこと」、そこから得たことについて書いてください。

◆あなたの「忘れられない失敗」は何ですか。また、そこから何を学びましたか。

◆あなたが「一番好きな本」を、その本が読みたくなるように薦めてください。

◆白泉社に、他のどの会社よりも「魅力を感じる部分」はどこですか。

◆出版物以外で「注目しているエンターテイメント」(作品・商品・サービスなど)を教えてください。

◆あなたの強みを生かして立ち上げたい「白泉社の新しい事業・企画のアイディア」を書いてください。

◆あなたが「働く上で一番大事にしたいと思うこと」は何ですか。その理由も教えてください。

◆以下の項目について、簡潔に書いてください。これまでに経験したアルバイト、部活動・サークル活動、趣味、特技、使える外国語、利用するSNSとその利用時間、よく使うまんがアプリ、定期的に購入している雑誌

◆あなたが「おもしろい」と思うこと(物・人・出来事)を文章で以下のスペース(1ページ分)にプレゼンしてください。
※写真、イラスト、画像等(ご自分に著作権のない物でも可)を貼って構いません。ただし立体物の添付は不可とします。※※複数回答可。ただし必ず以下のスペースに収めて1枚にまとめてください。2枚以上を使った回答は不可とします。タイトルは必ず書いてください。

第**6**章

2024
−25
GUIDE

# これで合格！
# 面接・グループ討論・
# 適性検査対策

# ◆はじめに

## ▼マスコミは一般企業と違い、転職が多い

この章では、面接、グループ討論、性格適性検査の対策を紹介したい。最初に、企業がどういう人材を求めているのかを「転職」を例に述べる。

学生のみなさんには、「日本企業は世界でも特殊」だということを理解してほしい。

それは日本の社会そのものに「年功序列」「男女差別」そして「転石、苔(こけ)を生やさず」という諺(ことわざ)にあるように、「同じ会社で一生勤めあげることが立派」という風潮があることだ。

欧米のような能力給制度だと、社内競争が激しくなる。優秀なら30代でもCEO(日本の役員、社長)になれる。日本でも一時、能力給が導入された。だが評価するのが上司なので、「平等ではない」とかえって不満が大きくなったためすぐに廃止された。

一方、世界の会社は常に株主の強い利益、成果要求に結果を出さないとすぐクビになる。年功序列もCEOクラスには関係がない。個人としては富を貯めて、50歳で「幸せな引退、ハッピー・リタイアメント」をするのが、人生の目標だったりする。

ここをまずは理解しておいてほしい。

就職活動も、いまや母国以外へ職を求めるなどグローバルだ。したがってキャリアアップのための転職は当たり前である。

しかし、日本語という特殊言語や移民規制などに守られてきたマスコミも、一般企業と変わらず年功序列が当たり前だ。

男女差別も、20年前はひどかった。私が在籍した会社では4年制大卒の初任給与が男女で違った。苦情を言った女性新人がいたが、総務部長(人事部長)は「それは男女差別です」と言ってはばからなかった。

出産もいまと違い、露骨に嫌がられた。この辺りの話は、業界別座談会を参考にしてほしい。

転職も、マスコミも近年はNHK、新聞社、出版社、広告代理店、中小出版社など一部社員(1～3割)を他社から採用する傾向にある。民放はまずない。

筆者の阪東恭一も早大第一文学部社会学科を卒業したあと、早稲田駅となりの神楽坂駅近く、新宿区矢来町にある新潮社という文芸出版社に入社した。約30年前の話だ。

新潮社の「対抗馬」の文春(文藝春秋)は、当時、大学の総長推薦が必要で、優が4つ(ピンクレディーにかければ、「ユーフォ」か)の阪東はもらえなかった。

盟友の文春のW氏も、やはり推薦がもらえず、マガジンハウス社に入ってから、すぐに文春に転職した。もう1人の盟友のN氏は講談社にずっといて、その後はラインの部長(部下がいること、本当の部長)だった。ちなみに、名刺に「部長職」とある部長は部下がいない。つまりラインの部長ではない。

マスコミには、「同じ会社で勤め上げることが立派」という風潮はあまりない。

阪東も新潮社に5年勤めた後、転職試験を受けて毎日新聞に入社した。

『サンデー毎日』編集部に1年いたが、当時の鳥越俊太郎デスク（2016年の都知事候補）からにらまれ（命令を聞かなかった）、毎日新聞船橋支局に異動させられた。

この時点で週刊誌編集者から新聞記者になった。

さらに朝日新聞の公募1号で採用され、東京本社社会部へと配属された（朝日が紙面で経験者採用を公募したのははじめてだった）。

しかし、朝日社内では中途採用は「外人部隊」と呼ばれ、30年前の転職同期でラインの部長になった者はいない。編集委員はいるが……。

ちなみに「外人部隊」はそもそもフランス軍のなかの「傭兵部隊」のことだ。簡単に言うと、年間契約の兵隊だ。収入は高いが、死んでも自己責任という軍隊で、平和ボケを嫌がって入隊した日本人もいる。芸能界でいうAKB48のようなもので、つねに「成績」「実績」が求められる。

## ▼転職はおススメしない

最近の転職で有名なのは、栃木県の県紙「下野新聞」から朝日に転職した板橋洋佳記者だ。朝日の大阪本社勤務時代に大阪の検事の不正を暴き、新聞協会賞をもらっている。しかし、この先、彼がどこまで出世するかは不明である。

というのも、1988年のリクルート事件で、当時の竹下自民党内閣を倒したキャンペーン報道の中心人物、故・山本博横浜支局次長（当時）でさえ、そのあとは名古屋の編集局長が最高ポストで、朝日中学生新聞社の社長に追いやられた。山本次長も北海道新聞からの転職組だった。

こうした経験からも阪東ゼミでは、OB・OGから相談されても、転職は基本的に勧めない。

だが、別にラインの部長や局長、役員になるのがマスコミ人すべての目標ではない。

好きな仕事（記事を書く、番組を作る、広告がヒットして商品が売れる、雑誌や本が売れる）をしていればよいという「職人」も多い。むしろそっちがマスコミでは「出世」なのかもしれない。

転職の悪いクセは、一度転職するとまたしたくなることだ。日本では転職は3回35歳までという暗黙のルールがある。履歴書に3回転職したと書いたら、まず書類選考で落ちる。

阪東自身も朝日を辞めた後は、編集プロダクションをつくってはつぶしを繰り返し、1992年以来つづいているのは副業だった「阪東100本塾」というマスコミ就職予備校だけだ。

転職については、今後も増加するだろう。日本のマスコミもインターネット事業の拡大などを迫られているからだ。

# ◆採用基準の［内訳100％］はこれだ！

## 30%　採用しても、辞めないか？

　ここから本題の面接対策の話に入る。長々と前口上を述べたのは、要は「面接官は受験生の何をいちばん見ているのか」を知っていてほしいからだ。ズバリ、それは「採用しても、辞めないか」だ。採用基準の比率でいうと30％。とても高い。

　上司が「バカヤロー」と怒鳴ると、会社に来なくなったり、怖いのか辞表も出さず行方不明になる新人もいるという。

　「先輩の取材の技を目や肌で盗め」などとマニュアルにないことを言うと、ノイローゼ（こころの病）になるというが、仕事を覚えるには、少なくとも先輩（他社でもよい）や上司の飲みにつきあって教えてもらうしかないのだ。

　それができないと、いつまで経っても仕事ができず、周囲から冷たい視線にさらされ、孤立していくことになる。一般企業よりも職人気質の強いマスコミで、孤立してはダメだ。各社ともこの30年にマニュアルを何回も作っているが、定着した試しがないのだ。人間関係につまずくと、休職を1年して退社することになるか、整理部・校閲部などの内勤部門に異動になる。NHKで、1カ月でクビになった阪東ゼミの卒業生がいた。

　これは会社にとっては億円単位の損失だ。人事は現場からぼろかすに言われる。そのため最近は研修期間を長くして、新入社員を仕事に慣れさせようとしている。中日新聞は、新聞販売店に住み込んで配達する実習を含めて約4カ月間やっている。

　「採用しても、辞めないか」については、この項の最後の性格適性検査対策でも解説しているので、読んでほしい。ストレス耐性、人間関係、後輩への配慮などについて繰り返し質問されるのは、企業の人事にとっては深刻な問題だからだ。

## 10%　社風に合うか？

　これは理屈ではない。大学でさえ、4年生にもなると大学のカラーに染まる。阪東の経験上だが、青学のファッショナブルな女子と早大のダサい女子は比べればすぐわかる。ましてや20年、30年、40年（定年延長で）と勤める可能性のある会社となれば、さらに濃い。

　一例を挙げる。重電、家電の日立は社内に「パンポン」というスポーツを昼休みにやる。ピンポン（卓球）とテニスを組み合わせたものだ。事業所内で大会があり、さらに全国の事業所対抗の大会もある。メーカーなどで多い9時の朝礼や社歌斉唱も、外資から見るとカルト教団のようらしいが、これも社風だ。

　視覚障害のスーダン人、モハメド・オマル・アブディンが書いたヒット作『わ

が盲想』(ポプラ社)では、在籍する東京外大の日本人学生がカルト宗教にとり つかれたように就職活動をしているシーンが描かれている。目に見えないから こそ雰囲気がわかるのかもしれないが、スーダン人留学生には日本の就職活 動、それに社歌を歌い、パンポンをするような日系企業はカルトに見えるのか もしれない。

そのカルトの雰囲気が会社ごとに違うので、面接官は「肌」「勘」で選別してい るようだ。

## 10%　自分(面接官)より優秀でないか?

優秀すぎると部下として、こき使えない。逆らいそうだ。自分の派閥に入ら ないのでは?　と心配してしまう。

この反対は「磨けば玉になるかも」だ。元気がよさそうで面白い。能力は低い が、鍛えれば1人前になるかもしれないという学生が人気がある。

## 10%　チームワークがあるか?

「日本人は個々はたいしたことないが、集団になると強い」などと、よくビジ ネスの世界では言われる。協調性はあるか?　後輩の面倒は見られるか? 部や課、支局の飲み会に最後まで付き合えるか?　などの「チームワーク力」が 大事で、採用基準でも10%を占める。

例をひとつ挙げる。日系企業は、昼間の会議は形式にすぎない。すでに根回 しは終わっている。結論は決まっている。

2013年6月に川崎重工は臨時取締役会で長谷川聰社長ら3人を解任した。大 きな経済事件になったが、これも「日立造船との合併反対派」がひそかに根回し をした結果だ。このように夜の飲み会などで、日本企業は「根回しの会議」をし ている。昼間の会議の下準備だ。

人事などもそうだ。下手すると自分の人事異動が、その飲み会で決められた りする。上司から飲み会に誘われたら参加しよう。

## 30%　その他の要因

ここまでで採用基準の内訳は計60%になる。あとの基準は以下の6つ。全体 から見て、それぞれ5%程度のウエイトだ。

### ①志望動機が明確か?　会社・業界研究はしているか?

「面接を受ける会社が、何を収益源としているのか?」「会社の経営陣の目標 は何か?」「どんな記事、番組、CM、本、雑誌がその会社で売れているのか?」「視 聴率がとれているのか?」……。

これらの質問をOB・OG訪問で聞いて、頭に入れておきたい。会社の方針は

これで合格!　面接・グループ討論・適性検査対策　**265**

ホームページを、業績は証券取引所に上場している大手民放などは会社四季報で見ておきたい。商学部、経営学部の友人から会社四季報の見方ぐらいは習っておこう。

### ②論作文が優秀か？

新聞社、出版社、NHKなどは、評価の30〜50％をこの論作文が占める。入社後の仕事に直接響くためだ。一方、民放や広告代理店は論作文以外のポイントの重要度が高くなる。

### ③筆記試験（論作文以外）が優秀か？　英語ができるか？

日産、ユニクロなどは幹部社員にTOEIC700点以上を管理職に求めている。国際展開している企業は英語重視だ。マスコミでは、基本的にはまったく関係ない。報道部門で特派員になりたい人は必要だろう。電通などはクライアントと海外で事業展開しており、TOEIC900点は当たり前らしい。

### ④個性、自己PRが明確か？

たとえば「私は秋田でも美人の産地として有名な角館（かくのだて）で例外的に普通の容姿です」など印象に残る発言をする。

また別な例で、「青森の故郷で子供の時に、おじいちゃんと大相撲観戦に出かけていた。いまでも相撲は好きです」「プロ野球のヤクルトの応援で、選手ごとの応援歌が歌える」などというのもある。阪東ゼミでも、30年前に面接官（役員）と駅弁の当て合いをした学生がいた。趣味の落語をやらされた学生もいる。

とにかく印象に残ることが大切だ。エントリーシート（ES）に書いておけば、面接で聞かれる。聞かれなかったら自己PRで言う。故郷の話がウケることが多い。

### ⑤エントリーシート（ES）の字がきれいか？

WEBでのエントリーでも選考の途中の段階で再度、手書きさせる機会を設けることが多い。字がきれいだと、論作文は10〜20％点数が上がる。エントリーシート（ES）も同じだ。修正液をつかうのは、基本的に減点となる。

### ⑥どうしても「志望会社に入ること」をあきらめないか？

マスコミでは就職浪人も採用する。既卒でも大丈夫な企業が多い。それは、どうしても入りたいという意思の表れとみなすからだ。これで計90％だ。

## 10%　不明

あとの10％は不明だ。強いていうなら運だ。何回もある面接官との相性が偶然ずっとよかったなど「運」が左右する。

**阪東直伝！**

# 女性が注意すること

## ▼容姿よりも能力

女性で超美人はダメ。ただしアナウンサーなどは除く。超美人は往々にして、社内外でセクハラの対象になる。結婚相手として争奪戦の対象になる。また美人ゆえに、「妻子ある警察官（取引先）との不倫や、妻子ある上司を略奪婚した」などの実例があまたある。過去のトラブルから超美人の採用をしない会社もある。共同通信、北海道新聞などだ。

ほどほどの美人か、ふつうがよいとされる。たとえばNHKなら「おうみちゃん」こと近江友里恵アナウンサー（2021年3月退職）だ。地味だが「ブラタモリ」や「あさイチ」を入社6年で経験している。ついでに言うと、女性の美人度は下がっている。理由は簡単だ。女子は「釣堀」（社内結婚要員）だったからだ。またホステス要員の場合もあった。商社では昔は、新人の大卒女子社員は「取引先との宴会」に動員された。残業代はもちろんでないので、サービス残業となる。それがいまは「戦力」として、顔よりも中味が重視されるようになってきているのだ。

## ▼最終面接は「長男の嫁作戦」

最終面接で70歳ぐらいのじいさん役員（会長だったりする）や60歳代の社長が登場したら「理想的な長男の嫁」かどうかが、ポイントになる。

まず病気をしない。頑丈である。つまり嫁（会社の場合は社員）としてこき使える。ほどほどに色気があり、最後に性格が明るい。実にくだらないが、阪東の最終面接に進んだ女性へのアドバイスは、まず、これだ。

最終まで残るのはコネがなければ、成績は横一線だ。そこでいかにほかの受験生と差別化するかを自分で考えるのが重要である。

## ▼減量せよ！

太り気味の女性は、阪東ゼミでは減量をさせる。日米では売ってないが欧州で人気の合成甘味料を安く売ることもあるし、「家まで1時間歩いて帰れ」と指示することもある。実際、就職活動中に指示を守った生徒は無事、内定している。

ある女性は90キロから30キロやせたら、某美人歌手のようにになった。この女性は就職浪人して、翌年、同じ会社を受けにいったら、別人と間違えられたが、ダイエットの努力も実り合格した。

# ◆オリジナルの想定問答集を作ろう!

## ▼面接官への印象をよくする方法

面接官への印象をよくするには、想定問答集作りに勝るものはない。志望動機、会社に入ってやりたいことなどは聞かれることが事前に予測できるので、阪東ゼミではこれを強く勧めている。モデルケースを紹介するので、それを参考にオリジナル・バージョンを作ってほしい。

これは外資などの場合も同じように準備するようだ。人気就職対策本『グーグル、アップル、マイクロソフトに就職する方法』(文藝春秋)でも強調しているので、参考にしよう。

では、阪東ゼミで使っている想定問答集の一部を箇条書きで紹介する。


## ▼志望動機編

「志望動機は?」
「昨日の筆記試験はどうだった?」
「ほかの業界は考えなかったの?」
「マスコミしか受けてないの?」
「他社の選考状況は?」
「いつ頃から新聞(テレビ、出版社、広告代理店)志望なの?」
「きっかけは?」
「なんでテレビじゃなくて新聞なの?」
「なんで新聞じゃなくてテレビなの?」
「なんで○○(競合会社)じゃなくてうちなの?」
「会社を選ぶ基準は何?」
「全部落ちたらどうする?」
「うちの強み(魅力)って何だと思う?」
「ライバル社を落ちたみたいだけど、理由は何だと思っている?」
「最近、印象に残っている記事(番組、本、雑誌の記事、CM)は?」

この想定質問には、続きがある。答えた内容(印象に残っている記事など)に「あなたならどうやって工夫する?」と質問をかぶせてくる場合が多い。たとえば、以下のような質問だ。

「最近気になっているニュースは?」
「今日の朝刊一面トップは何?」
「福祉や国際協力をやりたければ記者でなくとも、JICA、NGOとかNPOがあるよ?」
「なんで政治家じゃないの?(ほかの職との差異)」

「OB・OG訪問しましたか？」
「どこの部署の誰ですか？（誰かとうちの社員とあった？）」
「マスコミ塾に通ってた？」
　　☆**模範解答（以下、模）：「通ってません。友人と勉強していました」と答える。**

「好きな記者はいますか？」
　　☆**模：朝日新聞は本多勝一以外を答える。亡くなった筑紫哲也もタブー
　　　　だったが、いまは仏なのでよい。『通貨烈々』の著者の船橋洋一は編
　　　　集局長もやったので朝日新聞では「鉄板」か？　毎日新聞は牧太郎な
　　　　どの夕刊のコラムニスト、読売新聞は橋本五郎が無難だ。**

## ▼斜陽産業・ネットとの競争編
「結構厳しい業界だけど、それでも志望するのはどうして？」
「若者のNHK、新聞離れについてどう思う？」
「（上に関連して）うちの社もいろいろ工夫しているけどどう思う？」
「インターネット社会で新聞はどうしたら生き残れるかな？」
「新聞の強みってなんだろう？」
　　☆**模：①キャンペーンを張れること　②社会正義を正面から言えることだ
　　　　と思います。関連して「キャンペーンも大切だけど部数を伸ばすには
　　　　どうしたら？」と聞かれることもある。**

## ▼仕事編
「記者として何を取材したい？」
「ずっと追いかけていきたいことは？」
「最初は地方だけど大丈夫？」(NHK、全国紙)
「行きたい支局とそこでやりたいことを3つ挙げて。」
「結構きつい仕事多いけど、体力的に大丈夫？」
「おとなしそうに見えるけど、サツ回りとかできるの？」
「殺人事件の遺族の取材とかつらい取材もあるけど大丈夫？　子供のがん首写
真(顔写真)を取りに行けと言われても行けるか？」
「志望の部署は？」
　　☆**模：社会部（科学、スポーツ文化、政治部）です。**

「その理由は？」
「志望部署にいけなくても大丈夫？」
「取材で話を聞かせてくれない人もいるけど、あなたならどうする？」
「女性は大変だけど大丈夫？（結婚出産どう考えてる？）」
「インタビューしたい人とその理由、記者として大切にしたいことは？」
「大切だと思うことは？」
「10年後、どんな仕事をしていると思う？」

「いやな上司がいたらどうする？」

　☆模：「2年我慢すると(どっちかが)異動になると聞いています。だから我
　　　　慢します」

「○○の番組(記事)のなかで制作者の顔や気持ちが見えたものは何かあります
か？」(テレ東など)

▼人柄編

「1日に新聞は何時間読んでいる？」

　☆模：1〜2時間です。○○新聞を自宅で定期購読しています。WEBではな
　　　　く紙の新聞を購読と強調する。

「どこの面を読んでいる？」

　☆模：2、3面の総合面、天声人語とか。1面コラムのあとテレビ欄、社会面
　　　　とスポーツです。最後に海外の情報を読みます。

「じゃあ、テレビはどの番組を見ている？」
「あなたは周りの人にどう見られている？」
「(答えに質問をかぶせて、面接官が)それについて君はどう思う？」
「いままでで最大の失敗は？」
「いままでで最高の成功は？」
「あなたの長所と短所を教えて。」
「尊敬する人は？」

　☆模：両親以外を答える。父というとファザコン、母というとマザコンと思
　　　　われる！

「ストレス発散方法は？」
「つらい時に気分転換する相手は多いですか？」
「親友は何人いますか？」
「親は記者の仕事に賛成してくれてるの？」
「君を動物にたとえると？　理由は？」
「君を色にたとえると？　理由は？」
「休日暇な時は普段何をしてる？」(かなり一般的な質問だがストレス解消法を
聞いている。)

　☆模：ジョギングです。水泳です。理由は、面接会場でやらされることが
　　　　ないから。歌や落語と答えると、面接会場でやらされるので注意。

「親は何をしているの？」(この質問は厚生労働省から禁止されているが、最終
面接で聞くところが多い。家系図を書かせた長野県の某民放もある。)

## ▼学生生活編

「どうしてこの大学(学部学科)を選んだの？」
「学生時代やり遂げたことは？」
「学生時代の研究、卒業課題について説明して。」
「なんで、その研究課題をしようと思ったの？」
「サークルには入っていた？」
「そこでのエピソード教えて。」
「アルバイトはなんでこの職を選んだの？」
「アルバイトでは何を心がけてた？」
「このアルバイトは儲かるの？」
「留年の理由は？」

## ▼喜怒哀楽編 ※最近の学生は表情が「のっぺらぼう」な人が多いので、人事からこの手の質問が多い。

「最近寝れないほど悔しかったことは？」
「最近楽しかったことは？」
「最近悲しかったことは？」
「最近人を笑わせたことは？」「最近怒りましたか？」
「最近泣いたことがある？」
「映画とかで涙ぐんだことは？」

> ☆模：山田洋次の『学校』シリーズを観て、田中邦衛と中江有里の演技に感
> 動しました。ほかに『ニュー・シネマ・パラダイス』『ショーシャンクの
> 空に』、小津安二郎の『秋刀魚の味』など名作を観ておく。

「最近しんどかったこと、人生でいちばん悲しかったことは？」
「あなたが楽しいと思う時はどんな時ですか？」
「人生でいちばん怒ったことは？」

## ▼文化編

「好きな本は？」
「なんで好きなの？」
「好きな作家は？」
「なんで好きなの？」
「好きな映画は？」
「なんで好きなの？」
「その映画や本から、あなたは人生にどんな影響を受けたの？」
「その本の内容(または魅力)を一言で説明して。」
「最近読んだ本で印象に残ってる本を紹介してください。」
「その本から、何か得るものはあった？」

#### ▼その他、変則ネタ編

「いま就職活動で忙しいだろうけど、暇なら何がしたい？」
「記者のイメージを4文字熟語もしくは簡単な言葉で。」
「お酒強い？」

> ☆模：弱い人も「大丈夫」ということ。本番では飲まされないので。ダメと
> いうと付き合いが悪そうと思われる。逆に大酒飲みというのも危な
> い。模範解答は「たしなむ程度でウイスキーが好き」。なぜなら、オ
> ジサンたちはウイスキー世代。

「私たちにわかるように、有名人でも歴史上の人物でもいいので誰か1人説明し
て。」
「iPhone持ってる？　何に使っている？」
「ツイッターやラインやったことある？」
「誰のツイッターをフォローしている？」

#### ▼圧迫編

「あなたを雇ってうちになんのメリットがあるの？」
「本当はウチ(NHK)に来たくないんじゃないの？」
「民放のほうが向いてるんじゃないの？」
「本当は全国紙に行きたかったんじゃないの？」

#### ▼NHK、民放ドラマ志望編

「ドラマにどの俳優を使う？」
「脚本家は誰がいい？」
「どの原作を使う？」

#### ▼逆質問編

「何か最後にありますか？」(面接官によっては時間があまると「質問はない
か？」と聞いてくる。)

> ☆模：NHKの場合、「『NHKスペシャル』、『クローズアップ現代＋』はディレ
> クターが作っているのか？　記者はどれくらい関わっているか？」
> 「NHKオンデマンドは局内ではどんな反応ですか？　朝日新聞の場
> 合、「2021年度の値上げでどれくらい部数を減らしたか」(0.1％しか
> 購読をキャンセルしていないらしい)。日経の場合、「イギリスのフィ
> ナンシャル・タイムズを買収したことのその後の影響は？」。産経の
> 場合、「電子新聞が無料だが、今後課金の予定は？」「ちなみにニー
> ヨーク・タイムズなど海外の電子版を見たことは？」。ちなみに逆質
> 問と近いものに、「自己アピールなどあれば述べてください」というの
> もある。

**阪東直伝！**

# 面接の鉄則

## ▼面接で注意すること

趣味については、特に無難な趣味しかESに書いていない人は面白い趣味について話す。

田舎で起きた事件の話をする際は注意する。NHK記者に内定した大分のNさんは、中学生のころ、近所で一家皆殺し事件があり、報道陣のメディアスクラムに遭遇したことを話し厳しく突っ込まれたそうだ。面接官は、(学生の)田舎の大分が初任地だった。それ以外でも、鹿児島支局振り出しで、学生も鹿児島出身の場合もある。彼らはやたら昔の話に詳しいので注意！

皇室の話(特に愛子様問題、秋篠宮眞子様と小室氏の関係)は触れないほうがいいだろう。例外はNHKだ。「天皇生前退位」をNHKの社会部が特報した。新聞協会賞(2016年)を受賞している。眞子さま「結婚確定」報道もNHKの特ダネだ。

自分が生まれた時代の話(たとえば2000年問題でコンピュータが狂うと騒がれたなど)はオジサンにはウケる。

出版社は、ES以外にも読んだ本や漫画のことを「ほかには、何読んだの？」「ほかには？」「ほかには？」と延々と聞かれる。

読んだ本については、古今東西の文化について聞かれるが、特に日本の池波正太郎、司馬遼太郎、藤沢周平などの時代小説、海外のアガサ・クリスティー、チャーリー・マフィンシリーズのフリーマントルやアーチャーの本について聞かれる。

## ▼面接が苦手で「頭が真っ白」になり、落ちる人

せっかく想定問答集を用意しても、「緊張のあまりあがってしまい、うまく答えられなかった」という人が阪東ゼミでも例年3分の1はいる。

15社目に受けた某地方新聞に内定したA君は、阪東の「なんで、自信なさそうな顔をするの？」という詰問に、「30代、40代のオジサンと話す機会がなかったんです」と告白した。要は、大事なのは慣れだ。

阪東ゼミでは60歳のオジサンが個人経営する居酒屋のアルバイトを紹介したこともある。常連さんも50、60代で、話相手をするうちに慣れてくるし、オジサンの話題(関心事)もつかめてくる。最低なのは学校の勉強しかしていない秀才だ。心当たりのある学生は一般企業も含めて、注意したい。

また「三角面接」(この本にも説明がある)という特殊な訓練をしていても本番であがってしまい、沈没する学生もいる。これは本番の面接で慣れることでしか解決できない。

第1志望の前に、一般企業含めて、最低5社は受けておく。マスコミは、東京の民放、大阪の民放から始まる。つぎに大手出版社、その次にNHKと全国紙が続く。NHK、全国紙、大手出版社などすべてダメなら時事通信、産経新聞、中日新聞(東京新聞)、地方放送局、地方新聞と中小出版社などが順に残っている。

その過程のなかで、第1志望までに実践訓練しておきたい。春がダメなら秋、秋がダメなら翌春というような覚悟も必要だ。とにかく、あきらめない気持ちが大事だ。

これで合格！ 面接・グループ討論・適性検査対策　**273**

# ◆グループディスカッション対策

## ▼議長になるな！

近年、選考過程で増加しているのが、グループディスカッション(討論)やグループワークだ。これは2種類ある。ひとつは結論を出すもの、もうひとつが結論不要のものだ。多くは結論不要だ。

注意したいコツはひとつしかない。

しゃべりすぎない。つまり議長(まとめ役)をやらない。理由は簡単だ。グループ討論は減点主義で、暴走して持論を延々展開する人は協調性がないと落とされる。

議長はやってもよいが、ほとんどの場合に暴走する人を止められない。意見をまとめることができない。利口なのは、制限時間30分なら15分過ぎから、全体をまとめるかたちで発言するか、具体的で印象に残る発言、提案をして、流れをうまく変えていくことだ。

面接官は、議論の内容よりも態度や議論をみんなでまとめていこうというチームワークを見ているらしい。

この対策としては、内定者に人事役になってもらい仲間と練習をする。

グループディスカッションのテーマは、「小学校の英語教育」「中学校の給食」「外国人労働者」など社会問題が多い。たまに「おじさんが好きか、おばさんが好きか」(朝日新聞)など、発言のための知識が要らないものもある。

これも面接と同様に苦手な人は、場数を踏むしかない。

ただし、会社によって「見ているところ」が違う場合も。ある東北の新聞社で2016年に初めて「討論」と「酒を飲みながらの先輩との会話」を実施した。ねらいは「いかに自己主張するかを見ていた」(総務局長)という。予めリサーチしておきたい。

MEMO

# ◆性格適性検査対策

## ▼SPIに大幅な変更

性格適性検査から分析する会社の求める人材というのは、どんな「像」だろうか？

この項目では、WEBで主に行なわれている性格適性検査を分析してみたい。ストレス耐性、協調性、後輩への面倒見のよさなど面接で聞かれることと似た部分もあるので、注意したい。

マスコミの場合、新聞社の一部の全国紙や地方紙は、性格適性検査、数学系・国語系の問題の実施はない。つまり性格適性検査対策はしなくてよい。しかし民放、NHK、広告代理店、大手出版社の多数では、リクルート社のSPIやそのほかの会社の数学系・国語系の問題、性格適性検査があるので簡単に述べる。

2014年度(2014年4月入社)前後から一般企業や多くの大手マスコミが実施している性格適性検査が大幅に変更された。数学系・国語系のSPIなどは正解がある。つまり能力の差が明確に出る。この数学系・国語系の問題はあまり変わっていない。

しかし、受験する会社によって問題が大きく異なるのだ。

ある学生が自宅のパソコンで受けたWEBの性格適性検査を例に見てみたい。

この学生は某大手カメラメーカーと某大手生保を受けた。問題1は100の設問があり、選択肢は5択である。これは両社共通している。しかし問題2は某メーカーの場合は2択問題なのに対して、某生保は5択問題となっていた。このように微妙に相違がある場合がほとんどだ。

性格適性検査の狙いは同じなので怖れる必要はないが、代表的なSPI3性格診断に象徴されるように、「企業側の要望もあり」(リクルート)大きく変えたという。その理由は、近年の若手社員の退職の増加だ。3年で半数が辞める会社もある。それを、いかに食い止めるかが、各社の人事の課題となっている。性格適性検査の問題を作る会社は、この企業側の要望(ニーズ)に対応して、準備を進めてきたとみられる。

まず、約20年前にSPIがスタートした時は、性格適性検査は64パターンに受験生を分け、「入社後の配属」などに使われていた。

その後、SPI2の性格適性検査では、数千のパターンに受験生を分類できるようになった。

そしてSPI3からは、なんと分類が約5万パターンに増えた。

## ▼2択から5択へ

受験生は数十万人しかいないと推定される。それをなぜ5万パターンに分類するのか。

それは、設問と選択肢が当初のYes、Noの2択から「①常にそうしてきた、②しばしばそうしてきた、③まれにそうしてきた、④まったくそうしてなかった、

これで合格！ 面接・グループ討論・適性検査対策 **275**

⑤そのようなことをする機会がなかった」の5択に増えたからだ。

　テストはSPIセンターや自宅のパソコンなどで行われ、約60〜100の設問に回答していく。会社によっては2種類の問題が用意されている。

　受験生としては瞬時に判断して、回答していかないといけない。しかも、ストレス耐性系、人間関係系、モラル(やる気も含め)系など従来にない設問も多く含まれている。

　具体的に、ある社の性格適性検査問題を見てみよう。

　設問1は、「どんな場面でも先輩や目上の人の指示にしたがった」。これは上下関係に対する受験生の考え、思考、性向、引いては体育会系のサークルが就職活動に有利といわれるような個人より、チーム重視のスタンスがあるかどうかを問うている。

　これに対する回答を「①常にそうしてきた、②しばしばそうしてきた、③まれにそうしてきた、④まったくそうしてなかった、⑤そのようなことをする機会がなかった」の5択から選ぶのだ。就職活動における「正解」は「①常にそうしてきた」「②しばしばそうしてきた」しかない。

　この設問1は簡単だが、設問2は「相手の評価を気にせず、思い通りに行動した」である。チームワークや組織内部の強調性を重視する観点でみると、設問2は設問1と「正反対」である。したがって模範的な、一般的な企業が求める回答は「③まれにそうしてきた、④まったくそうしてなかった、⑤そのようなことをする機会がなかった」のどれかになる。

　以上の2つはやさしい。

　設問3は、変化球的な質問で、「相手に負けないために、考えられる手段をいくつか準備した」。これは、大学のゼミ、スポーツサークルなどの話し合いや、グループディスカッションなど以外では、日常的にある場面ではない。

　「帰国子女」「外国企業経験者」なら「①常にそうしてきた、②しばしばそうしてきた」で通じるかもしれないが、日本では、「相手に負けないため」に何かするという場面があまりない。したがって、これの模範解答は「③まれにそうしてきた、④まったくそうしてなかった」もいいが、「⑤そのようなことをする機会がなかった」と回答して無難に乗り切ることではないだろうか。

　設問4になると、またやさしくなる。「目的を達成するうえで、自分のやり方が適切かどうかを検討した」という内容で、これは「①常にそうしてきた」「②しばしばそうしてきた」の2つが無難な回答になるだろう。

　設問5も「自分の案や考えを受けいれてもらえなかった場合に備え、あらかじめ代替案を用意した」。設問4と似ている。この設問は、取引先との交渉などのビジネスシーンで、よく見られる。
また会社の上司への企画の提案ということも入社したら多いだろう。

　したがって、受験生としては、「⑤そのようなことをする機会がなかった」が無難だろう。ないしはサークルやゼミで経験があれば、「②しばしばそうしてきた」もおかしくない。

　設問6になるとまた、やっかいなものになる。「相手に負けないために粘り強

く取り組んだ」という設問で、日本の学生で、こんなことを考えている人はごく少数だろう。ビジネスシーンとしては「社外」の競争相手と「受注」や「落札」、広告代理店などでいう「コンペ」などの場面では当然ある。学生時代では特殊なゼミやサークル以外ではなかなかない。

したがって、模範回答は「⑤そのようなことをする機会がなかった」か「③まれにそうしてきた」ということになる。

設問7になると、また変化球と言えるような設問になる。「先輩や目上の人からの依頼に応えると満足した」というもので、これに「①常にそうしてきた、②しばしばそうしてきた」にチェックを入れると、「あやしい性格」と思われるかもしれない。会社の人間関係はしばしば「派閥」など、人間くさい一面があり、絶対的な上下関係ではない。また仕事での依頼に答えることは満足という次元ではない場合が多い。

したがって、「⑤そのようなことをする機会がなかった」が無難かもしれない。

このように入社後に仕事をするなかでの「人間関係」「チームワーク」に関係する設問を何度も聞いてくる。

設問8の「自分の都合よりチームやグループの事情を優先して計画を立てた」についても、「常にそうしてきた」では「会社の奴隷」のように思えるので、「しばしばそうしてきた」が模範回答になるだろう。

### ▼後輩の面倒見に関する設問

次に大きな変化として、「後輩への対応」についての設問が増加している。

「後輩が置かれた状況に応じて、臨機応変に指示の出し方を変えた」「後輩が理解しやすいように、説明や指示の出し方を工夫した」などと後輩との関係を重視した設問がある。

これに対する模範回答は「①常にそうしてきた」「②しばしばそうしてきた」以外にありえない。

このような設問はなぜあるのか。

それは最近の新入社員の一部が、上司や先輩に気を遣えないだけでなく、後輩の面倒も見られないという指摘があるからだ。

これは筆者の就職塾の卒業生でも多い。最近の企業では後輩の面倒をよく見られる人の評価が高い。またそういう先輩がいることで、後輩が会社を辞めないで済むケースもしばしばある。読売新聞の人事の知人も「新人にお兄さん、お姉さん役の先輩をつけたら辞める数が激減した」と話していた。

新聞社やNHKのような専門的で、かつ事件や事故は24時間対応しないといけないマニュアルだけではとても新人のトレーニングができない職種では、後輩へのサポートがより求められている。

### ▼複雑で答えにくい設問

さらに、複雑で答えにくい設問もある。

「やりたいことができないのは、自分の力不足のためだけではないと思った」「他

これで合格！ 面接・グループ討論・適性検査対策　**277**

人のせいで正当な評価を得られないと思った」「明らかに優位に立っていると思っても、本当にそうかを振り返った」と人間心理についての考察と思える設問が並んでいる。

「やりたいことができないのは、自分の力不足のためだけではないと思った」は、「①常にそうしてきた」「②しばしばそうしてきた」という選択肢ではそもそも答えにくい。

「①常にそうしてきた」と回答すると、なんでも言い訳する人間と誤解されるかもしれない。

しかし、このようなビジネスシーンはよくあることで、模範回答としては「③まれにそうしてきた」が無難なのかもしれない。

「他人のせいで正当な評価を得られないと思った」という設問もマスコミを含めてふつうのビジネスシーンでは考えられにくい。体育会系のサークルで、試合中の分析というか判断ではあるのかもしれない。普通の学生ではあまりない場面だ。したがって回答は「⑤そのようなことをする機会がなかった」が無難かもしれない。

「自分のやりたいことを成し遂げるために他人を利用した」という設問もある。

これも学生には答えにくい。そんな場面は少ないからだ。しかし、ビジネスシーンではたまにあることでもある。

「利用され、利用する」のギブ・アンド・テイクはビジネスの原則だ。

さらに著者の経験では「他人を裏切ってやることもある」は裏を返せば「他人に裏切られることもある」につながる。長い会社員生活ではよくある。「人生長い目で見る」「情けは人のためならず（情けをかければ人のためになる）」は格言としてもある。

筆者の個人的意見では、SPI3などの性格適性診断は、このような「数値化しにくいもの」もあり、受験生には難問だろう。

### ▼ストレス耐性を見る設問

ストレス対応能力を問うている設問も多い。また選択肢が4つ、5つある場合もある。5つの場合は「①よくあてはまる、②ややあてはまる、③どちらでもない、④あまりあてはまらない、⑤まったくあてはまらない」の5種類だ。選択肢2つの場合は「①あてはまる、②あてはまらない」となる。

では個別に代表的な設問を見てみよう。

答えにくいが、まずは「緑が豊かな場所では、さわやかな気分になる」。「①よくあてはまる」と答えると「精神的にふだん疲れている」と誤解されるかもしれない。したがって「②ややあてはまる」ぐらいにしておくのが無難だろう。

「④あまりあてはまらない、⑤まったくあてはまらない」を選ぶと「人間ぽくない」という評価になるかもしれない。たいていの人間は「森林浴」というぐらいで自然にふれると落ち着くものである。

ダイレクトにストレス耐性を聞く設問もある。たとえば、「困難な状況に埋没したら、趣味に興じて頭を冷やす」。普通の採用面接でも、面接官が質問に困っ

たらよく「あなたのストレス解消法はなんですか？」と聞く。

面接の場合なら「友人と酒を飲む」「友人と電話する」「プロ野球を球場に見にいく」などオジサン面接官ウケを狙った解答や、「バッティングセンターに行く」「ジョギング」「音楽」「落語」など趣味を答えることになる。

エントリーシート(ES)にストレス解消法という設問はあまりないが、面接官の性別、年齢などに合わせてはっきりと答えることがよい。

「ときには他人の噂話をすることがある」など、だれにでもあてはまる設問や「環境保護に積極的に取り組んでいる人を見ると、感心する」などは常識の範囲で「①よくあてはまる」か「②ややあてはまる」のどちらかしかない。環境保護は人類の責務と言えるものだからだ。

こういう社会常識を問う設問も最近の傾向だ。逆に見ると社会常識がない新人が会社に入ってきているのかもしれない。

以上、簡単にだが、性格適性診断を分析してきた。模範解答を出すのは、難しくはない。むしろ設問の狙いを十分に意識して、日本の会社はチームワーク重視であることを再認識してほしい。


MEMO

## Column ⑦

# リターンマッチに挑む！

　就職は一生のこと、大学受験より人生にとっては重要な別れ道だ。しかし全員がうまくいくわけではない。「落ちたらどうするか」を考えることも大事だ。1年目の就職活動に失敗したからといって、それであきらめてよいのか、おおいに悩むべきである。

　重要なのは、「なぜ落ちたのか」を分析することだ。これなしにリターンマッチに臨んだところで、勝利はありえない。志望と適性のミスマッチならば、早めに志望修正したほうがいいだろう。作文や面接がダメならば、その対策を考える必要がある。本当に自分の志望に確信があるのか、突き詰めて問い直さなければいけない。その結果、どうしてもマスコミ就職にこだわりたいという結論にいたったのならば、リターンマッチには大きく次のような選択肢がある。

　①大学の学部に残る②卒業するがアルバイト生活を送る③大学院に進学する④専門学校にいく⑤「仮面就職」をする⑥留学する⑦とりあえず一般企業に就職する。

　一般にマスコミ業界は年齢制限があいまいで、特に新聞社は20代後半まで受験できる。焦る必要はまったくないので、面白いアルバイトをしたり、刑事裁判を傍聴したり、海外に1人旅に出たりして、人生経験を積むのもいいだろう。マスコミ就職において重視されるのは、「人生観」だからだ。

　家庭の事情もあるだろうが、①の学部生のままのリターンマッチがベストだ。特にテレビ局志望の人はこの道しかない。テレビ局は原則として新卒しか採用しないからだ。

　②の場合、所属がなくなってしまうので不安になる。働きながらの就活は肉体的にもたいへんだ。就活にあてる時間をうまく確保するのも簡単ではないので、おススメしない。

　③の大学院卒は初任給が若干高い場合もあるが、マスコミでは優遇されることは特にない。学部生と比べて2年、年長になり、人によっては落ちつきが出てくるので面接で有利な場合もある。

　④もマスコミが専門学校で教える知識を評価することはまずない。カメラマンやデザイナーなど専門職につきたい人以外はおススメできない。

　⑤いちど志望企業以外の会社に就職するのも選択の余地はある。社会人としての常識を身につけられるからだ。FAXの送り方、手紙の書き方、電話応対などは、どの会社でもさほど大きくは違わない。いまや転職も増えてきているので、そのキャリアがマイナス評価されることはない。モチベーションを維持できるかどうかがカギを握る。

　⑥の留学も資金的に可能であれば、よい人生経験になる。ただあくまで語学は技能のひとつであり、肩書きや資格にはなりえないことは肝に銘じておこう。

　就活の王道は、志望動機を確信に変えることだ。己を見つめ、あきらめなければ、必ず道は開かれる！

　⑦阪東ゼミでも、東芝→中日新聞、NHK→白泉社、銀行→東洋経済新報社、三井住友銀行→北海道新聞などの実例がある。銀行の知識（決算書を読める、経済がわかる）は重宝されるようだ。

# 第7章

2024
-25
GUIDE

## 地方からマスコミ就職を目指す人へ
### ～阪東100本塾の秘伝公開～

# 第**1**項
# 地方大学の受験生へ

　阪東100本塾の授業内容(秘伝)は過去の塾生のマスコミ内定、入社の実績やその経験をもとに作られている。マスコミ就職を国家Ⅰ種などのような最難関分野と思っている人も多い。この秘伝というか、ノウハウをキチンと実践すれば、誰もがマスコミに内定できると私は思っている。実際、阪東ゼミからフェリス女子大や国学院大の出身者でも朝日、毎日、NHK(いずれも記者職)に内定している。地方在住で、近くにマスコミ塾がない人でも3人集まれば、マスコミ就職は決して夢ではない。この秘伝のなかで紹介する「三角面接」や「作文批評」ぐらいはできるのである。

　最近は「みんなの就職活動日記」などで情報自体は時間をかければかなりの部分が収集できる。しかし、「情報収集」だけでは、内定はきびしい。

　情報収集の次には「分析」がある。そして分析をもとにして「戦略」を、つまり作文、模擬面接、グループディスカッション、筆記などの対策を立てる必要がある。できれば、志望業界や職種ごとに立てておきたい。これは、インターネットでは決して得ることのできないノウハウである。

　あとはいかに根気強く希望をもって、仲間同士で励ましあって実践していけるかだけだ。

　そこで、読者のために、秘伝である33のステップをあえて公開することにした。これらのステップを全部こなす必要はない。自分の志望業界にあったものを選び実践していくだけだ。

　そのうえで、読書と映画鑑賞にも力を入れてほしい。藤沢周平、志賀直哉、松本清張などはおさえておこう。映画は、『男はつらいよ』シリーズ、米アカデミー賞の作品賞受賞作品などを30本は観ておきたい。新聞1面下のコラム「天声人語」「余録」「編集手帳」「筆洗」などをノートや原稿用紙に書き写すことも大切だ。

# 第**2**項
# 33のステップ

1　志望動機の確認
2　作文が基本レベル(100点、200点満点中)に達すること
3　作文が優秀レベル(130点、200点満点中)に達すること
4　作文が内定圏内レベル(150点、200点満点中)に達すること
5　初期での志望の修正
6　国語・英語が基本レベル(小学生で習う漢字を組み合わせた熟語が読める)に達すること
7　自己PR基本の完成

# 漢字間違い探し

（送り仮名、表現の間違いを含む）

| | | | |
|---|---|---|---|
| 1洗済 | 2遺牌 | 3気嫌 | 4家宅 |
| 5対称的 | 6到り着く | 7建捕 | 8留まる |
| 9二件目 | 10散慢 | 11償状 | 12由に |
| 13寄り所 | 14返応 | 15安全を謀る | 16一抄 |
| 17振り注ぐ | 18事故を越こす | 19猛裂 | 20単々と |
| 21最底 | 22立脈 | 23真面自 | 24子供の項 |
| 25状境 | 26勢一杯 | 27案の上 | 28体育館の隈 |
| 29粗父 | 30痛みと伴に | 31臓器移殖 | 32倫理感 |
| 33今だ | 34曖昧 | 35気に触る | 36恥しい |
| 37前堤 | 38置き変える | 39脳死鑑定 | 40安緒感 |
| 41衝撃 | 42任う（になう） | 43お僧さん | 44茶毘に伏す |
| 45坑議 | 46幼ない | 47推持 | 48是否 |
| 49物事を追及 | 50検策 | 51参議員議員 | 52殴米 |
| 53打ち開ける | 54目差す | 55五月蝉い | 56開放される |
| 57薬剤士 | 58更正 | 59一同に会する | 60真窓 |
| 61復起 | 62繰った | 63瓜の垢 | 64親聞 |
| 65規準 | 66促がす | 67問題意識を換気する | 68改適 |
| 69購売意欲 | 70会社事態 | 71漠大 | 72実験を元に |
| 73測り知れない | 74暮ごす | 75代表を勤める | 76脳硬塞 |
| 77以外に思う | 78振り絞る | 79肝に命じる | 80主旨説明 |
| 81亮年 | 82取り行う | 83誘地 | 84無駄使い |
| 85至上最高 | 86一個建て | 87堂顔 | 88晴天の霹靂 |
| 89受け負う | 90無常にも | 91顎然 | 92跡型 |
| 93被雷針 | 94発疾 | 95解培 | 96不信に思う |
| 97衝激 | 98見訓れる | 99入殖 | ※解答は、2ページ後 |

8 国語以外の筆記が内定圏内レベル(新聞社、出版社、NHK、民放東京キー局の筆記試験の内定に近いレベル)に達すること

9 出版社向け雑学(新聞社と違って時事や常識、外来語などの問題だけではなく、音楽などの芸術やスポーツ、芸能、もちろん文学史、ブランド・ファッションなど幅広い教養つまり雑学)が基礎レベルに達すること

10 読むべき本の消化量とそこから何を得たのかの確認

11 テレビ・ラジオ視聴量、新聞・書籍・雑誌を読む時間などの確認

12 NHK・新聞社向けの時事、常識が基礎レベルに達すること

13 民放向けのSPI、CAB・GAB、英語、時事、常識が基礎レベルに達すること

14 大手出版社向けの対策が基礎レベルに達すること

15 面接応答の基本姿勢(姿勢、声、挨拶など)

16 面接の服装

17 面接の際の化粧(女子の場合)

18 カメラテスト

19 テレビ特にアナウンサー志望用の原稿読み、模擬実況中継

20 三角面接 1

21 三角面接 2

22 民放大手のビデオレター(ビデオメッセージ)対策を仲間と完璧にする

23 志望修正2(1～2月ごろ、OB・OG訪問や合宿などで内定者と相談)

24 面接の際の基本タブーとアドバイス、民放編

25 面接の際の基本タブーとアドバイス、NHK編—総合職採用に

26 面接の際の基本タブーとアドバイス、全国紙編
　　※注意：全国紙とは朝日新聞社、毎日新聞社、読売新聞社、日本経済新聞社の4社

27 面接の際の基本タブーとアドバイス、スポーツ新聞・地方新聞社・通信社編

28 面接の際の基本タブーとアドバイス、出版社編

29 面接の際の基本タブーとアドバイス、広告代理店・エンタメ系編

30 圧迫面接回数チェック

31 合宿参加回数チェック

32 OBや内定者からの評価とアドバイス

33 総合アドバイス

## 第3項　阪東ゼミの秘伝・一部公開

# 「こうすれば自分たちだけでも受かる」

この第3項では、第2項の33のステップに合わせて「秘伝」を解説していく。

### 1　志望動機の確認

志望動機を確認する。また数人でグループを作り、自己紹介をお互いにする。

## 漢字間違い探しの解答

1洗剤／2位牌／3機嫌／4帰宅／5対照的／6辿り着く／7逮捕／8溜まる／9二軒目／10散漫／11賞状／12故に／13拠り所／14反応／15安全を図る／16一秒／17降り注ぐ／18事故を起こす／19猛烈／20淡々と／21最低／22立派／23真面目／24子供の頃／25状況／26精一杯／27案の定／28体育館の隅／29祖父／30痛みと共に／31臓器移植／32倫理観／33未だ／34曖昧／35気に障る／36恥ずかしい／37前提／38置き換える／39脳死判定／40安堵感／41衝撃／42担う／43お坊さん／44茶毘に付す／45抗議／46幼い／47維持／48是非／49物事を追究／50検索／51参議院議員／52欧米／53打ち明ける／54目指す／55五月蝿い／56解放される／57薬剤師／58更生／59一堂に会する／60真相／61復帰／62綴った／63爪の垢／64新聞／65基準／66促す／67問題意識を喚起する／68快適／69購買意欲／70会社自体／71莫大／72実験を基に／73計り知れない／74過ごす／75代表を務める／76脳梗塞／77意外に思う／78振り絞る／79肝に銘じる／80趣旨説明／81享年／82執り行う／83誘致／84無駄遣い／85史上最高／86一戸建て／87童顔／88青天の霹靂／89請け負う／90無情にも／91愕然／92跡形／93避雷針／94発疹／95解剖／96不審に思う／97衝撃／98見慣れる・見馴れる／99入植

※解答が模範解答以外にもある場合があります。

30秒から120秒で自分を語る。趣味、アルバイト、大学での専攻、留学体験、出身高校(案外同じ高校出身者は多い)。自己紹介が洗練されてくると採用の面接などでよくある30秒や60秒の「自己PR」が上手にできるようになる。時期的には3年の4月からが望ましい。遅くとも10月にはスタートしたい。

### 2　作文が基本レベル(100点、200点満点中)に達すること

　まず書きやすい「題」で書く。論文や三題噺などは書かない。時間は50分から60分と短縮する。あくまでも自分の過去を振り返り、「志望動機」の発見・再確認をする。まず100点を目指そう。

　限られた時間内に制限字数(最初は800字、上達すると1000字)を60分から70分で書く。作文が速く書けるようになれば、エントリーシートも速く書けるようになる。作文はマスコミ受験の基本だ。阪東100本塾の100本も「100本書けばどこでも内定」というコンセプトから名前がつけられた。

　この時点では自宅で書いた作文を持ち寄り、自分の書いたものを朗読する。逐次1人ずつ批評する。つまり3人いれば1本の作文につき、3回の批評となる。別表の作文添削シートを参考にしてみてほしい。

地方からマスコミ就職を目指す人へ〜阪東100本塾の秘伝公開〜　　285

## 3　作文が優秀レベル（130点、200点満点中）に達すること

10〜20本書き、100点をコンスタントにとれるようになったら、作文の題を段階的に難しくする。このころになると、自分たちでも批評する能力ができてくるので、仲間の長所や短所について批評する。それが見当違いの場合、または褒めすぎの場合は講師役の人が修正する。

次に全員で時間を計って書き、それから自分の書いたものを朗読する。この後に1人ずつ批評する。自宅で執筆せず、時間を計って一斉に書くという実践形式にしよう。

## 4　作文が内定圏内レベル（150点、200点満点中）に達すること

論文（一部の新聞社）や三題噺（一部の出版社）も書くようにする。できれば知り合いを頼ってプロの記者や編集者を探すようにする。この内定圏内レベルに達しているか否かの判断は、学生だけではできない部分もある。その時はやはり、先輩を招いたり、それができない人はマスコミ塾に1回だけ参加するなりして判断してもらうしかないかもしれない。通信制の塾や作文添削をやっている新聞社などもあるので探してみたい。

## 5　初期での志望の修正

作文をある程度やったり、仲間と話をしたり、OB・OG訪問をしたりすると志望が変わることがある。その修正は早ければ早いほどいい。アナウンサー志望者はカメラテストをする。自分たちでカメラを持ちより、撮影する。実物よりテレビのブラウン管に映る自分の姿がよければいいが、カメラ映りが悪いとアナウンサーは難しい。

また筆記のところでもふれるが、時事問題に関心がなければ新聞社や放送局の記者（報道）は難しい。ディレクターや編集者、広告制作のほうが向いている。

## 6　国語、英語が基本レベル（小学生で習う漢字を組み合わせた熟語が読める）に達すること

作文だけではマスコミは内定しない。SPIやCAB、GAB、玉手箱という新傾向問題もあるが、基本は漢字である。問題集を買ってきて、自分たちでやる。自分のレベルが仲間より極端に低い場合は高校生の問題集でやる。マスコミ対策の問題集は基本的にレベルが高い。別表の漢字問題は阪東ゼミで10年以上使っているもので、同じ学年だけでなく、前年や前々年の生徒の成績と比較できる。

英語はTOEIC700点以上が望ましい。850点で国際機関の職員の最低水準だ。500点でもエントリーシートに書くことを勧める。英語は年々、必要とされる傾向が強くなっている。特に一般企業ではそうだ。早い時期から就職活動をスタートする場合は、勉強の上、TOEICを受けて点を上げておきたい。

## 7　自己PR基本の完成

この1週間の「できごと」をゼミ生の前で30秒ちょうどで話す。人前で自分の

# 作文添削シート

　以下の20のポイントにあてはまれば5点ずつ加点し、合計を基礎点(100点)とする。その他のよいところを加点、悪いところを減点して、総合評価(100点)とする。最後に両者を足して、総得点(200点)を出す。

　阪東100本塾での平均は100点、合格は150点以上、180点以上は1000人中上位5人に入ると思われる優秀作文だ(朝日新聞の採用テストの作文の「Aプラス」に相当)。

1. 「人」が描けているか
2. わかりやすいか
3. 改行が8カ所以上あるか
4. 自己PRになっているか
5. 面白いか
6. 5W1H(いつ、どこで、なぜ、誰が、何を、どうやって)が書けているか
7. 時事的か(時事問題や流行、ブームなどにからめているか)
8. オチがあるか(特に民放、出版社、広告代理店などのクリエイティブ系は)
9. 論理的な展開がされているか(朝日新聞、読売新聞)
10. 誤字脱字は少ないか
11. 難しい外来語を使っている場合、日本語の訳が入っているか
12. 体言止めを多用していないか
13. ただしい言葉の使い方をしているか(広辞苑や朝日新聞の『用語の手引き』のような)
14. 明るいか(暗い作文は減点)
15. 「しかし」など否定の接続詞を多用していないか
16. 一文(ひとつの文章、センテンス)が短く、文章にテンポがあるか
17. キーワードがあるか
18. 起承転結の流れになっているか
19. 固有名詞・数字を効果的に使っているか
20. 主観、自分の感情が入りすぎてないか

基礎点(100点満点)　　　　　点

●その他、よいところ(ひとつにつき0〜20点プラス)を30字以上で記入

点

●その他、悪いところ(ひとつにつき0〜20点マイナス)を30字以上で記入

点

総合評価(100点満点)　　　　　点

理由(100字以上)

総得点(200点満点)　　　　　点

意見を言うことが結果的に面接対策につながる。人前(特に目上の人の前で学生コトバを使わない)で「論理的」に、または「面白おかしく」話せることは一定の訓練が必要だ。特に人前で「あがりやすいタイプ」の人間は重点的にやる必要がある。

## 8 国語以外の筆記問題が内定圏内レベル(新聞社、出版社、NHK、民放東京キー局の筆記試験の内定に近いレベル)に達すること

時事問題、一般教養などを勉強する。時事問題や常識問題は、戦後史など系統だった知識をもとにしないと理解できない。たとえば歴代首相とその時代の政治や経済、社会問題などは密接につながっている。それを理解しないでただ首相の名前を覚えただけでは無駄だ。したがって阪東ゼミではその解説をする。たとえば「拉致事件」があった場合は、戦前の日本による朝鮮半島の植民地支配から「よど号」事件ぐらいまでを講師が解説する。学生で詳しい人がいたらその人が説明する。

ちなみに「よど号」は飛行機の名前で、羽田から福岡に行く途中で過激派に乗っ取られた国内のハイジャック事件第1号である。

## 9 出版社向け雑学(新聞社と違って時事や常識、外来語などの問題だけではなく、音楽などの芸術やスポーツ、芸能、もちろん文学史、ブランド・ファッションなど幅広い教養つまり雑学)が基礎レベルに達すること

ただし欠点が顕著な分野(たとえば漢字など)がある時には、その分野を自宅で集中して勉強する。

## 10 読むべき本の消化量とそこから何を得たのかの確認

夏休みなど時間がある時に、旅行や海外留学をしないでひたすら大学や地域の図書館にこもり、新潮文庫50冊、岩波新書50冊などを読破する。そうして面接の基本知識を身につける。文学、ノンフィクションだけでなく、戦後史関係の本を読んでおくことも必要だ。

## 11 テレビ・ラジオ視聴量、新聞・書籍・雑誌を読む時間などの確認

受験のコツのひとつは志望する業界を早めに決めて、その媒体を見たり、読んだりすること。TBS志望ならTBSの番組を見ることだ。職種にこだわりバラエティー番組のディレクターになりたければ、NHK、民放ともに徹底的に見る。週に20時間程度はそのための時間にあてたい。

新聞社だったら毎日、志望する新聞社の新聞を朝刊2時間、夕刊1時間読むことだ。特に夕刊を購読していない人がたまにいるが、それは大間違いである。

朝刊(朝日、毎日、読売などは14版)は午前1時半から翌日の正午すぎ、夕刊(同4版)はそれ以外の時間帯のニュースをカバーしている。話題ものも夕刊には多い。たとえば、朝刊だけしか読んでいないと有名な判決(午前中に行われた)の

# 面接採点票

名前(受験生役)

## ◆5段階評価

| | よい | 普通 | わるい |
|---|---|---|---|
| ①話がわかりやすいか、聞きやすいか | | | |
| ②言葉づかい、敬語が適切か | | | |
| ③仕事に対するビジョンを示しているか | | | |
| ④部下として一緒に働きたいか | | | |
| ⑤人間として興味を持てるか、キャラが明確か | | | |

名前(面接官役)　　　　　　　　　総合評価200点満点中　　　　点

## ◆その他のポイント

・明るいか
・強引さがあるか
・駆け引きできるか(ウソをつけるか)
・本をよく読んでいるか(出版)
・時事的な知識があるか(新聞)

## ◆寸評

記事を見逃すことになる。

　出版社は、雑誌であっても読書量がものを言う。面接官とのやり取りで(書籍についての)知識や情報、さらにそこから得られた「思想」「考え方」を聞かれる。

## 12　NHK・新聞社向けの時事、常識が基礎レベルに達すること

　新聞社は従来は、エントリーシートでの足切りはほとんどなかった。特に全国紙は東京、大阪、名古屋、福岡、仙台、札幌などに筆記試験会場を設置して、数千人を集めてやっていた。しかし、新型コロナウイルス感染症の感染拡大で読売新聞を除いてWEBエントリーに変わった。さらに筆記試験の前に面接をする社が増えた。これはWEBでの筆記試験の手間を省くためと言われる。なかにはWEBの能力検査(SPIや玉手箱など)をやる会社も増えた。NHKも能力検査をするが、成績は見ていない(考慮しない)という説が有力だ。

## 13　民放向けのSPI、CAB・GAB、英語、時事、常識が基礎レベルに達すること

　民放は昔、筆記試験は形式だけだった。スポンサーのコネ(のある学生)を落とす口実に使われていた。しかし、最近では非常に重視されるようになってきている。したがって一定の対策が必要だ。特にSPI3はよく使われる。

## 14　大手出版社向けの対策が基礎レベルに達すること

　出版社はこの1、2年で人気が急上昇している。2022年度(2021年入社)では準大手の光文社の倍率が1600倍もの超難関になった。内定者3人(女子2、男子1)のところに約5000人ものエントリーがあった。

　食品業界、公務員、5大商社、ゼネコン、不動産などの人気は相変わらずだが、給与や安定ではなく自分のやりたいことをやることを志望理由とする学生が増えている。対策としては合格体験記にもあるように作文は阪東ゼミの140点レベルに(上位4%)、漢字は漢字検定の2級レベル以上にすること。特に講談社や集英社では三題噺(さんだいばなし)などのクリエイティブ作文があるので練習しよう。

## 15　面接応答の基本姿勢(姿勢、声、挨拶など)

　面接は第一印象が大切だ。声・姿勢・最初の挨拶で決まるとも言われる。これは一般企業を受けたり、民放が早く始まるので民放で実践テストをしてみるとよい。または自分たちでできる別表「三角面接」のなかで注意してやるとよい。声は大きいのが基本だ。元気がいいと思われる。

## 16　面接の服装

　女子男子ともスーツ。女子は下はパンツよりスカートが望ましい。色も普通でいい。ただし「私服で来るように」と指定された時はデートの時のような「自分の得意の服装」でいく。私服で来させる目的はファッションセンスやブランド志向を見極めるため。出版社などでたまにある。

# 三角面接の方法

### ①3人の場合

ABCは右回りで一周する。
面接時間3分。
ギャラリーの批評2分。
1人5分×3人＝15分

A 面接官
B 受験生
C ギャラリー

### ②4人の場合

4人の場合は、2人が面接官役。
1人がギャラリー。
ABCDは右回りで一周する。

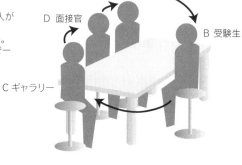

A 面接官
D 面接官
B 受験生
C ギャラリー

### ③5人の場合

5人の場合は、2人が面接官役。
2人がギャラリーとなる。
ABCDEは右回りで一周する。

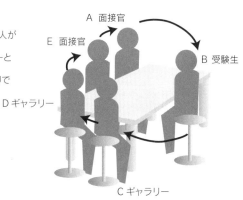

A 面接官
E 面接官
B 受験生
D ギャラリー
C ギャラリー

## 17　面接の際の化粧(女子の場合)

地味でもなく、多少は派手目にがコツだ。口紅はカネボウなどの寒天が入っている「落ちない口紅」がいいだろう。緊張すると化粧直しもできない場合がある。

## 18　カメラテスト

アナウンサーに限らずテレビ局志望者はビデオカメラを使ったカメラテストをしておく。番組に出演するディレクターなども増えているし、記者も現場中継をする場合がある。自分がどのようにブラウン管や液晶テレビに映っているかを知ることが大切だ。

## 19　テレビ特にアナウンサー志望用の原稿読み、模擬実況中継

アナウンサーの試験では原稿読みがある。アナウンサーの学校は費用が高いので、行けない人は新聞記事などをゆっくり読む訓練を自分で積む。その際には録音や録画を忘れずにしたい。特に地方出身で「方言」が出てしまう人は注意が必要だ。関西圏の場合は逆に大阪弁が武器になる場合もある。出身地の民放に就職する場合も、最近はその地域の方言を重視した番組もやっているので問題はない。

## 20　三角面接 1

阪東ゼミでは「三角面接」という別表のようなやり方の面接訓練を自主的に学生にやってもらっている。これは学生が自分たちでもできるので便利だ。

基礎編ではまず、照れずに、はずかしがらずにできるかが勝負である。また仲間同士だからといってふざけてもダメだ。真面目にできるようになるまで何回も訓練する。できれば別表のような面接採点票を使う。面接も100点を標準として200点満点でつける。書いたら受験生役に渡してあげる。

## 21　三角面接 2

慣れてきたら、内容のレベルを上げる。ポイントは「なぜ当社を志望したのか」をスラスラ言えること。さらに「学生時代に何をやっていたのか」「自己PRを30秒で」などがある。

## 22　民放大手のビデオレター(ビデオメッセージ)対策を仲間と完璧にする

2019年ごろからテレビ朝日が始めたエントリーシートに自撮りのビデオレター(メッセージ)があった。年を重ねるごとに、大阪の準キー局なども採用するようになった。

これは1人でやると大変だ。阪東ゼミでは教室で授業をするときに撮影している。　本人のスマートフォンで仲間が撮影する。顔の位置や肩の線は他人が撮影しないとわからないからだ。さらに照明係やカメラマン役に向かってキーを出す係などを準備してやるといい。内容は、自己紹介や特定のテーマを与え

# 志望企業をよく知るための情報源

**【企業及び採用情報の入手に便利なサイト】**

| | |
|---|---|
| リクナビ | http://www.rikunabi.com/ |
| マイナビ | http://job.mynavi.jp/ |
| みんなの就職活動日記 | http://www.nikki.ne.jp/ |
| マスコミ就職読本WEB版(マスコミ志望者向け) | http://www.tsukuru.co.jp/masudoku/ |

**【ニュースサイト・新聞社のHP(一部有料)】**

| | |
|---|---|
| 47ニュース(共同通信加盟社) | http://www.47news.jp/ |
| 朝日新聞デジタル(朝日新聞社) | http://www.asahi.com/ |
| YOMIURI ONLINE(読売新聞社) | http://www.yomiuri.co.jp/ |
| 日経電子版(日本経済新聞社) | http://www.nikkei.com/ |
| 毎日jp(毎日新聞社) | http://www.mainichi.jp/ |

**【アプリ・WEB】**

NHK「NHKニュース・防災」「らじる らじる」

民放「rajiko.jpプレミアム」「TVer」

**【書籍関連】**

『会社四季報』『就職四季報』『「会社四季報」業界地図』(東洋経済新報社)

『日経業界地図』(日本経済新聞出版社)

『図解! 業界地図』(プレジデント社)

『産業と会社研究シリーズ』『業界大研究シリーズ』(産学社)

『マスコミ就職読本①〜④』(創出版)

**【その他】**

国立国会図書館　ほぼすべての全国紙(大阪本社版、西部本社版もある)、地方紙、スポーツ新聞や主な雑誌が閲覧できる。

http://www.ndl.go.jp/

放送ライブラリー　NHKや民放の主な番組が見られる。企画展もある。横浜市。
神奈川県横浜市中央区日本大通11 横浜情報文化センター内

ニュースパーク　新聞社の団体の日本新聞協会の施設。新聞の歴史などがわかる。横浜市。

http://www.newspark.jp/

大宅壮一文庫　戦後発行されたほぼ全ての雑誌が閲覧できる(有料)。
東京都世田谷区八幡山3-10-20　TEL：03-3303-2000

られるものなど年や会社によって大きく違う。

## 23　志望修正2

第1志望の会社のエントリーの1カ月前までに「どうも自分はこの業界に向いていない」と思う人は、この時点で最終的な志望修正をする。これ以降はしない。

## 24　面接の際の基本タブー、民放編

記者(報道)と報道・情報番組ディレクター、バラエティー番組ディレクター、スポーツ・ディレクターはまったく違う。それを認識していないと見当はずれな答えとなってしまう。業界研究をキチンとしておくことだ。

## 25　面接の際の基本タブー、NHK編──総合職採用に

「国営放送」という表現はタブー。公共放送という。「視聴率は必要ない」もタブーだ。政府の合理化でNHKも赤字の垂れ流しに対して批判がある。それに対応して今の特殊法人から「独立行政法人」への転落を避けるため若者にも見てもらう必要性が出てきた。つまり視聴率を高める番組が求められているのだ。それで成功したのが昔は「プロジェクトX」で今は「ドキュメント72時間」だろう。

NHKには全国採用と地域ごとのフランチャイズ採用がある。また、2023年度(2023年4月入社)から、総合職採用になる。いままではディレクター、アナウンサー、記者、業務と職種枠ごとに採用していた。

ディレクターやアナウンサーの人気が高い。一方、記者の人気は低い。また、入社後に職種を変えることは不可能に近かった。

すでに札幌放送局と福岡放送局で、2021年4月入社の新人でも、試験的に記者がアナウンサーやディレクターをやったり、その逆もやっている。

記者で採用された新人がアナウンサーをやっても違和感がないという意見も出ていて、2022年4月入社からはさらに拡大する模様だ。2022年夏の時点ではアナウンサー、ディレクター、記者、業務は別々に採用されている。

## 26　面接の際の基本タブー、全国紙編

新聞社は、今でも自らをマスコミの王者と思っているところがある。そこをくすぐること。記者クラブ制度への批判はタブー。あと匿名報道すべきという意見・質問もタブーだ。「記事批判をしろ」と言われても実際にするのは得策ではない。

## 27　面接の際の基本タブー、スポーツ新聞・地方新聞社・通信社編

スポーツ新聞は部数競争が厳しく経営も楽ではない。各新聞とも競馬・競艇に力を入れている。競馬・競艇ぐらいは、詳しい友人に連れていってもらい、馬券の買い方や競馬・競艇新聞の読み方を覚えておく。なお学生は競馬法により、勝ち馬投票券(馬券)は買ってはいけない。また競馬場への立ち入りも禁止されている。あくまでも建前だが。地方新聞社の面接官は「辞めて全国紙に行くのだろう」と疑心暗鬼になっているので、笑顔で否定して相手を安心させる。これ

も三角面接でやっておく。また多くの地方紙は今、出身地に関係なく採用する。

　通信社は共同と時事がある。共同は社団法人でスポンサーは地方新聞やテレビ局、スポーツ新聞社だ。時事は株式会社で、経済ニュースを軸に聖教新聞や赤旗、商社や官庁へ提供している。そこを間違わないようにしよう。

## 28　面接の際の基本タブー、出版社編

　「若者の活字離れをどうすればいいのか」などよくある質問を、三角面接などで練習しておく。また読書についても学生同士だと難しいかもしれないが、出版社志望者同士で三角面接をして、相手につっこむこと。話題の作品だけでなく東西の古典文学や思想や歴史の本、伝記なども読んでおくべきだ。

## 29　面接の際の基本タブー、広告代理店・アニメイト等その他のエンタメ系編

　広告代理店は直接テレビのコマーシャルを作っているわけではない。コマーシャルの制作会社がある。またコピーライターを抱えている会社も少ない。コピーライターになりたければライターの会社がある。その業界内の棲み分けについて、三角面接で質問をし合う。そのためには『広告批評』『宣伝会議』などの雑誌を読んだりして知識を身につける。

　阪東ゼミの0〜29までのステップを志望別に忠実に実践してみてほしい。面接練習では、できればビデオカメラを使ってみる。そうすると自分がどういう状態で相手に見られているかわかる。スマートフォンのカメラでもいいだろう。声はカセットテープなどで録音する。機械を通じた声と生の声とは違う。

　また何回も言うがOB・OG訪問でできる限り仲良くなって、三角面接に来てもらうことだ。サークルやゼミの先輩でマスコミに内定している人に頼んでもいいだろう。

　また仲間で勉強していればとにかく自信喪失になるのが防げる。また仲間でテレビ局のWEBエントリーをいっせいにやってみる。問題を各自分担して解答をまわすのだ。つまりマスコミ受験はチームワークが大切だ。阪東ゼミでもチームワークがよい年ほど成績がいい。

## 30　グループディスカッションと模擬取材の練習方法

　グループディスカッション（GD）や模擬取材を行う会社もある。GDは、マスコミ志望者3〜6人を集め、10〜30分で時事的テーマ（政権交代、小学生の英語教育の是非など）などを討論しよう。

　模擬取材は、2タイプある。一つは、警察の事件についての取材だ。プレス対応を担当する副署長の役を記者（支局長、デスク）などが演じる。受験者は広報資料をもとに取材して記事にする。対策は、新聞の事件記事を書き写し、パターンを覚えることだ。

　もう1つは、人物モノ。「ひと」欄のように500〜600字で完成させる。前特派員や、コラムニストの論説委員などを取材して書く。これも「ひと」欄を原稿用紙に書き写す練習を何回もする。

# 阪東ゼミOBの薦める「読んでおきたい本」

**【文章自体の研究には】**
志賀直哉、藤沢周平、森鴎外、菊池寛、新田次郎の
各作品を読んでおきたい。
『**新装版 日本語の作文技術**』(本多勝一/著、講談社)
『**伝わる! 文章力が身につく本**』『**伝わる! 文章力
が豊かになる本**』(小笠原信之/著、高橋書店)

**【ジャーナリズム論の入口には】**
『**ずばり東京**』(開高健/著、文春文庫)
『**世論**』(上下、W・リップマン/著、岩波文庫)
『**渡邊恒雄 メディアと権力**』(魚住昭/著、講談社文
庫)
『**自動車絶望工場**』(鎌田慧/著、講談社文庫)
『**地方紙の研究**』(鎌田慧/著、潮出版社)
『**日本の現場 地方紙で読む**』(高田昌幸・清水真/編、旬
報社)※2016年は早稲田大学出版部より刊行
『**権力VS調査報道**』(高田昌幸・小黒純/編、旬報社)

**【新聞社】**
○朝日新聞社
『**天声人語**』(深代惇郎/著、朝日文庫)
『**アラビア遊牧民**』『**カナダ=エスキモー**』『**ニュー
ギニア高地人**』(本多勝一/著、朝日文庫)
『**朝日新聞の「調査報道」 ジャーナリズムが追及
した「政治家とカネ」**』(山本博/著、小学館文庫)
『**かけだし泣きむし地方記者**』(朝日新聞静岡支局/編、
ひくまの出版)
『**新聞記者 疋田桂一郎とその仕事**』(柴田鉄治・外
岡秀俊/著、朝日新聞社)
『**プロメテウスの罠 1～7**』(朝日新聞特別報道部/著、
学研パブリッシング)

○毎日新聞社
『**新聞記者で死にたい**』(牧太郎/著、中公新書)
『**諏訪正人の「余録」**』(諏訪正人/著、毎日新聞社)
『**砂漠の戦場にもバラは咲く**』(姜仁仙/著、毎日新聞
社)
『**破綻 北海道が凍てついた日々**』(毎日新聞北海道
報道部/編、毎日新聞社)

○読売新聞社
『**巨怪伝**』(佐野眞一/著、文春文庫)
『**事件記者**』(本田靖春/著、講談社)
『**会長はなぜ自殺したか 金融腐敗=呪縛の検証**』
『**会社がなぜ消滅したか 山一證券役員たちの背
信**』(読売新聞社会部/編、絶版。Amazonで入手可)
『**編集手帳の文章術**』(竹内政明/著、文春新書)
『**三菱銀行事件の42時間**』(読売新聞大阪社会部/著、
新風舎文庫)
『**警察(サツ)回り**』(本田靖春/著、新潮文庫)

○産業経済新聞社
『**記者たちの関西事件史:昭和54年～平成22年**』
(産経新聞社/著、光村推古書院)

○日本経済新聞社
『**資生堂インパクト**』(石塚由紀夫/著、日本経済新聞出
版社)

○北海道新聞社
『**追及・北海道警察「裏金」疑惑**』(北海道新聞取材班/
編、講談社文庫)

○共同通信社・時事通信社
『**沈黙のファイル**』(共同通信社社会部/編、新潮文庫)
『**もの食う人びと**』(辺見庸/著、角川文庫)
『**共同通信社会部**』(共同通信社社会部/編、講談社)
『**野望の系譜 闇の支配者 腐った権力者**』(共同通信
社社会部/編、講談社)

○中国新聞社
『**チンチン電車と女学生**』(堀川惠子・小笠原信之/著、
日本評論社)

○東洋経済新報社
※出版社だが、大半が記者として採用されるため新聞社
に分類した。
『**SHOE DOG 靴にすべてを**』(フィル・ナイト/著、大
田黒奉之/訳、東洋経済新報社)
『**ニッケル・アンド・ダイムド**』(バーバラ・エーレンラ
イク/著、東洋経済新報社)
『**出版動乱**』(清丸恵三郎/著、東洋経済新報社)

○九州の新聞各社を受験する時に役立つ本
『**追われゆく坑夫たち**』(上野英信/著、岩波文庫)
『**出ニッポン記**』(上野英信/著、社会思想社)
『**死に絶えた風景**』(鎌田慧/著、社会思想社)
『**苦海浄土**』3部作(石牟礼道子/著、講談社)
『**下下戦記**』(吉田司/著、白水社)
『**水俣病50年**』(西日本新聞社)
『**ドグラ・マグラ**』(夢野久作/著、社会思想社)
『**谷川雁革命伝説「一度きりの夢」**』(松本健一/著、河
出書房新社)
『**沖縄の新聞は本当に「偏向」しているのか**』(安田浩
一/著、朝日新聞出版)

**【放送】**
○NHK
『**日本人はなぜ戦争へと向かったのか**』(NHKスペシャ
ル取材班/著、新潮文庫)
『**里海資本論**』(井上恭介、NHK「里海」取材班/著、角川新
書)
『**産みたいのに産めない 卵子老化の衝撃**』(NHK
取材班/著、文藝春秋)
『**ドキュメント 戦争広告代理店**』(高木徹/著、講談社
文庫)

【出版】
○業界を知るために
月刊『編集会議』(宣伝会議)
『週刊読書人』『図書新聞』
月刊『創』の毎年3月号「出版社の徹底研究」
『21世紀のマスコミ04 出版』(大月書店)
『戦後出版文化史 出版社の運命を決めた本』(塩澤実信/著、論創社)
『編集者の学校』(Web現代編集部/編)
『日本のルールはすべて編集の現場に詰まっていた』(元木昌彦/著、夏目書房)
『討論 スキャンダリズムの真相』(岡留安則・松岡利康/著、鹿砦社)
『「噂の真相」トップ屋稼業』(西岡研介/著、講談社)
『さらば「フォーカス」! アンカーライターが見た興亡の20年』(斎藤勲/著、飛鳥新社)

○主に文芸編集
『編集狂時代』(松田哲夫/著、本の雑誌社)
『これを読まずして、編集を語ることなかれ。』(松田哲夫/著、径書房)
『編集者の仕事』(安原顯/著、マガジンハウス)

○エントリーシートや作文・思考力ほか対策
『「よのなか」教科書 国語』(藤原和博/著、新潮社)
『「笑い」の技術』(福井直秀/著、世界思想社)

【出版社別対策お薦め本】
○文藝春秋
▼ノンフィクション
『お笑い男の星座』(浅草キッド/著)
『サンダカン八番娼館』(山崎朋子/著)
▼フィクション
『岬』(中上健次/著)
『竜馬がゆく』『坂の上の雲』『燃えよ剣』(司馬遼太郎/著)
『鬼平犯科帳』(池波正太郎/著)
『動機』(横山秀夫/著)
『センセイの鞄』(川上弘美/著)

○新潮社
▼ノンフィクション
『彼らの流儀』『テロルの決算』『深夜特急』(沢木耕太郎/著)
『梶原一騎伝 夕やけを見ていた男』(斎藤貴男/著)
『鬼才 伝説の編集人齋藤十一』(森功/著、幻冬舎)
『矢来町半世紀 太宰さん三島さんのこと、その他』(野平健一/著)
『謎のアジア納豆』(高野秀行/著)
▼フィクション
『百年の孤独』(ガルシア・マルケス/著)
『こころ』(夏目漱石/著)
『沈黙』(遠藤周作/著)
『火車』(宮部みゆき/著)
『思い出トランプ』(向田邦子/著)
『白い巨塔』『沈まぬ太陽』(山崎豊子/著)
『ローマ人の物語』(塩野七生/著)
『用心棒日月抄』『蝉しぐれ』(藤沢周平/著)
『博士の愛した数式』(小川洋子/著)

○集英社
『空白の5マイル』(角幡唯介/著)

○講談社
『ノルウェイの森』『アンダーグラウンド』(村上春樹/著)
『限りなく透明に近いブルー』(村上龍/著)
『コリアン世界の旅』(野村進/著)
『蒼穹の昴』(浅田次郎/著)
『OUT』(桐野夏生/著)
『GO』(金城一紀/著)
『AKIRA』(大友克洋/著)
『スティーブ・ジョブズⅠ/Ⅱ』(ウォルター・アイザックソン/著)

○光文社
『ゼロの焦点』『点と線』『砂の器』(松本清張/著)
『グーグルに勝つ広告モデル』(岡本一応/著)

○筑摩書房
『文章読本さん江』『妊娠小説』(斎藤美奈子/著)
『ウェブ進化論』(梅田望夫/著)
『文学賞メッタ斬り!』(大森望・豊崎由美/著)

○岩波書店
『山月記』(中島敦/著)
『注文の多い料理店』(宮沢賢治/著)
『西洋哲学史 近代から現代へ』(熊野純彦/著)
『82年生まれ、キム・ジヨン』(チョ・ナムジュ/著、斎藤真理子/訳)

○ポプラ社
『わが盲想』(モハメド・オマル・アブディン/著)
『シャバはつらいよ』(大野更紗/著)

○角川書店
『スローカーブを、もう一球』(山際淳司/著)
『火の鳥』(手塚治虫/著)

○幻冬舎
『ソウルミュージック・ラバーズ・オンリー』(山田詠美/著)

○その他
『悪童日記』(アガタ・クリストフ/著、早川書房)
『〈民主〉と〈愛国〉』(小熊英二/著、新曜社)
『集中講義! 日本の現代思想 ポストモダンとは何だったのか』(仲正昌樹/著、NHK出版)
『TUGUMI』(吉本ばなな/著、中央公論社)
『ブラック・ジャック』(手塚治虫/著、秋田書店)
『謎の独立国家ソマリランド そして海賊国家プントランドと戦国南部ソマリア』(高野秀行/著、本の雑誌社)
『編集者 齋藤十一』(齋藤美和/編、冬花社)

※絶版の本はアマゾンなどの中古本(ユーズド)または図書館をご利用ください。

# 付録・阪東100本塾マスコミ適性診断シート

　阪東100本塾では阪東恭一の個別指導が原則です。過去の内定パターンやその後の仕事ぶりなどの人物データとも比較して、本人に就職適性や勉強方法などを細かくアドバイスします。

　このシートは、別名、作文ネタ発見シートと言って、もともと作文を書くときのネタを発見するために開発されたものです。

　このシートが開発された背景は次のとおり。

　作文を4～5本以上書くとネタが尽きるのはよくあること。その時は取材をするか、こういうシートで自分の過去を振り返ったり、思い出したりしてネタを発掘していけばよい。そこで開発したのがこのシートです。著作権登録もされている阪東100本塾のオリジナルなもので、記入していくとわかるが、興味のある分野はぎっしりと書き込まれ、そうでない分野は空白が目立つ。知識の偏りも志望先を決める際に重要なデータのひとつとなります。

　「文は人なり」という。文章が人柄や国語能力、知能・教養のレベルの一角を表す。言い換えると自己紹介や自己PR(本人からすると自己分析)の一種です。だから企業や官庁も小論文や作文を採用時に書かせるのです。

## ───記入方法とルール───

　できるだけ時間をかけて書いてみてください。3～5時間はかかります。阪東ゼミの診断をご希望の方は、各ページをB4判に拡大コピーして記入後、クオカード1枚(1000円分)を同封のうえ郵送してください。放送、新聞など、どの業界に向いているのかという適性や合格可能性、さらにアドバイスなどメールにて返事します。

※返信用封筒（自分の住所・氏名を明記し、返信用切手を貼付したもの）を入れてください。

※返事までに約7日間かかります。10営業日たっても返送されない場合はメールでご連絡ください。（年末年始の2週間、8～9月は休みです）

※お手元に原本を必ず持ち、コピーを郵送してください。

【宛先】〒162-0051 東京都新宿区西早稲田2丁目12番3号
　　　　　　　岩本AP 208号　　　阪東100本塾 宛

Eメールアドレス　info@banzemi.jp

記入年月日 　202　年　　月　　日

フリガナ

氏　名

携帯電話番号 　　　　　　　　（朝　　時から夜　　時まで）

Eメールアドレス（大学、Webメールなど）

住　所　〒

## ★フェイスシート

| 出身中学 | 出身高校 | 大学は　推薦　・　一般　　浪　　年 |

| 大学名 | 大学 | 学部 | 学科 | 年 |

| ゼミ名 | 卒論テーマ |

| 大学院名 | 学年 | M1・M2・その他 |

| 専　攻 | 修論テーマ |

### 所属サークル名、内容、あなたの役割

| 学　内 | 学　外 |

| 内　容 | 内　容 |

| 役　割 | 役　割 |

## 志望職種（◎ ○ □ △ × の順に5つまで）

新聞記者　新聞社の雑誌記者　新聞社の業務　スポーツ新聞記者　放送なら何でも　放送記者
放送制作　特派員（新聞／放送問わず）　放送技術　アナウンサー　出版社系週刊誌　一般雑誌
ファッション雑誌　一般書籍　児童書　広告営業　広告制作　映画会社　レコード会社
ゲーム会社　編集プロダクション　番組制作プロダクション　広告制作プロダクション
フリーライター　校正者　印刷会社　書店　ゲームソフト会社　作家　その他

## 志望診断1（マスコミ志望理由）

該当するところを ◎ ○ □ △ × の順に5つまでチェックしなさい
1.有名人に会える　2.収入がよい　3.趣味が生かせる　4.男女平等　5.クリエイティブさ
6.有名になれる　7.タレントと結婚できる　8.地方の名士になれる　9.日本の権力構造がよくわかる
11.取材でうまいものが食べられる　12.綺麗な人を取材できる　13.友人の幅が広がる
14.社会正義の実現。悪を懲らしめたい　15.通勤で満員電車に乗らなくてもよい
16.映像が好きだ　17.その他（30字以内で）

## 志望診断2（マスコミ志望理由）

該当するところを ◎ ○ □ △ × の順に5つまでチェックしなさい
1.活字が好き　2.事件が好き　3.作家と知り合いになれる　4.人前で話すのが好き
5.音楽の仕事をしたい　6.スポーツライターになりたい　7.世界中に行ける
8.危険なところに行ってみたい　9.CMが大好き　10.人間関係が自由
11.スーツを着て仕事したくない　12.特ダネ・スクープ記者になりたい　13.子供のころからの夢
14.その他（30字以内で）

## 志望会社名（一般企業可。上位5社、未定の場合は書かなくてよい）

1　　　　　2　　　　　3　　　　　4　　　　　5


## 大学時代に力を入れたことは何か？ ◎ ○ □ △ × の順に5つまでチェックしなさい

1.サークル　2.ゼミ　3.読書　4.国内旅行　5.友人とのつきあい　6.恋人とのつきあい
7.アルバイト　8.海外旅行　9.体育会　10.ボランティア活動　11.インターンシップ　12.その他

## 得意な学科（○を3つ以内）　　　　数学　国語　地理　物理　生物　歴史　英語　その他

**留学経験**　無　・　有　（私費、公費で　　カ月間　　　　　国　　　　　市に留学）

## 留学時のトラブルは？ それをどうやって克服したか？


**資格は？**　TOEFL　　　点、TOEIC　　　点、英検　　級、語学（　　　）語（　　）級、
自動車免許、その他（　　　　　　　　　　　　　　　　　）

## インターネット（スマホ）でやるゲームは？

1　　　　　　　　　　　　　　2　　　　　　　　　　　3.ゲームはしない

## 購読新聞（紙）に○をつけなさい（自宅宅配のみ）

朝日　　毎日　　読売　　日経　　その他（　　　）　定期購読していない

## 有料の電子新聞（雑誌）はどの社のものを読んでいますか？

朝日　　　毎日　　　日経　　　読売　　　東洋経済　　その他（　　　　　　）

**1日にラジオを聴く時間はどのくらいか？**

聞かない　　～5分　　5分～10分　　10分～30分　　30分～1時間　　1～2時間　　2時間以上

**よく見るテレビ番組を5つ挙げなさい**

1　　　　　　　2　　　　　　　3　　　　　　　4　　　　　　　5

**rajiko.jpプレミアム（有料）を利用したことがあるか？　ある場合、どのラジオ局を聞くか？**

ない　　　　　　　　ある　　　　　　　（　　　　　　　　　　　　）局

**NHKオンデマンドに加入しているか？　している場合、どんな番組を見るか？**

**NHKの同時配信サービスを知っているか？　利用したことはあるか？**

**ここ半年の「NHKスペシャル」「ETV特集」（NHK）で何が一番印象に残っているか？**
**テーマとその理由を30字以内で書きなさい**

**次の民放テレビのポータルサイト（動画配信サービス）を見たことはあるか？　ある場合、ど**
**れを利用している？　いずれかに○をつけなさい（複数回答可）**

1.Netflix　　2.Hulu　　3.dTV　　4.TVer（ティーバー）　　5.その他（　　　　　　　　）

**上で選んだポータルサイトは週に何時間見るか？**

見ない　　　　～1時間　　　1～2時間　　　2～4時間　　　5～10時間　　　10時間以上

**やるスポーツを5つ挙げなさい**

1　　　　　　　2　　　　　　　3　　　　　　　4　　　　　　　5

**見るスポーツを3つ挙げなさい**

1　　　　　　　　　2　　　　　　　　　3

**好きなプロ野球チームはあるか？**　　　　　　　　　YES　　　　NO
**YESの場合は各リーグ1ずつ○をつけなさい**

1.広島　　2.ヤクルト　　3.巨人　　4.DeNA　　5.中日　　6.阪神

1.西武　　2.ソフトバンク　　3.日本ハム　　4.オリックス　　5.ロッテ　　6.楽天

**好きなサッカーチームを2チーム挙げなさい**

1　　　　　　　　　2

**よく聞くラジオ番組とラジオ局名を3つ挙げてください**

1　　　　　　　2　　　　　　　3　　　　　　　　　4.聞かない

**(あなたが博報堂の社員と仮定して)電通を売上で追い抜く方法は?**

わからない　　　　　　　　興味ない　　　　　　　その他(30字以内)

**気になるCMを3つ挙げなさい(わかれば商品名、スポンサー名も)**

1　　　　　　　　　　2　　　　　　　　　　3

**定期的に読む月刊誌名(マンガ以外)を3冊挙げ、その理由を説明しなさい**

1　　　　　　　　　2　　　　　　　　　3

理由

**定期的に読む週刊誌名(マンガ以外)を3冊挙げ、その理由を説明しなさい**

1　　　　　　　　　2　　　　　　　　　3

理由

**定期的に読むマンガ雑誌3冊と好きな連載を挙げなさい**

1　　　　　　　　　2　　　　　　　　　3

(連載　　　　　　　　)　(連載　　　　　　　　)　(連載　　　　　　　　　　)

**好きな文学作品(1990年以前)を5つ挙げなさい**

1　　　　2　　　　　　　3　　　　　　4　　　　　　5

**作家の藤沢周平を知っているか?**　　　　　　　　YES　　　　　NO

**YESの場合は読んだ作品名を挙げなさい(いくつでも)**

**今年度の直木賞作家を挙げなさい**

**好きな流行小説(主として1990年以降)を5つ挙げなさい**

1　　　　2　　　　　　　3　　　　　　4　　　　　　5

**1週間のうち雑誌(マンガ以外)を読む時間はどのくらいか?**

0分　　0分~5分　　5分~10分　　10分~30分　　30分~1時間　　1~2時間　　2時間以上

**1週間のうち本(マンガ以外)を読む時間はどのくらいか?**

0分　　0分~5分　　5分~10分　　10分~30分　　30分~1時間　　1~2時間　　2時間以上

**1週間のうちマンガ本を読む時間はどのくらいか?**

0分　　0分~5分　　5分~10分　　10分~30分　　30分~1時間　　1~2時間　　2時間以上

**好きなマンガとその作家名を3つ挙げなさい(作家名だけでも可)**

1　　　　　　　　　2　　　　　　　　　3

**次の本のなかで読んだものを挙げ、面白かった順に ◎ ○ □ △ × でチェックしなさい**

1.小説8050　2.坂の上の雲　3.クライマーズ・ハイ　4.深夜食堂　5.用心棒日月抄　6.コンビニ人間
7.騎士団長殺し　8.64(横山秀夫の小説)　9.下町酒場巡礼(四谷ラウンド)　10.ゼロの焦点
11.不当逮捕　12.新聞記者で死にたい　13.82年生まれ、キム・ジョン　14.謎のアジア納豆

**自分のファッションは何系か？**

**好きな音楽・芸術・楽器に○をしなさい（いくつでも可）**

ジャズ　ロック　クラシック　ポピュラー　ブルース　フュージョン　オペラ　歌舞伎　能　文楽　落語
演歌　琴　ピアノ　サックス　トランペット　フルート　木琴　チェロ　バイオリン

**好きな日本映画を5つ挙げなさい（1990年以前）**

1　　　　　　　2　　　　　　　3　　　　　　　4　　　　　　　5

**好きな外国映画を5つ挙げなさい（1990年以前）**

1　　　　　　　2　　　　　　　3　　　　　　　4　　　　　　　5

**愛読書を挙げなさい（複数可）**

**自分の一番のお気に入りの服はどこで、いくらで買い、どこが気に入っているのか説明しなさい。ブランド名も**

**1日のうち新聞を読む時間はどのくらいか？**

0分　　0分〜5分　　5分〜10分　　10分〜30分　　30分〜1時間　　1〜2時間　　2時間以上

**この1カ月で印象に残った記事を書きなさい**

**五輪で関心のある競技名を3つ記入しなさい**

1　　　　　　　　　　　2　　　　　　　　　　　3

**自分の住んでいるところの市・区役所・町役場への文句を書きなさい**

**18歳選挙権には？**　　　　　　　賛成　　　　　反対

**政府の行政改革についてどう思うか？**

もっとやれ　　　　　ほどほどに　　　　　あまり必要ない　　　　　まったく必要ない

**公務員の人員削減についてどう思うか？　該当するところに○をつけなさい**

今の半分にする　　　　　3割カット　　　　　1割カット　　　　　削減する必要はない

**2040年には日本の年金制度はどうなっていると思うか？　思うものに○をつけなさい**

日本の年金制度は完全に崩壊している　　　　消費税を50％に上げ維持している
税率は今のまま維持している　　　　わからない　　　関心がない　　　　その他

**おススメのユーチューバーを3人挙げよ**

**今までやったなかで印象深いアルバイト上位2つを挙げなさい**

1　　　　　時給：　　　円／場所：
理由（30字以内）

2　　　　　時給：　　　円／場所：
理由

**今までの旅行先で感動した場所を順に国内、海外それぞれ3ヵ所挙げなさい**

国内1　　　　　　　　国内2　　　　　　　　国内3

海外1　　　　　　　　海外2　　　　　　　　海外3

**先月面白かったことを書きなさい（30字）**

**過去半年で面白かったことを書きなさい（30字）**

**今までの人生で一番痛快で面白かったことを書きなさい（30字）**

**今月、腹が立ったことを書きなさい（30字）**

**人生で一番、腹が立ったことを書きなさい（30字）**

**今までで一番悲しかったことについて書きなさい（30字）**

**旅先で会った面白い人物について説明しなさい（50字）**

**自宅近くのお薦めスポットを挙げなさい**
**（レストラン、居酒屋などの飲食店。場所、最寄り駅や理由〈30字以内〉も）**
名前　　　　　　　　　　　（場所　　　　　　　　　　　　　）
理由

**お薦めデートスポットを1つ挙げなさい（理由も20字以内で）**
名前　　　　　　　　　　　（場所　　　　　　　　　　　　　）
理由

**今までした喧嘩で一番印象に残っているものについて、30字以内で説明しなさい**

座右の銘を書きなさい（あれば）

尊敬する人（両親以外、歴史上の人物でもよい）を3名書きなさい

自分に著しく欠けている能力は？

父親への文句を書きなさい

母親への文句を書きなさい

**あなたのもらっている奨学金は？**
1.有利子　　　　　　　　2.無利子　　　　　　　3.もらっていない

**兄弟姉妹への文句を書きなさい（兄弟姉妹がいない場合、記入不要）**
兄　　　　　　　　　　　　　　弟

姉　　　　　　　　　　　　　　妹

**親戚や祖父母で偉い人はいるか？　なぜ偉いかも説明しなさい**

**社会人になった時に、生活についてどう思うか、以下の項目のなかで当てはまるもの2つ以内に○をつけ、理由を説明しなさい**
1.楽しければいい　2.標準であればいい　3.一戸建てがほしい　4.食べていければいい
5.好きな人となら貧乏でも可　6.子供を2人ほしいので年収は最低1000万円　7.世界中を放浪したい
8.金持ちと結婚したい　9.一流企業で定年まで働きたい
理由

**友人は何人いるか？**
何でも話せる親友　　　　人　　　　　　　よく話をする友人　　　　人

**母親との関係は？**
A.年に3分程度しか話さない　　　　　　　B.月に3分程度しか話さない
C.週に3分程度しか話さない　　　　　　　D.毎日親しく話すが、恋人のことなど秘密も多い
E.毎日のように話す。隠しごとはせず、デートの詳細まで

**大手上場会社のメーカーと、倒産寸前の従業員5人の編集プロダクション（または番組制作プロダクションまたはCM制作プロダクション）とならどっちに行くか？**
1.大手上場会社メーカー　　　　　　　2.プロダクション

**あなたの大学の友人で公務員志望は何%いるか？ 近いものに○をつけなさい**

70%以上 　　　　　　50% 　　　　　　30% 　　　　　　15% 　　　　　　5%以下

**あなたのストレス解消法を3つ挙げて、理由を説明しなさい**

1 　　　　　　　　2 　　　　　　　　3

**ここ1年で何回嘘をついたか？** 　　　　　　　　　回

**今までで、一番印象に残った嘘を3つ挙げなさい。またその理由を20字以内で説明しなさい**

1 　　　　　　　　2 　　　　　　　　3
理由

**今までセクハラにあったことがあるか？** 　　　　　YES 　　　　NO
どんなセクハラか？

**会社に入って（嫌なタイプの）上司から飲みに誘われたらどうするか？ 当てはまるものに○を
つけなさい（残業しているのはあなた1人と仮定して）**

仕事と思い、行く 　　　　　　やんわりと断る 　　　　　毅然と断る

**よく行くコンビニでの一押し商品を3つ挙げなさい**

コンビニ名 　　　　　商品名 　　　　　値段 　　　　　理由

コンビニ名 　　　　　商品名 　　　　　値段 　　　　　理由

**やったことのある遊び（おおよそのルールを知っている、も可）に○をつけなさい（複数可）**

1.花札 　2.マリオカード 　3.将棋 　4.囲碁 　5.チェス 　6.オセロ 　7.百人一首 　8.川柳 　9.俳句
10.ポケモン 　11.人生ゲーム 　12.連珠 　13.ブリッジ 　14.花札 　15.信長の野望
16.たまごっち 　17.シムシティ 　18.ヨーヨー 　19.大貧民（トランプ）

**スマートフォンは何を持っているか？ 持っているメーカー名に○をつけなさい**

アップル 　　サムスン 　　富士通 　　HUAWEI 　　ソニー 　　京セラ 　　シャープ 　　その他

**auなど通信会社に1カ月に支払うスマホの使用代金（通話料含む）は？ 最も近い額に○を
つけなさい**

15000円以上 　　　　13000円 　　　　10000円 　　　　7000円 　　　　5000円以下

**よく使うアプリを5つ書きなさい**

1 　　　　2 　　　　3 　　　　4 　　　　5

**ゼミ・サークル、友人と月に何日ぐらい居酒屋に行くか？**

競馬かマージャンはやったことがあるか？　　　　　　　　YES　　　　　NO

**宝くじで、100万円当たったらどうするか？　その理由も20字以内で書きなさい(貯金はダメ)**


**あなたは他人にどう思われている？(その1)**
◎ ○ □ △ × の順に5つまでチェックしなさい
1.まじめ　2.ハッタリが多い　3.ケチ　4.平凡　5.スケベ　6.気性が荒い　7.繊細　8.常識的
9.内弁慶　10.破滅型　11.嘘つき　12.見栄っ張り　13.決断が早い　14.のろま

**あなたは他人にどう思われている？(その2)**
◎ ○ □ △ × の順に5つまでチェックしなさい
1.無責任　2.統率力がある　3.おしゃべり　4.声が大きい　5.酒のみ　6.マザコン　7.ファザコン
8.明るい　9.敵がいない　10.ボーイッシュ　11.人畜無害　12.穏健　13.わがまま

**あなたの特色は？(その1)**
◎ ○ □ △ × の順に5つまでチェックしなさい
1.明るい　2.協調性がある　3.バカになれる　4.狙った異性は必ずモノにする　5.去る者は追わず
6.リーダーシップがある　7.調整能力がある　8.記憶力が優れている　9.学問が好き　10.オタク的
11.(あなたが歩行者として)車が通ってなくても赤信号を守れる

**あなたの特色は？(その2)**
◎ ○ □ △ × の順に5つまでチェックしなさい
1.美人・美男子　2.スタイルがいい　3.服のセンスがいい　4.土地勘がある　5.誰でも親しくなれる
6.サークル活動を4年間やった　7.車を持っている　8.中年の人と平気で話せる
9.社会的なマナーがある　10.時間を厳守できる　11.約束を守れる　12.異性に好かれやすい
13.体育会で4年間頑張った　14.外国語が得意

**あなたの将来や人生について、次の考え方のなかで賛成のものに ◎ ○ □ △ × の順に5
つまでチェックしなさい**
1.努力すればなんとかなる　2.出身や家柄が半分作用する
3.記憶力は先天的だが、努力次第で成功できる　4.運命が3分の1は作用する
5.自分の運命は自分で切り開く　6.語学は生まれ持ったセンスがある
7.学校の先生による影響がかなりある　8.人生には我慢強さが必要　9.石橋をたたいて渡る

**あなたの将来や人生について、次の考え方のなかで賛成のものに ◎ ○ □ △ × の順に5
つまでチェックしなさい**
1.友達に影響されるのでいい友達を選びたい　2.よい上司につくかどうかで半分決まる
3.中庸(ほどほど)が肝心　4.勇気が大切　5.人生は博打
6.将来はフリーになり収入が低くても週休3日で気ままな生活をしたい　7.できれば役員になりたい
8.海外駐在員(特派員)になりたい　9.休日はタイの小島で休みたい

**仕事として興味のある分野に○をつけなさい(3つまで)**
1.インフラ・資源　2.建設　3.繊維　4.石油・ゴム　5.鉄鋼・金属・機械　6.IT関係　7.輸送機器
8.商社　9.金融・証券　10.生損保　11.コンサル　12.交通(海、空、鉄道)　13.通信　14.電機
15.電力・ガス　16.旅行代理店　17.コンビニ　18.スーパー　19.レジャー　20.ディベロッパー
21.マスコミ以外には興味がない　22.その他

**307**

国内の他県（故郷以外）に移住するとしたらどこがいい？　市区町村名とその理由を50字以内で書きなさい

**次の1～20からあなたのストレス解消法を選べ（複数可）**
1.旅行に行く　2.友人とバカ話をする　3.初恋の人を思い出す　4.サボテンなどを室内で育てる
5.イヌやネコをなでなでする　6.バッティングセンターに行く　7.酒を飲む
8.総理になった夢をみて好きな政策を実行する
9.10億円の宝くじに当たったときに何に使うかを考える　10.音楽を聴く
11.ランニングをする　12.1人カラオケ　13.本を読む　14.落語を聞く　15.ゲームをする
16.森林浴　17.温泉に入る　18.キセルをする　19.第一志望の会社の内定を想像する
20.ペットボトルをつぶす　21.好きなタレントとのデートなど妄想する

**無人島に1年間生活することになった。5点まで持参品が許される。何を持っていくかイラストで表現せよ。理由も各30字（ピッタシ）で。1点でもよい**

## 読者特典①
# 内定者が本当に書いた論作文や
# ルポルタージュが無料で閲覧できる!

　読者サービスとして、ご購入者は阪東ゼミのホームページ上にある内定者が実際に書いた作文・ルポルタージュ(共同通信の実技や阪東ゼミのルポの訓練)や「不合格体験記」を50本以上無料で閲覧できます。最新の就活体験記も読めます。

　下記応募フォームにご記入のうえ、次ページにあるHP作文閲覧券(コピー不可)を添えて以下の宛先に郵送ください(応募フォームの記入例はこの裏ページにあります)。

　送っていただいた方には、IDとパスワードをメールやSMSにてお知らせします。

　年末年始と夏休み(8〜9月)は受け付けていません。

【ご送付先】

〒162-0051 東京都新宿区西早稲田2-12-3岩本AP208
　　　　　　　　　　　　　　阪東100本塾事務所

【ホームページのアクセス方法】

[阪東100本塾] で検索。
「100本塾とは」→「内定者が実際に書いた作文やルポルタージュ」の順にクリックしてください。作文・ルポルタージュの一覧が表示されます。
(URL:http://www.banzemi.jp/100pon_9.html)

---

記入例は裏面参照

| HP作文閲覧券　応募フォーム | | | |
|---|---|---|---|
| 名　前 | | ふりがな | |
| 住　所 | 〒　　　— | | |
| 大 学 名 | | 学 部 名 | |
| 学　年 | | 志望業界 | |
| 電話番号 | | | |
| メールアドレス | @ | | |
| この本をどこで買いましたか？ | | 県 | 書店 |
| 本の値段について　とても高い　　高い　　やや高い　　ちょうどよい　　やや安い | | | |

※個人情報は塾の業務以外には使用しません。
※次ページのHP作文閲覧券(コピー不可)を封筒に必ず入れてください。
※SMSで連絡する場合もあります。スマホの電話番号は必ず記入をお願いします。

| HP作文閲覧券　応募フォーム |||||
|---|---|---|---|---|
| 名　前 | 阪東太郎 || ふりがな | ばんどう たろう |
| 住　所 | 〒162－0051　東京都新宿区<br>西早稲田鶴巻町300 東西アパート202号 ||||
| 大学名 | 西北大学 || 学部名 | 政経学部 |
| 学　年 | 3年 || 志望業界 | 広告（電通） |
| 電話番号 | 090-0000-0000 ||||
| メール<br>アドレス | ybe456 | @ | gmail.com ||
| この本をどこで買いましたか？　　　東京都　県　　紀伊國屋　書店 |||||
| 本の値段について　とても高い　　高い　　やや高い　　ちょうどよい　　やや安い |||||

※個人情報は塾の業務以外には使用しません。
※次ページのHP作文閲覧券（コピー不可）を封筒に必ず入れてください。

## 読者特典②
# 作文添削（1回目のみ無料）について

　読者サービスとして、作文の添削指導も行っています。添削指導ご希望の場合は、下記要領でご応募ください。約8営業日で返却します（8〜9月、年末年始などを除く）。

【作文添削指導】
①作文添削券（このページについているもの。コピー不可）
②追加の作文1本につきクオカード1枚（1000円分）（無料作文添削券同封時には不要）
③返信用封筒（自分の住所氏名を明記。返信用92円切手貼付のこと）
※作文の字数は800字まで（B5縦書200字詰め原稿用紙使用のこと）。近所や大学生協などにない場合は、B4縦書400字詰め原稿用紙も可。ただし1行ずつ空けて書いてください（つまり400字の用紙でも200字になるように）。
※1枚目に大学名・志望会社・志望職種・氏名を明記してください。
　（作文は2枚目から書いてください）
※クオカードはコンビニエンスストアで購入できます。

●作文のテーマは、①「**コロナと私**」、②「**モザイク**」、③「**食**」、④「**空**」、
⑤「**選択**」、⑥**三題噺**「**K字回復, コインロッカー, エミー賞**」、
（三題噺は出版社志望のみ）。作文添削券1枚につき1テーマとします。

【上記テーマ以外の作文や企業提出用の作文の添削】
①クオカード1枚（2000円分）
②返信用封筒（自分の住所氏名を明記。返信用切手貼付のこと）

【宛先】〒162-0051 東京都新宿区西早稲田2丁目12番3号 岩本AP 208号
　　　　　　　　　　　　　　　　　　　　　　　　阪東100本塾 宛

---

読者特典③ 無料 ES添削券「マスコミ就職完全ガイド2024〜25」

有料 作文添削券「マスコミ就職完全ガイド2024〜25」 ③

有料 作文添削券「マスコミ就職完全ガイド2024〜25」 ②

有料 作文添削券「マスコミ就職完全ガイド2024〜25」 ①

読者特典② 無料 作文添削券「マスコミ就職完全ガイド2024〜25」

読者特典① HP作文閲覧券「マスコミ就職完全ガイド2024〜25」

## 読者特典③
# ES添削について

・・・・・・・・・・・・・・・・・・・・・・・・・・・・・・・・・・・・・・・・・・・・・・・・・・・・・・・・・・・・・・・・・・・

　特典としてお買い上げの読者には模範的なパターンの万能ES（エントリーシート）を添削します。マスコミだけでなく、一般企業、中央官庁、市役所などの試験でも使えます。万能ESはA3サイズに拡大コピーし、ご記入のうえ、郵便で送付してください。必ず原本は手元におき、コピーを送ってください。返信用封筒（自分の住所・名前明記、82円切手添付）も同封してください。

【送付先】
【宛先】〒162-0051 東京都新宿区西早稲田2丁目12番3号 岩本AP 208号
　　　　　　　　　　　　　　　　　　　　阪東100本塾 宛

※2ページ前にある「無料ES添削券」を切り取って同封してください。コピー不可

　およそ8営業日で返却します。それを過ぎても返却されない場合は、事務局にメールをお願いします。夏休み（8〜9月）や正月休みは受け付けていません。

【注意】
　具体的な志望が明確で、提出予定のESの添削は有料です。一社につき1000円分のクオカードが2枚必要です。データではなく、印刷して送ってください。
　急ぐ場合は、速達料金の切手を貼ってください。返信用封筒（自分の住所・名前明記、82円切手添付）がないと返却しません。

# 万能（模範）エントリーシート

20　　年　　月記入

※書き方のコツ：該当しない設問、わからない設問は空白で構いません。短く書いてください。数字や固有名詞を入れるように心がけてください。60分以上の時間をかけないでください。

◆ プロフィール

| フリガナ | | |
|---|---|---|
| 名前 | 携帯電話番号 | |
| 住所 | | |
| 出身県（卒業高校）例）秋田県立金足農業 | 大学名 | 学部名 |
| 部活　体育会 | 部　　　　　サークル　例）硬式野球部、熱狂的中日ドラゴンズ友の会 | |
| ゼミ | 卒論テーマ（予定含む） | |

○ 災害ボランティア体験がありますか？　　例）○年○月　岡山県倉敷市　ゴミの処理

○ 海外について

旅行　　　　回　　　　　計　　　ヶ国　　　　おもな行き先

留学（半年以上）　　国名　　　　　　　　滞在都市名

○ 趣味・特技・雑学　　例）ランニング5000メートル18分フルマラソン 2回経験あり　例）お醤油集め 西日本のすべての県の代表格のを50銘柄集めた

○ 得意な語学とスコアは？

英語　TOEIC　　　　　点　　　　　　　　中国語　HSK　　　　　級

他の言語
例）タイ語　日常会話レベル

○ この1年間で、読んだ本（できれば小説やノンフィクション）はありますか？　タイトルと作家名を以下に書いてください。理由も。最大5冊（漫画以外）　例）錯乱 池波正太郎 オチが素晴らしい。

○ 定期購読の新聞（紙）は？　どの部分が好きか？　理由は？　例）毎日新聞、仲畑流万能川柳、高齢者向けだが、学生でも笑える時がある。

○ 昔から愛読している本や月刊誌、週刊誌はありますか？　その理由は？

○ NHKスペシャル、ETV特集、ドキュメント72時間、NNNドキュメント、テレビ朝日系テレメンタリーで印象に残った番組は？（タイトルはおおよそでよい）
例）NHKスペシャル　精子が危ない　思わず自分の精子の数を調べたくなった。少子化の理由の1つだと分かった。

● 評価（阪東100本塾使用欄）

| ①わかりやすいか？ | ③人柄がわかるか？ | ⑤部下として、いっしょに働きたいか？ | ⑦特に優れた売りがあるか？ |
|---|---|---|---|
| 10　8　6　4　2 | 10　8　6　4　2 | 10　8　6　4　2 | 10　8　6　4　2 |
| ②文字がきれいか？ | ④海外要員として使えるか？ | ⑥磨けば「玉」になるか？　今はよくわからないが、将来は活躍するかも？ | ⑧協調性があるか？ |
| 10　8　6　4　2 | 10　8　6　4　2 | 10　8　6　4　2 | 10　8　6　4　2 |

設問の後の数字は制限字数です。オーバーしたらマイナス評価になります。書き直しが多い場合はパイロットのフリクション・ボールペンを使用すると便利です。

Ⓐ第一志望の業界は？　それを志望する理由は？　30　　例)放送　趣味と仕事を兼ね

Ⓑその業界で第一志望の会社は？　その理由は？　50　（未定、不明ならパス可）　　例)NHK　倒産しない

Ⓒその会社で取り組みたい仕事を具体的に　30　（未定、不明ならパス可）　　例)ブラタモリのディレクター

●ガクチカ
○学生生活(学問)で学生時代に力を入れていたことを3つ書いてください　30×3

○学生生活(部活など)で他人より優れていると思うこと。また部活の内容は？　スポーツなら種目やポジションは？　50
　例)体育会野球部　ライト　補欠

○学生生活(アルバイト、ボランティアなど学外)でアピールできること　50　　例)ドンキホーテ　花火売場　3年間

○大学ゼミの先生の名前と授業の内容でおもしろかったこと　30

○最近気になったニュースは？　例)山口県の不明幼児発見スーパーボランティアオジサンが熱海を訪れた。

○学生生活で最大の危機は？　それをどう乗りこえましたか？（任意）　100
　例)合宿の幹事をやった時、ゼミ生が和室の畳に5リットルのゲロを吐いた。翌夏休みにアルバイトを交代でやらされた。

○あなたがリーダーとして頑張ったことはありますか？（任意）80
　例)ゼミのサブ幹事(会計担当)
　　ゼミ費用を滞納する人が多く困った。ゼミも30人と多く悩んだ。最後は先生に頼んで「滞納者は成績をDにする」と言ってもらった。滞納はなくなった。

○あなたの1人旅で一番感動したものは？（任意）　30　　例)奄美大島の加計呂麻島の映画のロケ地　海の色に感動した

○あなたがグループでした旅で、面白かったハプニングは？　80
　例)中国旅行　大学の加藤ゼミの3週間の研修旅行
　　日本から「マルちゃんの赤いきつね」を5つ持って行った。最初は馬鹿にされた。旅の終わりに1個5元で売れた。みんな日本食に飽きていたのだ。

○大学のある時期に、はまったことがあるか？　80　　例)CDのジャケット収集。料理(酒のツマミ)

⑨クリエイティブ度は高いか？　　●コメント欄(阪東100本塾使用、30字以内)
10　8　6　4　2

⑩全体として明るいか？
10　8　6　4　2

## 【編者紹介】

### 阪東100本塾主宰●阪東恭一 (ばんどう・きょういち)

1957年生まれ。ラジオたんぱ(現ラジオNIKKEI)マスコミセミナー元講師。
早稲田大学卒業後、新潮社、毎日新聞社、朝日新聞社の
各編集者、新聞記者などを経てフリージャーナリストとして独立。
著書に『内定者が本当にやった究極の自己分析』(成美堂出版)、
『会社の歩き方[三和銀行]』(共著、ダイヤモンド社)、『受かる小論文・作文集』(新星出版社)などがある。
早稲田マスコミセミナー、一橋大学キャリア支援室、東海大学就職部などの各講師などを経て、
現在、大学2〜4年生向けマスコミ就職ゼミを主宰。
過去32年にNHK、テレビ朝日、TBS、フジテレビ、朝日放送、関西テレビ、読売テレビ、毎日放送、
文化放送、東北新社、電通、朝日新聞社、毎日新聞社、読売新聞社、日本経済新聞社、講談社、集英社、
小学館、光文社、新潮社、KADOKAWA、アクセンチュア、デロイト トーマツ、内閣府、東京都庁上級職、
トヨタ、鹿島建設、ソニー、キリンビールなどに約920人の内定者を出している。

下記OFFICEに連絡いただくと、ゼミの資料を送付いたします。
巻末の適性シートは有償で阪東本人が診断いたします(記入方法を参照のこと)。

### 本書についての問合先

〒162-0051 東京都新宿区西早稲田2丁目12番3号 岩本AP 208号　阪東100本塾
E-mail：info@banzemi.jp
**阪東100本塾ホームページ　http://www.banzemi.jp/**

## マスコミ就職完全ガイド 2024-25年度版

初版1刷発行●2021年9月30日

編　者
### 阪東恭一

発行者
### 薗部良徳

発行所
### ㈱産学社
〒101-0061 東京都千代田区神田三崎町2-20-7 水道橋西口会館　Tel. 03(6272)9313　Fax. 03(3515)3660
http://sangakusha.jp/

印刷所
### ㈱ティーケー出版印刷

©Kyoichi Bando 2021, Printed in Japan
ISBN978-4-7825-3564-6 C0036
乱丁、落丁本はお手数ですが当社営業部宛にお送りください。
送料当社負担にてお取り替えいたします。
本書の内容の一部または全部を無断で複製、掲載、転載することを禁じます。